주해가 있는 새 호세아 강해

주해가 있는 새 호세아 강해

1판 1쇄 인쇄 2011년 12월 25일
1판 1쇄 발행 2011년 12월 30일

지은이 김서택
발행인 한동인
펴낸곳 (주)기독교문사
등 록 제1- c0062호
주 소 서울 종로구 충신동 5-13
출판부 T. 741-5184~5 F. 744-1634
특판부 T. 744-1633 F. 744-1635
도매부 T. 741-5181~3 F. 762-2234
직영서점 기독교문사
서울 종로구 종로 5가 412-2
T. 2266-2117~9 F. 2266-6397

책값은 뒤표지에 있습니다.
ISBN 978-89-466-2147-3
978-89-466-2134-3(전집)

Web www.kclp.co.kr
e-mail kclp@kclp.co.kr

기독교문사는 독자와 함께 기독교 출판문화를 이끌어 가겠습니다.
공급처 **기독교문사 도매부** T. 741-5181~3 F. 762-2234

주해가 있는 새 호세아 강해

김서택

기독교문사

서 문

구약성경 끝에 있는 열두 개의 소선지서는 열두 개의 보석으로 비유할 수 있습니다. 특히 그 하나하나가 서로 다르면서도 독특한 메시지를 담고 있기 때문에 서로 다른 색깔로 빛나는 보석과 같다고 말할 수 있습니다. 그 열두 개의 소선지서 중에 호세아서는 가장 먼저 나오는 선지서입니다. 12소선지서 중에서 호세아서가 가장 먼저 나오는 것은 단순히 시기적으로 가장 오래되었다거나 혹은 부피가 많아서 그런 것은 아닐 것입니다.

호세아서의 가치는 북쪽 이스라엘 백성을 향하여 외쳐진 아주 드문 기록이라는 점뿐만 아니라 이스라엘 백성을 향한 하나님의 열렬한 사랑을 잘 나타내어 주고 있는 것이기 때문입니다.

북쪽 이스라엘에는 엘리야나 엘리사 같은 능력의 종들이 있었지만 그들은 기록된 성경은 남기지 않았습니다. 물론 엘리야가 편지를 기록했다는 말은 있지만 우리에게 전달되지는 않고 있습니다. 그런데 호세아는 바로 그런 이스라엘 백성을 향해서 하나님의 말씀을 전하고, 그것을 문서로 남겨 놓았습니다. 더욱이 호세아는 이스라엘 백성으로 하여금 그들을 향한 하나님의 말씀을 깨닫도록 하기 위해서 자기 자신이 음란한 여인 고멜과 결혼을 해서 자신의 깨어진 가정을 통해서 이스라엘 백성으로 하여금 그들을 향한 하나님의 뜻을 분명히 깨닫도록 했습니다.

호세아는 북쪽 이스라엘 왕국에 여로보암이 왕으로 있을 때 활동했는데 이 시기가 유다 왕조로 계산하면 웃시야에서부터 시작해서 요담, 아하스 그리고 히스기야에 이르는 시기입니다. 여로보암 때 이스라엘은 경제적으로 크게 부흥하다가 얼마 있지 않아서 앗수르의 공격으로 이 지상에서 영원히 멸망하게 됩니다. 호세아 선지는 이스라엘이 멸망할 때까지 하나님께 돌아오지 않는 이스라엘을 향해서 하나님의 말씀을 전했습니다.

이스라엘 백성의 문제는 정치나 경제나 군사의 문제가 아니라 신앙의 문제였습니다. 이스라엘 백성은 하나님의 말씀만 믿는 것은 너무 답답하고 폐쇄적이라고 해서 하나님도 믿지만 바알 같은 우상도 함께 믿었습니다. 그 결과 이스라엘은 경제적으로 크게 성공하지만 결국 앗수르의 공격으로 망하게 됩니다.

오늘날 우리나라의 교회는 기독교 신앙에서 너무 쉽게 세상적인 방법을 사용해서 전에 없는 축복을 누리고 있습니다. 우리는 지금 우리 주위에서 이스라엘이 멸망할 때와 비슷한 현상이 너무나도 많은 것을 보고 있습니다. 하나님은 호세아 선지를 통해서 깨닫지 못하는 백성은 망한다고 탄식하셨습니다(호 4:6). 특히 호세아서에는 우리 믿는 자들을 향한 하나님의 뜨겁고 간절한 사랑이 섬세하게 잘 표현되고 있습니다. 우리 많은 목회자와 성도들이 이번 기회를 통해서 호세아서를 많이 연구하게 되기를 바랍니다. 그래서 우리가 호세아 선지의 입을 통해서 오늘 우리를 향해서 외치시는 하나님의 뜨거운 말씀을 들을 수 있기를 바랍니다.

호세아서를 주해하면서 한 절 한 절 속에 담겨 있는 의미를 오늘 우리의 입장에서 알기 쉽게 설명하려고 노력했습니다. 우리가 이 호세아서 한 권 속에 들어 있는 하나님의 말씀만 제대로 이해해도 우리나라는 절대로 망하지 않을 것입니다.

늘 언제나 하나님의 말씀의 귀한 동역자가 되어 주시는 대구동부교회 성도님들에게 감사드립니다. 또 언제나 저의 부족한 책을 기꺼이 출판해서 한국 교회의 설교 강단과 교회가 풍성하기 위하여 수고를 아끼지 않으시는 기독교문사 한동인 사장님께도 깊은 감사를 드립니다.

대구 수성교 옆에서

김서택 목사

CONTENTS

01_내 백성이 아니다

호세아 1:1-9

전체적 설명

12소선지서는 그 작은 규모와 각각의 독특한 메시지로 인하여 열두 개의 서로 다른 보석 같은 성경이다. 이사야서나 예레미야서 같은 대선지서가 거대한 바다라면 12소선지서는 작고 아름다운 호수와 같다. 그리고 누구든지 소선지서를 잘 이해하고 해석하면 대선지서도 해석할 수 있는 능력과 자신감을 가질 수 있기 때문에 소선지서를 이해하는 것은 구약성경 연구에 필수적인 과정이라고 볼 수 있다. 소선지서 중에서 가장 앞에 있는 성경이 호세아서인데 그 이유는 호세아서가 포로 전 예언서 중에서 분량도 가장 많은 편에 속하지만 메시지가 이스라엘에 대한 뜨거운 하나님의 사랑을 담고 있기 때문이다. 특히 호세아서는 선지자 중 유일하게 북왕국 이스라엘 선지자가 하나님의 말씀을 남긴 성경이기 때문에 더욱더 가치가 있다. 북왕국 이스라엘에서 엘리야나 엘리사 같은 위대한 선지자가 활동하기는 했지만 성경을 남기지는 못한 것이다.

호세아는 이스라엘 왕국의 여로보암 2세 때 하나님의 말씀을 전한 선지자로, 당시에 이스라엘 백성은 완전히 여호와 신앙을 버리고 이방 우상을 섬기고 있었다. 그리하여 하나님께서는 호세아로 하여금 바람난 여인 고멜과 결혼하게 하셔서 아버지가 다른 세 명의 아이를 낳게 하셨는데, 이때 하나님께서는 고멜이 낳은 세 명의 아이가 호세아의 아이가 아니며 고멜이 더 이상 호세아의 아내라고 볼 수 없는 것처럼 이스라엘은 더 이상 하나님의 나라가 아니며 이스라엘 백성은 하나님의 자녀라고 볼 수 없다고 선언하셨다. 그래서 하나님께서는 드디어 호세아서를 통해서 이스라엘 백성과 결별을 선언하신 것이다.

설교 프리노트

1절, "웃시야와 요담과 아하스와 히스기야가 이어 유다 왕이 된 시대"

호세아는 먼저 자신이 예언 활동을 했던 시기를 밝히고 있다. 호세아 선지가 이스라엘에 하나님의 말씀을 외친 시기는 북쪽 이스라엘의 여로보암 2세 때이다. 그러나 호세아는 북쪽 이스라엘 왕의 연대를 사용하지 않고 남쪽 유다 왕의 연대를 사용하고 있다. 이것은 호세아 자신은 북쪽 이스라엘 사람이지만 이스라엘 국가의 정통성을 인정하지 않는다는 것이다. 여로보암 2세 때 이스라엘은 경제적으로 번성하고 있었지만 신앙적으로는 하나님을 떠나서 완전히 이방인 같은 생활을 하고 있었다. 이것을 호세아는 하나님의 축복이 아니라 이스라엘의 영적인 간음이요, 불륜이라고 보고 있는 것이다. 호세아는 유다 왕의 연대로 보면 여로보암 2세 때를 훨씬 지나서 이스라엘 마지막 왕인 호세아 때까지 하나님의 말씀을 전한 것 같다. 왜냐하면 북쪽 이스라엘은 남쪽 유다 히스기야 때 멸망하기 때문이다. 그러나 호세아는 여로보암 뒤에 이스라엘의 왕이 되었던 살룸이나 므나헴이나 베가나 호세아의 이름은 일체 거론하지 않고 있다. 그 이유는 신앙적인 관점에서 이들은 이스라엘 왕의 자격이 없다고 보았기 때문이다. 호세아가 이스라엘 백성에게 하나님의 말씀을 대언했던 시기는 이스라엘이 경제적으로 엄청나게 부강하다가 갑자기 멸망하기 전까지이다. 사람들은 어리석게도 현재의 부귀나 영화가 오래 지속될 것처럼 생각하지만 사실 자신들 앞에 어떤 운명이 기다리고 있는지 알지 못하는 것이다. 우리 인간의 미래를 보여 줄 수 있는 것은 오직 하나님의 말씀밖에 없다.

"브에리의 아들 호세아"

이스라엘에서 호세아라는 이름은 흔한 이름이었다. 예를 들면 이스라엘이 앗수르에 멸망할 때의 왕도 호세아였다. 그래서 대개 이스라엘에는 이름 앞에 아버지의 이름을 붙여서 사람을 구별하였다. 호세아는 자기들 앞에 멸망이 기다리고 있는 줄도 모르고 방향을 잃고 이리 기우뚱 저리 기우뚱하는 배와 같은 이스라엘을 향하여 철저하게 하나님의 말씀에 붙들려서 하나님의 말씀을 전했다. 그 말씀은 너무나도 간절하고 뜨거운 하나님의 사랑이었다. 만일 이스라엘 백성이 호세아의 말씀에 감동되어서 우상을 버리고 하나님께 돌아왔더라면 망하지 않을 수 있었을 것이다.

2절, "여호와께서 비로소 호세아로 말씀하시니라"

'비로소 말씀하셨다' 라는 것은 '드디어 하나님이 말씀하시기 시작하셨다' 라는 뜻이다. 이것은 하나님께서 이스라엘 백성이 스스로 돌아오기를 오래 기다리시다가 더 이상 참을 수 없어서 말씀하시기 시작하셨다는 뜻이다. 우리가 하나님 앞에서 스스로 깨닫고 돌아오는 것보다 더 귀한 일은 없다. 하나님께서 오래 침묵을 지키시는 것은 우리에 대하여 무관심하신 것이 아니라 오히려 우리의 인격을 존중하셔서 스스로 깨닫고 돌아오기를 기다리시기 때문이다. 우리가 하나님이 침묵하시면서 기다리시는 동안 스스로 정신을 차리고 돌아오면 자비가 넘치는 하나님께서는 우리의 허물을 다 사하여 주시고 우리를 더 사랑하여 주신다. 그러나 하나님이 기다리시는 동안 하나님을 업신여기고 끝까지 죄를 짓는 자에게는 하나님의 자비 없는 심판이 임하게 되는 것이다.

"너는 가서 음란한 아내를 취하여 음란한 자식들을 낳으라"

하나님께서 호세아에게 가장 먼저 명령하신 것은 '음란해서 바람기가 많은 여자' 와 결혼하라는 것이었다. 하나님께서 이렇게 하신 것은 이스라엘 백성이 말로 해서는 도저히 깨닫지 못하기 때문에 선지자의 행동을 통해서 이스라엘 백성의 상태를 보여 주시려는 것이다. '음란한 아내' 라는 말을 통해서 학자들은 대개 음란한 일을 직업적으로 하는 창녀를 의미한다고 해석한다. 그러나 아마도 호세아의 아내는 창녀는 아니지만 매우 음탕하고 바람기가 많은 여자였을 것이다. 히브리 성경 원문에는 '낳으라' 라는 단어가 없고 '취하라' 라고 되어 있기 때문에 학자에 따라서는 고멜이 호세아와 결혼할 때 이미 사생아 아이들을 데리고 왔다고 해석하지만 굳이 그렇게까지 해석할 필요는 없는 것 같다. 오히려 하나님께서는 고멜이 호세아와 결혼을 하지만 지속적으로 바람을 피워서 음란한 자식들을 낳을 것을 알고 계셨던 것이다.

"이 나라가 여호와를 떠나 크게 행음함이니라"

하나님께서 호세아로 하여금 음란한 여자와 결혼하게 하신 이유는, 이스라엘 백성이 여호와를 떠나 크게 행음하였기 때문이다. 여기서 크게 행음했다는 것은 숨어서 행음을 하는 것이 아니라 아예 내어 놓고 보란 듯이 본격적으로 행음을 하는 것을 말한다. 하나님께서는 이스라엘 백성과의 관계를 결혼 관계로 생각하셨다. 그래서 정상적인 이스라엘 백성은 하나님에 대한 정조를 지켜야 하는데 지금까지는 그래도 이스라엘 백성이 숨기고 행음을 하더니 이제는 아예 내어 놓고 음란한 짓을 하고 있었던 것이다.

3절, "이에 저가 가서 디블라임의 딸 고멜을 취하였더니"

고멜이 과연 실존 인물인지, 아니면 상징적인 인물인지 하는 것에 대해 의문이 있을 수 있지만 성경에서 '누구 누구의 딸' 이라고 말할 때에는 그런 사람이 실제로 있었다는 것을 의미한다. 호세아는 하나님의 말씀에 따라서 실제로 행실이 좋지 못한 여자였던 고멜이라는 여자와 그런 줄 알면서 결혼을 하였다.

4절, "그 이름을 이스르엘이라 하라"

고멜은 호세아와 결혼한 후에 아들을 낳았다. 그러나 이 아들은 호세아의 아들이 아니라 고멜의 정부의 아들이었다. 하나님께서는 호세아에게 이 아들의 이름을 '이스르엘' 이라고 지으라고 하셨다. '이스르엘' 은 이스라엘에서 가장 중요한 평지였는데 여기에서 이스라엘의 중요한 곡식이 거의 생산되었다. 어떻게 생각하면 '이스르엘' 이라는 이름은 대단히 축복받은 이름인 것 같고, 호세아가 아이의 이름을 '이스르엘' 이라고 부르면 모든 사람이 특이한 이름이라고 생각해서 관심을 가졌을 것 같다. 그러나 이스르엘에는 좋지 못한 역사가 있었는데, 그것은 이스라엘에 바알 신앙을 끌어들였던 아합과 그 자식들이 예후에 의해서 비참하게 몰살된 장소였던 것이다. 하나님께서 호세아의 아들을 '이스르엘' 이라고 짓게 하신 것은 이스르엘 평지처럼 곡식을 많이 생산하라는 축복의 뜻이 아니라 이스라엘 백성을 잘못된 바알의 신앙으로 이끌었던 아합과 그 집안이 망했던 것처럼 여로보암의 집도 망할 것을 예언하시는 것이다.

"내가 이스르엘의 피를 예후의 집에 갚으며"

아이러니하게도 지금 이스라엘 백성을 우상의 신앙으로 타락시키고 있는 여로보암의 집이 바로 아합의 식구들을 몰살시켰던 예후의 후손이었던 것이다. 여기서 '이스르엘의 피' 를 갚는다는 것은 지금까지 이스라엘 백성이 외국과의 전쟁에서 피를 흘린 것과 앞으로의 전쟁에서 피를 흘리는 책임이 여로보암의 집에 있다는 뜻이다.

"이스라엘 족속의 나라를 폐할 것임이니라"

하나님께서 여기서 비로소 이스라엘이 장차 망할 것을 말씀하신다. 즉 지금까지 하나님은 할 수만 있으면 이스라엘이 망하지 않고 고칠 수 있는 방향으로 생각하셨고 이스라엘의 멸망까지는 말씀하지 아니하셨다. 그러나 이제는 이스라엘 백성에게 하나님에 대한 신앙이 전혀 없는 것을 아시고 이스라엘이라는 나라가 폐하여질 수밖에 없다고 말씀하시는 것이다. 이스라엘은 당시 경제적으로 부강해지고 있었기 때문에 앞으로 더 좋은 날이 올 것이라고 생각하고 있었지만 하나님 앞에서 이스라엘은 폐하여질 운명이었다. 이렇게 경제적인 관점과 하나님의 관점은 다른 것이다. 그래서 나라의 장래를 경제적인 관점에서만 예측하는 것은 큰 잘못이다.

5절, "그 날에 내가 이스르엘 골짜기에서 이스라엘의 활을 꺾으리라"

'그 날' 은 하나님께서 작정하신 어느 날을 말한다. 그런데 이날이 이스르엘이라는 이름을 가진 아이와 어떤 관계가 있는지는 알 수 없다. 즉 이 아이가 걷기 시작하는 때인지 혹은 성인이 되는 때인지 알 수 없지만 이스르엘이라는 아이가 살아 있는 동안 이스라엘이 망하게 되는 것은 사실이다.

'이스르엘 골짜기'가 정확하게 어느 곳을 말하는지 알 수 없지만 다볼산이라든지 어느 특정 골짜기를 의미할 것이다. 하나님께서는 지금까지 이스르엘 골짜기의 전투에서 이스라엘 백성에게 많은 승리를 주셨지만 이제는 이스라엘 군대의 활이 꺾일 것이다.

'이스라엘의 활'은 이스라엘의 가장 강한 군대나 왕을 의미할 것이다.

6절, "고멜이 또 잉태하여 딸을 낳으매"

호세아의 아내 고멜은 바람을 피워서 아들을 낳은 후에도 행실을 고치지 않고 계속 바람을 피웠다. 이것은 고멜이 호세아를 바보 취급을 했다는 것을 의미한다. 아마도 고멜은 자기가 대단한 존재이기 때문에 아무리 바람을 피워도 호세아는 감히 자기를 버리지 못할 것이라고 생각했던 것 같다. 그러나 호세아가 고멜의 부정에 대하여 참고 있었던 것은 그가 바보라서가 아니라 하나님의 말씀 때문이었다. 이스라엘 백성은 자기들이 하나님의 백성이기 때문에 아무리 우상 숭배를 하고 딴 짓을 해도 하나님이 자기들을 버리지 못하실 것이라고 오해하고 있었던 것이다. 왜냐하면 하나님이 이스라엘을 망하게 하시면 하나님의 이름이나 능력이 먹칠을 당하기 때문이다. 그러나 하나님은 비록 자신의 이름이 더렵혀지는 한이 있더라도 자기 백성이 죄를 짓고 회개하지 않을 때에는 심판하신다.

"그 이름을 로루하마라 하라"

고멜이 첫 번째로 낳은 아이의 이름은 그 의미가 좀 모호했다. 즉 '이스르엘'이라는 이름은 하나님의 설명을 듣지 않으면 번성한다는 뜻인지 망한다는 뜻인지 알 수가 없다. 그러나 고멜이 둘째 아이를 낳았을 때에는 하나님의 뜻이 아이의 이름에 분명하게 드러났다. 즉 둘째 아이의 이름은 '로루하마'로, 히브리 어로 '루하마'는 '자비'라는 뜻이고, '로'는 영어로 'NO'라는 뜻이므로 로루하마는 '자비가 없음'이라는 뜻이다.

즉 하나님께서는 이제 후로 이스라엘 백성에 대하여 일체 자비를 베풀지 아니하신다는 것이다. 그래서 하나님은 이스라엘 백성이 망할 때에도 자비를 베풀지 아니하실 것이다. 왜냐하면 고멜이 바람을 피워서 첫아이를 낳은 후 계속 음행을 저질러서 둘째 아이까지 낳았다는 것은 죄가 그만큼 더 끔찍하기 때문이다. 하나님께서도 아이의 이름을 설명하시면서 '다시는 이스라엘을 긍휼히 여겨서 사하지 않을 것이라' 라고 하셨다. 즉 하나님은 이제부터는 이스라엘 백성이 어려운 지경에 처했다고 해도 그들의 기도를 듣지 않으려고 하시는 것이다.

7절, "그러나 내가 유다 족속을 긍휼히 여겨"

하나님께서는 유다를 이스라엘과는 다르게 대할 것을 분명히 하셨다. 그 이유는 이때 유다는 히스기야를 중심으로 다시 하나님의 말씀으로 돌아오고 영적인 부흥이 일어나고 있었기 때문이다. 그래서 하나님은, 유다는 이스라엘과 달리 자비를 베풀 것이며, 결코 망하지 않게 하겠다고 약속하셨다. 하나님의 이 약속대로 히스기야 때 앗수르 군대는 예루살렘을 멸망시키지 못하고 오히려 18만 5천 명이 하룻밤 사이에 몰살하고 말았다. 그래서 하나님의 백성이 하나님을 의지하며 영적인 부흥이 일어나는 것이 하나님 앞에서 얼마나 귀한 일인지 알아야 한다.

"저희 하나님 여호와로 구원하겠고"

하나님께서는 자신이 바로 유다 백성의 하나님이신 것을 분명히 하셨다. 우리가 하나님의 말씀에 충성될 때 하나님은 우리의 하나님이 되어 주신다. 이스라엘 백성은 세상 욕심 때문에 하나님을 잃어버린 것이 얼마나 큰 손실인지 알지 못했다.

"활이나 칼이나 전쟁이나 말과 마병으로 구원하지 아니하리라"

유다는 이스라엘에 비하여 경제력이 강하지 못하였고 군사력도 약했다. 그래서 만일 이스라엘이 다른 나라에 의해서 망한다면 유다는 더 망해야 하는 형편이었다. 그러나 유다는 눈에 보이지 않는 엄청난 능력이 있었는데, 그것은 바로 하나님의 능력이었다. 하나님께서는 말씀하신 대로 히스기야 때 활이나 칼이나 마병이 아닌 하나님의 능력으로 앗수르 군대를 물리치셨다.

9절, "여호와께서 이르시되 그 이름을 로암미라 하라"

고멜은 바람을 피워서 둘째 아이를 낳은 후에도 음란한 행실을 고치지 않고 계속 부정을 저질러서 셋째 아이까지 낳았다. 고멜이 부정을 저질러서 셋째 아이까지 낳았다는 것은 그가 더 이상 호세아의 아내가 아니라 정부의 여인이라는 것을 의미했다. 하나님께서는 고멜이 셋째 아이를 낳았을 때 이름을 '로암미'라고 짓게 했는데, 이는 '내 백성이 아니다'라는 뜻이다. 여기서 하나님은 이스라엘 백성과의 결별을 선언하셨다. 즉 이제 이스라엘 백성은 더 이상 하나님의 백성이 아니요, 하나님도 이스라엘의 하나님이 아닌 것이다. 즉 하나님과 이스라엘은 이 순간부터 남남이 되는 것이다.

본문 이해를 위한 질문

1. 하나님은 여로보암 때에 호세아에게 어떤 명령을 주셨는가?

하나님은 호세아에게 다른 어떤 행동보다도 음란한 여성을 만나서 결혼하라고 하셨다. 하나님께서 이렇게 하신 이유는 이스라엘 백성으로 하여금 자신들이 하나님 앞에서 어떤 상태에 있는지 깨닫게 하기 위해서이다.

2. 결혼한 후 고멜의 행실은 어떠하였는가?

고멜은 결혼한 후에도 음란한 행실을 고치지 않고 계속 바람을 피워서 정부의 아이를 낳기 시작했다. 호세아는 부정을 저지른 고멜을 처벌하지 않았지만 하나님은 이스라엘 전체에 대한 심판을 예언하셨다. 즉 하나님은 고멜의 행실을 이스라엘 전체의 행실을 보여 주는 것으로 보신 것이다.

3. 고멜이 세 번째로 사생아를 낳았을 때 하나님은 어떤 선언을 하셨는가?

하나님은 이스라엘 백성이 더 이상 하나님의 백성이 아니라고 선언하셨다. 이때부터 하나님은 이스라엘 백성을 이방인처럼 취급하시는 것이다.

성경 강해

사람들은 누구나 자기 나라에 대한 애정을 가지고 있으며, 자기 나라가 잘될 때 자기 나라 국민인 것에 대하여 자부심을 느낍니다. 우리는 우리나라 선수가 올림픽 경기에서 우승을 해서 가장 높은 시상대에 서고, 태극기가 게양되고, 애국가가 연주될 때 무한한 자부심을 느낍니다. 반대로 이 세상에서 가장 서러운 것이 있다면, 자기 나라가 망해서 다른 나라로 탈출해야 하거나 혹은 먹고살 수가 없어서 떠나는 것입니다. 우리 부모님들은 일제시대 때 나라 없는 설움을 많이 체험하셨을 것입니다. 지금도 많은 북한 동포들은 먹고살 길을 찾아서 북한을 탈출하여 여러 나라를 떠돌아다니면서 온갖 비참한 경험들을 하고 있습니다.

구약성경에서도 하나님의 백성인 이스라엘이 나라가 망해서 많이 죽기도 하고 외국에 포로로 붙들려 가는 것을 보게 됩니다. 이스라엘 백성이 나라를 잃고 망한 것은 국력이 약해서도 아니고 하나님의 능력이 부족해서도 아닙니다. 이스라엘이 망한 이유는 그들이 오직 하나님 한 분만 믿는 믿음을 지키지 못했기 때문입니다. 이것이 오늘 우리에게도 중요한 이유는 만일 우리도 하나님 한 분만 믿지 못하고 세상도 붙들고 하나님도 붙들면서 적당하게 믿으려고 한다면 언젠가는 망할 수 있기 때문입니다.

구약성경에서 소선지서는 아주 특별한 가치를 가지고 있는 책들입니다. 일단 소선지서는 책의 분량이 이사야서나 예레미야서처럼 방대하지 않아서 우리에게 친근감을 줄 뿐만 아니라 그 하나하나가 아주 독특한 메시지를 담고 있습니다. 이사야서나 예레미야서 같은 선지서를 거대한 바다에 비유한다면 열두 권의 소선지서는 아주 아름답고 작은 호수에 비유할 수 있을 것입니다. 특히 이 열두 권의 소선지서는 대상과 시기와 메시지가 아주 다양하기 때문에 우리가 이 소선지서만 제대로 이해한다고 해도 어마어마한 보물을 가지는 것입니다.

특히 소선지서에는 대선지서에 없는 북쪽 이스라엘에 대하여 예언한 것이 두 권이 있는데 호세아서와 아모스서입니다. 물론 하나님은 북쪽 이스라엘을 위해서 엘리야나 엘리사같이 위대한 선지자들을 보내셨지만 이 선지자들은 기록된 성경을 남기지는 않았습니다. 그런데 호세아나 아모스는 이스라엘을 위하여 글로 예언을 남겼습니다. 그리고 남쪽 유다를 향한 메시지 중에서 미가는 대단히 종교 개혁적인 메시지를 던지고 있습니다. 즉 하나님께서는 백성들에게 바른 말씀은 주지 않고 학대만 하는 거짓 목자들을 쫓아내시고 베들레헴에서 참 목자가 나게 하실 것이라고 예언하고 있습니다. 특히 소선지서 중에는 이방인들의 구원을 위한 선교적인 예언이 있는데 요나서가 바로 그런 말씀입니다. 그리고 유다 백성에게 그렇게 아픈 가시 노릇을 한 에돔에 대한 예언이 오바댜입니다. 그리고 성령이 오실 것을 예언한 요엘, 니느웨의 멸망을 다루고 있는 나훔, 예루살렘의 멸망과 부흥을 예언한 하박국 그리고 포로 후기에 해당하는 학개, 스가랴, 말라기 등이 있는데 스가랴나 말라기는 예수님에 대하여 더 적극적으로 예언을 하고 있습니다.

호세아서는 이 아름다운 열두 권의 소선지서의 첫 번째 책에 해당됩니다. 호세아서가 소선지서의 첫 번째 책으로 뽑힌 이유는 그 내용이 매우 감동적이기 때문입니다. 즉 호세아서는 처음에는 아주 좋지 않게 시작합니다. 즉 호세아 선지가 하나님께서 하라고 하셔서 결혼을 했는데 아내가 바람이 나서 음란한 아이를 계속 낳습니다. 그래서 결국 남편이 참다 못해서 그 여자와 헤어지기로 결정을 하고 통보합니다. 그런데 이 여자는 남편과 헤어지고 난 뒤에 수입이 없어지니까 술집을 전전하다가 몸을 파는 창녀가 되고 맙니다. 그런데 남편은 이 여자를 불쌍히 여겨서 다시 이 여자를 찾아가서 대신 빚을 갚아 주고 이 여자를 자기 집으로 데리고 오는 것입니다. 이것이 이스라엘과 유다가 처한 운명으로, 이스라엘 백성의 불성실에 대하여 하나님의 뜨거운 사랑보다 더 감동적인 것은 없는 것입니다.

오늘 본문 말씀은 그 중에서도 하나님께서 호세아를 통해서 이제 이스라엘 백성은 더 이상 하나님의 백성이 아니라고 선언을 하시는 내용입니다.

1. 하나님이 호세아에게 주신 명령

1절, "웃시야와 요담과 아하스와 히스기야가 이어 유다 왕이 된 시대 곧 요아스의 아들 여로보암이 이스라엘 왕이 된 시대에 브에리의 아들 호세아에게 임한 여호와의 말씀이라"

호세아가 북쪽 이스라엘에서 하나님의 말씀을 전한 시기는 남쪽 유다에서 가장 악한 아하스의 고비를 넘어서 히스기야에 의해 다시 부흥이 일어나고 있을 때입니다. 그러나 북쪽 이스라엘에서는 여로보암의 전성기를 지나 급격하게 나라가 쇠퇴하여 결국 망하고 마는 때입니다. 즉 남쪽과 북쪽의 운명이 서로 교차하고 있을 때입니다. 남쪽은 그동안 침체되었다가 다시 부흥하고 있는 때라면, 이스라엘은 정반대로 여로보암 2세 때 경제가 한창 잘되다가 결국 30년 만에 앗수르의 공격을 받아서 나라가 망하는 때입니다.

본문에 나오는 여로보암은 처음 이스라엘을 쪼갠 여로보암은 아니고 한참 후에 나타난 왕입니다. 그러나 그는 자기도 처음 이스라엘을 세운 여로보암같이 큰 왕이 되어야 하겠다고 생각해서 이름을 여로보암이라고 한 것 같습니다. 그래서 사람들은 처음 이스라엘을 세운 여로보암과 구별하기 위해서 대개 여로보암 2세라고 부릅니다. 여로보암은 처음부터 다윗의 말씀의 통치에 반발했습니다. 그래서 여로보암은 예루살렘 성전 중심의 예배를 거부하고 자기 나름대로 단과 벧엘에 금송아지를 만들어서 백성들에게 그곳에서 하나님께 예배하게 하였습니다. 즉 여로보암은 모세의 말씀 중심의 신앙이 사람들의 기를 죽이고 아무것도 하지 못하게 하기 때문에 우리는 말씀에 매이지 말고 마음껏 감정을 표현하며 하나님의 축복을 받는 금송아지 신앙으로 가자는 것이었습니다. 그래서 이스라엘은 시작부터 하나님의 말씀에서 벗어났습니다. 그럼에도 불구하고 이스라엘 백성이 하나님을 섬기지 않는 것은 아니었습니다. 단지 그들은 금송아지를 하나님으로 생각할 뿐이었습니다. 그러나 아합 때에 이스라엘은 금송아지 신앙마저도 버리고 본격적으로 바알 숭배를 하기 시작했습니다. 이때 엘리야는

갈멜 산에서 바알의 제사장 450명과 대결해서 하늘에서 불이 떨어지는 기도로 3년 반 동안 비가 오지 않은 이스라엘에 비를 내리게 하고 바알 제사장들을 다 죽입니다. 그럼에도 불구하고 아합은 바알 신앙을 버리지 않았습니다. 그때 예후라는 장군이 반역을 일으켜서 아합 집안의 씨를 말리는 심판을 했는데 여로보암 2세는 그 자손이었습니다. 그러나 예후는 아합 집은 멸하면서도 완전한 하나님의 신앙으로 돌아오지는 않았습니다. 오늘 말씀에서 하나님은 다시 예후의 집안의 씨를 말리겠다고 하시는데 이것은 므나헴의 아들 브가히야 때에 이루어집니다.

그런데 오늘 본문에 나타난 여로보암 2세 때 이스라엘은 크게 부강하게 됩니다. 이것에 대하여 열왕기하 14장 25-27절은 이렇게 말씀하고 있습니다.

"이스라엘 하나님 여호와께서 그 종 가드헤벨 아밋대의 아들 선지자 요나로 하신 말씀과 같이 여로보암이 이스라엘 지경을 회복하되 하맛 어귀에서부터 아라바 바다까지 하였으니 이는 여호와께서 이스라엘의 고난이 심하여 매인 자도 없고 놓인 자도 없고 이스라엘을 도울 자도 없음을 보셨고 여호와께서 또 이스라엘의 이름을 도말하여 천하에 없이 하겠다고도 아니 하셨으므로 요아스의 아들 여로보암의 손으로 구원하심이었더라."

이것을 보면 이스라엘은 여로보암 때까지만 해도 가능성이 있었던 것을 알 수 있습니다. 왜냐하면 적어도 이때까지만 해도 하나님은 이스라엘을 멸망시킬 생각은 가지지 않으셨기 때문입니다. 그 대신 하나님은 여로보암 2세 때 이스라엘을 경제적으로 크게 부강시켜 주셨습니다. 그동안 북쪽 이스라엘은 하나님의 말씀에 불순종하는 바람에 많은 환난을 당해서 어려웠습니다. 그래서 이스라엘에는 매인 자도 없었고, 놓인 자도 없었습니다. 즉 이스라엘 백성은 노예도 아니요, 자유민도 아닌 상태에 있었다는 뜻입니다. 다시 말해서 이스라엘 백성은 모두 노예나 다를 바 없는 비참한 삶을 살고 있었던 것입니다. 그때 하나님께서는 선지자를 통하여 다시 이스라엘을 부강하게 해 주겠다고 하셨습니다. 그 이유는 이스라엘 사람들이 자기들이 하나님을 제대로 믿지 못하는 것은 너무 가난하고 어려워서 그렇다고 불평했기 때문입니다. 즉 이스라엘 백성은 자기들이 너무 어려워서 하나님을 제대로 믿을 수가 없다고 불평을 했습니다. 그래서 하나님께서는 여로보암 2세 때 생각을 바꾸셔서 '그들이 늘 가난해서 제대로 믿지 못하는 것 같은데 이스라엘 백성을 한번 크게 축복해서 마음껏 하나님을 믿게 해 보자.' 라고 생각하셨던 것입니다. 그래서 이스라엘 백성은 여로보암 2세 때 때 아니게 잘사는 나라가 되었습니다.

우리는 여기서 주의해야 합니다. 즉 하나님께서 이스라엘을 부강하게 해 주신 것은 그들이 하나님의 복을 받을 자격이 있어서가 아니라 하나님께서 시험 삼아 복을 주신 것이었습니다. 이때 이스라엘 백성이 믿음이 있는 사람들이라면 '하나님이 우리를 사랑하셔서 이렇게 물질적인 복을 주시는구나. 그동안의 침체나 불신앙에서 벗어나서 이제는 제대로 열심히 믿어 보자.' 라고 했어야 하는데 이스라엘 백성은 더 하나님을 떠나고 우상을 섬겼던 것입니다. 그래서 어떤 때에는 하나님께서 우리를 가난하게 하시는 것도 시험이지만 어떤 때에는 부자가 되게 하실 때에도 우리가 어떻게 하는지 보시려고 시험하시는 것입니다. 그런데 우리에게 하나님의 말씀이 중심이 되면 가난하든지 부자가 되든지 신앙이 크게 달라질 필요가 없습니다. 오히려 하나님께서 축복하시면 더 힘을 내어서 하나님께 충성하게 됩니다. 그러나 사람들의 마음이 얼마나 간사한지 가난할 때에는 제대로 하나님을 믿는 것 같더니 제법 살만 하니까 하나님을 버리고 신앙을 팽개치는 사람들이 많은 것입니다.

2절, "여호와께서 비로소 호세아로 말씀하시니라"

여기서 '비로소' 라는 말은 의역입니다. 히브리 성경에는 '여호와께서 호세아로 말씀하시기 시작하시니라' 라고 되어 있습니다. 즉 하나님께서는 이스라엘 백성이 알아서 하나님께 돌아오기를 기다리셨다는 뜻입니다.

하나님은 이스라엘 백성이 너무나 가난하고 힘들어서 제대로 믿지 못하는 줄 알고 그들에게 때 아닌 복을 주셨습니다. 즉 하나님은 이스라엘의 국력을 키워 주셨고, 부자 나라가 되게 하셨습니다. 그러고는 하나님은 이스라엘을 기다리셨습니다. 이때 이스라엘 백성이 하나님께 돌아와서 '하나님, 저희를 부강하게 해 주셔서 감사합니다. 그동안 너무 어렵고 힘들어서 제대로 하나님을 믿지 못했습니다. 우리가 하나님의 능력을 의심했습니다. 이제 우리가 하나님의 은혜로 이렇게 강하게 되었으니 이제는 오직 하나님만 믿겠습니다.' 라고 해야 하는 것입니다.

그러나 나타난 결과는 그것이 아니었습니다. 이스라엘 백성은 조금 잘살게 되니까 더 자기 욕심을 채우기 위해서 하나님을 멀리했습니다. 그리고 이스라엘 백성은 지금까지 하나님이 겁이 나서 짓지 못하던 죄들까지도 모두 지었습니다. 이때 하나님께서는 '너희는 내 백성이 아니다.' 라고 선포하시는 것입니다.

요즘 외국을 다녀 보면 우리나라가 최근에 더 잘살게 되었다는 것을 느낄 수 있을 것입니다. 이제는 외국을 가더라도 쇼핑을 할 필요가 없을 정도로 우리나라에 좋은 물건들이 더 많고, 아파트나 백화점도 우리나라가 외국보다 더 좋습니다. 그런데 하나님께서 우리에게 이런 부를 주신 이유가 무엇일까요? 그것은 우리로 하여금 더 하나님을 의지하고 더 믿음으로 사는 자들이 되게 하기 위해서입니다.

이때 하나님께서 호세아 선지에게 주신 말씀은 결혼에 대한 말씀이었습니다. 그러나 하나님께서 호세아에게 결혼하라고 하신 것은 결코 행복한 결혼을 말씀하시는 것이 아니었습니다.

2절 하, "여호와께서 호세아에게 이르시되 너는 가서 음란한 아내를 취하여 음란한 자식들을 낳으라 이 나라가 여호와를 떠나 크게 행음함이니라"

우리 생각으로는 하나님께서 선지자에게 결혼에 대한 말씀을 주신다면 '선지자야, 어떻게 해서든지 순결한 여자를 찾아서 아름다운 결혼을 하도록 하라.' 라고 말씀하실 것 같은데 하나님은 호세아에게 질이 좋지 않은 여자와 결혼을 해서 불행한 결혼 생활을 하라고 하신 것입니다.

여기서 '음란한 아내' 라고 한 것에서 과연 하나님은 호세아에게 어떤 여자와 결혼하게 하셨을까 궁금해집니다. 어떤 사람들은 이 여자가 창녀일 것이라고 생각하는가 하면, 처녀이기는 하지만 끼가 있고 바람기가 있는 여자를 말할 것이라고 생각하는 사람도 있습니다. 아마도 이 '음란한 여자' 는 완전히 타락한 여자는 아니고 처녀이긴 하지만 바람기가 있고, 또 남자들과도 사귀었다가 헤어진 경험이 있는 여자라고 생각됩니다. 왜냐하면 하나님께서 선지자에게 창녀와 결혼하라고 말씀하지는 않으셨을 것이기 때문입니다. 또 이스라엘 백성도 처음에는 완전히 타락한 상태는 아니었습니다. 단지 그들의 본성 안에 이런 음탕하고 정직하지 못한 기질들이 다분히 있었던 것입니다. 아마도 호세아는 이 여자를 좋아했던 것 같습니다. 비록 호세아는 이 여자가 남자를 사귄 경험이 있다는 것을 들어서 알고 있지만 그래도 이 여자가 귀엽게 생겼고, 또 애교도 있어서 자기가 잘해 주기만 하면 행복한 결혼 생활을 할 수 있을 것이라는 기대를 가졌던 것 같습니다. 그러나 하나님께서 처음부터 호세아에게 말씀하신 것은 '너는 행복한 결혼을 기대하지 말라' 라는 것이었습니다. 왜냐하면 이 여자의 음란한 바람기는 결혼하고 난 후에 없어지는 것이 아니라 더 심하여졌기 때문입니다. 이 여자는 선지자가 자기를 사랑하는 것을 보고 선지자를 완전히 바보 취급을 했던 것입니다.

그런데 이것이 바로 이스라엘 백성이 하나님에 대하여 가졌던 태도였습니다. 즉 이스라엘 백성이 죄를 지어도 하나님께서 사랑하시고 기다려 주시니까 이스라엘 백성은 하나님을 완전히 바보로 취급해서 하나님은 돈을 뜯어내는 대상이었고 육체의 정욕은 이방 신들에게 가서 풀었던 것입니다. 그래서 하나님께서는 이 백성들이 하는 것이나 네 아내가 하는 것이 똑같다는 뜻으로 말씀을 하셨습니다.

옛날에는 세상 여자들 중에 그런 여자들이 많이 있었습니다. 즉 정략적으로 아주 돈이 많은 늙은 백작이나 귀족과 결혼을 하고 정부를 따로 두어 정욕적인 생활을 했던 것입니다. 그러다가 들통이 나면 그 정부는 목이 매달리고 여자도 모든 자유를 박탈당했습니다. 그런데 이스라엘 백성은 하나님을 그런 식으로 생각했던 것입니다. 즉 이스라엘 백성은 복은 하나님으로부터 받고 사랑은 세상과 나누겠다는 것입니다. 이스라엘 백성은 온갖 추잡하고 더러운 세상의 풍습을 다 받아들였던 것입니다.

'이 나라가 여호와를 떠나 크게 행음함이니라.'

여기서 '행음' 은 정신적인 것입니다. 즉 이스라엘 백성은 철저하게 하나님께 의존적이어야 합니다. 그러나 이스라엘 백성은 하나님만 믿으려고 하지 않았습니다. 이스라엘 백성은 하나님만 믿는 것은 너무 케케묵고 폐쇄적인 것이라고 생각했던 것입니다. 그런데 이스라엘 백성이 하나님만 의존하지 않고 개방적이 되니까 모든 육체적인 음란까지 다 받아들이게 되어서 실제로도 음란한 생활을 하게 되었습니다. 그래서 이 음행은 정신적, 육체적 음행을 모두 의미하는 것입니다.

2. 호세아의 결혼 생활

호세아의 결혼 생활은 결코 행복하지 않았습니다. 호세아의 아내는 호세아로 만족하지 못하고 자꾸 다른 남자를 사랑하려고 했습니다. 아마도 호세아의 아내는 끊임없이 사랑하는 남자가 있어야 하는 체질이었던 것 같습니다. 거기에다가 만일 호세아와 나이 차이가 많이 난다면 이 여자의 불륜은 불 보듯 뻔한 것입니다.

3절, "이에 저가 가서 디블라임의 딸 고멜을 취하였더니 저가 잉태하여 아들을 낳으매"

호세아가 결혼한 여자는 '디블라임의 딸 고멜' 이었습니다. 여기서 '누구누구의 딸' 이라고 하는 것은 그 여자가 실제로 있었던 여자인 것을 의미합니다. 우리는 호세아의 결혼 생활을 쉽게 상상할 수 있습니다. 즉 고멜은 나이는 어린데 얼굴은 반반하게 생긴 여자입니다. 거기에다가 믿음은 전혀 없으니까 고멜이 관심을 가지는 것은 오직 다른 아이들이 남편에게 받은 액세서리나 혹은 세상적인 허영을 채워 주는 이야기였을 것입니다. 그리고 아마 당시에 선지자라는 직업은 실업자에 가까울 정도로 수입도 거의 없고 사람들의 존경도 받지 못하는 형편이었던 것 같습니다. 그런데 허구한 날 호세아는 하나님의 말씀을 연구한다고 골방이나 굴에 들어가고, 또 하나님의 말씀을 전해야 한다고 하면서 돌아다니니까 고멜은 불만을 가질 수밖에 없었을 것입니다. 즉 남편이라는 사람이 돈을 많이 벌어다 주는 것도 아니고, 다른 남편들처럼 자주 놀러 다니는 것도 아니고, 구경을 시켜 주는 것도 아니고, 그렇다고 해서 꽃을 선물하거나 혹은 향수를 사 주는 것은 상상도 할 수 없는데 고멜 주위에는 그런 선물을 주면서 여자를 가까이 하는 건달들이 많이 있었던 것입니다.

고멜은 호세아와 결혼했지만 호세아를 업신여기고 우습게 알았습니다. 그래서 고멜은 호세아의 아이를 가지지 않고 다른 남자의 아이를 가졌습니다. 아마 다른 남자 같으면 이 사실을 아는 즉시 고멜과 이혼하고 내어 쫓았을 것입니다. 그러나 호세아는 이 답답한 문제를 가지고 하나님 앞에 나아가서 기도를 드렸습니다. 그랬더니 하나님은 호세아에게 그 첫아이의 이름을 '이스르엘' 이라고 짓게 하셨습니다.

4절, "여호와께서 호세아에게 이르시되 그 이름을 이스르엘이라 하라 조금 후에 내가 이스르엘의 피를 예후의 집에 갚으며 이스라엘 족속의 나라를 폐할 것임이니라"

원래 '이스르엘' 은 이스라엘에 있는 유명한 평원 지대의 이름입니다. 이스라엘에서 가장 중요한 곳은 바로 이 이스르엘 평지이고, 이스라엘의 모든 곡식은 거의 이 평지에서 난다고 해도 과언이 아닐 것입니다. 그래서 원래 '이스르엘' 이라는 이름은 아주 좋은 이름이었습니다. 그런데 이번에 하나님께서 호세아에게 아기의 이름을 이스르엘이라고 하라고 하신 것은 결코 좋은 뜻이 아니었습니다. 이스르엘에서는 아주 끔찍한 일이 있었습니다. 그것은 이스라엘에 바알 신앙을 끌어들인 아합의 별궁이 이스르엘에 있었는데 그 별궁 옆에 있는 나봇이라는 사람의 땅을 차지하기 위해서 거짓 증인들을 세워서 나봇을 돌로 쳐 죽인 것입니다. 그래서 하나님께서는 엘리야 선지를 통해서 나봇의 피를 핥던 개들이 아합의 피를 핥을 것이요, 그 모든 씨를 멸할 것이라고 말씀하셨습니다. 그런데 그 예언 그대로 예후라는 장군이 쿠데타를 일으켜서 아합의 씨를 모두 말려서 죽였습니다.

하나님께서 아합의 신하였던 예후를 왕으로 세우신 이유는 정말 하나님의 뜻대로 한번 나라를 바로 다스려 보라는 뜻이었습니다. 그러나 예후는 아합의 씨는 말리면서도 자기 자신은 완전히 말씀의 신앙으로 돌아오지 않았습니다. 그런데 여로보암은 바로 이 예후 집안의 3대 왕이었던 것입니다. 하나님께서는 고멜이 바람을 피워서 사생아를 낳았는데 고멜을 어떻게 하시겠다는 말씀은 하지 않으시고 예후의 집안을 멸할 것이라고 하셨습니다. 그리고 하나님은 더 무서운 말씀을 하시는데, 이제는 이스라엘 족속의 나라를 멸하겠다고 하셨습니다. 그 이유는 이들이 진정한 하나님의 자녀들이 아니고 하나님이 책임질 수 없는 자손들이었기 때문입니다.

5절, "그 날에 내가 이스르엘 골짜기에서 이스라엘의 활을 꺾으리라"

지금 하나님께서 이스라엘의 국력을 강하게 하시고 잘살게 하신 것은 옛날의 하나님을 원망하고 불평하던 근성에서 벗어나서 멋진 신앙생활을 해보라는 뜻이었습니다. 그런데 이스라엘 백성은 잘살게 되니까 아예 하나님을 무시하고 업신여기며, 선지자의 가치를 가장 비천한 사람의 가치 정도로도 인정하지 않았던 것입니다. 하나님은 고멜이 망한다고 하지 않으셨지만 이스라엘 나라가 망하면 고멜이 어디를 가겠습니까? 결국 고멜에게는 호세아에게 버림당하는 것보다 더 무서운 일이 기다리고 있었던 것입니다. 사람들은 다른 사람의 눈만 피하면 된다고 생각할지 모르지만 사람의 눈보다 더 무서운 것이 하나님의 눈인 것입니다. 사람의 눈을 피하고 나면 그 뒤에는 하나님의 무서운 심판이 있는데 그때는 인정사정이 없는 것입니다.

고멜은 음란한 첫째 아이를 낳고서도 부정한 음행을 그만두지 않았습니다. 아마도 고멜은 멋지게 호세아를 속였다고 생각해서 그 더러운 행실을 버리지 않았던 것 같습니다. 그래서 고멜은 둘째 아이도 호세아가 아닌 다른 사람의 아이를 낳았습니다. 아마 호세아는 고멜이 자기 행실을 뉘우치고 바른 결혼 생활로 돌아올 줄 알았는데 자기 자식이 아닌 엉뚱한 사람의 자식을 낳았을 때 아마 또 하나님 앞에 나아가서 기도를 한 것 같습니다. 그때 하나님께서는 다른 말씀은 하지 않으시고 그 아이의 이름을 '로루하마' 라고 짓게 하셨습니다.

6절, "고멜이 또 잉태하여 딸을 낳으매 여호와께서 호세아에게 이르시되 그 이름을 로루하마라 하라 내가 다시는 이스라엘 족속을 긍휼히 여겨서 사하지 않을 것임이니라"

하나님의 백성에게 있어서 '루하마' 라고 하는 것은 아주 중요한 것입니다. '루하마' 라는 말은 히브리 어로 '자비' 라는 뜻입니다. 우리는 하나님 앞에서 늘 부족하고 연약하며 넘어지는 자들입니다. 그런데 하나님은 언제나 자비하심으로 우리의 부족하고 연약한 것을 이해하시고, 우리를 더 사랑하시고, 더 지켜 주십니다. 그런데 여기서 '로' 는 영어로 'NO' 를 의미합니다. 즉 이제 하나님께서는 이스라엘 백성에게서 긍휼을 거두셔서 더 이상 불쌍히 여기지 않으시겠다는 뜻입니다.

예수님은 제자들을 세상에 보내시면서 "내가 너희를 보냄이 양을 이리 가운데 보냄과 같도다"(마 10:16)라고 말씀하셨습니다. 즉 우리는 하나님을 믿는 바람에 양이 되었습니다. 그런데 세상 사람들은 이리의 본성을 그대로 가지고 있는 것입니다. 우리는 이런 세상에서 아무것도 지키지 못하고 모든 것을 빼앗기고, 심지어는 아내나 남편도 빼앗기고, 자기 목숨까지도 빼앗길 수 있는 약한 존재들입니다. 그러나 우리가 이 세상에서 안전하게 살 수 있는 것은 하나님의 은혜가 우리를 지켜 주시기 때문입니다. 예를 들어 어린아이들은 아는 것도 없고 힘도 없기 때문에 자기 권리를 제대로 챙기지 못합니다. 그러나 아기들에게는 엄마가 있어서 아이를 모든 공격에서 지켜 주고, 가장 좋은 것을 가지게 해 줍니다. 그런데 하나님께서 자비를 거두시면 우리는 절대로 이 세상에서 살아남을 수가 없습니다. 그동안 잘난 체하고 큰소리를 쳤던 것은 모두 하나님께서 지켜 주셨기 때문입니다.

하나님은 웬만해서는 자비를 거두지 않으십니다. 그러나 도저히 안 되겠다고 판단되실 때에는 자비를 거두시는데, 그때는 아무리 기도해도 귀를 막고 듣지 않으십니다. 하나님은 자기 백성을 연단하실 때에는 절대로 자비를 거두지 아니하십니다. 그래서 아무리 세상 사람들이 죽이려고 해도 어느 선 이상은 건드릴 수가 없습니다. 그러나 죄가 어느 수준 이상 올라가면 하나님은 자동적으로 세상에 재앙이 터지게 하십니다. 그때 사람들은 자비 없는 무시무시한 심판을 당하게 되는 것입니다. 거기에는 지진이 있고, 쓰나미도 있고, 전쟁도 있습니다. 실제로 이스라엘이 앗수르에 망할 때 앗수르 사람들은 자비를 베풀지 않았습니다. 그래서 앗수르 사람들은 가장 잔인한 방법으로 이스라엘 사람들을 죽였습니다.

그러나 하나님은 유다는 그렇게 버리지 않겠다고 약속하셨습니다.

7절, "그러나 내가 유다 족속을 긍휼히 여겨 저희 하나님 여호와로 구원하겠고 활과 칼이나 전쟁이나 말과 마병으로 구원하지 아니하리라"

이것은 하나님께서 히스기야의 대부흥을 두고 말씀하시는 것입니다. 히스기야는 오직 하나님의 말씀을 붙들고 그동안 죽어 있었던 유다의 신앙을 되살리는 데 성공했습니다. 그래서 예루살렘에는 부흥이 있었고, 살아 있는 말씀이 있었으며, 눈물의 기도가 있었습니다. 그래서 하나님은 유다는 다시 한 번 하나님의 큰 능력을 체험하게 될 것이라고 하셨습니다. 그것은 결코 인간의 손이 아닌 하나님의 능력으로 예루살렘이 구원을 받게 되는 것입니다. 이것은 히스기야 때 그대로 이루어져서 앗수르 왕 산헤립이 군대 18만 5천 명을 이끌고 예루살렘 성을 에워쌌지만 하룻밤 사이에 천사가 18만 5천 명을 다 죽게 했던 것입니다. 이것이 바로 살아 있는 성전의 능력이고 부흥의 능력인 것입니다. 하나님께서는 하나님의 말씀을 결사적으로 붙드는 하나님의 백성을 절대로 버리지 아니하십니다.

여기서 '저희 하나님 여호와'가 누구입니까? '저희 왕 다윗'이 아닙니다. 이분은 신적인 능력을 가지신 하나님의 아들입니다. 이분은 활이나 칼이나 말이나 마병으로 구원하시지 않고 출애굽 때처럼 전능하신 능력으로 자기 백성을 구원하실 것입니다. 결국 구원이 어디 있습니까? 구원은 칼이나 창이나 말이나 마병에 있지 않습니다. 오직 우리 하나님 여호와 주 예수 그리스도의 능력에 있습니다. 주님의 능력만이 우리를 지켜 주실 수 있고, 우리를 이기게 하십니다.

3. 내 백성이 아니다

고멜은 음란한 짓을 해서 아이를 두 명이나 낳았습니다. 그럼에도 불구하고 고멜의 음란한 짓은 중단되지 않았습니다. 고멜은 로루하마가 젖을 떼자마자 또 바람을 피워 아이를 낳았는데 이번에는 하나님도 더 이상 참지 않으셨습니다.

8-9절, "고멜이 로루하마를 젖뗀 후에 또 잉태하여 아들을 낳으매 여호와께서 이르시되 그 이름을 로암미라 하라 너희는 내 백성이 아니요 나는 너희 하나님이 되지 아니할 것임이니라"

고멜은 바람을 피워서 셋째 아이를 낳았습니다. 이때 하나님께서 '그 이름을 로암미라 하라 너희는 내 백성이 아니요 나는 너희 하나님이 되지 아니할 것임이니라' 라고 말씀하셨습니다. 음행은 고멜이라는 여자가 했는데 호세아는 가만히 있고 하나님께서 이스라엘 백성을 향하여 선언하십니다.

'너희는 더 이상 내 백성이 아니다!'

우리 생각으로는 호세아가 고멜을 향하여 '너는 더 이상 내 아내가 아니다.' 라고 선언할 줄 알았는데, 오히려 호세아는 가만히 있고 하나님께서 이스라엘 백성 전체를 향하여 '너희는 내 백성이 아니다.' 라고 선언하십니다. 그러나 이것은 결국 같은 의미인 것입니다.

이스라엘 백성이 출애굽했을 때 그들에게 가장 중요한 단어는 '암미' 라는 단어였습니다. '암미' 는 '내 백성' 이라는 뜻입니다. 이것은 이스라엘 백성에게는 그들의 신분이나 안전을 보장하는 보증수표와 같은 단어였습니다. 즉 하나님께서 이스라엘 백성을 애굽에서 건져 내시고 광야에서 함께하시는 것은 그들이 모두 하나님의 '암미' 였기 때문입니다.

하나님께서 이스라엘 백성에게 원하셨던 것은 부부와 같은 관계였습니다. 하나님은 이스라엘 백성만 사랑하시고 이스라엘 백성은 하나님만 의존해서 이스라엘 백성에게서 하나님의 능력이 나타나는 것이었습니다.

하나님이 원하신 것은 우리 인간에게 하나님의 능력이 나타나는 것입니다. 왜냐하면 하나님의 능력만이 우리의 죄를 해결하며, 모든 시험을 이기고, 하나님의 축복을 나타낼 수 있기 때문입니다.

하나님은 호세아로 하여금 고멜이 두 번이나 바람을 피워서 사생아를 낳았는데도 이름만 짓고 참게 하셨습니다. 그러나 고멜이 세 번째로 부정을 저질러서 아기를 낳았을 때 이제는 더 이상 아내라고 볼 수 없다고 선언하시는 것입니다. 그리고 지금까지 낳은 아이들에 대해서도 더 이상 책임을 질 수 없다고 선포하시는 것입니다.

'로암미' 라고 하는 것은 그들이 더 이상 '내 백성이 아니다' 라는 뜻입니다. 본문에 '나는 너희 하나님이 되지 아니할 것임이니라' 라는 표현은 의역입니다. 원문을 직역하면 '나는 더 이상 내가 아니다' 입니다. '너희는 더 이상 내 백성이 아니고 나도 더 이상 너희에 대하여 내가 아니다. 이제 우리의 모든 관계는 깨어지게 되었다' 라는 뜻입니다.

고멜이 셋째 아이를 낳을 때까지 호세아가 계속 부부 관계를 깨지 않고 기다렸던 이유가 무엇입니까? '혹시라도 고멜이 마음을 돌이켜서 돌아오지 않을까?' 라고 생각했던 것입니다. 그러나 고멜이 세 번이나 부정을 저질러서 아이를 낳았을 때 고멜은 더 이상 돌아오지 않을 것이며, 앞으로도 계속 이런 짓을 할 것이라는 것을 확인한 것입니다. 그래서 더 이상 관계를 지속하는 것은 결코 사랑이 될 수 없었습니다.

하나님께서는 고멜을 통하여 이스라엘 백성의 모습을 보여 주고자 하셨습니다. 이스라엘 백성은 고멜의 부정에 대해서는 비웃고 소문을 내면서 정작 자기 자신들의 모습은 보지 못하고 있었던 것입니다.

우리 사회는 이미 사람들의 부정이나 불륜에 대해서는 대수롭지 않게 생각하게 되었습니다. 그래서 웬만한 드라마에서는 불륜을 소재로 다루고, 심지어는 동성애까지 다루는 것을 보게 됩니다. 그러나 이것이 본인이 아니기 때문에 쉬운 것이지 만일 당사자에게 이런 일이 생긴다면 아마 거의 미치려고 할 것입니다.

우리는 사실 하나님을 믿는다고 하면서도 여전히 세상을 사랑하면서 살아가고 있습니다. 우리는 이 세상의 부정하고 음란한 것들을 알게 모르게 받아들이고 있습니다. 그러나 하나님은 우리를 참고 기다리십니다. 우리는 신앙에 회의가 들 때에는 하나님을 등지고 세상으로 가서 세상 사람들과 똑같이 하나님이 없는 타락한 삶을 살 때도 있었습니다. 그러나 그때도 하나님은 우리가 돌아올 줄 알고 조용히 기다리셨습니다. 그런데 하나님의 생각에 어느 순간에 도저히 안 되겠다는 판단이 설 때가 있는 것입니다. 그때에 하나님은 우리를 버리실 것입니다. 그런데 하나님의 이 판단의 중요한 요인으로는 고멜이라는 한 여인의 음행이나 아이들보다는 이스라엘 전체의 타락을 보시는 것입니다. 즉 이스라엘 안에서 바른 말씀이 없어지고 바른 신앙의 열정이 완전히 꺼졌을 때, 이때는 개인이 돌아올 수도 없습니다. 그때 하나님은 드디어 내 백성이 아니라고 하시면서 결별을 선언하시는 것입니다. 그리고 그 후에는 영적인 쓰나미 같은 대심판이 임하게 됩니다.

이스라엘 백성이 이렇게 버림을 당하는 이유가 무엇일까요? 첫째는 가나안 땅을 하나님의 말씀을 지키는 보증으로 주셨다는 것을 생각지 않은 것입니다. 즉 가나안의 축복은 구원의 결과로 주어지는 것이지 별개의 것이 아니었던 것입니다. 즉 우리는 말씀과 축복을 따로 떼어서 생각해서는 안 됩니다. 하나님의 말씀에 순종하면 복은 따라오는 것입니다.

그리고 둘째로 그들은 하나님이 왜 그들을 택하시고 사랑하시는지 알지 못했습니다. 하나님이 우리를 사랑하시고 축복하시는 것은 하나님을 나타내기 위해서입니다. 즉 우리의 축복은 둘째 문제이고, 우리가 하나님의 성품을 닮아서 하나님을 나타내는 것이 목적이었던 것입니다.

그러나 셋째로 하나님은 우리가 연약하다고 해서 우리를 버리지 않으십니다. 왜냐하면 하나님은 이미 우리를 알고 부르셨기 때문입니다. 하나님은 호세아에게도 고멜이 음란한 줄 알면서도 결혼을 하게 하셨습니다. 그러나 우리가 하나님의 은혜의 가치를 안다면 우리의 정욕과 싸워야 하고, 죄를 한두 번 지었을 때 하나님께 나아와서 눈물 흘리면서 회개하면 되는 것입니다. 그러면 하나님은 우리의 부정과 허물을 다 용서하시고 우리를 오히려 더 불쌍히 여기시고 더 사랑하여 주시는 것입니다.

우리는 처음부터 아브라함이나 모세같이 완전한 사람이 될 수 없습니다.

우리는 예수를 믿으면서도 수없이 실수하고 죄를 짓고 넘어집니다. 우리는 모두 고멜 같은 사람들인 것입니다. 그러니까 우리는 더 하나님의 사랑을 붙들 수밖에 없습니다. 우리는 우리 자신을 이길 수 없습니다. 그런데 하나님의 말씀을 믿고 붙들면 하나님은 우리의 모든 죄를 사하시고, 죄를 이길 힘을 주시며, 진짜 아브라함의 자손같이 믿음으로 살게 하시는 것입니다. 그래서 우리 중에서 처음부터 완전하기 때문에 예수를 믿는 사람은 없습니다. 우리는 모두 고멜과 같이 타락한 본성을 가진 자들입니다. 우리는 그냥 그대로 두면 사고를 칠 수밖에 없습니다. 그래서 우리는 세상의 성공보다는 말씀을 붙들 수밖에 없는 것입니다. 그때 하나님은 우리를 불쌍히 여기셔서 우리의 부족한 것들을 다 책임지시고, 우리의 삶을 아름답고 복되게 하시며, 영원히 망하지 않도록 지켜 주실 것입니다.

성경 토의

1. 하나님께서는 때때로 우리에게 실물 교훈을 주실 때가 있다. 즉 호세아에게 음란한 여자와 결혼하게 하시는 것이나, 요나 선지로 하여금 박 넝쿨로 깨닫게 하시는 것 등이다. 요즘 우리나라나 우리 주위에서 일어나는 일들을 통해서 우리는 하나님의 어떤 뜻을 생각할 수 있는가?

2. 여로보암 2세 때 이스라엘은 경제적으로나 군사적으로 부강했지만 하나님은 이스라엘 나라를 폐하겠다고 하셨다. 요즘 우리나라는 경제적으로나 군사적으로 보는 관점과 신앙적으로 보는 관점이 어떤 차이가 있다고 생각하는가?

3. 하나님은 이스라엘에 대해서는 긍휼을 베풀지 않으면서 왜 굳이 유다에 대하여는 긍휼을 베풀겠다고 하셨으며, 활이나 칼이나 말이나 마병이 아닌 방법으로 이기는 것은 어떤 것을 말하는가? 우리가 하나님의 긍휼과 도우심을 받으려면 어떻게 해야 하는가?

02_하나님의 새로운 계획

호세아 1:9-2:7

전체적 설명

하나님께서는 하나님과의 언약을 저버리고 이방 종교를 따라가서 이방화된 이스라엘에 대하여 더 이상 내 백성이 아니라고 선언을 하신다. 그러나 하나님은 이스라엘을 버리기만 하시는 것이 아니라 장차 이스라엘 백성을 다시 설득하셔서 하나님께 돌아오게 할 계획을 가지고 계신다. 그때는 유다와 이스라엘의 구별 없이 모든 하나님의 백성이 하나의 이스라엘이 될 것이다. 그러나 그것은 결코 가까운 미래의 일이 아니다. 그 대신 끝까지 하나님의 말씀을 듣지 않고 연애하는 자를 따라가듯이 이방 우상을 따라간 이스라엘 백성은 철저하게 비참하게 될 것이다. 왜냐하면 이스라엘 백성이 하나님으로부터 버림을 당하면 그냥 이방인이 되는 것이 아니라 세상에서 가장 비참한 자들이 될 수밖에 없기 때문이다.

설교 프리노트

1:9, "그 이름을 로암미라 하라"

히브리 어에서 '암' 은 '백성' 을 뜻하는데, 끝에 '이' 가 붙으면 '내 백성' 이 된다. 거기에 '로' 가 붙어서

'로암미' 가 되면 '내 백성이 아니다' 가 된다. 하나님은 드디어 이스라엘 백성에 대하여 '이들은 내 백성이 아니라' 라고 선언을 하신다. 하나님은 이스라엘 백성을 애굽에서 이끌어 내신 후 '이들은 내 백성이다' 라고 선언을 하셨는데 이제는 '내 백성이 아니다' 라고 선언하심으로 이스라엘 백성에게서 모든 하나님의 백성의 특권이 없어진 것을 선포하신다. 이제 이스라엘 백성은 더 이상 하나님을 나타내지도 못하고 예배나 말씀의 축복을 박탈당하게 된다.

1:10, **"그러나 이스라엘 자손의 수가 바닷가의 모래 같이 되어서"**

우리는 하나님께서 당장 이스라엘을 버린다고 하셨다가 금방 또다시 바다의 모래같이 많게 하시겠다고 하니까 하나님이 이랬다 저랬다 하시는 것같이 보일지 모른다. 그러나 여기서 말하는 이스라엘은 지금 하나님을 배신하고 우상을 따라간 이스라엘을 말하는 것이 아니라 장차 하나님을 믿고 따라오는 모든 믿는 자들을 총칭하는 말이다. 우리가 보기에 하나님께서는 당장 눈에 보이는 이스라엘 백성도 지키시는 데 실패해서 이들을 버릴 수밖에 없는 것 같다. 그런데 하나님께서는 무슨 방법으로 하나님을 믿는 자들을 바다의 모래같이 많게 하실 것인가? 아마 이것은 인간의 머리로는 도저히 이해할 수 없을 것이다. 그러나 장차 바다의 모래같이 많은 이스라엘 백성이 생기게 되는 것은 위대한 목자를 통하여 더 강한 말씀의 능력이 나타날 때가 있기 때문이다. 그래서 오히려 지금 부패하고 타락한 이스라엘 백성을 하나님은 버리시는 것이다. 왜냐하면 진정한 이스라엘 백성은 단순히 혈통상의 이스라엘이 아니라 하나님의 말씀을 믿고 따르는 자들이기 때문이다.

"너희는 내 백성이 아니라 한 그곳에서 저희에게 이르기를 너희는 사신 하나님의 자녀라 할 것이라"

하나님께서는 지금 이스라엘 땅에서 이스라엘 백성을 '내 백성이 아니라' 라고 말씀하신다. 그리고 이스라엘 백성은 앗수르에 의해서 가나안 땅에서 쫓겨났기 때문에 이스라엘 백성은 더 이상 가나안 땅에 남아 있지 못하고 먼 외국으로 흩어지진다. 그래서 '내 백성이 아니라 한 그곳'

은 더 이상 가나안 땅이 될 수 없다. 그러나 장차 하나님의 말씀이 선포되는 곳은 어느 곳이든지 가나안 땅으로 변하기 때문에 더 이상 장소가 중요한 것은 아니다. 예수님도 사마리아의 수가 성 여인을 향해서 "이 산에서도 말고 예루살렘에서도 말고"(요 4:21)라고 말씀하셨다. 하나님은 누구든지 하나님의 말씀을 듣고 믿는 자들을 모두 '살아 계신 하나님의 자녀'라고 인정하신다. 이때 심지어는 수많은 이방인들까지 하나님의 말씀을 듣고 믿음으로 하나님의 자녀의 특권을 누리게 된다(요 1:12).

1:11, "이에 유다 자손과 이스라엘 자손이 함께 모여 한 두목을 세우고"

이스라엘 백성은 르보호암 때 이스라엘과 유다로 나누어진 후 한 번도 하나가 되지 못했다. 아마 모든 이스라엘 백성의 마음속에는 이스라엘과 유다가 하나 되어서 다시 하나님의 백성이 되는 꿈이 있을 것이다. 그러나 이것은 사람의 힘으로는 되지 않고 오직 하나님이 세우시는 한 지도자에 의해서 이루어질 것이다. 이 지도자는 군사력으로 이스라엘과 유다를 하나가 되게 하는 사람이 아니다. 그는 오직 자신의 피로 원수 된 것을 하나 되게 하실 것이다(엡 2:15).

"이스르엘의 날이 클 것임이로다"

이스르엘은 이스라엘의 가장 중요한 평지요, 많은 농산물이 생산되는 곳이다. 이스라엘 백성이 하나님의 말씀을 버리고 이방을 따라갈 때 이스르엘은 무서운 살육의 현장이 되지만 그들이 다시 하나님이 세우신 지도자를 믿고 하나님께 돌아올 때 하나님은 더 큰 이스르엘의 복을 주신다. 이것은 단지 농사만 잘되는 것이 아니라 성령의 능력으로 많은 영혼을 추수하는 축복을 받는 것이다. '이스르엘'은 '심다'라는 뜻을 가지고 있다. 하나님께서 이제는 이스라엘 백성을 땅에 심으셔서 많은 열매를 맺게 하실 것이다.

2:1, "너희 형제에게는 암미라 하고 너희 자매에게는 루하마라 하라"

하나님께서 다시 은혜를 주셔서 이스라엘 백성을 부르실 때에는 그들이 하나님의 자녀의 특권을 회복하게 되며 하나님의 자비를 되찾게 된다. 하나님께서는 모든 이스라엘 백성에게 그때 모든 형제를 보면 암미('내 백성')라고 부르고, 모든 자매를 보면 루하마('자비' 또는 '긍휼')라고 부르라고 명령하셨다. 이것은 우리 모든 믿는 자들이 하나님의 자녀가 되며 하나님의 자비하심을 얻기 때문이다.

2:2, **"너희 어미와 쟁론하고 쟁론하라"**

하나님께서는 장차 이스라엘을 구원하셔서 회복시킬 계획을 가지고 계시지만 지금 하나님을 떠난 이스라엘은 철저하게 버리신다. 그 이유는, 이스라엘이라면 적어도 하나님의 말씀을 들어야 이스라엘의 자격이 있는데 지금 이스라엘 백성은 아무리 하나님이 말씀하셔도 절대로 듣지 않기 때문이다. 히브리 어로 '쟁론하고 쟁론하라' 라고 하는 것은 아주 과격하게 다투라는 뜻이다. 즉 어느 집에 어머니가 바람이 나서 집이 풍비박산이 나게 되었을 때 그래도 철이 있는 자식이라면 바람난 어머니를 감추거나 두둔할 것이 아니라 격렬하게 다투어서라도 지킬 수 있는 것은 지켜야 한다. 지금 하나님께서 '어미' 라고 말씀하시는 것은 이스라엘 전체 공동체를 의미하고, '자식' 은 이스라엘 개개인을 의미한다. 그러나 지금 이스라엘의 형편은 백성 개개인이나 나라 전체가 모두 하나님을 떠났기 때문에 쟁론할 여지가 없었다.

"저는 내 아내가 아니요 나는 저의 남편이 아니라"

하나님께서는 이미 고멜의 부정한 자식들을 통해서 하신 말씀을 다시 한번 분명히 선언하신다. 즉 이제 더 이상 이스라엘 백성은 하나님의 백성이 아니요, 하나님은 이스라엘 백성의 하나님이 아니시다. 즉 하나님은 이스라엘 백성과 결별하시는 것이다. 이스라엘 백성이 하나님과 결별하면 그냥 이방인이 되는 것이 아니라 그동안 하나님으로부터 받은 모든 은혜를 내어 놓아야 하기 때문에 결국 가장 비참한 노예가 될 수밖에 없는데 이스라엘 백성은 그것을 알지 못하고 있었다.

"저로 그 얼굴에서 음란을 제하게 하고 그 유방 사이에서 음행을 제하게 하라"

대개 '얼굴' 은 겉으로 드러난 부분을, '유방' 은 감추어진 부분을 의미한다. 그래서 그 얼굴에서 음란을 제하고 유방 사이에서 음행을 제하라는 것은 겉으로 드러난 음행이나 감추어진 음행을 모두 찾아내어서 철저하게 없애라는 것이다. 이스라엘 백성이 우상을 따라갈 때 겉으로는 우상숭배라는 종교를 받아들이는 것 같지만 그 이면에는 육체적인 음행이 있었고, 또 하나님을 더 이상 의지하지 않으려고 하는 정신적인 음행이 있었다. 만일 이스라엘이 살려고 하면 마약 중독자가 마약을 끊듯이 죽을 각오를 하고 모든 우상을 뿌리 뽑아야 한다.

2:3, **"그렇지 아니하면 내가 저를 벌거벗겨서"**

하나님께서 이스라엘을 벌거벗기겠다는 것은 그동안 하나님께서 이스라엘 백성에게 주신 모든 은혜와 축복을 다 빼앗아 가시겠다는 뜻이다. 누구든지 이 세상에 태어날 때에는 아무것도 가진 것이 없는 벌거숭이로 태어나듯이 이스라엘 백성이 애굽에서 나올 때에도 아무것도 가진 것이 없는 노예로 나왔다. 이제 하나님께서 이스라엘 백성을 벌거벗기시면 그들은 다시 빈털터리 노예가 되어서 어디론가 끌려가야 하는 것이다.

"저로 광야 같이 되게 하며 마른 땅 같이 되게 하여 목말라 죽게 할 것이며"

이스라엘 백성은 출애굽한 후에 40년간 광야 생활을 하면서 광야의 무서움을 뼈저리게 느꼈을 것이다. 그러나 그때에는 하나님께서 이스라엘 백성과 함께하셔서 반석에서 생수가 나게 하셨고, 하늘에서 만나를 내려서 먹을 것을 주셨다. 그러나 이제 하나님께서 이스라엘을 버리시면 다시 광야로 끌려가야 할 텐데 이제는 생수도 없고 만나도 없는 광야에서 살아야 한다.

2:4, **"내가 그 자녀를 긍휼히 여기지 아니하리니"**

지금까지 하나님은 이스라엘 백성이 어떤 고난 가운데 있든지 하나님께 부르짖으면 그 부르짖음을 들으시고 그들을 어려움에서 건져 주셨다. 그러나 이제는 더 이상 그들을 긍휼히 여기지 않겠다고 말씀하신다. 그 이유는 이제 이스라엘 백성이 하나님을 철저하게 모르게 되었기 때문이다. 그래서 지금 이스라엘 백성은 아무리 고난을 받아도 하나님께 기도하는 것 자체를 모르는 것이다. 그래서 하나님은 이들을 음란한 자식들이라고 말씀하고 있다. 즉 이들은 기도할 줄 모르는 이스라엘 백성이기 때문이다.

2:5, **"저희의 어미는 행음하였고 저희를 배었던 자가 부끄러운 일을 행하였나니"**

아이들의 입장에서 볼 때 자기들을 낳은 어머니가 음행을 저지르면서 다닌다는 것은 바로 자신들의 존재 자체를 위협하는 일이 될 것이다. 즉 어머니가 계속 음란한 짓을 하면서 산다는 것은 가정이 깨어지는 것은 물론이고 자기 자신도 어떤 사람의 자식인지 의심하게 하는 행동인 것이다. 여기서 '저희의 어미'는 이스라엘의 종교 전체가 하나님을 떠난 우상 종교인 것을 의미한다. 만일 이스라엘 전체의 종교가 우상의 종교라고 한다면 이스라엘 백성 개개인은 결코 하나님의 백성이 될 수 없는 것이다. 이스라엘 종교는 처음부터 하나님의 말씀을 붙잡지 않고 애매하게 금송아지 신앙을 택했다. 그리고 그 후에는 이스라엘 종교 안에 적극적으로 바알과 아세라 같은 우상의 종교들을 받아들였다. 이것은 여인으로 치면 창녀 짓을 하는 것이며, 사실 우상의 종교 안에는 창녀 짓과 같은 문란한 행위도 이루어지고 있었다.

"나는 나를 연애하는 자들을 따르리니"

여기서 '연애하는 자'는 '정부'를 의미한다. 여인들이 남편보다 정부를 좋아하는 이유는, 정부가 남편보다 더 잘해 줄뿐더러 내 마음대로 정욕을 즐길 수 있기 때문이다. 그러나 이런 정부는 결코 여인이 좋아서 잘해 주는 것이 아니라 돈을 원하든지 정욕의 노리개로 좋아하는 것이다. 사람이 진정으로 남자나 여자를 사랑하려면 자기 인생 전체를 바치는 헌신을 해야 사랑할 수 있는 자격이 있는 것이다.

"저희가 내 떡과 내 물과 내 양털과 내 삼과 내 기름과 내 술들을 내게 준다"

어리석게도 애인을 둔 여인들은 애인이 자기에게 많은 기쁨을 준다고 생각한다. 심지어 이런 여인은 자기가 누리고 있는 모든 행복조차도 애인이 주었다고 믿으려고 한다. 왜냐하면 애인이 주는 기쁨이 남편이 주는 집이나 물질보다 더 좋다고 느끼기 때문이다. 이스라엘 백성은 자기들이 누리고 있는 떡과 의복과 모든 기쁨을 우상이 준다고 생각했다. 왜냐하면 하나님은 아무 말씀이 없으셨기 때문이다. 그러나 이스라엘 백성이 누리고 있는 모든 축복은 하나님이 주신 것이고, 우상들은 그것을 빼앗으려고 이스라엘 백성의 비위를 맞추려고 하는 것이다.

2:6, **"그러므로 내가 가시로 그 길을 막으며 담을 쌓아"**

하나님과 이스라엘 백성의 눈물겨운 숨바꼭질을 보여 준다. 하나님은 어떻게 해서든지 이스라엘 백성이 우상에게 가는 길을 막으려고 하시고, 이스라엘 백성은 기를 쓰고 우상에게 가려고 했다. 자녀들이 사춘기가 되어서 연애를 하는데 부모가 그 상대가 마음에 들지 않아서 연애를 하지 못하게 하면 자녀들은 무슨 짓을 해서라도 애인을 만나러 가려고 할 것이다. 어떤 때에는 부모를 속이고 거짓말을 하기도 하고, 어떤 때에는 담을 넘어서 애인을 만나러 가기도 한다. 하나님께서는 이스라엘 백성이 우상에게 가지 못하도록 선지자를 통해서 길을 막기도 하고, 때로는 비나 산사태 같은 것으로 길을 막기도 하셨을 것이다. 그러나 이스라엘 백성은 오히려 하나님이 하지 말라고 하면 더 열정적으로 우상을 찾아갔다.

2:7, **"저가 그 연애하는 자를 따라 갈찌라도 미치지 못하며"**

이스라엘 백성이 미친 듯이 우상을 찾아간 것은 이방인들에게 그들과 같은 부류라는 인정을 받고 싶었기 때문인 것 같다. 이스라엘 백성은 자기들이 우상을 숭배하고 받아들이면 주위에 있는 민족들이 자기들을 친구로 받아 줄 줄 알았는데 주위 민족들은 아무리 이스라엘 백성이 우상을 섬겨도 그들을 자기들과 같은 부류로 받아 주지 않았다. 왜냐하면 그들이 보기에는 아무리 우상을 섬겨도 이스라엘 백성은 여전히 하나님의 백성이었기 때문이다. 그래서 이스라엘 백성은 자기들이 아무리 우상을 숭배해도 이방인들에게 인정을 받을 수 없다는 것을 너무나도 늦게 깨닫게 되었다. 요즘도 예수 믿는 사람들이 직장에서 예수 믿지 않는 사람들의 비위를 맞추기 위해서 술도 마시고 카드놀이를 하더라도 그들이 보기에는 여전히 기독교인이다. 그런데 엉터리 기독교인으로 보이는 것이다. 결국 이스라엘 백성은 아무리 우상을 따라가도 이방인들의 마음에 들 수 없었다. 이방인들에게는 우상을 섬기는 이스라엘이 더 가증스러웠을 것이다.

"내가 본 남편에게로 돌아가리니 그때의 내 형편이 지금보다 나았음이라"

어떤 부인이 애인을 따라가면 행복하게 해 줄 줄 알고 따라갔는데 애인이 돈만 빼앗고 이 여자를 길거리에 내팽개쳤을 때 그때 비로소 이 여자는 자기가 정부에게 속은 것을 알게 되는 것이다. 그래서 자기 남편에게 돌아가려고 하는데 이미 남편은 이 여자를 버린 후인 것이다.

본문 이해를 위한 질문

1. 하나님은 이스라엘 백성에게 무엇이라고 선포하셨는가?

이제 이스라엘 백성은 더 이상 하나님의 백성이 아니라고 선언하셨다.

2. 하나님은 이스라엘 백성에 대하여 어떤 계획을 가지고 계시는가?

하나님께서는 장차 많은 이스라엘 백성이 생기게 할 것이며, 그때에는 모든 하나님의 백성이 한 지도자를 중심으로 하나가 될 것이다.

3. 이스라엘 백성이 자기 어미와 쟁론하라는 것은 무슨 뜻인가?

지금 이스라엘 백성은 경제적으로 복을 받았고 성공했다고 기뻐하고 있지만 실제로는 하나님 앞에서 크게 음행을 저질러서 하나님과의 관계가 깨어지게 되었다는 뜻이다. 그래서 이스라엘의 잘못을 크게 비판해서 근본적으로 뒤집어엎을 수 있으면 살 수 있지만 그렇지 않으면 이스라엘 개개인도 살 수가 없다는 것이다.

4. 하나님은 우상을 따라가는 이스라엘을 어떻게 막으셨는가?

하나님께서는 가시로 막으시고 담으로 막으셨지만 우상을 향해서 가는 이스라엘 백성을 막을 수 없었다. 그러나 이스라엘 백성은 스스로 속고 있는 것이며, 그 결과는 모두에게 버림을 당하는 비참한 것이었다.

성경 강해

사람들이 즐겨 부르는 노래 중에는 실패한 첫사랑에 대한 노래가 가장 많습니다. 그 이유는 누구든지 실패한 첫사랑의 경험이 있고, 또 그 아픔과 아쉬움을 가지고 있기 때문일 것입니다. 처음에 서로가 만나서 사랑을 하고 영원히 변치 말자고 약속을 했는데 어느 날 다른 남자가 자기보다 돈이 더 많다고 해서 버림을 당하거나 혹은 다른 여자가 자기보다 더 얼굴이 예쁘다고 해서 애인이 자기를 버리고 다른 사람에게 가면 마음이 그렇게 아플 수가 없는 것입니다. 그러나 언제까지나 배반당한 사랑만 가지고 마음 아파하면서 살 수만은 없기 때문에 다시 더 좋은 사람을 만나 결혼을 해서 더 좋은 가정을 이루는 경우가 많이 있습니다. 그러나 정말 고통스러운 것은 이렇게 연애할 때가 아니라 많은 사람들 앞에서 행복하게 살겠노라고 결혼까지 했는데 어느 날 남편이나 아내가 자기를 배반하고 다른 사람에게 갔을 때 그 비참함과 고통이라고 하는 것은 말로 표현할 수 없을 것입니다. 그래도 남은 사람은 아이를 키우면서 가정을 지켜야 하는 것입니다.

우리는 오늘 본문 말씀에서 하나님께서 이스라엘 백성으로부터 첫사랑을 배반당하고 이혼까지 당하셨다는 것을 알게 됩니다. 하나님은 너무 순진하게도 이스라엘 백성을 하나님의 첫사랑으로 생각하셨고, 결혼한 부부로 생각하셨습니다. 그러나 이스라엘 백성은 하나님의 사랑을 배반하고 이방 신에게로 갔습니다. 이때 하나님은 엄청난 실연의 아픔을 당하셨습니다. 그래도 하나님은 이스라엘 백성이 돌아오기를 기다리셨습니다. 그러나 이스라엘 백성은 끝까지 하나님께 돌아오지 않았습니다. 그때 하나님께서는 이스라엘 백성을 향해서 너희는 더 이상 내 백성이 아니라는 선언을 하십니다. 그때 이스라엘 백성은 여로보암 2세 때였고, 그 선언을 담당한 선지자는 호세아였습니다. 하나님은 호세아 선지에게 그냥 가서 이스라엘 백성에게 어느 날 갑자기 '너희는 내 백성이 아니라' 라고 선포하게 하신 것이 아니라 호세아로 하여금 바람난 고멜 여자와 살게 하셨습니다. 고멜이 다른 남자와 바람을 피워서 호세아의 아이가 아닌 다른 남자의 아이를 세 명이나 낳았을 때 하나님은 이스라엘 백성에게 '자, 너희 눈으로 보기에도 고멜의 행동은 너무 했지? 사실 너희가 지금까지 해 온 것도 고멜과 똑같다. 이제 너희는 더 이상 내 백성, 즉 하나님의 백성이 아니다.' 라고 선언을 하시는 것입니다.

여기서 우리가 놀라게 되는 것이, 과연 이스라엘 백성도 하나님으로부터 버림받을 수 있는가 하는 것입니다. 그리고 과연 이스라엘이 하나님으로부터 버림을 받으면 어떻게 되는가 하는 것입니다.

하나님은 이스라엘 백성이 다윗을 배반하고 열 지파가 떨어져 나갔을 때에도 참고 기다리셨습니다. 그리고 하나님은 아합이 이세벨과 결혼하고 바알 신을 끌어들일 때에도 엘리야나 엘리사 같은 능력의 종을 보내시고 참으셨습니다. 그러나 여로보암 2세 때 이스라엘 백성을 물질적으로 많이 축복하셨음에도 불구하고 그들이 우상을 따라갔을 때 하나님은 이스라엘 백성이 너무한다고 생각하셔서 이스라엘을 인정하지 않기로 작정하셨습니다. 그리고 그 결과는 이스라엘이 앗수르에게 멸망당하는 것이었습니다. 즉 그동안 이스라엘 백성이 하나님으로부터 받았던 그 많은 축복을 모두 잃어버리는 것이었습니다.

이것은 오늘날 우리에게도 매우 중요한 말씀입니다. 왜냐하면 우리는 하나님을 믿는다고 하면서도 점점 세상을 따라가고 있기 때문입니다. 더 중요한 것은, 성도 개개인의 신앙도 문제이지만 교회 전체가 세상으로 떠내려가고 있는 실정이라는 것입니다. 그러면서도 우리는 하나님이 주신 엄청난 축복을 누리고 있습니다. 그런데 어느 날 하나님께서 '너희는 더 이상 내 백성이 아니다.' 라고 하시는 순간 지금까지 누리던 축복을 모두 잃어버릴 수 있는 것입니다. 그래서 우리는 절대로 지금 우리가 잘사는 것을 믿어서는 안 되고 하나님의 말씀을 바로 붙들고 있는가를 보아야 하는 것입니다.

1. 하나님이 원하신 이스라엘

하나님께서는 이스라엘 백성에 대하여 '너희는 내 백성이 아니요 나는 너희 하나님이 아니라' 라고 선언하십니다.

1:9, "여호와께서 이르시되 그 이름을 로암미라 하라 너희는 내 백성이 아니요 나는 너희 하나님이 되지 아니할 것임이니라"

여기서 우리가 하나님에 대하여 분명히 알 수 있는 것은, 하나님께서 이스라엘 백성에게 원하신 것은 부부의 신실한 사랑과 신뢰였다는 것입니다. 하나님께서는 이스라엘 백성에게 십계명의 제2계명에서 말씀하시기를, "나는 질투하는 하나님이라"(출 20:5)라고 하시면서 우상을 만들지 말라고 하셨습니다.

여기서 우리가 생각하게 되는 것은, 과연 우리가 하나님 앞에서 이와 대등한 사랑을 받을 자격이 있는가 하는 것입니다. 보통 질투라고 하는 것은 사랑하는 사람 사이에 나타나는 감정입니다. 즉 어떤 남자가 너무나도 사랑하는 여자가 있는데 그 여자가 자기를 사랑하지 않고 다른 남자를 좋아할 때 이 남자는 질투를 느낄 것입니다. 그러나 평소에 관심을 가지지 않는 사람에게는 그 사람이 누구를 좋아하든 좋아하지 않든 우리는 질투라는 감정을 가지지 않습니다. 더욱이 신분의 차이가 많이 난다든지 혹은 전혀 종류가 다른 것 사이에도 질투의 감정은 생기지 않습니다.

예를 들어 신분이 아주 높은 사람이 천한 사람들이 사랑하는 것에 질투를 느껴야 할 이유가 없고, 또 사람이 짐승들끼리 서로 사랑한다고 해서 질투의 감정을 느껴야 할 이유가 없습니다. 우리는 외국 사람들끼리 서로 사랑하든지 사랑하지 않든지 별로 관심을 가지지 않습니다. 그 이유는 그것이 나와는 아무 상관이 없는 일이기 때문입니다. 하물며 하나님과 우리 사이에 질투의 감정이라고 하는 것이 생길 수 있을까요? 사실 이것은 불가능한 것입니다. 하나님과 우리 사이는 인간과 짐승 사이와도 비교할 수 없을 정도로 어마어마하게 차이가 나는 관계입니다. 하나님과 우리는 사랑할 수도 없고 대등한 관계가 될 수도 없습니다. 그럼에도 불구하고 하나님께서 우리에게 원하신 것은 대등한 관계였고 질투하는 사랑이었던 것입니다.

이것은 하나님께서 우리에게 인간들끼리 서로 사랑하지도 말고 오직 금욕적인 생활을 하라는 뜻이 아닙니다. 하나님은 우리가 얼마든지 사랑할 수 있게 하셨고, 또 하나님이 주신 축복의 풍성함을 누리게 하셨습니다. 단지 하나님은 우리를 어마어마하게 높은 자리로 올리시고 우리가 그런 자리에서 죄짓지 않고 바른 믿음을 가지고 살기를 원하시는 것입니다. 예를 들어 자식이 결혼하지도 않고 부모하고만 사는 것을 원하는 부모는 없을 것입니다. 단지 부모가 원하는 것은 자식이 자신의 존귀함을 깨닫고 천한 짓을 하지 말고 높은 차원에서 살아가는 것일 것입니다. 하나님께서 이스라엘에게 원하셨던 것도 바로 이런 것이었습니다. 하나님은 이스라엘 백성에게 모든 행복을 포기하라거나 혹은 모두 수도승이 되라고 하신 것이 아닙니다. 하나님이 원하신 것은, 우리가 하나님의 백성이라는 존귀한 신분을 늘 기억하고 그 신분에 맞게 생활하라는 것이었습니다. 하나님이 이스라엘 백성에게 우상을 섬기지 말라고 하신 것은 우상 그 자체가 거짓이고 인간이 상상으로 만들어 낸 것이기 때문입니다. 즉 우상은 가짜 하나님인 것입니다. 예를 들어 어떤 사람들이 다른 사람에 대하여 그가 아닌 그의 가짜 사진을 합성해서 돌린다면 그 사람이 가만히 있을까요? 이것은 분명히 그 사람의 인격에 대한 침해인 것입니다. 또 어떤 미인이 있는데 사람들이 그 미인의 얼굴에 다른 여자 배우의 누드 사진을 합성해서 인터넷에 올린다면 그것은 분명히 가짜 사진이고 본인에 대한 인격 침해인 것입니다.

우리가 알아야 할 것은, 하나님의 영역에 대한 인간의 상상은 하나님의 인격에 대한 침해라는 것입니다. 그리고 하나님은 이 세상의 복이 전부가 아니기 때문에 이스라엘 백성에게 하나님이 주시는 복을 믿으라고 하셨습니다. 그러나 이스라엘 백성은 하나님의 눈높이보다는 이방인들의 눈높이가 더 마음에 들었습니다. 그래서 하나님께서 이스라엘에 대하여 질투하시기까지 하면서 하나님을 믿고 의지하기를 바라셨지만 이스라엘은 하나님에 대한 첫사랑도 버리고 언약도 버렸던 것입니다.

우리에게 있어서 첫사랑이라고 하는 것은 어떤 것입니까? 이것은 사랑의 열병과 같은 것입니다. 사랑하는 사람이 너무나도 좋아서 하루라도 보지 않으면 미칠 것 같고, 이 세상 다른 어떤 것보다 그 사람이 좋고, 그 사람을 위해서 어떤 것을 희생해도 아깝지 않은 것이 첫사랑인 것입니다. 우리가 하나님과 첫사랑을 할 때에도 우리의 감정은 이렇게 됩니다. 하나님께서 우리에게 은혜를 부어 주시고 성령을 부어 주시기 때문에 우리는 하나님의 사랑에 감격해서 울게 되고, 황홀한 체험을 하게 되고, 이 세상 그 어떤 것도 필요하지 않은 상태가 되는 것입니다.

물론 우리는 이런 상태로 계속 있을 수는 없습니다. 그러나 우리는 하나님이 주시는 범위 안에서 만족해야 하고, 말씀에 순종해서 살아야 하고, 어떤 어려움이 오더라도 하나님을 믿는 믿음으로 이겨 내야 합니다. 그런데 우리가 하나님의 말씀을 버리고 죄를 지어 가면서까지 잘살려고 할 때 하나님과의 관계는 금이 가게 됩니다. 그러나 우리가 한두 번 그렇게 했다고 해서 하나님은 우리에게 '너는 내 백성이 아니다.' 라고 말씀하지는 않으셨습니다. 그런데 우리가 보기에나 하나님이 보시기에 분명히 넘어서는 안 될 선을 넘을 때가 있습니다. 이것은 신앙을 버리는 것이고, 하나님을 버리는 것입니다. 그러나 우리가 하나님의 말씀 안에서 살 때 하나님은 절대로 우리를 버리지 않으실뿐더러 우리의 모든 연약한 것을 다 책임져 주십니다.

2. 하나님의 새로운 계획

하나님께서 이스라엘 백성을 버리신다고 하는 것은 하나님으로서는 엄청나게 부끄러운 일일 뿐 아니라 수치스러운 일이었습니다. 왜냐하면 사실 하나님께서 먼저 이스라엘 백성에게 버림을 당하신 것이기 때문입니다. 예를 들어 어떤 남자나 여자가 처음으로 만나 서로 사랑을 하고, 또 영원히 사랑하자고 약속도 했는데 어느 날 상대방이 마음이 변해서 떠난다면 아마 너무나도 낙심되고 실망될 것입니다. 특히 자기의 소중한 것을 모두 주었는데도 불구하고 상대방이 배신을 했을 때에는 죽고 싶다는 생각밖에 없을 것입니다.

그런데 성경에서 놀라운 것은, 이스라엘 백성이 하나님을 버렸는데 하나님께서는 하나님이 이스라엘을 버리신 것으로 말씀하십니다. 그 이유는 이스라엘 백성이 하나님을 버린 것이 엄청난 실수였기 때문입니다. 즉 이스라엘 백성이 하나님을 버렸다고 하는 것은 이 세상 최고의 복을 자기 스스로 버린 것이기 때문입니다. 이스라엘 백성은 눈앞에 있는 쾌락과 행복을 위해서 하나님을 버렸지만 이것은 이 세상에서 최고로 축복된 신분을 스스로 발로 차 버린 것입니다. 예를 들면 어떤 시골 처녀가 왕과 결혼해서 왕비가 되었는데 천민과 연애를 하는 바람에 왕비의 신분과 자격을 박탈당하는 것과 같은 것입니다. 즉 이스라엘이 하나님을 버린다는 것은 이스라엘이 하나님을 버리는 것이 아니고 자기 스스로가 하나님의 축복을 발로 차 버리는 것이 됩니다.

그러면 하나님은 이스라엘이 하나님을 버리신 후에 어떻게 하실까요? 괜히 이스라엘을 사랑했다가 물만 먹었다고 후회만 하실까요? 천만의 말씀입니다. 하나님께서는 더 많은 사람들을 사랑하시게 되는데 거기에는 우리 같은 이방인들이 포함되는 것입니다.

1:10, "그러나 이스라엘 자손의 수가 바닷가의 모래 같이 되어서 측량할 수도 없고 셀 수도 없을 것이며 전에 저희에게 이르기를 너희는 내 백성이 아니라 한 그곳에서 저희에게 이르기를 너희는 사신 하나님의 자녀라 할 것이라"

하나님께서는 이스라엘 백성을 버리셨습니다. 그런데 잠시 후에 보니까 이스라엘 백성이 얼마나 많은지 그 수가 바다의 모래처럼 많아서 헤아릴 수가 없었습니다. 하나님은 분명히 이스라엘을 버리셨는데 이스라엘이 얼마나 많은지 측량할 수도 없다고 했습니다. 즉 이스라엘 백성이 얼마나 많은지 그 끝이 보이지 않는 것입니다.

요즘도 큰 종교 집회를 하면 사람들이 너무 많이 모이기 때문에 전체가 몇 명이 모였는지 헤아릴 수 없을 때가 많습니다. 그러면 대개 주최 측에서는 모인 사람들의 수를 추산합니다. 그래서 어떤 때에는 10만 명이라고 발표하기도 하고, 어떤 때에는 20만 명이라고 발표하기도 하는데 사람들이 너무 많이 모이면 추산 자체가 불가능하게 됩니다.

하나님께서는 분명히 이스라엘 백성을 버리셨습니다. 그러면 이 세상에 이스라엘 백성은 한 명도 없어야 정상일 것입니다. 그런데 놀랍게도 이스라엘 백성이 더 많이 생긴 것입니다. 도대체 어떻게 해서 이렇게 많은 이스라엘 백성이 생기게 되었을까요? 이것이 바로 하나님의 말씀의 능력입니다. 혈통으로는 이스라엘 백성이 버림을 받았지만 말씀을 듣는 자들 중에서 엄청나게 많은 새로운 이스라엘이 생겼습니다. 이 새로운 이스라엘이란 바로 우리 같은 이방인들을 말하는 것입니다. 이스라엘 자손들은 하나님의 말씀을 믿지 않는데 우리는 하나님의 말씀을 믿고, 이스라엘 백성은 하나님의 질투하시는 사랑을 믿지 않는데 우리는 하나님의 그 사랑을 믿는 것입니다.

그래서 하나님은 어떻게 하십니까? 10절 하반절에 '저희에게 이르기를 너희는 내 백성이 아니라 한 그곳에서 저희에게 이르기를 너희는 사신 하나님의 자녀라 할 것이라' 라고 하였습니다. 즉 전에 우리 같은 이방인들이 하나님을 알고 싶어서 말씀을 들으려고 하면 하나님은 우리에게 '너희는 내 백성이 아니야.' 라고 하셨습니다. 그런데 이제는 무수한 이방인들을 불러들여서 하나님의 말씀을 믿게 하시고 하나님의 사랑을 누리게 하시는 것입니다.

이것이 도대체 어떻게 된 것일까요? 이것이 원래 하나님의 사랑인 것입니다. 하나님의 사랑은 원래 이렇게 바다같이 넓은 것이었습니다. 그런데 이스라엘 백성이 그 사랑을 믿지 못하는 바람에 오히려 하나님의 사랑이 더 넓어지게 되었습니다. 이것이 우리가 이해할 수 없는 미스터리입니다. 하나님의 사랑을 믿지 않던 이스라엘 자손들은 버림을 당하고 원래 하나님의 사랑을 받지 못하던 우리는 하나님의 사랑을 믿게 된 것입니다. 그래서 사도 바울은 로마서에서 바로 이 말씀을 인용하고 있습니다.

"호세아 글에도 이르기를 내가 내 백성 아닌 자를 내 백성이라, 사랑치 아니한 자를 사랑한 자라 부르리라 너희는 내 백성이 아니라 한 그곳에서 저희가 살아 계신 하나님의 아들이라 부름을 얻으리라 함과 같으니라"(롬 9:25-26).

하나님은 사랑하셨던 이스라엘을 버리시고 원래 사랑받지 못하던 우리를 사랑하셨습니다. 그 이유가 무엇일까요? 이스라엘이 하나님에 대하여 감사할 줄 몰랐기 때문입니다. 하나님은 똑똑하고 잘난 사람을 원하시는 것이 아니라 감사하는 자를 원하시는 것입니다.

우리가 하나님을 믿는 순간 우리의 신분은 바로 하나님의 어마어마한 축복의 자녀의 신분으로 오르게 됩니다. 이것을 우리는 믿어야 합니다. 그리고 우리는 절대로 세상과 하나님을 바꾸어서는 안 됩니다.

1:11, "이에 유다 자손과 이스라엘 자손이 함께 모여 한 두목을 세우고 그 땅에서부터 올라오리니 이스르엘의 날이 클 것임이로다"

유다와 이스라엘은 같은 하나님의 백성이면서도 신앙과 축복에 대한 생각이 달라서 갈라졌습니다. 그리고 이스라엘과 유다는 다시 하나가 되지 못했습니다. 오히려 호세아의 이 예언이 있은 후에 이스라엘은 앗수르 군대의 공격으로 이 지상에서 영영히 없어지고 맙니다. 그럼에도 불구하고 하나님께서는 이스라엘과 유다가 한 우두머리 아래서 하나가 된다고 말씀하셨습니다. 이것은 이스라엘과 유다의 정치적인 통일을 말하는 것이 아닙니다. 오히려 이들이 신앙 안에서 하나가 되는 것을 말합니다. 그래서 이스라엘이 망한 후에 히스기야 때 이스라엘과 유다는 함께 유월절을 지키게 됩니다. 그러나 더 중요한 것은, 먼 훗날 오순절 성령이 오셨을 때 세상 모든 유대 인들이 예수를 믿고 성령을 받게 되는데 이때 진정으로 인류는 그리스도 안에서 하나가 되는 것입니다. 이것은 결코 이상한 것이 아닙니다. 왜냐하면 우리 인간은 처음 만들어질 때 예수님을 중심으로 만들어졌기 때문입니다. 이제 온 인류는 산 자나 죽은 자나 모두 예수님을 중심으로 하나가 됩니다. 그때 이스르엘의 날이 클 것이라고 했습니다. 여기 이스르엘은 이스라엘에 있는 큰 평지를 말합니다. 이 평지는 너무나도 비옥해서 여기에 씨가 떨어지면 어마어마한 열매를 맺게 될 것입니다.

2:1, "너희 형제에게는 암미라 하고 너희 자매에게는 루하마라 하라"

이제 하나님께서는 이방인인 우리에게 새로운 이름을 주십니다. 형제들의 이름은 모두 '암미' 입니다. 이것은 '모두 내 백성' 이라는 뜻입니다. 그리고 자매들의 이름은 모두 '루하마' 입니다. 이것은 '사랑' 이라는 뜻입니다. 즉 모든 자매들은 하나님의 사랑받는 자녀들이 되었습니다. 그리고 모든 형제들은 하나님의 백성이 되었습니다. 우리의 지나간 모든 불행은 하나님의 사랑으로 모두 없어지고 지워지게 됩니다. 그리고 우리는 원자 폭탄보다 더 크신 하나님의 능력을 가진 자들이 되는 것입니다. 그래서 우리는 절대로 세상을 무서워하거나 부러워할 필요가 없습니다. 왜냐하면 우리 안에 계신 하나님이 크신 분이기 때문입니다. 하나님이 우리를 이스르엘에 심으셨기 때문에 어마어마한 열매를 맺게 될 것입니다.

참으로 놀라운 것은, 우리는 제대로 열매를 맺지 못하는 돌감람나무였는데 하나님은 우리를 참감람나무에 접붙이셨다는 것입니다. 그런데 이상한 것은 돌감람나무를 참감람나무에 접붙이니까 열매가 엄청나게 많이 맺히는 것입니다. 처음 감람나무보다 더 좋고 더 많은 열매가 맺혔습니다. 그래서 이스르엘의 날이 크다고 말씀하시는 것입니다. 우리가 믿음으로 나가기만 하면 옛날 이스라엘과는 비교도 되지 않는 부흥과 축복의 열매가 맺힐 것입니다.

3. 어미와 쟁론하라

엄마나 아버지가 바람을 피우거나 싸워서 이혼을 하면 가장 큰 피해를 입는 사람들은 아이들일 것입니다. 그러나 대개는 그런 일이 일어나더라도 아이들은 어리기 때문에 부모의 문제에 관여할 수가 없을 것입니다. 하지만 자녀들이 어느 정도 나이가 들고 분별할 수 있을 만한 연령이 되었다면 잘못을 저지른 부모와 다투어서라도 그들의 잘못된 행동을 책망하고 바로잡으려고 할 것입니다. 그럼에도 불구하고 엄마나 아버지가 행실을 고치지 않으면 집에서 쫓아내어 버리고 자기들끼리 집을 지킬 것입니다.

중요한 것은 바로 이것입니다. 누군가가 죄에 빠져서 집 전체를 망치려고 할 때에는 누구든지 지각이 있는 사람이 나서서 집 전체가 깨어지고 망하는 것을 막아야 하는 것입니다. 그래서 대개의 집은 그렇게 할 것입니다. 즉 어떤 사람이 바람을 피우거나 혹은 도박에 중독되어서 집 전체를 망치려고 하면 그 사람을 집에서 쫓아내어서 나머지 식구들을 지키고 다시 새 출발하면 되는 것입니다. 그런데 놀라운 것은 신앙에 있어서도 이것이 그대로 적용된다는 사실입니다.

하나님께서는 아직도 이스라엘에서 제대로 하나님을 믿으려고 하는 자들에게 호소를 하십니다.

2:2, "너희 어미와 쟁론하고 쟁론하라 저는 내 아내가 아니요 나는 저의 남편이 아니라 저로 그 얼굴에서 음란을 제하게 하고 그 유방 사이에서 음행을 제하게 하라"

하나님께서 그들에게 알기 쉽게 예를 들어서 말씀을 하십니다. 즉 어느 집에 엄마가 바람이 나서 집 전체를 망하게 하려고 한다고 합시다. 그런데 이 여자가 얼마나 드센지 남편 말은 전혀 들으려고 하지 않습니다. 그러면 결국 그 집에 철이 든 자식이 있으면 그가 나서서라도 집을 지켜야 하는 것입니다.

여기서 '쟁론하고 쟁론하라' 라는 말은 '네 어미가 죄를 향하여 갈 때에 그냥 못 본 체하지 말고 싸우고 또 싸우라' 라는 뜻입니다. 그러면서 '그 얼굴에서 음란을 제하게 하고 유방 사이에서 음행을 제하게 하라' 라고 하십니다. 대개 여기서 '얼굴' 이라고 하는 것은 뻔뻔스럽게 드러난 행동을 말합니다. 그리고 '유방 사이' 라고 하는 것은 감추어진 음행입니다. 이것은 이 여자에게 있어서 드러난 음행이 전부가 아니라는 것입니다. 아직도 감추어진 음행이 많이 있는데 네 어미라고 해서 봐주지 말고 조사하고 캐내어서 모든 비행을 밝혀 내라는 것입니다. 그러면 어떻게 됩니까? 아무리 자식이라 하더라도 엄마의 죄를 그냥 내버려 두어서는 모두가 망한다는 것을 깨닫게 되는 것입니다. 그러면 자식들이 해야 할 것은 엄마를 그 집에서 쫓아내서 죄짓는 데 사용되는 것들을 모두 버리는 것입니다. 그러면 어떻게 됩니까? 하나님께서는 부족한 이 자녀들을 중심으로 새 가정을 만들어 주시는 것입니다. 이것이 바로 위대한 종교 개혁의 정신인 것입니다.

지금까지 교회가 이렇게 해 왔습니다. 때때로 교회의 지도자들이나 목회자들이 타락해서 하나님의 말씀을 버리고 더러운 탐욕으로 교회를 더럽혔을 때 그 중에서 성경을 아는 자들은 결코 잠잠하지 않았습니다. 이들은 어머니인 교회와 지도자들을 대상으로 싸웠습니다. 다른 사람들은 이들을 교만하다고 하고, 이단이라고 하고, 귀신 들렸다고 했지만 이들은 끝까지 싸워서 어머니의 죄를 들추어내었고, 결국 자식들을 중심으로 새로운 가정을 이루었습니다. 유대교가 살아 있는 하나님의 말씀을 버리고 딱딱하고 죽은 형식적인 교회가 되었을 때 기독교는 이들과 싸워서 어머니를 쫓아내고 새로운 가정을 이루었습니다. 또 천주교가 하나님의 말씀을 버리고 전통과 야망으로 교회를 지배할 때 종교 개혁자들은 어머니와 싸워서 그들의 비행을 드러내고 새로운 가정을 이루었습니다. 오늘 우리도 이들의 음행에 대하여 잠잠해서는 안 됩니다. 우리는 교회의 세속화에 대하여 부흥이라고 말하거나 교회가 물질적으로 비대해지는 것을 축복이라고 말해서는 안 됩니다. 우리는 욕을 얻어먹고 발로 채이고 온갖 오해를 받는 한이 있어도 교회의 세속화를 지적하고 교회의 바른 모습을 되찾아야 하는 것입니다.

하나님께서 호세아를 통해서 이스라엘 백성에게 요구하시는 것은 바로 이것이었습니다. 즉 이스라엘 백성 중에 몇 명이라도 호세아의 말을 듣고 은혜를 받아서 바른 신앙을 되찾으면 물론 이스라엘은 망하지만 하나님은 포로로 붙들려 가는 중에도 그들을 지켜 주셔서 부흥이 일어나게 하시려는 것입니다. 그런데 유다에는 이것이 있었습니다. 유다 백성이 바벨론에 포로로 붙들려 갔을 때 거기에는 에스겔이라는 선지자가 있어서 마른 뼈와 같은 유다 백성을 다시 부흥하게 했습니다. 그러나 이스라엘에는 그런 반응이 있었다는 말이 없습니다. 결국 이스라엘은 어미와 자식들이 다 같이 쫓겨나게 되는 것입니다.

2:3, "그렇지 아니하면 내가 저를 벌거벗겨서 그 나던 날과 같게 할 것이

요 저로 광야 같이 되게 하며 마른 땅 같이 되게 하여 목말라 죽게 할 것이며"

여기서 참으로 놀라운 것은, 이스라엘 백성이 하나님의 축복을 많이 받으면서 이렇게 타락했다는 것입니다. 우리 생각에 하나님의 축복을 많이 받으면 더 하나님을 사랑할 것 같은데 인간의 마음은 너무나도 간사해서 축복은 하나님으로부터 받지만 죄는 세상에 가서 짓는 것입니다. 이스라엘 백성은 하나님과 헤어지면 훨씬 자유로울 것이라고 생각했습니다. 그러나 이스라엘 백성이 깨닫지 못하는 것이 있었습니다. 그것은 하나님과 헤어지면 하나님께 받은 축복도 다 없어진다는 것입니다. 이스라엘 백성이 하나님과 헤어지면 하나님만 없어지는 것이 아니라 하나님께 받은 가나안 땅을 포기해야 했던 것입니다.

하나님께서는 이스라엘이 그 나던 날과 같을 것이라고 하셨습니다. 아이들이 태어날 때는 그야말로 볼품이 없습니다. 조그마하고 피부가 쪼글쪼글한 피투성이인데 눈도 제대로 뜨지도 못하는 것이 사람 같지도 않습니다. 즉 이스라엘 백성이 하나님께 버림받으면 출애굽하기 전으로 돌아가야 하는 것입니다. 즉 그들은 노예 상태로 돌아가야 하고, 그냥 돌아가는 것이 아니라 광야 40년을 걸었던 것을 역방향으로 다시 걸어서 노예로 붙들려 가야 하는 것입니다.

사실 이 말씀 그대로 이스라엘 백성은 앗수르의 침공으로 많이 죽고 나머지는 먼 곳까지 쇠사슬에 묶여서 노예로 끌려가야 했습니다. 그리고 이스라엘은 메마른 땅이 되고 말았습니다. 왜냐하면 땅을 경작하는 자도 없고 비도 내리지 않으니까 자연적으로 버려진 땅이 될 수밖에 없었기 때문입니다.

2장 4-5절에서 하나님은 다시 그들의 음행에 대하여 강조하십니다.

2:4-5, "내가 그 자녀를 긍휼히 여기지 아니하리니 이는 저희가 음란한 자식들임이니라 저희의 어미는 행음하였고 저희를 배었던 자가 부끄러운 일을 행하였나니 대저 저가 이르기를 나는 나를 연애하는 자들을 따르리니 저희가 내 떡과 내 물과 내 양털과 내 삼과 내 기름과 내 술들을 내게 준다

하였느니라"

우리가 이해가 되지 않는 것이, 왜 이스라엘 백성은 하나님이 그렇게 믿지 말라고 말씀하신 바알을 믿어서 이렇게 망하고 버림을 당할까 하는 것입니다. 그것은 이스라엘 백성이 하나님을 믿지 못했기 때문입니다. 이스라엘 백성은 원래 유목민이었습니다. 그래서 이스라엘 백성의 생활은 언제나 가난하고 비참하고 불안정했습니다. 그런데 이스라엘 백성이 가나안 땅에 들어와 보니까 가나안 사람들이 너무나도 잘살고 있었습니다. 그런데 그들은 모두 바알을 믿는 자들이었습니다. 우리는 바알이라고 하면 어떤 신인지 이해가 되지 않겠지만 제우스라고 하면 이해가 될 것입니다. 그리스 신화에 나오는 제우스는 모든 신의 주인이고 번개를 던지는 아주 음란한 신입니다. 그리스 사람들은 그러한 제우스를 절대적으로 생각했습니다. 가나안 땅에서는 바알이 바로 그 제우스 같은 신이었던 것입니다. 즉 번개를 던져서 비가 오게 하고, 음란한 짓을 많이 해서 자식을 많이 낳게 하는 신이었던 것입니다. 그런데 여호와는 이스라엘 백성에게 죄가 되는 모든 것을 하지 말라고 하셨습니다. 그러나 이스라엘 백성은 이 하나님의 말씀을 잔소리라고 생각했습니다. 그리고 이들은 가나안 사람들이 바알을 믿고도 이렇게 잘사는 것을 보면 우리가 바알을 믿어도 적어도 그들 정도는 살 것이라고 생각했던 것입니다.

예를 들어 오늘날 우리나라 사람들은 예수를 믿지 않아도 너무나도 세상적으로 잘살고 있습니다. 이것을 보고 젊은 사람들은 우리가 하나님을 믿지 않아도 적어도 세상 사람들 정도는 살 수 있을 것이라고 생각하는 것입니다. 그런데 더 무서운 것은 기독교의 장점과 세상의 축복을 섞으면 더 성공할 수 있다고 생각하는 것입니다. 즉 기독교인들은 정직합니다. 그리고 성실합니다. 그것과 세상의 복을 합치면 더 성공적인 신앙이 나올 수 있다고 생각하는 것입니다. 그러나 우리가 알아야 할 것은, 우리의 복은 전부 하나님이 주신 것이며, 우리의 것은 아무것도 없다는 것입니다. 우리의 길은 세상 사람들의 길과 다르며, 우리는 하나님을 믿고도 얼마든지 성공할 수 있습니다. 그러나 이스라엘 백성은 이것을 믿지 못했습니다.

우리가 이것을 미리 깨닫는다면 엄청난 복입니다.

2:6-7, "그러므로 내가 가시로 그 길을 막으며 담을 쌓아 저로 그 길을 찾지 못하게 하리니 저가 그 연애하는 자를 따라 갈찌라도 미치지 못하며 저희를 찾을찌라도 만나지 못할 것이라 그제야 저가 이르기를 내가 본 남편에게로 돌아가리니 그때의 내 형편이 지금보다 나았음이라 하리라"

이스라엘 백성은 자기들이 앗수르를 따라가고 세상을 따라가면 세상에서 인정을 받고 도움을 받을 것이라고 생각했습니다. 그러나 이 세상에 순진한 사람들은 이스라엘 백성밖에 없었습니다. 다른 나라들은 모두 이스라엘을 이용할 대로 실컷 이용하고 난 후에는 버렸습니다. 그러나 하나님은 그 중에서도 일부 이스라엘은 남겨 두셔서 우리가 옛날 하나님 믿을 때가 더 나았다고 생각하고 하나님께로 돌아올 자가 있을 것이라고 하셨습니다.

우리는 이 말씀을 우리에게 하시는 말씀으로 들어야 합니다. 즉 우리가 세상으로 가지 못했던 것은 원래 우리의 믿음이 좋았기 때문이 아닙니다. 우리는 너무나도 세상으로 가고 싶어 했습니다. 그런데 하나님께서 가시로 막으셔서 세상으로 가지 못했고, 가시를 치우면 담을 만들어서 세상으로 따라가지 못하게 하셨습니다. 그리고 우리가 그 담을 넘어서 세상을 따라간다 하더라도 세상을 만나지 못합니다. 왜냐하면 세상은 너무나도 빨리 달리기 때문에 우리 실력으로는 도저히 따라잡을 수가 없는 것입니다.

결국 우리는 어쩔 수 없어서 하나님의 말씀을 듣고 믿음을 가지게 되었는데 나중에 알고 보니까 이것이 어마어마한 복인 것입니다. 우리는 하나님의 축복의 금광을 차지하게 된 것입니다.

우리 주위에는 세상의 복을 따라가느라고 인생 전체를 허비한 분들이 있습니다. 그들에게 안타까운 것은 차라리 그들이 예수를 바로 믿었더라면 그 많은 돈과 시간을 허비하지 않았을 거라는 것입니다. 그런데 이스라엘 백성은 나라가 망하고 하나님이 주셨던 축복을 다 빼앗긴 후에 비로소 '우리가 하나님이나 제대로 믿었더라면 이런 꼴은 당하지 않았을 텐데.' 하는 것입니다. 그러나 이 정도라도 깨닫는 사람은 대단한 것입니다. 왜냐하면

이 모든 손해가 다 진리를 배우는 등록금이기 때문입니다. 많은 교인들이 사업에 망하고 세상에 실패하고 '이럴 바에야 예수나 제대로 믿자.' 라고 생각하고 돌아오시는 분들이 있는데 이분들은 하나님의 뜻을 정확하게 안 것입니다. 그러나 우리가 완전히 망하기 전에 청년의 때에 바른 신앙을 가진다면 이것은 엄청난 시간과 돈을 절약하는 것입니다.

하나님께서는 이스라엘 백성이 바알을 찾아갈 때 가시로 막으셨습니다. 이스라엘 백성이 바알을 찾을 때 더 생활이 어렵고 가난하게 하셨다는 뜻입니다. 그럼에도 불구하고 이스라엘 백성은 완전히 망하기 전에는 깨닫지 못했던 것입니다. 왜냐하면 세상 사람들이 하는 것만 보고 따라가려고 했기 때문입니다.

우리는 힘이 들 때 빨리 깨닫고 하나님의 말씀으로 돌아오면 살 수 있습니다. 모든 어려움을 보상받을 수가 있는 것입니다. 그러므로 이 세상이 아무리 화려하고 아무리 잘살아도 세상을 따라가지 말고 하나님만 의지하고, 하나님이 주시는 것 안에서 모든 것을 감당하시는 성도들이 되시기 바랍니다.

성경 토의

1. 하나님의 백성이 세상을 그렇게 좋아하고 세상 사람들과 같아지려고 애를 쓰는 이유는 무엇인가? 그리고 하나님의 백성이 세상 사람들과 행동하는 것이나 생각하는 것이 똑같아졌을 때 세상 사람들은 이것을 어떻게 생각하는가?

2. 우리는 교회가 바른 말씀에서 떠나서 세상의 유행을 따라가는 것을 왜 두렵게 생각해야 하며, 이런 경우 개개인이 어떻게 이것을 바로잡을 수 있는가?

3. 우리가 매일 먹는 양식이나 물이나 집이나 옷은 과연 내가 돈을 벌어서 사는 것인가, 아니면 하나님이 주시는 것인가? 만일 내가 나의 삶 가운데 하나님을 인정하지 않으면 앞으로 어떻게 달라질 것인가?

03_하나님의 약혼 선언

호세아 2:8-23

전체적 설명

하나님은 하나님의 백성이 하나님을 버리고 세상을 사랑하여 세상을 따라갈 때 할 수 있는 한 막으시고 또 가르치시지만 한번 마음이 떠난 이스라엘 백성을 다시 하나님께 돌이킨다는 것은 보통 어려운 일이 아니다. 하나님께서는 하나님을 떠난 이스라엘 백성에게 그들이 하나님을 떠난 결과가 어떤 것인지 깨닫게 하신다. 그것은 철저한 궁핍과 비참함인 것이다. 그리고 오랜 세월이 지난 후에 하나님은 다시 이스라엘 백성을 설득하여 하나님께 돌아오게 하시고, 하나님은 이들에게 다시 새장가를 들겠다고 약속하신다. 하나님께서 새장가를 드시겠다는 것은 다시 이스라엘 백성만 사랑하시며 그들에게 헌신하겠다는 약속인 것이다.

설교 프리노트

8절, "곡식과 새 포도주와 기름은 내가 저에게 준 것이요"

이스라엘 백성의 가장 큰 오해는 과연 이스라엘 백성이 가나안 땅에서 열심히 농사를 지어서 얻은 곡식이나 포도나 감람 열매나 그 기름은 누가 준 것이냐 하는 것이었다. 이스라엘 백성은 광야에서 먹을 것이 아무것도 없었을 때 하나님께서 기적적으로 주신 만나는 틀림없이 하나님이 주신 것이라고 믿었다. 그러나 이스라엘 백성이 가나안 땅에 들어와서 농사를 지어서 얻은 곡식과 포도나 감람 열매는 자기들이 농사를 지어서 얻은 것이었다. 그리고 이스라엘 백성이 더 많은 것을 추수하려고 하면 아무래도 하나님을 믿는 것보다는 자기들보다 농사를 더 잘 짓는 가나안 사람들의 신을 믿어야 할 것 같았다. 그러나 이것은 이스라엘 백성의 큰 오해였다. 광야에서 이스라엘 백성에게 만나를 주신 분도 하나님이고, 가나안 땅에서 곡식을 주신 분도 하나님이셨다. 단지 주시는 방법만 달랐을 뿐이다. 그래서 하나님께서는 '곡식과 포도주와 기름은 내가 저희에게 준 것이라' 라고 말씀하신다.

"저희가 바알을 위하여 쓴 은과 금도 내가 저에게 더하여 준 것이어늘"

심지어는 이스라엘 백성이 바알 신전에 갖다 바친 은과 금도 하나님이 이스라엘 백성에게 주신 것이었다. 여기서 '더하여 준 것' 은 하나님께서 이스라엘 백성을 사랑하셔서 그들의 생존에 필요한 것 이상으로 더 주신 것을 의미한다. 그리고 다른 한편으로 하나님께서는 이것을 통해서 이스라엘 백성이 하나님이 주신 재물을 바르게 사용하지 못하는 것에 대하여 안타까워하고 계신 심정을 나타내시고 있다.

9절, "그러므로 그 시절에 내가 내 곡식을 도로 찾으며"

'그 시절에' 라고 하는 것은 이스라엘 백성이 곡식을 거두는 시절을 말한다. 이스라엘 백성은 보통 때와 같으면 많은 곡식을 거둘 것이라고 예상할 수 있는데 생각지도 못한 일에 의해서 곡식을 거두지 못하게 된다. 그 이유는 이스라엘 백성이 자기들에게 곡식을 주시는 분이 누구인지 알지 못했기 때문이다. 이스라엘 백성이 자기에게 양식을 주시는 분이 누구인지 모르면 곡식을 거둘 자격이 없는 것이다.

"또 저희 벌거벗은 몸을 가리울 내 양털과 내 삼을 빼앗으리라"

하나님은 이스라엘 백성이 하나님이 주신 은혜를 알지 못할 때 하나님이 주신 선물을 하나씩 거두어 가신다. 이것은 하나님께서 이스라엘에 대하여 질투하는 심정을 나타내시는 것이다. 이스라엘 백성은 곡식만 흉년이 드는 것이 아니라 목축까지 흉년이 들어서 양의 털을 깎지 못하게 되고, 심지어는 삼 농사까지 망쳐서 옷을 입지 못하게 될 것이다. 이 모든 것이 이스라엘 백성이 자기들을 축복하시는 분이 누구인지 알지 못했기 때문에 일어나는 일이다.

10절, "이제 내가 그 수치를 그 연애하는 자의 눈 앞에 드러내리니"

지금까지 이방 나라들이 이스라엘에 관심을 가지고 좋아했던 것은 이스라엘이 잘살고 돈이 많고 곡식이 풍성했기 때문이다. 그런데 갑자기 이스라엘 백성이 가난하게 되고 헐벗게 되니 이스라엘을 좋아할 이방 나라는 없는 것이다. 이스라엘은 그동안 내재되어 있던 여러 가지 사회 문제들이 터지고, 더욱이 여러 번의 쿠데타로 왕들이 죽고 장군들이 왕위를 찬탈하는데 이 모든 소문이 주위 나라에 알려지는 것이다. 나중에는 그 잘살던 이스라엘이 앗수르의 공격으로 망하게 되는데 아무도 이스라엘을 건져 주지 못하게 될 것이다. 왜냐하면 그 손이 '내 손', 곧 '여호와의 손'이기 때문이다.

11절, "내가 그 모든 희락과 절기와 월삭과 안식일과 모든 명절을 폐하겠고"

이것을 보면 이스라엘 백성이 실제로는 우상을 섬기면서도 하나님의 절기는 모두 지키고 있었던 것을 알 수 있다. 그러나 우상과 함께 하나님의 절기를 지키는 것을 하나님은 너무나도 싫어하셨다. 그래서 이스라엘 백성이 하나님을 기쁘시게 하려면 우상을 버리고 바르게 절기를 지키든지, 아니면 절기를 폐해야 하는데 이스라엘 백성은 절기를 폐할 생각이 없었다. 그래서 하나님께서는 이스라엘을 이방 나라에 망하게 하셔서 이 위선적인 절기를 강제로 폐지시키려고 하시는 것이다. '모든 희락'은 아마도 추수로 인한 기쁨을 의미할 것이다. 이스라엘 백성이 망해서 포로로 붙들려 가면 더 이상 추수하는 기쁨은 없어질 것이다. 이것은 참으로 위선적인 신앙을 가진 자들의 무서운 말로이다.

12절, "나를 연애하는 자들이 내게 준 값이라 하던"

이스라엘 백성에게 '연애하는 자들'은 바알과 아세라 같은 우상을 말한다. 이스라엘 백성은 단순히 우상만 섬긴 것이 아니라 그 신들 앞에서 음란한 짓을 하였다. 왜냐하면 바알 종교는 음란한 짓을 많이 해야 풍년이 오고 자식을 많이 낳는다고 가르쳤기 때문이다. 그래서 이스라엘 백성은 자신들이 바알에게 음행한 값으로 포도나무와 무화과나무가 잘된다고 생각했는데 하나님은 그 과수원들이 모두 거친 숲이 되게 하셔서 들짐승들이 먹게 할 것이라고 하셨다. 왜냐하면 하나님 앞에서 순결을 지키지 않는 이스라엘 백성은 더 이상 이스라엘의 복을 받을 자격이 없고, 그 열매들은 들짐승이나 이방인들이 먹게 되기 때문이다.

13절, "저가 귀고리와 패물로 장식하고 그 연애하는 자를 따라가서"

대개 불륜을 저지르는 자들은 애인을 만나러 갈 때 더 멋있게 꾸미고 가는 법이다. 왜냐하면 죄짓는 주제에 멋이라도 부려야 상대방이 좋아하기 때문이다. 그런데 옛날 사람들이 몸에 지니는 패물이나 귀고리는 부적일 때가 많았다. 이스라엘 백성은 할례를 받음으로 하나님의 백성의 표시를 몸에 영구적으로 지니게 되는데 그들은 또 몸에 여러 가지 장신구 부적을 지님으로 이방 신의 도움을 받으려고 하였다.

"나를 잊어버리고 향을 살라 바알들을 섬긴 시일을 따라 내가 저에게 벌을 주리라"

하나님께서는 이스라엘 백성이 하나님을 떠나서 바알을 섬긴 시간을 모두 헤아리고 계셨다. 그래서 이스라엘 백성이 이방 민족에게 포로가 되어서 압제를 받는 기간은 그들이 그동안 바알을 섬긴 기간이 되는 것이다. 이스라엘 백성은 자기들이 이방 신을 섬겨도 하나님이 가만히 계시니까 아무 일 없을 줄 알고 있었지만 이 모든 기간이 전부 포로 기간에 포함이 되는 것이었다. 즉 죄라고 하는 것은 절대로 '공짜' 가 없는 법이다.

14절, "그러므로 내가 저를 개유하여[개역개정: 타일러] **거친 들로 데리고 가서"**

'그러므로' 는 이스라엘 백성이 바알을 섬긴 햇수대로 하나님의 징계를 당한 후를 말하는 것이다. 만일 이스라엘 백성이 우상 숭배를 200년 동안 하였다면 200년 후가 되는 것이고, 500년 동안 우상 숭배를 하였다면

500년 후가 되는 것이다. 사실 이스라엘 백성이 다시 하나님의 말씀을 듣고 하나님께 돌아오는 것은 700년 후 신약 시대에 이루어진다. 이것을 보면 우상 숭배의 대가가 얼마나 무서운지 알 수 있다.

'내가 저를 개유하여' 라고 하는 것은 하나님께서 이스라엘 백성을 다시 설득하시는 것을 말한다. 즉 하나님께서 그 후에 다시 사랑과 능력의 말씀으로 찾아오셔서 이스라엘 백성이 하나님을 믿게 되는 것을 의미한다. 그런데 왜 하나님은 이스라엘 백성을 '거친 들' 로 데리고 가시는 것일까? '거친 들' 은 이스라엘 백성이 너무 가난해서 더 이상 세상에서 소망이 없을 때를 말한다. 이스라엘 백성은 그때서야 비로소 이 세상은 거친 들이며 하나님 외에 소망이 없다는 것을 깨닫게 되는 것이다. 사실 하나님은 거친 들에 세례 요한을 보내셔서 하나님의 말씀을 전하게 하셨다.

15절, "거기서 비로소 저의 포도원을 저에게 주고"

팔레스타인같이 더운 곳에서는 포도주가 아주 맛이 있을 뿐 아니라 집안의 결혼식이나 모든 중요한 일을 하는 데 요긴하게 사용된다. 그래서 하나님께서 이스라엘 백성에게 포도원을 준다는 것은 이스라엘 백성에게 기쁨의 원천을 회복하게 해 주신다는 뜻이다. 즉 하나님은 이스라엘 백성에게 지위를 회복시켜 주시고, 자유를 주시며, 물질적인 복도 주신다는 뜻이다.

"아골 골짜기로 소망의 문을 삼아주리니"

'아골 골짜기' 는 이스라엘 백성이 아이 성을 공격하려고 했을 때 아간의 죄 때문에 패배하는 바람에 앞으로 가지도 못하고 뒤로 후퇴하지도 못해서 꼼짝 못 하고 갇혀 있어야 했던 고통의 골짜기를 말한다. 하나님께서 이스라엘 백성을 연단하실 때에는 그 어느 곳으로도 도망칠 수 없는 막다른 골목에 몰아넣으셔서 결국 하나님 앞에 두 손 두 발을 다 들게 하신다. 이스라엘 백성이 하나님으로부터 버림을 받고 포로로 붙들려 간 곳은 바로 이러한 고통의 막다른 골목이었고, 거기서 빠져나올 수 있는 길은 없었다. 그러나 하나님께서 이스라엘 백성의 고통을 기억하시고 그들에게 말씀을 주실 때 이스라엘 백성은 비로소 고통의 수렁에서 빠져나오게 된다. 이것이 바로 하나님께서 소망의 문을 열어 주시는 것이다. 우리에게 하나님의 말씀이 들리고 우리가 그 말씀을 붙잡을 때 고통에서 벗어날 수 있게 된다.

"저가 거기서 응대하기를 어렸을 때와 애굽 땅에서 올라오던 날과 같이 하리라"

'응대하다' 라는 것은 원래 '대답하다' 라는 뜻이다. 즉 아이들은 엄마가 부르면 대답하게 되어 있다. 이스라엘 백성은 그동안 하나님이 아무리 불러도 대답하지 않았다. 그 이유는 이스라엘 백성이 하나님을 버리고 자기 욕심대로 가려고 고집을 부리고 있었기 때문이다. 그러나 이스라엘 백성이 많은 연단을 받은 후에는 마음이 가난해져서 하나님이 말씀하시면 받아들이게 된다.

이스라엘이 '어렸을 때' 라고 하는 것은 애굽에서 노예 생활을 할 때를 말할 것이다. 그리고 애굽 땅에서 나와서 광야에서 돌아다닐 때를 말할 것이다. 이때에 이스라엘 백성은 어린아이같이 떼를 쓸 때도 있었지만 하나님의 말씀을 잘 들었다. 그래서 이스라엘 백성은 가나안 땅을 차지할 수 있었던 것이다. 이제라도 이스라엘 백성이 다시 하나님의 말씀을 들으면 새로운 가나안을 차지하게 될 것이다.

16절, **"네가 나를 내 남편이라 일컫고 다시는 내 바알이라 일컫지 아니하리라"**

사실 '바알' 이라는 말도 '주인' 이라는 뜻을 가지고 있다. 그럼에도 불구하고 바알이라는 말은 단어의 뜻을 떠나서 하나님께서 가장 싫어하시는 우상의 이름인 것이다. 하나님께서 이스라엘 백성에게 주시는 놀라운 약속은 이스라엘 백성이 다시 하나님을 '내 남편' 이라고 부르게 된다는 것이다. 이것은 이스라엘 백성이 다시는 신앙을 우상 숭배적이고 미신적인 생각으로 접근하는 것이 아니라 정말로 하나님을 나의 주인으로 모시고 남편처럼 사랑의 대상으로 믿고 순종하게 되는 것을 말한다.

17절, **"내가 바알들의 이름을 저의 입에서 제하여 다시는 그 이름을 기억하여 일컬음이 없게 하리라"**

이것을 보면 이스라엘 백성에게 바알 신앙이 얼마나 뿌리 깊이 박혀 있었는지 알 수 있다. 즉 이스라엘 백성에게 바알 우상은 마치 알코올 중독이나 마약 중독같이 중독성이 있어서 이스라엘 백성 스스로의 힘으로는 도저히 뗄 수가 없었다. 이스라엘 백성이 그렇게 긴 포로 생활을 해야 하는 이유도 바알이라는 이름을 그들의 입에서 지우는 데 그렇게 긴 세월이 필요했기 때문이다. 그래서 하나님의 백성은 함부로 죄를 가까이하거나 비성경적인 교훈을 가까이해서는 안 된다. 왜냐하면 그 후유증을 떨쳐버리는 것이 너무나도 어렵기 때문이다.

18절, "그 날에는 내가 저희를 위하여 들짐승과 공중의 새와 땅의 곤충으로 더불어 언약을 세우며"

'그 날'은 하나님께서 이스라엘 백성을 기억하셔서 다시 하나님의 백성으로 삼으실 때를 말한다. 그리고 '들짐승과 공중의 새와 땅의 곤충'은 인간이 사는 것과 직접 관계가 없는 생물인 것 같다. 그러나 이런 생물들도 전쟁이 없어야 평안하게 살 수 있다. 다시 말해서 역설적으로 하나님께서 이런 들짐승이나 공중의 새나 땅의 곤충과 언약을 세운다고 하는 것은 이런 것들을 보호하기 위해서라도 전쟁이 일어나지 않도록 지켜 주시겠다는 뜻이다. 하나님께서 이스라엘 백성을 회복시키실 때에는 전쟁이 없어질 것이다. 그러나 이것은 세상에서 전쟁이 완전히 없어진다는 뜻이 아니라 하나님과 인간 사이의 원수 된 것이 근본적으로 해결되는 것을 의미한다. 그래서 하나님은 다시 보충해서 설명하시기를, '이 땅에서 활과 칼을 꺾어 전쟁을 없이 하고'라고 말씀하신다.

"저희로 평안히 눕게 하리라"

사람들은 불안한 것이나 두려운 것 없이 평안하게 잠을 잘 수 있다는 것이 얼마나 큰 복인지 모르고 살아간다. 이스라엘 백성은 하나님의 보호하심 아래 평안하게 살면서도 그것이 하나님의 은혜인 줄 알지 못했다. 그러나 이스라엘 백성이 맨땅에 쫓겨나다시피 해서 도망 다니게 되었을 때 평안하게 잔다는 것이 얼마나 큰 복인 줄 알게 될 것이다. 하지만 이스라엘 백성이 하나님의 백성의 지위를 회복하면 다시 하나님이 그들을 지켜 주신다.

19절, "내가 네게 장가들어 영원히 살되"

이 부분이야말로 호세아서 전체의 하이라이트에 해당되는 부분이다. 하나님은 하나님을 버리고 간음하는 여자처럼 세상을 따라간 이스라엘 백성을 다시 찾아내어서 장가를 드신다. 여기서 '장가든다' 라는 것은 다시 하나님께서 이스라엘 백성에 대하여 헌신적인 사랑을 베푸신다는 뜻이다. '영원히 산다' 는 것은 다시는 이런 관계가 깨어지지 않고 영원히 지속되는 것을 말한다.

"의와 공변됨과 은총과 긍휼히 여김으로 네게 장가들며"

하나님께서 이스라엘 백성과 다시 연합하는 조건을 말씀하신다. 여기서 '의' 라고 하는 것은 이스라엘 백성의 죄가 다 갚아져서 더 이상 죄가 없는 상태이다. 결국 이스라엘 백성의 모든 불의는 하나님이 책임을 지시는 것이다.

'공변됨' 이라는 것은 '공평함' 이라고 볼 수 있는데 하나님은 더 이상 사람을 차별하지 않으신다. 하나님은 귀족이나 평민이나 노예를 차별하지 아니하시고, 여자나 남자를 차별하지 아니하시고, 심지어는 유대 인이나 이방인조차도 차별하지 아니하신다.

'은총' 은 거저 주시는 은혜를 말한다. 우리가 구원받는 데 우리가 하나님께 할 수 있는 것은 아무것도 없다. 우리는 오직 하나님의 구원을 믿기만 하면 아무 대가 없이 하나님의 구원을 받을 수 있다.

그리고 '긍휼히 여김' 이라는 것은 죄인에 대한 하나님의 무한한 사랑을 의미한다. 하나님은 교만과 불의에 대해서는 참지 않으시지만 죄를 회개하는 자에게는 무한히 자비로우시다. 하나님께서 다시 우리와 결혼으로 연합하실 때 하나님은 하나님 자신의 지극히 거룩한 성품을 걸고 연합하셔서 하나님의 성품을 우리에게 부어 주신다. 바로 이것이 하나님의 약혼 선물이다. 대개 젊은이들이 약혼을 할 때 작은 반지를 주고 받지만 그 반지 안에 장래의 모든 행복이 약속되어 있는 것처럼 하나님께서 우리 믿는 자들에게 주시는 성품 안에 하나님의 모든 축복의 열쇠가 다 들어 있다.

20절, "진실함으로 네게 장가들리니 네가 여호와를 알리라"

하나님의 마지막 결혼 조건은 진실함이다. 즉 하나님은 절대로 거짓말을 하지 않으시고, 한번 약속하신 것은 반드시 지키신다. 특히 하나님은 우리가 연약하고 부족하다고 해서 언약을 팽개치시거나 우리를 버리지 않으신다. 그래서 우리가 하나님의 말씀을 가지고 나가면 언제나 하나님은 우리를 받아 주신다. '여호와를 안다' 라는 것은 단순히 여호와를 객관적으로 아는 것을 의미하는 것이 아니다. 이것은 한 가족이 되어서 서로가 친밀하게 아는 것을 말한다. 예를 들어 어떤 유명한 영화배우나 가수를 팬들이 잘 안다고 하지만 가수나 배우는 그 사람을 알지 못한다. 그러나 그 가수의 가족은 그 가수를 잘 알 것이며, 언제든지 만날 수 있다. 즉 우리는 하나님의 가족이 되어 언제든지 하나님을 만날 수 있게 된다.

21절, "그 날에 내가 응하리라 나는 하늘에 응하고 하늘은 땅에 응하고"

우리 인간이 하나님과 의사소통을 한다는 것은 감옥에 갇힌 죄수가 왕과 의사소통을 하는 것보다 더 어려운 일이다. 따라서 우리 인간이 하나님을 바로 알고 의사소통을 한다는 것은 인간으로 누릴 최고의 복이었다. 그러나 이스라엘 백성은 이 복을 팽개치고 세상으로 갔다가 이스라엘의 복을 잃어버렸다. 그러나 하나님은 이스라엘을 영원히 버리지 아니하시고 다시 받아 주실 때 그때 하나님은 다시 이스라엘 백성의 기도에 응답하신다. 이 땅에 좋은 것이 아무리 많아도 하늘에서 비가 오지 않으면 소용이 없듯이 세상의 복도 하나님이 축복하셔야 가치가 있다. 이스라엘 백성은 하나님의 복을 이 세상에 오게 하는 자들이다. 하나님은 다시 이스라엘 백성을 통해서 세상에 복을 내리실 것이다. 하나님의 축복은 비로 나타나는데, 하늘에서 비가 내리니까 땅은 다시 기름지게 되고, 땅에는 많은 곡식이 자라고 열매를 맺게 된다. 하나님의 축복은 물질적인 복으로도 나타나게 된다.

23절, "내가 나를 위하여 저를 이 땅에 심고"

하나님께서는 사람을 식물로 비유하신다. 즉 농부가 밭에 식물을 심으면 식물이 자라서 열매를 맺는다. 그러나 농부가 가라지나 잡초를 뽑아서 버리면 결국 말라서 죽게 된다. 하나님께서 이스라엘을 다시 땅에 심는다는 것은 이제 그들이 더 이상 잡초가 아니고 열매 맺는 알곡이 된 것을 의미한다. 곡식이나 나무는 열매를 맺는 이상 절대로 뽑히지 않는다.

"긍휼히 여김을 받지 못하였던 자를 긍휼히 여기며 내 백성 아니었던 자에게 향하여 이르기를 너는 내 백성이라 하리니"

여기서 하나님은 장차 이방인들을 하나님의 백성으로 받아들일 위대한 마스터플랜을 발표하신다. 하나님으로부터 '긍휼히 여김을 받지 못하였던 자'들은 우리 이방인들을 말하는데 우리가 이스라엘이 되어서 하나님께 긍휼히 여김을 받아 과거에 우리는 하나님의 백성이 아니었으나 하나님의 백성이 된다. 그리고 우리는 옛날에 이스라엘이 아니었으나 이제는 참 이스라엘이 되고, 옛날에는 아브라함의 자손이 아니었으나 이제는 아브라함의 자손이 되는 것이다. 사도 바울은 이방인들이 하나님의 백성이 되는 구약성경의 근거로 바로 이 본문을 인용하고 있다(롬 9:25-26).

본문 이해를 위한 질문

1. 이스라엘 백성은 무엇을 혼동했는가?

이스라엘 백성은 가나안 땅에 들어간 후에 그들이 농사지은 곡식이나 포도 열매가 하나님이 주신 것이 아니고 자기들이 농사를 잘해서 거둔 것이라고 생각하였다.

2. 하나님은 장차 이스라엘에 대하여 어떤 계획을 가지고 계신가?

하나님은 이스라엘 백성을 이방의 포로가 되게 해서 그들이 바알을 완전히 잊은 후에 다시 하나님의 말씀으로 찾아가셔서 그들을 위로하시고, 그들을 하나님의 백성으로 받으실 계획이시다.

3. 하나님께서 이스라엘 백성을 다시 받아들이시는 조건은 무엇인가?

이스라엘 백성은 오직 하나님의 말씀을 믿기만 하면 된다. 그 대신 하나님은 자신의 거룩한 성품을 가지고 이스라엘과 다시 연합하시는데, 이제는 다시 헤어지지 않을 언약으로 연합하며, 특히 이번에는 전에는 하나님의 백성이 아니었던 이방인들까지 하나님의 백성으로 받아들이신다.

성경 강해

사람들은 이상하게도 이미 자기에게 주어진 축복으로는 만족하지 못하고 자기가 가지지 못한 다른 복에 욕심을 부릴 때가 많습니다. 특히 하나님의 백성은 하나님께 거저 은혜를 받기 때문에 쉽게 싫증을 느끼고 그 대신에 세상의 성공이나 복을 좋아할 때가 많습니다. 그런데 사람들은 이런 복을 한번 잃어버리고 난 후에야 비로소 옛날에 자기가 가졌던 복이 얼마나 좋은 것이었는지 깨닫고 후회를 하지만 돌이킬 수가 없습니다. 왜냐하면 누구든지 타락하고 난 후에는 원위치로 회복할 수 있는 힘이 없기 때문입니다. 특히 하나님의 백성이 하나님의 복을 놓쳐 버리면 세상 사람들의 수준이 되는 것이 아니라 세상에서 가장 비참한 자리로 떨어집니다. 왜냐하면 하나님의 백성이 하나님의 복을 잃으면 세상 사람들 수준이 되는 것이 아니라 하나님의 복과 세상 복을 다 잃어버리기 때문입니다.

이스라엘 백성이 생각을 잘못했던 것도 바로 이 부분이었습니다. 이스라엘 백성은 하나님 없이도 가나안 땅을 차지할 수 있을 것이라고 생각했습니다. 그러나 이스라엘 백성은 하나님을 잃어버리면 가나안 땅과 자기들이 지금까지 누리고 있던 모든 복을 다 내어 놓아야 한다는 것을 알지 못했던 것입니다.

하나님께서는 이스라엘 백성이 광야에서 40년 동안 방황할 때에 가장 사랑하셨습니다. 물론 성경을 보면 이스라엘 백성이 광야에서 돌아다니는 동안 하나님을 많이 원망하기도 하고 반항하기도 하는 바람에 많은 징계를 당합니다. 그럼에도 불구하고 이스라엘 역사에서 이스라엘 백성이 하나님 앞에서 가장 순수하고 하나님의 뜻에 가까웠을 때가 바로 광야에서 고생할 때였습니다. 그런데 하나님은 이스라엘 백성에게 젖과 꿀이 흐르는 가나안 땅을 주셨습니다. 이것은 이스라엘 백성이 광야에서 체험했던 신앙을 가나안 땅에서 더 꽃피우고 부흥시키라는 뜻이었습니다. 광야에 있을 때에는 먹고사는 문제가 해결되지 않았습니다. 그러나 이스라엘 백성이 가나안 땅에 왔을 때에는 적어도 먹고사는 문제는 해결되었습니다. 그렇다면 이스라엘 백성은 먹을 것에 대한 걱정은 다 내려놓고 더 하나님을 사랑할 것 같은데 이스라엘 백성은 오히려 더 먹고사는 것을 걱정해서 하나님을 버리고 우상을 찾았습니다. 결국 이스라엘 백성은 하나님께서 그렇게 선지자를 통해서 책망하시고, 또 이방 민족을 통해서 어려움을 주셨음에도 불구하고 우상을 버리지 못하다가 결국 망하고 맙니다.

그런데 오늘 말씀을 보면 하나님께서 이런 이스라엘을 다시 찾아서 장가드시겠다고 말씀하십니다. 그것도 그냥 장가드시는 것이 아니라 다시는 헤어지지 않는 영원한 언약으로 우리와 결혼하시겠다고 말씀하십니다. 이 말씀은 이스라엘에 대한 말씀이라기보다는 오늘 우리에 대한 말씀입니다. 그리고 이스라엘 백성이 하나님으로부터 버림을 당하고 망한 것도 우리에게 교훈을 주시기 위한 것입니다. 즉 우리는 이스라엘 백성처럼 다 망하고 난 후에야 비로소 울고불고하면서 아쉬워할 것이 아니라 하나님이 우리를 사랑하시고 축복하실 때 하나님의 복을 잃어버리지 말아야 하겠습니다.

1. 하나님의 불평

하나님께서는 이스라엘 백성의 배신에 대하여 마음 아파하셨습니다. 그래서 하나님은 이스라엘 백성의 바알에 대한 잘못된 태도를 이렇게 말씀하셨습니다.

8절, "곡식과 새 포도주와 기름은 내가 저에게 준 것이요 저희가 바알을 위하여 쓴 은과 금도 내가 저에게 더하여 준 것이어늘 저가 알지 못하도다"

하나님께서는 이스라엘 백성을 사랑하셔서 이스라엘 백성에게 많은 복을 주셨는데 이스라엘 백성은 이 복을 하나님이 주신 줄 모르고 열심히 바알 신을 찾아가서 바알에게 제사를 드리고 바알에게 바친다고 그 돈을 다

썼다는 것입니다. 이것은 다른 말로 표현하면 하나님께서 이스라엘 백성을 사랑해서 더 많은 복을 주실수록 이스라엘 백성은 바알을 찾았다는 뜻입니다. 바로 이 부분에서 하나님과 이스라엘 백성의 생각이 달랐습니다. 즉 원래 이스라엘 백성은 의식주 같은 생활의 기본적인 것들이 해결되지 않던 민족이었습니다. 요즘으로 치면 이스라엘 백성은 세상에서 가장 가난한 자들이었고, 정착되지 못했던 민족이었습니다. 이스라엘 백성에게는 농사를 지을 수 있는 땅도 없었고, 안정된 생활을 할 수 있는 정착지도 없었습니다. 그런데 하나님은 이스라엘 백성을 사랑하셔서 젖과 꿀이 흐르는 가나안 땅을 주셨습니다. 하나님께서 이스라엘 백성에게 가나안 땅을 주신 것은, 이제 의식주 문제는 해결되었으니까 다른 것은 일체 생각하지 말고 오직 하나님의 말씀을 붙들고 영적인 부흥을 일으키라는 뜻이었습니다. 즉 이스라엘 백성은 곡식 한 톨 나지 않는 광야에서 살아남은 자들이었습니다. 이런 백성들이 가나안 땅에서는 더욱더 먹고살 것을 걱정할 필요가 없었던 것입니다.

그런데 사람은 이상하게도 먹고사는 문제가 해결되면 그것으로 끝나는 것이 아니라 더 잘살고 싶어 합니다. 즉 이스라엘 백성은 '지금 우리가 먹고사는 것이 해결되었으니까 다른 것은 일체 생각하지 말고 오직 하나님의 말씀만 붙들고 미친 듯이 살아가자.' 라고 생각했더라면 하나님의 뜻과 딱 맞는 것이었습니다. 그러나 사람은 누구나 먹고사는 것만으로는 살 수가 없는 것입니다. 먹고사는 것이 해결되면 결혼을 해야 합니다. 다른 사람들은 다 결혼을 하는데 나만 못 하면 수치스러운 일이라고 생각합니다. 그리고 먹고사는 것이 해결되면 더 좋은 직장에서 일을 하고 싶어집니다. 그리고 먹고사는 문제가 해결되면 더 안정된 생활을 하고 싶어지는 것입니다. 이스라엘 백성은 더 안정되고 더 좋은 생활은 바알이 준다고 생각해서 하나님이 주신 것을 바알에게 다 투자했던 것입니다. 사람이 더 좋은 직장을 얻거나 더 좋은 위치에 올라가려면 더 큰 투자를 해야 하는데 거기에는 위험이 따릅니다. 즉 이스라엘 백성은 자신들을 옛날의 광야 생활과 비교하는 것이 아니라 이미 가나안 땅에서 더 잘사는 이방인들과 비교를 해서 더 안정되고 싶어 하고 더 잘살고 싶어 했습니다.

사실 이스라엘 백성이 하나님을 믿는 데는 많은 투자가 필요한 것이 아니었습니다. 즉 이스라엘 백성이 지금 누리고 있는 은혜를 유지하기 위해서는 모세의 율법만 붙들면 되는 것입니다. 그런데 이스라엘 백성이 지금 사는 것보다 더 잘살려고 하면 투자를 해야만 했습니다. 즉 그것은 세상의 학문을 배우고, 세상의 교양을 따라가며, 세상의 방식을 배워야만 했던 것입니다. 하나님께서는 이스라엘 백성이 지금 사는 것으로 만족하지 못하고 더 안정되고 더 잘살기 위해서 세상을 따라가는 것을 안타까워하셨습니다. 그 이유는 이스라엘 백성의 복은 세상의 복과 달랐기 때문입니다. 즉 이스라엘 백성이 더 잘살려고 하면 더 큰 영적 부흥을 일으키면 되는 것이었습니다. 그러면 하나님이 이스라엘 백성을 더 축복하셔서 더 잘살 수 있었습니다. 그런데 이스라엘 백성이 세상을 따라가면 세상 사람들 수준이 되는 것이 아니라 세상에서 가장 비참한 사람들이 되어 버리는 것입니다.

즉 오늘 하나님께서 우리에게 원하시는 것은 우리가 먹고사는 문제만 해결되면 더 잘살려고 하거나 더 성공하려고 욕심내지 말고 오직 죽자 사자 하나님의 말씀만 붙들고 영적인 부흥을 일으키라는 것입니다. 그러면 하나님은 가나안 족속을 뛰어넘는 더 큰 축복을 주실 것입니다. 그러나 먹고사는 문제에서 더 잘살려고 세상을 따라가면 모든 것을 잃어버리게 되는 것입니다. 이것을 이스라엘 백성은 알지 못했던 것입니다.

그래서 우리는 우리 자신을 세상의 잘사는 사람들이 아니라 광야의 이스라엘에 비추어서 생각해야 합니다. 즉 우리가 먹고살 것이 없던 때, 그렇게 하나님의 은혜를 받았던 때와 비교해야 합니다. 아마 우리 중에는 먹고사는 문제로 곤란을 겪고 있는 분은 없을 것입니다. 우리는 조금 더 안정되고 조금 더 부족함이 없는 성공적인 삶을 가지려고 하는 것입니다. 그래서 이스라엘 백성이 빠졌던 함정에 우리도 빠지게 되는 것입니다. 우리는 여기서 다시 한 번 영적인 부흥을 위해서 모든 것을 다 쏟아야 합니다. 그러면 하나님은 우리에게 더 큰 축복의 삶을 주실 것입니다. 그러나 만일 우리가 여기서 세상을 따라가면 어느 순간 영적인 부흥이 꺼지게 됩니다.

9절, "그러므로 그 시절에 내가 내 곡식을 도로 찾으며 그 시기에 내가 내 새 포도주를 도로 찾으며 또 저희 벌거벗은 몸을 가리울 내 양털과 내 삼을 빼앗으리라"

하나님은 이스라엘 백성이 더 잘살기 위해서 세상에 투자하고 세상을 따라갈 때에 하나님이 주셨던 복을 도로 가져가실 것이라고 말씀하셨습니다. 우리 중에는 '설마 하나님이 우리에게 주신 축복을 우리가 신앙이 없다고 해서 다시 빼앗아 가실까?' 라고 생각하는 분이 많을 것입니다. 물론 하나님은 우리 인간들처럼 변덕스럽게 한번 복을 주셨다가 말을 듣지 않는다고 해서 빼앗아 가시는 분은 아닙니다. 그런데 하나님의 백성이 영적인 복을 잃어버리면 결국 세상적인 복까지도 다 잃어버리게 됩니다. 왜냐하면 세상적인 복은 믿음의 결과로 따라오는 것이기 때문입니다. 즉 이스라엘 백성이 하나님의 율법을 버리면 결국 가나안 땅도 잃어버리게 됩니다. 왜냐하면 가나안 땅은 믿음의 결과로 따라오는 것이기 때문입니다. 마찬가지로 우리가 영적인 부흥을 잃어버리고 하나님의 말씀의 복을 잃어버리면 세상의 복까지 다 잃어버리고 가장 비참한 사람들이 되고 맙니다. 왜냐하면 하나님의 백성은 하나님께서 지켜 주시지 않으면 결국 망할 수밖에 없기 때문입니다.

아마 이스라엘 백성은 곡식이 없어져도 심각하게 생각하지 않았을 것입니다. 왜냐하면 자기들에게는 포도주가 있었기 때문입니다. 그러나 하나님의 징계는 순차적으로 나타나서 나중에는 몸을 가릴 옷조차 없어지는 것입니다. 이것은 몇 년 만에 가능한 것입니다. 사람은 성공하기가 어려워서 그렇지 망할 때에는 그야말로 몸을 가릴 옷조차 살 수 없을 정도로 비참하게 망합니다. 이스라엘 백성이 과욕을 부린 결과는 이방인들보다 훨씬 비참한 것이었습니다.

그래서 우리는 먹고살 수 있게 되었을 때 다른 것을 욕심내어서는 안 됩니다. 이제는 더 이상 굶어 죽을 염려가 없으니까 오직 하나님의 말씀에만 매달려야 합니다. 그러면 하나님은 이방인들도 놀랄 만한 희한한 복을 주실 것입니다. 그러나 세상 사람들을 따라가면 모두 잃어버리게 됩니다.

10절, "이제 내가 그 수치를 그 연애하는 자의 눈 앞에 드러내리니 저를 내 손에서 건져낼 사람이 없으리라"

하나님은 이스라엘 백성의 수치를 그 연애하는 자들 앞에 드러낼 것이라고 말씀하셨습니다. 옛날에 우리나라가 못살 때에는 이런 일들이 자주 있었습니다. 즉 남자나 여자가 자기가 못산다는 것을 상대방에게 감추고 연애를 하는 것입니다. 남자는 멋있게 생기고 여자도 남자를 만나러 나올 때에는 언제나 멋진 옷을 입고 나오기 때문에 서로가 상대방이 잘사는 줄 아는 것입니다. 그러다가 우연히 그 집 앞에서 만나게 되었는데 너무나도 못사는 집이고 그 옷들도 빌려서 입고 나온 것이라는 것을 알게 되면서 정체가 드러나는 것입니다.

이스라엘 백성이 연애하는 자들 앞에서 수치를 드러내는 것은 이스라엘 백성이 이방인들 앞에서 자기들은 하나님의 축복으로 잘산다고 자랑을 많이 했으나 막상 이방인들이 이스라엘을 멸망시킬 때 보니까 별로 가진 것도 없었던 것입니다. 왜냐하면 그동안 경제가 어려워지면서 가진 돈은 다 써 버리고 빈털터리였던 것입니다.

사실 이스라엘 백성이 자기들 스스로에 대하여 가졌던 환상은 엄청나게 큰 것이었습니다. 즉 이스라엘 백성은 자기들 스스로 하나님의 복도 가지고 세상의 복도 가질 수 있다고 큰소리를 쳤습니다. 그런데 나중에 이스라엘이 망할 때 보니까 하나님의 복도 없고 세상의 복도 없는 빈털터리였던 것입니다. 그 이유는 그들이 너무 하나님의 복을 우습게 생각했기 때문입니다. 죽어라고 하나님의 말씀을 붙들면 세상의 복도 오게 되어 있는데 그것을 믿지 못했던 것입니다. 결국 세상 사람들이 망한 이스라엘을 그렇게 경멸했던 이유는 큰소리쳤던 것과는 달리 아무것도 건질 것이 없을 정도로 망해 있었기 때문입니다.

하나님은 이스라엘 백성에게서 예배의 축복을 빼앗을 것이라고 하셨습니다. 하나님은 이스라엘 백성에게서 절기와 월삭과 안식일과 모든 명절을 폐하시겠다고 하셨습니다. 즉 하나님은 세상을 따라간 이스라엘 백성에게서 예배의 기쁨을 빼앗아 버리시는 것입니다. 즉 하나님의 말씀을 버리고 세상을 따라간 이스라엘 백성은 먼저 영적인 복을 잃게 됩니다. 즉 그들에게 예배의 감동이 없어지고, 기도 응답이 없어지고, 살아 있는 하나님의 말씀이 없어집니다. 그렇게 되면 이스라엘은 알맹이는 모두 없어지고 껍데기만 남게 되는 것입니다.

하나님께서 우리에게 주신 것은 모두 위대한 것입니다. 즉 위대한 예배, 위대한 찬송, 위대한 기도, 위대한 말씀, 위대한 부흥인 것입니다. 이스라엘 백성에게서 이런 영적인 축복이 없어지면 너무 시시해집니다. 왜냐하면 다른 것들은 세상에서도 얼마든지 볼 수 있는 것들이기 때문입니다.

그리고 하나님이 주신 중요한 축복의 열매들이 사라지게 됩니다.

12절, "저가 전에 이르기를 이것은 나를 연애하는 자들이 내게 준 값이라 하던 그 포도나무와 무화과나무를 거칠게 하여 수풀이 되게 하며 들짐승들로 먹게 하리라"

포도나무와 무화과나무는 하나님께서 이스라엘 백성에게 주신 가나안의 축복의 상징이었습니다. 즉 이제부터 이스라엘 백성은 더 이상 떠돌이도 아니고, 나그네도 아니고, 자기 재산을 가지고 있는 자유인이라는 뜻입니다. 그런데 이스라엘 백성은 이 포도나무와 무화과나무를 연애하는 자가 준 연애 값이라고 생각했던 것입니다. 즉 이스라엘 백성은 이런 생활의 안정이 바알을 잘 섬겨서 얻은 것이라고 생각했던 것입니다. 그런데 그 포도원과 무화과 밭은 사람이 없어서 버려진 땅이 됩니다. 놀라운 것은, 그 밭들은 이방인들도 와서 농사를 짓지 않는 것입니다. 즉 이스라엘 백성이 누리던 모든 복은 버려집니다.

13절, "저가 귀고리와 패물로 장식하고 그 연애하는 자를 따라가서 나를 잊어버리고 향을 살라 바알들을 섬긴 시일을 따라 내가 저에게 벌을 주리라 나 여호와의 말이니라"

이스라엘 백성이 가증하게도 우상을 섬기러 갈 때에는 귀고리도 하고 패물로 몸을 치장해서 멋있게 보이려고 했습니다. 그러나 하나님은 그들이 우상을 숭배했던 날을 다 기억하셔서 그날을 채울 때까지 포로 생활을 하게 하시는 것입니다.

이것을 보면 함부로 하나님 앞에서 죄를 짓거나 정신적으로 방황을 할 일이 아닙니다. 왜냐하면 하나님께서 그날들을 다 기억하셔서 갚으시면 우리가 죽어도 하나님 앞에서 복을 되찾을 수 없기 때문입니다. 그래서 사실 이스라엘 백성은 하나님의 복을 거의 찾지 못합니다. 왜냐하면 멋을 부리면서 우상 앞에 분향했던 기간이 너무 길었기 때문입니다. 그 대신 하나님은 그 복을 우리 같은 이방인들에게 주시는 것입니다.

2. 하나님의 설득

이스라엘 백성이 얼마나 미련한 사람들이었는가 하면, 이스라엘 백성은 자기들이 가지고 있던 하나님의 복을 다 잃고 완전히 망하고 난 후에야 자기들이 크게 잘못했다는 것을 알게 되었습니다. 그러나 그때에는 이미 하나님께로 돌아올 처지가 되지 못했습니다. 왜냐하면 이스라엘 백성은 이미 하나님으로부터 너무 먼 곳으로 붙들려 갔기 때문에 자기 힘으로는 돌아올 수 없었던 것입니다. 그런데 놀라운 것은, 하나님께서 그 먼 곳에 있는 이스라엘 백성을 찾아가셔서 말씀으로 위로하여 주시고 달래어 주시는 것입니다.

14절, "그러므로 내가 저를 개유하여 거친 들로 데리고 가서 말로 위로하고"

여기에 보면 하나님께서 '저를 개유하여 거친 들로 데리고 가서' 라고 말씀하고 있습니다. 이것은 하나님께서 이스라엘 백성을 달래어서 광야로 데리고 가신다는 것입니다. 그러나 실제로는 무지막지한 외국 군대에 의해서 먼 곳으로 붙들려 가는 것입니다. 그러나 하나님은 이스라엘 백성이 포로로 끌려간 그곳에 말씀으로 찾아가십니다.

'개유하다' 라는 말은 다른 사람을 '꾀다' , '유혹하다' 라는 뜻을 가지고 있습니다. 남자들은 여자를 사귀려고 할 때 여러 가지 좋은 음식도 사 주면서 잘 보이려고 할 것입니다. 하나님께서는 이스라엘 백성이 잘못된 길로 갈 때 일단 그들을 갈 때까지 내버려 두십니다. 왜냐하면 이스라엘 백성은 너무나도 교만해서 하나님이 아무리 말씀하셔도 들을 생각을 하지 않기 때문입니다. 그런데 이스라엘 백성은 완전히 망하고 난 후에야 비로소 자기들의 생각이 틀렸다는 것을 알게 되고, 그때야 하나님의 말씀을 들을 생각이 나는 것입니다. 그러나 이스라엘 백성이 이렇게 되려면 아주 긴 포로 생활이 필요합니다. 왜냐하면 그만큼 이스라엘 백성의 환상과 우상에 대한 신념이 강했기 때문입니다. 즉 이스라엘 백성은 자기들이 하나님도 믿고 우상도 믿는데 왜 망했는지 이해를 하지 못하는 것입니다. 그런데 아무도 알아주지 않고 아무런 소망이 없는 포로 생활을 오래 하는 가운데 옛날 하나님에 대한 신앙이 다시 조금씩 움트게 되는 것입니다. 이것을 하나님께서는 이스라엘 백성을 '개유한다' 라고 말씀하십니다. 즉 우리가 하나님께 돌아올 수 있었던 것은 하나님께서 우리를 달래어 주셨기 때문입니다. 하나님께서 무조건 야단만 치고 징계만 내리시면 하나님이 무서워서 도저히 돌아올 생각을 하지 못할 것입니다. 그런데 하나님은 망한 이스라엘 백성을 사랑하셨습니다.

우리는 보통 남녀 사이에서 서로 미워해서 헤어진다든지 싫어서 버리면 다시는 그 사람을 찾지 않을 것입니다. 그런데 하나님은 실패한 사람들을 사랑하셔서 돌아오게 하십니다. 그 이유는, 하나님의 사랑은 실패한 사람을 회복시키는 데 특효가 있기 때문입니다. 하나님은 이 세상에서 실패하고 방황하고 죄에 빠진 자들을 회복시키는 데 전문가이십니다.

그러나 사실 오늘 이 말씀은 우리에게 하시는 말씀입니다. 왜냐하면 우리는 하나님을 알지도 못하고 세상에서 미신과 야망을 따라서 살다가 실패해서 완전히 소망이 없을 때 이상하게 복음을 듣고 예수를 믿게 되었기 때문입니다. 이것이 바로 거친 들에서 하나님이 우리를 달래시는 것입니다.

15절, "거기서 비로소 저의 포도원을 저에게 주고 아골 골짜기로 소망의 문을 삼아주리니 저가 거기서 응대하기를 어렸을 때와 애굽 땅에서 올라오던 날과 같이 하리라"

하나님은 거친 들에서 우리를 만나 달래어서 다시 하나님을 믿게 하신 후에 바로 거기서 포도원을 우리에게 주신다고 하셨습니다. 다시 말해서 거친 들과 같았던 인생의 비참한 순간이 우리에게 축복이 되는 것입니다.

이스라엘 백성에게 있어서 포도주는 기쁨의 상징이었습니다. 그런데 하나님께서 그들에게 포도원을 주신다고 하는 것은 복을 회복시켜 주신다는 것입니다. 이것은 바로 영적인 축복의 회복을 의미합니다. 하나님께서는 아골 골짜기로 소망의 문을 삼아 주신다고 하셨습니다. 아골 골짜기는 이스라엘 백성이 여리고를 함락시킨 후 아이 성으로 가다가 아간의 죄 때문에 패배하는 바람에 전진하지도 못하고 후퇴하지도 못하는 상황에서 꼼짝없이 갇혀 있어야 했던 곳입니다. 그때 아마도 이스라엘 백성은 절망에 빠졌을 것입니다. 만일 그때 가나안 족속들이 이스라엘 백성을 협공했더라면 이스라엘 백성은 전멸할 수밖에 없었을 것입니다. 그런데 그때 하나님은 여호수아로 하여금 아간의 죄를 심판하게 하시고, 아이 성 싸움에서 승리하게 하셔서 앞으로 나가서 가나안 땅 전체를 정복하게 하셨습니다.

우리가 이 세상을 살다 보면 아골 골짜기 같은 상황을 만날 때가 있습니다. 즉 앞으로 나아갈 수도 없고, 그렇다고 해서 뒤로 물러갈 수도 없고, 주저앉을 수도 없는 상황인 것입니다. 그때 우리가 하나님을 붙들면 하늘이 열리면서 앞으로 나아갈 수 있는 소망의 문이 열립니다. 그래서 하나님의 백성은 어떤 상황에서든지 하나님을 붙들면 소망의 문이 열리게 되어 있습니다. 즉 길이 없을 것 같은데 길이 생기는 것입니다.

여기에 보면 그들이 애굽 땅에서 나올 때까지 응대할 것이라고 했습니다. 즉 우리가 하나님의 말씀에 순종하면 새로운 출애굽이 일어나는 것입니다.

이 세상은 우리를 영원히 노예로 만들려고 합니다. 그런데 우리가 하나님의 어린양을 믿고 믿음으로 나아가면 열 가지 재앙 같은 능력이 나타나고, 홍해가 갈라지면서 우리는 하나님께 나아가게 됩니다.

16-17절, "여호와께서 이르시되 그 날에 네가 나를 내 남편이라 일컫고 다시는 내 바알이라 일컫지 아니하리라 내가 바알들의 이름을 저의 입에서 제하여 다시는 그 이름을 기억하여 일컬음이 없게 하리라"

이때 이스라엘 백성은 하나님을 부를 때 '바알' 이라고 부르지 않고 '내 남편' 이라고 부르게 된다고 했습니다. 사실 '바알' 은 '주인' 이라는 뜻입니다. 그러나 이스라엘 백성이 하나님을 바알이라 부를 때에는 여호와라고 부를 때와는 의미가 완전히 달랐습니다. 즉 이스라엘 백성이 하나님을 바알이라고 부를 때에는 하나님을 남편처럼 생각하지 않고 바람둥이 애인처럼 생각했다는 뜻입니다.

남편과 바람둥이 애인의 차이가 무엇일까요? 겉으로 보기에는 모두 사랑하는 사람 같고, 오히려 애인이 더 잘해 주는 것 같지만 애인은 진실하지 않습니다. 그리고 바람둥이 애인은 여자를 이용하고 농락합니다. 그런데 이스라엘 백성이 하나님에 대하여 바알 같은 자세를 버리는 것이 너무나도 어려웠던 것입니다. 즉 이스라엘 백성은 신앙을 하나님과 신실한 관계를 맺는 것이 아니라 좋은 것만 얻고는 얼마든지 그만두어도 되는 관계로 생각했습니다. 그러나 한번 포로 생활을 하고 고난을 겪고 난 후에는 신앙의 자세가 진지해집니다. 그리고 다시는 그 집에서 바알이라는 말이 없어지고 하나님을 내 남편이라고 부르면서 좋든지 싫든지 죽을 때까지 사랑하고 의지하게 됩니다. 하나님은 우리가 하나님만 의지하기를 원하십니다. 그래서 우리는 하나님이 안 주시면 안 가지면 되는 것입니다. 하나님께서 가난하게 하시면 가난하면 되는 것이고, 하나님께서 혼자 살게 하시면 혼자 살면 되는 것입니다.

이때 하나님께서는 우리에게 완전한 평화를 주십니다.

18절, "그 날에는 내가 저희를 위하여 들짐승과 공중의 새와 땅의 곤충으로 더불어 언약을 세우며 또 이 땅에서 활과 칼을 꺾어 전쟁을 없이 하고 저희로 평안히 눕게 하리라"

여기서 '들짐승과 공중의 새와 땅의 곤충' 은 언제든지 재앙을 일으킬 수 있는 것들입니다. 즉 출애굽 때 열 가지 재앙 중에 곤충의 재앙이 있었습니다. 그리고 이스라엘 백성이 어려울 때에는 들짐승도 공격하고, 공중의 새도 많은 피해를 입혔습니다. 그런데 이스라엘이 하나님의 은혜를 회복하니까 자연이 피해를 주는 일이 없었습니다. 왜냐하면 하나님께서 이스라엘 백성을 다시는 건드리지 못하도록 명령을 내리셨기 때문입니다. 그리고 칼과 활을 꺾어 전쟁이 일어나지 못하게 하셨습니다. 이때 이스라엘 백성이 비로소 깨닫는 것이 하나님을 바로 믿는 것이야말로 진정한 복이라는 것입니다. 하나님 없이 아무리 돈을 벌고 세상적으로 성공해 봐야 자연이 지켜 주지 않고 전쟁이 일어나면 아무 소용이 없는 것입니다. 이스라엘 백성은 이것을 깨닫는 데 천 년 이상이 걸렸습니다. 그런데 우리는 이렇게 시행착오를 할 필요가 없습니다. 우리는 우리에게 주어진 축복을 잃어버릴 필요가 없습니다.

3. 새로운 장가

하나님께서 장차 망할 이스라엘 백성에게 가장 충격적으로 말씀하신 것은 앞으로 이들에게 새장가를 들겠다는 것이었습니다.

19-20절, "내가 네게 장가들어 영원히 살되 의와 공변됨과 은총과 긍휼히 여김으로 네게 장가들며 진실함으로 네게 장가들리니 네가 여호와를 알리라"

하나님께서는 이스라엘 백성이 하나님을 배신하고 우상을 따라감으로써 망하지만 하나님은 영원히 이스라엘을 버리시는 것이 아니라 앞으로 그들을 다시 찾으셔서 그들에게 새장가를 들겠다고 말씀하셨습니다.

여기서 '하나님이 장가든다' 라는 것은 이스라엘 백성이 하나님 앞에서 실패하여 완전히 쫓겨나고 버림을 받지만 하나님은 그들의 과거의 아픔을 완전히 치료해 주셔서 새로운 사람으로 맞이해 주신다는 뜻입니다.

하나님께서 이스라엘 백성에게 장가드신다는 것이 무슨 뜻입니까? 이것은 하나님과 그들을 특별한 관계로 받아들인다는 것을 의미합니다. 원래 부부라고 하는 것은 특별한 연합을 의미합니다. 두 남녀가 결혼하기 전에는 사랑을 하지만 완전히 하나가 된 것은 아닙니다. 그런데 이들이 결혼을 하면 정신적으로나 육체적으로 완전히 하나가 되면서 모든 것을 함께 가지게 됩니다. 결혼한 후에는 남편의 모든 것은 아내의 것이 되고, 아내의 모든 것은 남편의 것이 되는 것입니다. 그리고 아내의 모든 것을 남편이 책임을 지게 됩니다. 물론 이스라엘 백성은 과거에도 하나님의 아내였습니다. 그래서 하나님은 이스라엘 백성의 모든 것을 다 책임져 주십니다. 그러나 구약 시대에 여호와께서 단 한 가지 책임질 수 없었던 것은 이스라엘 백성의 죄였습니다. 하지만 이제 하나님은 이스라엘 백성의 죄까지도 완전히 책임을 지시게 됩니다.

만일 하나님과 우리가 하나가 되면 누가 덕을 볼까요? 물론 우리는 하나님만 의지하고 믿어야 하기 때문에 세상 사람들에 비하여 많이 불리한 것이 사실입니다. 그러나 우리가 하나님을 내 남편으로 삼으면 하나님의 모든 것은 자동적으로 우리의 것이 됩니다. 우리의 모든 죄는 하나님께로 다 넘어가고, 하나님의 의의 능력은 우리에게로 넘어오게 됩니다.

첫째로, 하나님과의 이런 관계는 영원히 지속됩니다. '내가 네게 장가들어 영원히 살되' 라는 말이 그 말입니다. 다시는 하나님과 그 백성의 관계가 쪼개어지지 않습니다. 모세의 율법은 영원하기 위하여 돌판에 새겨졌지만 이스라엘 백성이 금송아지를 섬겼을 때 모세가 돌판을 던지는 바람에 깨어지고 말았습니다. 그러나 이 새로운 약속은 예수님이 죽으심으로 인치시고 죽음에서 부활하셨기 때문에 영원히 취소되지 않습니다.

그래서 하나님은 우리가 연약하거나 부족하다고 해서 우리를 버리지 않으십니다. 오히려 하나님은 우리를 더 사랑하여 주십니다. 그러니까 우리가 아무리 넘어져도 다시 일어서서 하나님께 담대하게 나아갈 수 있는 것입니다.

둘째로, 하나님은 우리에게 하나님의 놀라운 성품을 심어 주십니다. 하나님은 우리에게 장가를 들되 돈이나 보석으로 장가를 드시는 것이 아니라 하나님의 아름다운 성품을 약혼 선물로 주셔서 장가를 오십니다. 여기의 '의와 공변됨' 이나 '은총과 긍휼히 여김' 은 모두 하나님의 성품입니다.

하나님께서 우리를 정정당당하게 구원하셨습니다. 즉 우리는 하나님을 위해서 한 것이 없지만 하나님은 어마어마한 대가를 지불하시고 당당하게 우리를 구원하셨습니다. 그것이 바로 의와 공변됨입니다. 그래서 하나님은 절대로 우리를 부끄러워하지 않으십니다. 또 우리도 구원받은 것에 대하여 부끄러워해서는 안 됩니다. 우리는 당당한 자격으로 구원을 얻은 것이며, 당당하게 하나님 앞에 나아갈 수 있습니다. 그리고 하나님은 우리를 불쌍히 여겨 주셔서 우리의 모든 죄를 책임지셨습니다. 하나님은 우리에게 이런 성품을 주셨습니다. 우리가 이 성품을 가지고 있으면 얼마든지 하나님 앞에 나아갈 수 있고, 얼마든지 응답을 받을 수 있습니다. 왜냐하면 이런 것들이 하나님이 우리를 사랑하신다는 증표이기 때문입니다.

셋째로, 하나님과의 이런 연합은 더 깊이 하나님을 알아 가는 신앙입니다. 20절을 보면 '진실함으로 네게 장가들리니 네가 여호와를 알리라' 라고 하였습니다. 이것은 하나님께서 이들에게 자신의 모습을 진실하게 보여 주시고 경험하게 하시겠다는 뜻입니다. 하나님은 우리에게 아무것도 감추시지 않습니다. 하나님께서는 우리에게 하나님 자신을 독점적으로 온전히 나타내실 것입니다. 이것이 우리가 누릴 축복입니다.

우리는 매 순간 하나님의 진실하심을 경험합니다. '여호와를 안다' 라는 것은 우리가 매일 새로운 하나님을 체험하는 것을 말합니다. 아내는 남편을 아주 잘 압니다. 그것은 배워서 아는 것이 아닙니다. 함께 살면서 경험으로 아는 것입니다. 하나님의 새 백성은 하나님에 대하여 외워서 시험을 칠 필요가 없습니다. 왜냐하면 그들은 매일, 매 순간 하나님을 경험하기 때문입니다. 그들은 하나님이 아닌 것은 금방 느낍니다. 왜냐하면 이것도 직감으로 느끼기 때문입니다. 이것은 지금까지 자신이 경험한 하나님이 아니기 때문입니다.

우리의 성품은 참으로 악하고 고약합니다. 우리는 못된 근성을 가지고 있습니다. 우리에게는 추악하고 더러운 욕망이 있습니다. 그런데 하나님은 우리에게 새로운 성품을 주셨습니다. 우리의 악한 성품과 하나님의 새 성품 사이에 싸움이 일어납니다. 이것은 마치 다윗과 골리앗의 싸움처럼 옛 성품이 이길 것 같습니다. 그런데 놀라운 것은, 이 새 성품이 옛 성품을 이기면서 완전히 우리를 새사람으로 만들어 갑니다. 그러면서 우리는 진짜 그리스도의 신부로 변해 가는 것입니다.

이때 놀라운 것은, 우리의 기도가 응답되기 시작하는 것입니다.

21-22절, "여호와께서 가라사대 그 날에 내가 응하리라 나는 하늘에 응하고 하늘은 땅에 응하고 땅은 곡식과 포도주와 기름에 응하고 또 이것들은 이스르엘에 응하리라"

이스라엘 백성이 우상을 따라간 후부터 가나안 땅은 하나님의 응답이 없는 곳이 되어 버렸습니다. 이스라엘 백성이 어려운 일을 당했을 때 아무리 울부짖어도 하나님의 응답이 없었습니다. 하늘도 반응이 없고, 땅도 반응이 없었습니다. 곡식이나 포도나무나 감람나무 등이 살 수 없는 곳이 되어 버렸습니다. 그래서 이스르엘 평지는 황무지가 되고 말았습니다.

그런데 이스라엘 백성이 하나님을 바로 알고 기도했을 때 하나님은 그들의 기도에 응답해 주십니다. 그 응답은 모든 영역에서 나타나게 됩니다. 하나님이 응답하시니까 하늘도 응답하고, 땅도 응답하고, 곡식과 포도주도 응답을 합니다. 이 말은 우리의 기도가 이루어지지 않는 곳이 없다는 뜻입니다. 하나님께서는 우리의 모든 기도를 시도 때도 없이 다 들어주십니다. 이때 마치 엘리야가 기도했을 때 하늘이 응답했던 것처럼 하늘에서도 기적이 일어날 것입니다. 이것은 땅에서도 축복으로 응답되고, 나중에는 물질적인 복으로도 응답되는 것입니다. 그래서 우리가 하나님을 바로 믿는 것보다 더 귀한 복은 이 세상에 없습니다.

아골 골짜기에서 하나님을 만난 이스라엘이 바로 우리입니다. 우리는 이곳에서 이미 하나님의 백성이 되었고, 하나님을 우리 남편으로 삼게 되었습니다. 우리는 굳이 어리석은 이스라엘 백성처럼 하나님의 복을 다 잃고 난 후에야 비로소 하나님의 복이 좋았더라고 할 필요가 없습니다.

우리가 굶어 죽지 않을 정도라면 더 잘살고 성공하고 싶은 욕망을 다 내려놓고 한번 제대로 하나님을 믿어서 큰 축복을 받는 성도들이 다 되시기 바랍니다.

성경 토의

1. 우리는 어려울 때 기도해서 기적적으로 병이 낫거나 기도가 응답되는 것은 하나님의 능력이라고 믿지만 자신이 열심히 노력해서 돈을 벌거나 사업에 성공해서 부자가 되는 것은 내가 노력한 결과라고 생각하기 쉽다. 우리는 어떻게 해야 이스라엘 백성이 빠졌던 오류에 빠지지 않고 지속적으로 하나님을 의지할 수 있는가?

2. 우리가 예수 믿게 되는 것은 어떤 의미가 있으며, 왜 예수 믿은 후에 당장 복이 오지 않고 하나님은 우리의 인격을 하나님의 성품으로 변화시키시는가?

3. 우리가 하나님의 백성이 된 것은 이 세상에 하나님의 복이 오는 것과 어떤 관계가 있으며, 우리가 어떻게 해야 지속적으로 이 세상에 축복을 오게 할 수 있는가?

04_음탕한 고멜의 구속

호세아 3:1-5

전체적 설명

하나님께서는 이스라엘 백성이 하나님의 말씀을 버리고 우상 숭배와 도덕적 타락에 깊이 빠져 있을 때 과연 이 상태로 이스라엘 백성을 계속 사랑할 것인가, 아니면 이스라엘 백성을 망하게 해서 자신들의 상태를 바로 깨닫게 한 후에 다시 사랑할 것인가 하는 문제를 두고 고민을 하신다. 이것은 마치 호세아를 버리고 바람둥이 정부를 따라가서 결국 그 남자에게 사기를 당하고 인신매매를 당하여서 노예가 된 고멜의 처지와 같다. 하나님은 호세아에게 다른 사람의 노예가 된 고멜을 다시 돈을 주고 사라고 하신다. 이와 같이 하나님도 망해서 다른 나라 사람들의 노예가 될 이스라엘 백성을 다시 건지실 계획을 가지고 계신다.

설교 프리노트

1절, "이스라엘 자손이 다른 신을 섬기고 건포도 떡을 즐길찌라도"

원래 이스라엘 백성은 오직 여호와 한 분만 섬기고 무교병을 즐겨 먹는 민족이었다. 그러나 이스라엘 백성은 가나안 땅에 들어간 후 가나안 생활에 빠져들게 되었다. 여기서 '다른 신들' 과 '건포도 떡' 은 당시 가나안 생활의 대표적인 상징이었다. 가나안 사람들은 할 수 있는 한 많은 우상을 섬겨야 더 농사가 잘된다고 믿어서 많은 신을 섬겼고, 그들은 가나안이 주는 물질적인 풍요를 누렸다. '건포도 떡' 은 떡에 건포도를 넣은 것인데 당시에는 가장 잘사는 생활을 상징하였다.

"여호와가 저희를 사랑하나니"

이스라엘을 향한 하나님의 한결같은 사랑을 보여 준다. 하나님은 왜 하나님을 배신하고 우상을 따라간 이스라엘을 사랑하실까? 그것은 하나님께서 우리 인간의 그럴 수밖에 없는 연약함을 이해하시기 때문이다. 그러나 하나님은 자신이 거룩하시기 때문에 우상을 섬기는 이스라엘 백성을 그대로 사랑하실 수는 없으시다. 그래서 하나님은 이스라엘 백성을 고통 가운데 던져서 이스라엘 백성이 고생을 하더라도 하나님을 바로 알기를 원하신다.

"너는 또 가서 타인에게 연애를 받아"

어리석은 여인들은 바람둥이가 자기를 사랑하는 것이 돈 때문이고 욕망 때문이라는 것을 알지 못하고 진심으로 자기를 사랑하는 줄 알고 따라가지만 결국은 속아서 돈도 다 빼앗기고 신세도 망쳐서 비참하게 된다. 마찬가지로 고멜도 호세아를 버리고 애인을 따라가지만 결국 가진 돈을 다 빼앗기고 인신매매를 당해서 노예로 팔린다. 그러나 하나님은 호세아에게 노예가 된 그 여인을 다시 찾아서 사랑을 하라고 명령하신다. 물론 그 여인의 소행을 생각하면 노예가 되어서 비참하게 사는 것이 마땅하지만 하나님이 보시기에는 그 여인의 처지가 너무 불쌍했던 것이다.

2절, "내가 은 열다섯 개와 보리 한 호멜 반으로"

당시 노예 한 명의 몸값은 은 삼십이었다. 호세아가 고멜을 데려오기 위해서 지불한 몸값은 은 삼십에 해당한다. 왜냐하면 보리 한 호멜 반의 가격이 은 열다섯 개에 해당한다고 보기 때문이다. 이것은 이미 창녀가 된 여자 노예로는 상당히 비싼 몸값을 지불하는 셈이다. 그런데 호세아는 고멜의 몸값을 지불하면서 왜 전부 은으로 주지 않고 반은 은으로 주고 반은 현물로 주었는지 알 수 없다. 아마 이것은 고멜로 하여금 너의 죗값이 이만큼 크다는 것을 보여 주기 위한 것인지도 모른다. 보리 한 호멜 반은 상당한 부피를 차지하는 양이다.

3절, "너는 많은 날 동안 나와 함께 지내고 행음하지 말며"

호세아가 고멜을 다시 돈을 주고 데려오면서 고멜에게 요구한 것은 빚을 갚으라거나 혹은 노예로 부려 먹겠다는 것이 아니었다. 호세아는 고멜에게 오직 다시는 달아나지 말고 호세아에게 있으면서 행음을 하지 말라는 것이었다. 이것은 고멜 자신을 위한 것으로서, 고멜 안에 있는 나쁜 습관을 고치고 정상적인 생활로 돌아오는 과정이었다.

"다른 남자를 좇지 말라"

고멜을 망하게 한 것은 다른 남자를 사랑하는 바람기 때문이었다. 고멜이 호세아의 사랑 아래서 다시 행복하게 살기 위해서는 이 바람기를 고치는 것이 가장 시급했다. 그러나 고멜에게는 이것이 가장 어려운 문제였다. 이것을 위해서 고멜은 자신의 처지가 옛날과 같지 않다는 것을 깨닫는 것이 필요했다. 즉 이제는 고멜이 옛날같이 젊지도 않고 더 이상 돈도 없기 때문에 이 세상에 자기를 사랑해 줄 바람둥이는 아무도 없다는 것을 깨달아야 하는 것이다.

"나도 네게 그리하리라"

이것은 호세아의 파격적인 선언이다. 고멜은 이제 더 이상 호세아의 아내가 아니고 단지 호세아가 돈을 주고 산 노예에 불과했다. 그러나 호세아는 고멜을 노예로 대하지 않고 아내로 대하겠다고 약속하는 것이다.

4절, "이스라엘 자손들이 많은 날 동안 왕도 없고 군도 없고"

이번에 이스라엘이 망하면 상당한 기간 동안 나라가 회복되지 못하고 나라가 없는 피지배인들이 될 것을 보여 준다. 앞으로 이스라엘은 왕이 없을 것이다. 그리고 '군' 도 없다고 했는데 여기서 '군' 은 장관을 의미한다. 즉 이스라엘은 전혀 자치도 인정받지 못하게 되는 것이다. 그런데 더 중요한 것은, 이스라엘은 이 기간 동안 신앙이나 종교가 없는 상태에 있게 된다. '제사도 없고' 라는 것은 이스라엘이 더 이상 하나님께 예배를 드릴 수가 없게 되는 것이다. 왜냐하면 이스라엘이 망하면서 제사장들도 모두 없어지기 때문이다. 그러면서 이스라엘은 우상에 대한 습관도 버리게 된다. 여기서 '에봇' 이나 '주상' 은 모두 우상 숭배에 사용되던 것이었다. 이스라엘 백성이 우상에 대하여 가지고 있던 뿌리는 너무 깊어서 이렇게 망해서 모든 종교가 없어지기 전에는 없어지지 않았다.

5절, "그 후에 저희가 돌아와서"

어느 때인지 알 수 없지만 상당한 시간이 지난 후에 이스라엘 백성은 다시 하나님께 돌아오게 된다. 즉 이스라엘 백성은 하나님을 잊어버려도 하나님은 이스라엘 백성을 잊지 아니하시고 하나님의 말씀으로 찾아가신다.

"그 하나님 여호와와 그 왕 다윗을 구하고"

하나님께서는 이스라엘 백성에게 '다윗의 언약' 을 주셨는데, 이것은 다윗의 자손이 이스라엘의 목자가 되어서 하나님의 말씀에 헌신하기만 하면 무조건 이스라엘을 축복하시고 부흥하게 하시겠다는 약속이었다. 그러나 이스라엘 백성은 하나님의 말씀보다는 세상을 더 좋아해서 다윗의 언약을 깨뜨리고 자기들이 좋아하는 왕을 세워서 세상을 따라갔다. 그러나 하나님은 앞으로 이스라엘 백성이 하나님께 돌아올 때 그들의 왕 다윗을 통해서 돌아오게 하신다. 이것은 하나님께서 이스라엘 백성 개개인의 행위를 보시지 않고 그들의 왕 다윗 한 사람의 믿음만 보시고 이스라엘 백성을 다 받아들이시고 축복하시는 것이다. 이 다윗은 옛날에 죽은 다윗이 아니라 앞으로 오실 그리스도이시다.

"말일에는 경외하므로 여호와께로 와 그 은총으로 나아가리라"

'말일' 은 당시로는 알 수 없는 미래의 어느 시점을 말한다. 이때는 하나님께서 은혜를 퍼부어 주셔서 우리 인간이 자신의 악함을 깨닫고 전적으로 하나님의 은혜에 자신을 맡기게 된다. 우리에게 가장 중요한 것은 하나님을 바로 아는 것이다. 우리가 하나님을 바로 알게 되면 하나님을 두려운 마음으로 사랑할 것이며, 전적으로 하나님만 의지할 것이다.

'은총으로 나아간다' 라는 것은 하나님의 은총 외에는 아무것도 기대하지 않는다는 뜻이다.

본문 이해를 위한 질문

1. 이스라엘 백성이 다른 신을 섬기고 가나안 땅의 건포도 떡에만 집착하는 것에 대하여 하나님은 어떻게 생각하시는가?

하나님은 여전히 이스라엘 백성을 사랑하신다. 단지 하나님은 이스라엘 백성으로 하여금 하나님을 떠난 자신의 비참함을 깨닫고 하나님께 돌아오기를 원하신다.

2. 하나님은 호세아에게 어떤 지시를 하셨는가?

하나님은 호세아에게 애인을 따라갔지만 애인에게 속아서 노예로 팔린 고멜을 은 열다섯 개와 보리 한 호멜 반을 주고 사서 다시 집으로 데려오게 하셨다.

3. 호세아는 고멜에게 무엇을 요구했는가?

호세아는 고멜에게 다른 것은 일체 요구하지 않고 오직 더 이상 음행을 하지 말고 호세아에게 붙어 있을 것을 요구했다.

성경 강해

요즘 전 세계적으로 골치 아픈 문제 중의 하나가 소말리아의 해적 문제입니다. 얼마 전에도 우리나라 사람들이 소말리아 해적에게 납치되었다가 풀려났는데 수백억 원 이상의 돈을 주고서야 풀려났다는 말이 있습니다. 그동안 해적에게 붙들렸다가 풀려난 사람들의 이야기를 들어보면, 그들이 사람을 죽이지는 않고 그렇게 많이 두들겨 팬다는 것입니다. 그런데 만일 인질로 붙들린 사람을 위해서 회사나 국가 혹은 집에서 몸값을 주지 않으면 해적은 인질들을 죽이든지, 아니면 죽을 때까지 노예로 붙들어 놓을 것입니다. 우리가 이런 것을 보면 사람이 인질로 붙들리는 것이 얼마나 엄청난 고통이요 비극인지 알 수 있습니다.

그런데 왜 이렇게 돈을 주고서 인질로 붙들린 사람을 데려와야 할까요? 그것은 그들이 우리나라 사람들이고 가족이기 때문입니다.

호세아 선지 때 북쪽 이스라엘은 망하기 전이었습니다. 이때는 여로보암 2세가 통치하던 시기로 경제적으로 호황을 누리고 있었습니다. 그러나 이스라엘 백성의 마음은 완전히 하나님에게서 떠나 있었습니다. 이스라엘은 그전에도 제대로 하나님을 섬기지 못했습니다. 즉 이스라엘 사람들에게는 하나님의 말씀이 절대적인 것이 아니었습니다. 이스라엘 백성은 하나님을 믿는 것도 중요하지만 세상의 복도 중요하다는 것이었습니다. 그러나 하나님께서 이스라엘 백성에게 원하신 것은 하나님과 이스라엘 백성 사이의 신실한 부부 관계였습니다. 즉 하나님은 이스라엘 백성이 아내가 모든 것을 남편에게 의존하듯이 잘살든지 못살든지 하나님만 의지하기를 원하셨습니다. 그러나 이스라엘 백성은 복은 하나님으로부터 받고, 인생을 즐기는 것은 세상적으로 즐기기를 원했던 것입니다.

그런데 하나님께서는 여로보암 2세 때까지 이스라엘 백성이 신실하게 하나님을 믿은 것은 아니지만 참고 계셨습니다. 그러나 여로보암 2세 때 하나님은 중요한 결심을 하셨는데, 그것은 이스라엘 백성을 버리시기로 하신 것입니다. 즉 하나님께서는 이스라엘 백성을 향해서 이제 더 이상 이스라엘은 내 백성이 아니라는 것을 선포하셨습니다. 하나님은 이스라엘 백성으로 하여금 자신들의 모습을 보게 하기 위해서 호세아 선지로 하여금 음탕한 여자 고멜과 결혼하게 하셨습니다. 고멜은 호세아와 결혼했지만 계속 바람을 피워서 다른 남자들의 아이를 세 명이나 낳았습니다. 하나님께서는 이것을 통해서 과연 고멜이 낳은 세 아이가 어떻게 호세아의 아이가 될 수 있으며, 어떻게 고멜이 호세아의 아내라고 할 수 있느냐고 하셨습니다. 그러면서 이스라엘 백성도 사실은 고멜과 같다고 말씀하시는 것입니다.

오늘 본문에서 하나님께서 이스라엘 백성에게 보여 주려고 하시는 것은 정욕을 따라간 고멜의 결과입니다. 고멜은 호세아와 헤어지고 난 후에 계속 음란한 생활을 했는데 그 결과는 비참한 창녀 노예가 되는 것이었습니다. 고멜은 이 세상에서 가장 비참한 자가 되어 있었고, 매일 강제적으로 음란한 짓을 해야만 하는 창녀가 되어 있었습니다. 그런데 하나님은 호세아에게 이렇게 음탕한 여자 고멜을 주인에게 돈을 주고 다시 사서 집으로 데리고 와서 사랑하게 하셨습니다.

이 부분이 사람의 머리로는 도무지 이해할 수 없는 부분입니다. 고멜은 호세아의 사랑을 배반했고, 호세아를 업신여겼으며, 호세아의 마음에 많은 상처를 안겨 주었습니다. 그런데 호세아는 고멜을 사랑해서 돈을 주고 고멜의 몸값을 지불하고 다시 자유인으로 데리고 온 것입니다. 이스라엘 백성이 하나님의 말씀을 버리고 세상을 따라간 결과는 멸망이었고 파멸이었습니다. 그러나 하나님은 다시 이스라엘 백성을 찾아가셔서 그들을 다시 사서 하나님의 백성이 되게 하셨습니다.

1. 이스라엘 백성의 미래

사람들은 대개 자신들의 미래가 현재의 연장일 것이라고 생각합니다. 그래서 지금 당장 현재가 행복하고 부족한 것이 없으면 미래도 행복할 것이라고 생각하기 쉽습니다. 그러나 이것은 우리의 인생을 대단히 잘못 생각하고 있는 것입니다. 지금 우리가 살아가는 것은 어떤 길을 걸어가고 있는 것입니다. 그래서 우리의 미래는 단순히 현재의 연장이 아닙니다. 예를 들어 하늘의 비행기나 바다의 배가 아무렇게나 다니고 있는 것 같지만 배가 다니는 길이 있고, 비행기가 다니는 길이 있습니다. 만일 배나 비행기가 정해진 항로에서 많이 벗어나면 배는 암초에 부딪히고, 비행기는 미사일 공격을 받을 것입니다.

마찬가지로 사람들의 미래는 어느 정도 예측할 수 있습니다. 예를 들어 어떤 사람이 지금 심하게 담배를 피우고 있다면 그는 앞으로 폐암에 걸릴 가능성이 아주 많습니다. 그럼에도 불구하고 담배를 계속 피우는 것은 당장 담배를 끊고 싶지 않고, 또 자기는 병에 걸리지 않을 것이라는 생각을 가지고 있기 때문입니다. 또 어떤 사람이 자기 수입 이상의 돈을 많이 지출하고 있다면 언젠가는 파산할 것이 분명합니다. 사람이 가난하게 되는 것은 그렇게 어려운 것이 아닙니다. 즉 수입에 비해서 과도한 소비를 하면 가난하게 되고, 빚으로 흥청망청 살면 결국 망하는 것입니다. 예를 들어 어떤 청소년이 매일 깡패와 어울려서 못된 짓을 하고 다닌다면 당장은 자기 마음대로 행동하기 때문에 좋을지 몰라도 결국은 살인이나 큰 사기를 저지르고 감옥에 들어갈 수밖에 없는 것입니다.

예수님은 말씀하시기를, '좁은 문으로 들어가라' 라고 하셨습니다(마 7:13). 왜 예수님은 이 세상의 넓은 길을 놓아 두고 좁은 문으로 들어가고 좁은 길로 가야 한다고 하셨을까요? 물론 이 세상에는 우리를 행복하게 하는 것이 너무나도 많습니다. 그러나 이 모든 것들은 우리의 본질을 행복하게 해 주지 못합니다. 이 세상에 있는 것들은 단지 우리의 겉부분만 치장해 주고 우리의 껍데기만 행복하게 해 줄 뿐입니다. 그래서 우리가 진정으로 행복하기를 바란다면 세상의 넓은 길을 포기하고 하나님의 말씀에 매달리면 되는데, 이때 진정으로 하나님의 복이 임하게 되고, 이것이 우리가 사는 길입니다. 그래서 성경은 우리가 하나님의 축복을 찾지 않고 세상의 행복을 찾는 것을 부도 만난 인생으로 말씀하고 있습니다.

호세아 때 북쪽 이스라엘은 잘살았습니다. 이스라엘 백성은 기대하기를, 자신들의 행복이 영구적일 것이라고 생각했습니다. 그러나 하나님은 이스라엘 백성의 미래의 모습을 보여 주셨습니다. 그것은 바로 모든 자유를 잃어버리고 다른 사람의 노예가 되어 있는 창녀의 모습이었습니다.

1절 하, "너는 또 가서 타인에게 연애를 받아 음부 된 그 여인을 사랑하라 하시기로"

이스라엘 백성의 미래의 모습은 세상의 모든 부귀영화를 누리는 귀부인의 모습이 아니었습니다. 이스라엘 백성의 미래의 모습은 사기꾼 같은 남자에게 속아서 가진 돈을 전부 날려 버리고 다른 사람에게 종으로 팔려서 억지로 매춘 행위를 하는 창녀의 모습이었습니다.

호세아와 헤어진 고멜은 어떻게 되었을까요? 아마도 고멜은 자기와 연애하는 남자들을 믿었던 것 같습니다. 고멜은 남편 호세아는 나이가 많고 하나님만 생각하니까 재미가 없다고 생각했습니다. 거기에 비해서 고멜이 연애하는 남자는 젊고 자기에게 잘해 주고 재미가 있는 남자였습니다. 그러나 고멜이 알지 못했던 것은 그 연애하는 남자가 유명한 바람둥이이고 사기꾼이며 거짓말쟁이라는 사실이었습니다. 고멜은 호세아와 헤어지고 난 후에 마음껏 애인과 사랑할 수 있을 것이라고 생각했는데 고멜은 남자에게 사기를 당해서 돈을 다 잃어버리고 나쁜 주인에게 종으로 팔려서 매춘을 강요당하고 있었습니다. 고멜이 깨닫지 못했던 것은 정욕을 위해서 살면 결국 창녀가 될 수밖에 없다는 것입니다.

하나님께서 남녀에게 사랑하는 마음을 주신 것은 사실이지만 사랑에는 반드시 책임이 따릅니다. 사람이 책임 없는 사랑을 하면 결국 거짓 사랑에 속아서 비참해지든지 자살하게 되어 있습니다.

이스라엘 백성은 하나님을 버리고 세상을 따라가면 행복하게 살 수 있을 것이라고 생각했습니다. 그런데 당시 세계에는 앗수르라고 하는 무시무시한 나라가 등장하고 있었고, 그 후에는 다시 바벨론이라는 나라가 일어나게 되어 있었습니다. 이 강한 나라들을 이길 수 있는 방법은 오직 하나님을 죽어라고 의지하는 수밖에 없었습니다. 그러나 이스라엘 백성은 세상을 너무 쉽게 생각해서 하나님을 버렸던 것입니다.

우리가 알아야 할 것은, 이 세상에서 성공한다고 하는 것도 결국은 재활용하는 물건을 많이 찾아서 성공하는 것입니다. 솔로몬은 '해 아래 새것이 없다' 라고 했습니다. 결국 세상에 새것이 없기 때문에 모든 것이 재활용품인 것입니다. 이 세상에 새로운 것은 하나님의 말씀과 은혜밖에 없습니다. 하나님의 말씀과 은혜만이 우리를 썩지 않게 지켜 주고, 미래의 모든 환난을 돌파하고 안전하게 가게 합니다. 그러나 사람들은 미래에 있을 큰 환난과 풍파를 보지 못하기 때문에 당장 편하고 당장 잘사는 길을 택하는 것입니다. 그래서 하나님께서는 지금 하나님을 버린 이스라엘 백성의 미래를 보여 주셨습니다. 그것은 이스라엘 백성이 완전히 망해서 다른 나라의 노예가 되어 있는 모습이었습니다.

이스라엘 백성은 이 세상이 얼마나 무서우며 자기 자신들이 얼마나 약한지 알지 못했습니다. 이스라엘 백성은 지금 자기들이 돈을 잘 벌고 있고 당장 아쉬운 것이 없기 때문에 하나님을 버리고 얼마든지 잘살 수 있을 것이라고 생각했습니다. 그러나 이스라엘의 힘으로는 앗수르나 바벨론 같은 세력을 이길 수 없습니다. 앗수르는 히스기야같이 자기 목숨을 걸고 하나님께 매달린 자만이 이길 수 있는 것입니다.

하나님께서는 호세아에게 이스라엘 백성의 미래의 모습을 보게 하셨습니다. 그것은 사랑을 좇아간다고 하지만 결국 사기꾼을 따라가서 완전히 신세를 망치고 못된 사람의 노예가 되어 있는 모습이었습니다.

사람들이 만일 자신들의 미래의 비참한 모습을 볼 수만 있다면 어떻게 해서든지 미래의 불행을 바꾸려고 할 것입니다. 성경이 말씀하고 있는 것이 바로 이것입니다. 우리 인간의 미래는 얼마든지 바꿀 수 있다는 것입니다. 즉 우리가 세상을 따라가는 것이 당장은 잘사는 것 같고 성공하는 것 같지만 이 길은 쓰레기통을 뒤지는 것밖에 되지 않고 결국 하나님의 사랑을 잃어버리고 망하는 길인 것입니다. 반대로 우리가 하나님의 말씀을 따르는 길은 당장은 출세도 안 되고 때로는 많은 어려움을 당해서 어리석은 것 같지만 결국 하나님의 축복이 오게 하는 길이기 때문에 행복한 길인 것입니다.

1절 상, “여호와께서 내게 이르시되 이스라엘 자손이 다른 신을 섬기고 건포도 떡을 즐길찌라도 여호와가 저희를 사랑하나니”

하나님께서는 호세아에게 ‘이스라엘 자손이 다른 신을 섬기고 건포도 떡을 즐길찌라도’ 라고 말씀하셨습니다. 이스라엘의 모든 문제는 바로 이 건포도 떡에 있었던 것입니다. 즉 이스라엘 백성이 가나안에서 누리는 축복을 한 마디로 표현하면 그것은 바로 건포도 떡이었습니다.

이스라엘 백성은 광야에서 40년 내내 만나를 먹었습니다. 만나는 하늘에서 내린 양식이었지만 구워 먹든 삶아 먹든 맛이 거기서 거기였습니다. 그러나 이스라엘 백성이 가나안 땅에 들어와서 건포도 떡을 먹어 보니까 아주 맛이 있었던 것입니다. 그리고 이스라엘 백성이 가나안 땅에서 마신 포도주는 너무나도 환상적인 음료수였습니다. 이스라엘 백성이 광야에서는 겨우 양젖이나 마셨는데 가나안 땅에 와서 포도주를 마시니까 너무 맛이 있었던 것입니다. 이스라엘 백성은 가나안 땅에 와서 자기들이 먹고 마시는 건포도 떡이나 포도주를 하나님이 주셨다고 생각하지 않았던 것입니다.

그 이유가 무엇일까요? 만나는 광야에서 기적적으로 하늘로부터 내렸습니다. 이스라엘 백성은 하나님이 만나를 주신 것을 인정했습니다. 그런데 가나안 땅에서는 이스라엘 백성 자신들이 농사를 지어서 곡식이나 포도를 얻었던 것입니다. 즉 이것은 내가 농사를 지어서 얻은 것이기 때문에 내가 번 것이라는 것입니다.

우리가 가난해서 먹을 것이 없을 때 기도해서 먹을 것이 생기면 하나님이 주신 것으로 인정할 수 있습니다. 그러나 내 사업이 잘되어서 돈을 많이 벌었다면 하나님도 복을 주셨지만 내가 잘해서 돈을 번 것같이 생각됩니다. 거기에다가 가난할 때 신앙생활을 하면서 하나님이 주시는 것보다는 사업에 성공해서 세상에서 잘사는 것이 너무나도 행복한 것입니다. 즉 광야의 만나나 양젖보다는 가나안 땅의 건포도 떡이나 포도주가 매우 맛이 있었던 것입니다.

이스라엘 백성이 광야 생활을 할 때 하나님이 하루라도 도와주시지 않으면 그들은 굶을 수밖에 없었습니다. 그러나 이스라엘 백성이 가나안 땅에 와 보니까 가나안 땅은 하나님이 계시든지 안 계시든지 농사만 잘 지으면 되고 장사만 잘하면 얼마든지 부자가 될 수 있는 곳이었습니다. 오히려 신앙이 없는 사람이 농사도 더 잘되고 장사도 더 잘해서 돈을 더 많이 벌었습니다. 그래서 이스라엘 백성은 점점 하나님보다는 가나안의 건포도 떡을 더 좋아하게 되었던 것입니다. 즉 이스라엘 백성은 하나님 자신보다는 잘사는 것을 더 좋아하게 된 것입니다.

오늘날 우리도 하나님 자신보다는 잘사는 삶 자체를 더 사랑하기 쉽습니다. 그리고 오늘 우리 사회는 반드시 신앙이 좋은 사람이 성공하기보다는 능력 있고 유능한 사람이 더 성공하는 세상입니다. 그러니까 우리나라에서 성공하려면 죽어라고 하나님을 붙드는 것보다는 세상을 잘 따라가는 것이 더 유익하다는 생각을 하게 되는 것입니다. 그러나 우리가 죽어라고 하나님을 붙들지 않으면 결국 하나님의 축복은 닫히고 우리는 모든 행복을 상실할 때가 옵니다. 그래서 우리가 하나님의 말씀을 들을 때에는 아직 기회가 있는 것입니다.

하나님의 백성이 하나님을 사랑하지 않으면 세상의 복과 하나님의 복을 모두 잃어버리게 됩니다.

2. 하나님의 사랑

이스라엘 백성은 하나님을 싫어하고 버렸지만 하나님은 오히려 이스라엘 백성을 사랑하셨습니다.

1절을 다시 보면 '이스라엘 자손이 다른 신을 섬기고 건포도 떡을 즐길찌라도 여호와가 저희를 사랑하나니' 라고 말씀하고 있습니다. 이스라엘 백성이 하나님을 잊어버리고 하나님이 싫어하는 짓을 다 했음에도 불구하고 놀랍게도 하나님은 이스라엘을 사랑하셨습니다.

여기서 하나님께서 '이스라엘을 사랑하신다' 라는 것은 두 가지로 생각할 수 있습니다. 첫째는 하나님께서 이스라엘을 절대로 잊지 않으신다는 것입니다. 우리는 이 세상에는 많은 사람들이 있고, 하나님이 신경을 써야 할 사람들이 많이 있는데 그 많은 사람들 중에서 나 한 사람 하나님을 버리고 세상으로 간다고 해서 과연 하나님께서 그것을 알 수 있을까 하고 생각합니다. 사실 이것이 우리 인간이 늘 하는 실수입니다. 그런데 하나님께서는 이 세상에 아무리 많은 사람이 있어도 나 한 사람을 잊지 않고 기억하고 계십니다. 하나님은 나를 알고 계실 뿐만 아니라 나의 일거수일투족에 대해서 세심한 관심을 가지고 계십니다. 그래서 우리가 신앙적으로 힘을 내어서 은혜를 받고 말씀에 순종하면 하나님도 기뻐하십니다. 반대로 우리가 하나님의 뜻을 거스르고 미련하게 죄를 행할 때 하나님은 답답해하시고 마음 아파하십니다. 그런데 우리가 그것을 느끼지 못하는 것은 우리가 미련해서 그런 것입니다. 하나님은 우리가 죄를 향하여 갈 때에도 조용하게 우리를 기다리고 계십니다. 그것은 하나님께서 우리를 믿으시기 때문입니다. 그리고 하나님은 우리가 그럴 수밖에 없는 연약한 자라는 것을 너무나도 잘 알고 계십니다. 그런데 우리가 죄를 향하여 가다가 어느 순간 깨닫고 하나님께로 돌아오면 하나님은 우리를 더 사랑하시고 우리를 더 축복해 주십니다. 그런데 인간이 미련한 것이, 하나님이 가만히 계시면 하나님이 나를 잊으신 줄 알고 더 자기 멋대로 행동하는 것입니다. 그러다가 하나님께서 참으실 수 있는 한계를 넘어서면 몽둥이를 맞게 됩니다. 하나님의 몽둥이는 너무나도 아프고 고통스럽습니다. 그러나 이 몽둥이를 한번 맞으면 다시는 죄를 지을 생각을 하지 않을 것입니다. 왜냐하면 하나님께 한번 맞으면 거의 죽을 정도가 되기 때문입니다. 하나님은 절대로 나를 잊지 않으십니다.

그런데 하나님은 우리를 때리기만 하시는 분이 아닙니다. 하나님은 우리를 가난하게 하시고 비참하게 하신 후에 하나님의 말씀을 듣고 하나님의 사랑을 깨닫게 하십니다. 우리가 망해서 인생 밑바닥에 떨어지면 상대해 주는 사람이 아무도 없습니다. 우리는 그 비참한 상황에서 영원히 있을 수밖에 없습니다. 그런데 놀라운 것은, 그런 비참한 상황에서 하나님은 최고의 말씀으로 위로해 주시고 축복해 주시는 것입니다. 여기서 우리는 진짜 하나님의 사랑을 체험하고 하나님의 사랑에 감격하고 울게 됩니다.

이때 우리에게 이해가 되지 않는 것이, 과연 하나님은 나 같은 것이 무엇이기에 나를 사랑하셔서 이런 은혜를 주실까 하는 것입니다. 우리는 세상 사람들보다 나은 것이 아무것도 없습니다. 오히려 우리는 하나님을 대적했고, 하나님의 마음을 많이 아프게 했습니다. 그런데 도대체 하나님은 내가 무엇이기에 이렇게 하나님을 알게 하시고 은혜를 받게 하실까 하는 것입니다.

우리는 이것을 죽을 때까지 이해하지 못합니다. 이 세상에서 사람들이 다른 사람을 좋아하는 것은 무엇인가 좋아할 만한 것이 있기 때문입니다.

즉 그 사람의 인물이 좋다든지, 아니면 재능이 뛰어나다든지 혹은 나에게 잘해 준다든지 하기 때문에 좋아합니다. 그러나 우리는 하나님 앞에서 이런 것 중에 해당되는 것이 아무것도 없습니다. 우리는 하나님 앞에서 그야말로 미움 받을 짓만 했습니다. 그런데 하나님은 우리를 사랑하셔서 죄의 종이 된 우리를 하나님의 자녀가 되게 하신 것입니다. 그래서 우리 중에 하나님의 사랑을 받을 자격이 있어서 예수 믿게 된 사람은 아무도 없습니다. 우리는 하나님을 몰랐고 죄만 좋아했습니다. 그런데 하나님께서 일방적으로 우리를 사랑하셔서 예수를 믿게 하셨습니다. 그러면 그동안의 가난과 긴 방황이 의미하는 것은 무엇입니까? 그것은 하나님을 만나는 과정이었던 것입니다.

우리는 마치 야생동물과 같아서 하나님이 아무리 오라고 해도 하나님을 믿지 않고 하나님께로 가지 않았습니다. 그래서 하나님은 긴 시간 동안 우리를 막다른 골목으로 몰아가신 후 도저히 피할 수 없는 곳에서 우리를 붙잡으셔서 하나님을 믿게 하신 것입니다.

하나님께서 우리를 사랑하시는 방법은 어느 순간 우리를 잡으셔서 인생 밑바닥에 내동댕이쳐서 비참하게 하시고 그 후에 하나님의 구원에 감격하게 하시는 것입니다. 하나님께서 이렇게 하시는 이유는, 이렇게 하지 않으면 우리는 절대로 하나님을 믿지 않기 때문입니다.

하나님은 호세아로 하여금 다른 사람의 종이 된 고멜을 돈을 주고 다시 사게 하셨습니다. 여기에 보면 하나님께서 호세아로 하여금 고멜을 데리고 오게 하시는 순서가 있습니다.

1-2절, "여호와께서 내게 이르시되 이스라엘 자손이 다른 신을 섬기고 건포도 떡을 즐길찌라도 여호와가 저희를 사랑하나니 너는 또 가서 타인에게 연애를 받아 음부 된 그 여인을 사랑하라 하시기로 내가 은 열다섯 개와 보리 한 호멜 반으로 나를 위하여 저를 사고"

하나님은 호세아로 하여금 노예가 되어서 창녀 짓을 하고 있는 고멜을 몸값을 주고 다시 사 오게 하셨습니다. 그런데 하나님은 호세아에게 고멜을 데려오라고 하시기 전에 그 음란한 여인을 사랑하라고 하셨습니다. 하나님은 호세아로 하여금 애정 없이 의무적으로 고멜을 다시 데려오게 하신 것이 아니었습니다. 하나님은 호세아에게 고멜을 데리고 와서 방구석에 처박아 놓거나, 아니면 집에서 종처럼 부려 먹기 위해서 데려오게 하지 않으셨습니다. 하나님께서 호세아에게 고멜을 데리고 오라고 하신 것은 고멜을 사랑하기 위해서라고 말씀하셨습니다.

아마 호세아는 하나님의 이 말씀을 들었을 때 하나님의 의도가 이해되지 않았을 것입니다. 그래서 '하나님, 이 여자는 제가 그렇게 달래고 애원을 해도 말을 듣지 않던 여자입니다. 이 여자는 결혼하고 난 후 줄곧 바람을 피웠고, 다른 사람들의 아이를 셋이나 낳았습니다. 이제는 더러운 창녀가 되어서 더러워질 대로 더러워졌는데 도대체 무엇을 보고 이 여자를 사랑하라고 하십니까? 만일 하나님께서 이 여자를 데려오라고 하시면 순종하겠습니다. 그러나 사랑하라고 하는 것은 불가능합니다.' 하는 반발심도 있었을 것입니다.

그러나 하나님이 호세아에게 고멜을 사랑하라고 하신 근거가 무엇입니까? 그것은 하나님께서 이스라엘 백성을 무조건 사랑하시기 때문입니다. 하나님은 호세아에게 '이스라엘 백성이 나를 배반하고 우상을 섬기고 건포도 떡을 사랑하지만 나는 이스라엘을 사랑한다. 그런데 네가 고멜을 사랑하지 못할 이유가 무엇이냐?' 하시는 것입니다.

우리는 사람이 한번 타락하면 회복할 수 없다는 생각을 가지고 있습니다. 누구든지 나쁜 물이 들어서 죄에 빠지고 인생을 망치면 더 이상 좋아질 수가 없습니다. 그런데 하나님은 그런 사람을 사랑하십니다. 그 이유는, 하나님은 완전히 타락한 인간도 깨끗하게 하실 능력이 있으시기 때문입니다. 하나님이 이스라엘을 사랑하시는 것은 옛날 그 상태로 사랑하시겠다는 것이 아닙니다. 하나님은 이스라엘을 완전히 새사람으로 만들어서 살아가게 하시겠다는 것입니다. 이것이 가능할까요? 불가능합니다. 이스라엘이 새사람이 되려면 하나님 자신이 죽었다가 살아나셔야 하는 것입니다. 이것은 고멜에게도 마찬가지입니다. 하나님은 호세아에게 옛날 바람둥이 고멜을 사랑하라는 것이 아닙니다. 하나님은 호세아에게 네가 한번 죽었다가 살아나면 고멜이 새사람이 된다는 것입니다. 놀랍게도 호세아라는 이름은 예수의 히브리 식 이름이었습니다. 하나님은 우리를 그냥 사랑하시는 것이 아니라 예수님의 피로 완전히 새사람으로 변화시켜서 사랑하시는 것입니다.

호세아가 고멜을 다시 사기 위해서 지불한 몸값은 결코 많은 것이 아니었습니다. 옛날 노예 한 명을 사는 데 필요한 돈은 은 삼십이었습니다. 호세아가 고멜을 위해서 은 열다섯 개와 보리 한 호멜 반을 준 것은 보통 노예의 반값에서 조금 더 주는 것이었습니다. 그러나 사실은 호세아가 고멜을 다시 사랑하기 위해서는 자기 인생을 다 희생해야만 했고, 거의 한번 죽었다가 다시 살아나야만 했습니다. 아마 호세아는 고멜을 위해서 더 많은 몸값을 주어야만 했다면 그렇게 했을 것입니다. 왜냐하면 하나님께서는 우리의 몸값을 지불하기 위해서 하나님의 아들의 몸값을 내어 놓으셨기 때문입니다. 즉 하나님께서 우리를 위해서 지불하신 몸값은 우리 죄의 수억만 배 되는 비용이었습니다. 그러나 예수님은 표면적으로는 가룟 유다에게 은 삼십에 팔리셨습니다. 그 이유는 유대 제사장들이 예수님의 몸값을 몰랐기 때문입니다. 그래서 대제사장이 예수님의 몸값으로 지불한 돈은 노예 한 명의 가격에 불과했습니다.

사실 노예 주인이 호세아가 고멜을 그렇게 사랑하는 줄 알았더라면 그 몸값의 열 배 이상을 불렀을지도 모릅니다. 그러나 노예 주인은 이미 고멜이 한물갔다고 생각해서 은 열다섯 개를 받고도 싱글벙글했을 것입니다. 그러나 사실 노예 주인은 엄청 손해를 본 것이었습니다. 왜냐하면 고멜이 정신을 차리고 변화되고 나면 너무나도 존귀하고 아름다운 여인으로 다시 태어날 수 있기 때문입니다.

우리는 예수 믿기 전에는 우리의 몸값을 아마 월급으로 따졌을 것입니다. 혹은 학벌이나 인물을 가지고 따졌을 것입니다. 그러나 우리가 예수를 믿고 하나님의 자녀가 되면 우리의 몸값은 천정부지로 치솟게 됩니다. 그래서 우리는 세상적인 몸값과 하나님의 몸값이 다르다는 것을 알아야 합니다. 우리가 예수 믿고 우리 속을 하나님의 말씀으로 채우면 우리 자체가 보석이 됩니다. 그래서 하나님은 우리를 사랑하시는 것입니다. 아직도 세상 사람들은 우리의 몸값이 은 열다섯 개와 보리 한 호멜 반인 줄 알 것입니다. 사실 세상 사람들은 우리 몸값을 모르는 것이 좋습니다. 왜냐하면 우리가 그렇게 비싼 줄 알면 다시 우리를 잡아서 팔아먹으려고 할 것이기 때문입니다. 세상은 이미 우리를 쓸모없다고 생각하여 포기했습니다. 그러나 우리는 하나님 앞에서 엄청나게 존귀한 사람이 되었습니다. 그래서 우리는 모두 두 개의 자아상을 가지고 있습니다. 하나는 세상의 몸값이고, 다른 하나는 하나님의 몸값입니다. 하나님의 몸값이 진짜 우리 자아상입니다.

3. 자신을 생각하는 시간

호세아는 고멜을 데리고 집으로 오면서 무엇이라고 말을 합니까? 호세아는 당장 고멜에게 자기를 사랑할 것을 요구하지 않겠다고 말을 합니다. 호세아가 고멜에게 요구한 것은 상당한 기간 자신과 함께 있으면서 행음하지 말라는 것이었습니다. 이것은 고멜이 호세아를 제대로 아는 데는 시간이 필요하다는 것입니다.

3절, "저에게 이르기를 너는 많은 날 동안 나와 함께 지내고 행음하지 말며 다른 남자를 좇지 말라 나도 네게 그리하리라 하였노라"

고멜이 바람이 나서 아이를 셋이나 낳고도 호세아에게서 도망을 친 것은 애인이 있었기 때문입니다. 고멜은 그 젊은 애인이 정말 자기를 사랑하는 줄 알았고, 그를 따라가기만 하면 행복하게 살 수 있을 줄 알았습니다. 그런데 알고 보니까 그 애인은 사기꾼이었고 인신매매범이었던 것입니다. 호세아는 고멜을 집으로 데리고 오면서 나만 사랑하라고 강요하지 않았습니다. 단지 그 거짓된 애인에 대해서 곰곰이 생각을 해 보는 시간을 가지라는 것입니다.

고멜은 한순간의 뜨거운 열정이 자기를 행복하게 해 줄 줄 알았습니다. 그런데 알고 보니까 천하에 어리석은 바보가 고멜이었던 것입니다. 고멜에게 있어서 가장 행복할 수 있는 유일한 길은 호세아의 사랑에 만족하고 다른 욕심을 부리지 않는 것이었습니다. 그런데 고멜이 호세아의 가치를 깨닫는 데는 상당한 시간이 필요했습니다. 왜냐하면 고멜은 아직도 자기가 젊고 잘났다고 생각하고 있기 때문입니다. 호세아는 고멜에게 네가 행음하지 않고 가만히 있으면 나도 너에게 그리하겠다고 했습니다. 이것은 호세아도 고멜만 생각하면서 있겠다는 뜻입니다.

우리는 여기서 왜 이렇게 호세아는 바보 같은가 하는 생각을 하게 됩니다. 이 세상에 흔한 것이 여자인데 왜 호세아는 자기를 버렸고 행실도 못된 고멜을 이렇게 사랑할까 하는 것입니다. 그 이유는 이것이 바로 하나님의 사랑이기 때문입니다. 우리가 하나님의 사랑을 제대로 아는 데는 상당한 시간이 필요합니다. 우리가 도대체 어떻게 해야 하나님의 사랑을 제대로 알 수 있을까요? 우리는 자기도취에 빠져서 내가 대단한 사람이라고 생각하는 동안에는 하나님의 사랑을 알 수 없습니다. 그러나 우리가 망해서 인생 밑바닥에 떨어졌는데도 불구하고 하나님이 우리를 사랑하시는 것을 보면 그때서야 비로소 하나님의 사랑이 무조건적인 사랑이라는 것을 알게 되는 것입니다.

예를 들어 자식에 대한 부모의 사랑은 무조건적인 사랑입니다. 때로는 자녀가 부모의 마음을 아프게 하고 나쁜 길로 갈 때도 있습니다. 그러나 부모는 자기 자식을 버릴 수가 없는 것입니다. 때로는 부부 사이에는 용서가 안 될 때가 있습니다. 그러나 부모는 자식을 용서하지 않을 수가 없습니다. 만일 이 세상에서 부모가 자기 자식을 사랑하지 않으면 누가 그 자식을 사랑하겠습니까? 우리에 대한 하나님의 사랑은 부모의 사랑과 부부의 사랑이 합쳐진 것과 같은 사랑입니다. 그래서 하나님의 사랑은 우리를 변화시킬 수 있는 것입니다. 부모의 사랑만으로는 우리를 바꿀 수 없습니다. 부부의 사랑만으로도 우리를 바꿀 수 없습니다. 그러나 우리를 향한 하나님의 사랑은 무조건적이면서도 뜨거운 사랑입니다. 그래서 돌같이 굳었던 우리의 마음이 녹으면서 아름다운 새사람이 되는 것입니다.

4절, "이스라엘 자손들이 많은 날 동안 왕도 없고 군도 없고 제사도 없고 주상도 없고 에봇도 없고 드라빔도 없이 지내다가"

이스라엘 백성은 그동안 세상일에 몰두하는 바람에 하나님을 진정으로 생각할 시간이 없었습니다. 그러나 하나님은 이스라엘 백성이 충분히 하나님을 생각할 시간을 주십니다. 이스라엘 백성은 망해서 외국에 노예로 붙들려 가는 것입니다. 그래서 이스라엘 자손들은 많은 날 동안 왕도 없고, 군도 없고, 제사도 없고, 주상도 없고, 에봇도 없고, 드라빔도 없을 것이라고 했습니다.

여기서 왕도 없고, 군도 없다는 것은 나라가 망해서 노예로 붙들려 간다는 것입니다. 그리고 제사도 없고, 주상도 없고, 에봇도 없고, 드라빔도 없다는 것은 종교 의식이 없어진다는 것입니다. 그런데 이스라엘 백성의 제사에는 많은 것들이 추가되어 있었습니다. 즉 주상은 우상을 섬길 때 사용하는 점치는 기둥이었습니다. 에봇도 제사장의 옷이지만 점을 치는 데 사용하였고, 드라빔은 수호신이었습니다. 이스라엘 백성은 하나님의 말씀만 붙들면 부흥이 오게 되어 있는데 너무나도 많은 불순물이 하나님의 은혜를 가로막고 있었습니다. 그러나 이스라엘은 이런 것들에 중독되어 있어서 스스로의 힘으로는 이것들을 없앨 수가 없었습니다. 그래서 하나님은 이스라엘을 앗수르에 의해서 망하게 하셔서 자기 힘으로 없애지 못했던 우상들을 다른 사람들의 손으로 없애게 하셨던 것입니다. 다시 말해서 이스라엘이 앗수르에 의해 망하는 것은 하나님께서 이스라엘을 정결케 하시는 과정이었던 것입니다. 그래서 이스라엘이 앗수르에 의해서 망한 후에도 상당한 신자들이 남아 있어야 하는데 신실한 신자들이 너무 없었습니다. 그래서 이스라엘은 겉으로 보기에는 완전히 망하고 말았습니다. 그러나 하나님은 그 가운데서 참된 신자들이 있다고 보셨습니다.

5절, "그 후에 저희가 돌아와서 그 하나님 여호와와 그 왕 다윗을 구하고 말일에는 경외하므로 여호와께로 와 그 은총으로 나아가리라"

이스라엘 백성은 오랜 포로 생활을 지낸 후에 비로소 하나님의 소중함을 깨닫게 됩니다. 그리고 그들은 비로소 그들에게는 참 하나님이 없었으며 참 목자가 필요하다는 사실을 깨닫게 됩니다. 그래서 이스라엘 자손들은 많은 시간이 지난 후에 비로소 하나님께 참 목자를 보내어 달라고 부탁을 하며 하나님을 두려워하는 마음으로 찾게 됩니다.

여기서 말하는 다윗은 새로운 목자 예수 그리스도입니다. 우리가 하나님을 찾을 수 있는 것은 하나님께서 먼저 우리를 사랑하셨기 때문입니다.

여기서 중요한 것은, 왜 다윗을 찾을까 하는 것입니다. 하나님은 다윗과 약속하시기를, 이스라엘 지도자만 말씀을 붙들면 백성 한 사람 한 사람은 좀 부족해도 무조건 부흥을 주겠다고 약속하셨기 때문입니다. 즉 하나님과 우리의 언약은 개별적인 순종이 아니라 도매금으로 넘어가는 것입니다. 그래서 예수님이 하나님의 말씀에 순종하셨기 때문에 우리는 예수를 믿기만 하면 무조건 구원을 받고 의롭다 함을 받는 것입니다.

오늘 이 말씀은 완전히 우리에게 하시는 말씀입니다. 우리는 고멜과 같았습니다. 우리는 음탕하였고, 세상만 사랑했으며, 언제나 하나님을 배반하는 자들이었습니다. 그러나 하나님은 우리를 무조건 사랑하셔서 새사람으로 만들어 주셨습니다. 음탕한 창녀 고멜을 존귀한 귀부인으로 만들어 주신 것입니다.

오늘날 우리가 보는 교회나 세상의 모습은 다시 고멜로 돌아가려고 하는 것입니다. 하나님께서는 이제 우리가 하나님을 믿기를 원하십니다. 우리는 다시 음탕한 고멜이 될 수 없습니다. 이제는 하나님의 사랑에 만족하고 감격해하면서 우리에게 새로운 인생을 주신 하나님을 사랑하는 성도들이 되시기 바랍니다.

성경 토의

1. 왜 우리는 하나님을 믿는다고 하면서도 거룩하지 못하고 세상을 사랑하며 악하고 음란한 생각에 빠질 때가 많은가?

2. 거듭 반복해서 넘어지는 우리를 하나님은 어떻게 대하시며, 하나님이 우리에게 요구하시는 것은 무엇인가?

3. 우리가 하나님의 백성이 되기 위해서 하나님께서 지불하신 몸값은 얼마나 되며, 우리는 이 은혜를 어떻게 갚아야 하는가?

05_세상을 따라간 이스라엘

호세아 4:1-19

전체적 설명

법정에서 재판이 벌어지면 먼저 피고인을 고발한 원고 쪽에서 피고인의 죄에 대하여 고발하는 내용을 발표할 것이다. 서양에서는 배심원들이 원고의 고발 내용을 듣고 옳다고 판단되면 유죄 결정을 내린다. 하나님께서는 이스라엘의 원고가 되어서 이스라엘 백성이 지은 죄에 대한 고발장을 낭독하신다. 만일 이스라엘 백성이 하나님의 고발장에 대하여 타당한 이유를 제시하면 형벌을 피할 수 있지만 그 모든 죄가 사실로 판명되면 유죄 판결을 받게 될 것이다.

설교 프리노트

1절, "여호와께서 이 땅 거민과 쟁변하시나니"

먼저 호세아 선지는 이스라엘 백성에게 여호와의 말씀을 들을 것을 요청한다. 호세아는 지금까지 자기 개인 문제를 가지고 이스라엘 백성의 관심을 끌었다. 그러나 이제는 선지자 본연의 자세로 돌아가서 그들에게 하나님의 말씀을 전하려고 하는 것이다. '쟁변' 은 법적인 고발을 말한다. 하나님께서는 이스라엘 백성이 지금까지 지은 죄를 온 세상에 공포하려고 하시는 것이다. 우리 생각으로는 하나님께서 이스라엘 백성이 아무리 죄를 지었다 할지라도 하나님께서 은폐하실 것 같은데 하나님은 참고 참으시다가 이스라엘 백성이 회개할 눈치가 보이지 않으면 그들의 죄를 온 세상에 폭로하신다. 그러면 하나님 자신이 이스라엘 백성의 죄의 원고가 되시며, 온 세상은 배심원이 된다.

하나님은 이스라엘 백성을 '이 땅 거민' 이라고 말씀하시는데 이미 이스라엘 백성은 정당한 하나님의 백성의 자격을 상실하였고, 불법적으로 가나안 땅에 거하는 불법 체류자들이 된 것이다.

"진실도 없고 인애도 없고 하나님을 아는 지식도 없고"

하나님께서는 먼저 이스라엘 백성에게 꼭 있어야 할 세 가지를 말씀하신다. 즉 지금 이스라엘 백성에게는 이스라엘 백성으로서 꼭 있어야 하는 것 세 가지가 없다. 그 첫째는 '진실' 인데 적어도 하나님의 백성은 정직해야 한다. 물론 이스라엘 백성도 인간인 이상 백 퍼센트 정직할 수는 없겠지만 적어도 자신들이 틀린 것에 대해서는 틀렸다는 것을 인정해야 한다. 그런데 하나님의 백성이 정직하지 않다는 것은 이미 하나님의 백성의 자격을 상실한 것이다.

둘째는 '인애' (히브리 어로 '헤세드')인데 이것은 약속을 했으면 그것을 끝까지 지키는, 책임지는 사랑을 말한다. 따라서 이스라엘 백성은 다른 사람과 약속한 것은 무슨 일이 있어도 지켜야 하며, 결코 사랑을 배신해서는 안 된다. 만일 이스라엘 백성이 인애를 버린다면 여인이 정조를 잃는 것과 같은 것이다.

셋째는 '하나님을 아는 지식' 이 없는 것이다. 이스라엘 백성에게 가장 중요한 재산은 하나님의 말씀이다. 이스라엘 백성은 하나님의 말씀을 연구하고 지키는 것이 주된 임무이다. 그러나 이스라엘 백성에게 하나님을 아는 지식이 없다고 하는 것은 이스라엘 백성이 파산한 것과 같다.

2절, "오직 저주와 사위[개역개정: 속임]**와 살인과 투절과 간음 뿐이요"**

하나님께서 이스라엘 백성을 두 번째로 고발하시는 내용은 이스라엘 백성에게 있어서는 안 되는 것들이 잔뜩 있다는 것이다. 그 첫째는 '저주' 인데, 저주는 다른 사람을 미워해서 망하도록 나쁘게 말하는 것이다. 원래 이스라엘 백성은 다른 사람들을 사랑으로 축복하게 되어 있는데 사랑은 없고 미움과 시기만 가득하였다. 이것은 이미 이스라엘 백성 안에 하나님의 은혜는 고갈되고 욕심이 가득한 것을 보여 준다.

둘째로 '사위' 는 사기를 말한다. 즉 다른 사람을 속이기 위하여 의도적으로 거짓말을 하는 것이다. 원래 이스라엘 백성은 다른 사람들을 바른 길로 인도하는 것이 임무인데 지금 이스라엘 백성은 남을 망하게 해서 이득을 보려고 한다. 이것은 이스라엘 백성이 이방 나라 사람들과 다를 바가 없다는 것을 보여 준다.

셋째는 '살인' 이다. 살인은 인간이 지을 수 있는 가장 무서운 죄이다. 이 세상 나라나 민족 중에서 살인을 허용하는 사회는 가장 악한 사회이다. 그러나 이스라엘에는 사적인 살인이 저질러지고 있었다. 이것은 이미 이스라엘 안에서 힘이 있고 야망이 있는 사람을 어느 누구도 통제하지 못하는 것을 말해 준다.

넷째로 '투절' 은 도적질 또는 강도짓을 말한다. 즉 이스라엘 사람들이 다른 사람을 속이고 죽이는 이유가 그들의 재산을 가로채거나 빼앗기 위한 것이었다. 그래서 이스라엘 백성은 말로는 하나님의 백성이라고 하지만 실제로는 살인강도와 다를 바가 없었다.

'간음 뿐이요' 는 강조하는 표현이다. 즉 이스라엘 백성 안에서 좋은 것은 아무것도 찾을 수 없고 모조리 이런 악뿐이었다. 특히 살인을 하고 강도짓까지 하는 사람들이 간음을 하지 못할 리가 없는 것이다. 즉 이스라엘 사람들은 정욕을 절제하지 않고 아름답고 마음에 드는 사람이 있으면 거리낌없이 성적인 범죄를 저질렀던 것이다.

"강포하여 피가 피를 뒤대임이라"

이스라엘 백성은 모두가 사나워서 한쪽에서 상대편 사람을 죽이면 그쪽에서는 노리고 있다가 기회가 오면 복수를 하고, 그러면 상대편 쪽에서도 노리고 있다가 기회가 오면 복수를 했다. 그래서 이스라엘 사회에는 계속적인 복수로 피가 피를 이었다. 특히 이스라엘에서는 여러 차례 쿠데타가 일어나서 신하가 왕을 죽이고 자기가 왕이 되는 일이 여러 번 일어났는데 그때마다 많은 복수극이 일어났던 것이다.

3절, "그러므로 이 땅이 슬퍼하며 무릇 거기 거하는 자와 들짐승과"

땅을 의인화하여 표현했다. 사람들은 땅이 아무 생각도 없고 감정도 없다고 생각하지만 실제로 땅은 자기 위에서 일어나는 죄에 대하여 대단히 민감하게 반응을 한다. 그래서 땅 위에서 어느 정도 이상의 살인이나 강도나 음행이 저질러지면 땅은 비상조치를 취한다. 그것은 흉년이나 혹은 전쟁을 통해서 그 땅에 사는 사람들을 모두 쫓아내는 것이다. 결국 인간들은 땅의 주인이 아니고 땅에 세들어 사는 사람에 불과한 것이다. 그래서 땅이 인간의 죄로 비통해지면 일차적으로는 흉년이 들어서 들짐승이나 새나 가축이 고통을 받다가 더 심해지면 전쟁이 일어나서 모든 사람이 죽든지 포로로 붙들려 가게 된다.

4절, "아무 사람이든지 다투지도 말며 책망하지도 말라"

하나님께서는 이스라엘 백성에게 서로의 죄에 대하여 지적하거나 책망하지 말라고 하셨다. 그 이유는 이스라엘 백성 전체가 하나님의 말씀을 떠나 있기 때문이다. 결국 이스라엘 백성끼리 서로 죄를 지적하고 책망하는 것은 인간의 죄에 대한 것인데 그 원인은 하나님을 떠난 것이다.

"제사장과 다투는 자 같이 되었음이니라"

제사장은 하나님과 이스라엘 백성 사이에 서서 하나님과 이스라엘 백성을 화해시키는 사명을 맡은 사람들이다. 그러나 제사장은 자기 마음대로 이스라엘 백성의 죄를 속죄할 수 있는 것이 아니라 철저하게 하나님의 말씀에 따라 순종함으로 이스라엘 백성의 죄를 속죄할 수 있다. 따라서 이스라엘 백성이 하나님 앞에서 죄 용서를 받으려면 제사장이 명하는 하나님의 말씀에 복종해야 한다. 그러나 '제사장과 다투는 자' 라고 하는 것은 하나님의 말씀을 무시하면서 제사장에게 '왜 우리를 함부로 죄인이라고 헐뜯는가' 하고 대어드는 사람들을 말한다. 결국 제사장과 다투는 자는 하나님의 말씀도 인정하지 않고 자신들의 죄도 인정하지 않으면서 하나님의 축복을 받으려고 하는 사람들이다. 결국 이런 사람들은 하나님을 우상으로 생각하는 것이다. 이스라엘 백성이 우상을 좋아했던 이유는, 우상은 사람들이 무슨 죄를 짓든지 일체 상관하지 않기 때문이다. 이스라엘 백성은 광야에서 모세와 많이 다투었다. 마찬가지로 제사장과 다투는 자라고 하는 것은 바른 하나님의 말씀을 인정하지 않고 대적하는 것이다. 결국 이스라엘의 죄는 사소한 실수나 개인적인 범죄가 아니라 이스라엘 백성 전체가 하나님의 말씀을 거부하고 떠난 것이다.

5절, **"너는 낮에 거치겠고 너와 함께 있는 선지자는 밤에 거치리라"**

여기서 '너' 는 이스라엘 백성 전체를 의미한다. 이스라엘 백성이 넘어지는 것은 캄캄한 밤이 아니라 대낮이다. 왜냐하면 그들은 앞을 보지 못하는 자들이 되었기 때문이다. 즉 이스라엘 백성은 스스로 잘나간다고 생각하다가 갑자기 망하게 되었다. 그리고 선지자가 밤에 거친다고 하는 것은 선지자들도 백성들과 별 차이 없이 망한다는 뜻이다. 왜냐하면 그들은 소경이 되어서 소경을 인도하는 자가 되었기 때문이다. 결국 선지자는 백성들이 망하지 않도록 바른길로 인도해야 하는데 자기 자신들이 길을 잃었기 때문에 함께 망하는 것이다.

6절, **"내 백성이 지식이 없으므로 망하는도다"**

이스라엘 백성이 망하는 이유는 근본적으로 하나님의 말씀이 없었기 때문이다. 하나님의 백성에게 하나님의 말씀은 영적인 호흡과 같은 것이었다. 이스라엘 백성이 하나님의 말씀을 붙들고 기도할 때 하나님은 부흥을 주시고 영적인 축복을 주셨다. 그러나 이스라엘 백성이 하나님의 간섭을 받지 않으려고 하나님의 말씀을 버렸을 때 이미 그들은 하나님을 버린 것과 같았다. 하나님이 없는 이스라엘 백성은 세상 모든 나라의 먹잇감이 될 수밖에 없었다.

"네가 지식을 버렸으니 나도 너를 버려 내 제사장이 되지 못하게 할 것이요"

이 말씀은 이스라엘 백성이 하나님께 나아갈 수 있는 방법을 제시한 아주 중요한 말씀이다. 우리 인간은 모두 죄인이기 때문에 도저히 하나님께 나아갈 수 없다. 그러나 하나님은 이스라엘 백성이 하나님께 나아갈 수 있는 유일한 길을 주셨는데 그것은 하나님의 말씀이다. 이스라엘 백성은 하나님의 말씀을 목숨을 다해서 붙들어야 한다. 그러면 하나님은 이스라엘 백성을 하나님께 나아갈 수 있게 하실 뿐만 아니라 다른 모든 민족을 위하여 기도할 수 있는 제사장으로 삼으신다. 그러나 이스라엘 백성이 하나님의 말씀을 버렸을 때에는 자기 자신마저도 하나님께 나아갈 수 없는 것이다.

"네가 네 하나님의 율법을 잊었으니 나도 네 자녀들을 잊어버리리라"

원래 하나님의 약속은 이스라엘 백성이 하나님을 사랑하고 그 계명을 지킬 때 자손 천 대까지 지켜 주시고 복을 주시는 것이었다(출 20:6). 그러나 이스라엘 백성이 율법을 버리는 순간 자신들만 버림받는 것이 아니라 그 자손들까지도 버림을 받게 된다. 왜냐하면 부모가 하나님의 말씀을 가볍게 생각할 때 그 자식들도 똑같이 배우기 때문이다.

7절, "저희는 번성할수록 내게 범죄하니"

하나님께서 이스라엘 백성에게 가나안의 복을 주신 것은 하나님을 더 잘 믿도록 하기 위해서이다. 그러나 인간들은 이상하게도 가난하고 비참할 때에는 하나님을 의지하면서도 잘살고 성공하게 되면 그것이 자기 자신의 공로인 줄 알고 하나님을 멀리하고 세상을 따라가게 된다. 그래서 하나님은 '저희 영화를 변하여 욕이 되게 하겠다' 라고 말씀하신다. 즉 하나님께서는 택한 백성들을 돌아오게 하시기 위해서 가난하게 하시고 많은 고난을 주셔서 깨닫게 하시는 것이다. 그래서 우리는 성공할수록 더 하나님을 가까이하는 지혜를 배워야 망하지 않는다.

8절, "저희가 내 백성의 속죄 제물을 먹고"

히브리 성경 원문에는 '저희가 내 백성의 죄를 먹고' 로 되어 있다. 결국 이스라엘 백성의 죄를 먹고사는 사람들은 어떤 사람들인가? 우리가 보통 의사를 생각해 볼 때 의사는 사람들의 병으로 먹고사는 사람들이라고 말할 수 있을 것이다. 그러나 의사는 병과 싸우는 자들이고 병을 치료하는 사람들이다. 마찬가지로 제사장은 백성들의 죄와 싸우고 병을 고치는 사람들이다. 그러나 제사장이 타락하면 백성들과 타협을 해서 그들의 죄를 적당하게 마무리해 주고 그들의 죄를 덮어 주는 일을 하게 된다. 이렇게 될 때 제사장은 결국 백성들의 죄를 먹고사는 사람이 되는 것이다.

"그 마음을 저희의 죄악에 두는도다"

제사장이면 마땅히 이스라엘 백성이 죄를 짓지 못하게 해야 한다. 그러나 타락한 제사장들은 오히려 백성들이 죄를 짓는 것을 원한다. 그렇게 해야 자기들에게 먹을 것이 생기기 때문이다. 예를 들면 경찰은 창녀나 깡패들이 나쁜 짓을 못하게 해야 하는데 오히려 이들과 결탁해서 더 죄를 짓도록 도와준다면 이것은 죄인 것이다.

9절, "장차는 백성이나 제사장이나 일반이라"

하나님께서는 제사장은 일반 백성과는 모든 점에서 달라야 한다고 생각하신다. 즉 제사장은 적어도 죄에 있어서는 일반 백성들과 달라야 하는 것이다. 그러나 제사장이나 백성들이 똑같이 죄를 지을 때 제사장도 백성들과 같이 망할 수밖에 없는 것이다. 그만큼 옛날에는 제사장을 특별한 사람으로 생각했는데 하나님의 눈에는 제사장이나 일반 백성이나 다른 것이 아무것도 없었던 것이다.

10절, "저희가 먹어도 배부르지 아니하며 행음하여도 수효가 더하지 못하니"

이스라엘 백성이 하나님을 떠나서 바알이나 다른 우상을 따라간 결과이다. 사람이 음식을 먹으면 배가 불러야 하는데 영양가가 전혀 없는 것을 먹으면 배가 부르지 못할 것이다. 마찬가지로 이스라엘 백성은 우상을 섬겨서 많은 복을 받은 것 같았는데 실제로는 더 나아진 것이 없었다. 왜냐하면 다른 데로 복이 다 새 버렸기 때문이다. 또 이스라엘 백성은 바알 앞에서 행음을 하면 자손들을 많이 낳을 수 있다고 믿어서 행음을 했지만 전체 인구는 줄어들었다. 그 이유는 전쟁이 나서 사람들이 많이 죽었기 때문이다. 결국 하나님의 백성은 하나님이 축복하시지 않으면 인간적인 방법으로는 절대로 복을 받을 수 없다.

"이는 여호와 좇기를 그쳤음이니라"

이스라엘 백성은 하나님의 말씀을 따르는 양 떼이다. 그러나 이스라엘 백성이 스스로 양 떼가 되지 않고 하나님보다 더 똑똑하다고 생각해서 자기 길로 갔을 때 생각보다 결과가 좋지 못했다. 그 이유는 하나님께서 그들을 축복하지 않으셨기 때문이다.

11절, **"음행과 묵은 포도주와 새 포도주가 마음을 빼앗느니라"**

이스라엘 백성이 본격적으로 우상 숭배에 빠지는 이유를 설명하고 있다. 가나안 사람들은 주로 포도주에 취해서 제정신을 잃고 우상을 숭배하고 음행을 하곤 하였다. 그리스 사람들에게는 술의 신 바커스를 숭배하는 사람들이 있었는데 가나안에도 이런 풍습이 만연되어 있었던 것 같다. '묵은 포도주와 새 포도주' 는 계속적인 포도주 농사를 의미한다. 즉 이미 이스라엘 백성은 포도주에 만취해서 혼음을 일삼는 악한 종교에 빠져 있었다.

12절, **"내 백성이 나무를 향하여 묻고 그 막대기는 저희에게 고하나니"**

여기서 '나무' 와 '막대기' 는 바알이나 아세라 신상을 의미한다. 가나안 족속들이나 이스라엘 백성이 신성시하는 나무상들은 하나님이 보시기에는 나무 막대기에 불과했다. 그러나 이스라엘 백성은 하나님께 뜻을 묻지 않고 어리석게도 나무에게 복을 빌었다.

"이는 저희가 음란한 마음에 미혹되어 그 하나님의 수하를 음란하듯 떠났음이니라"

이스라엘 백성이 하나님을 찾지 않았던 것은, 만일 그들이 하나님께 뜻을 구하면 하나님이 하지 말라고 하실 것이 뻔했기 때문이다. 이스라엘 백성은 이미 우상 종교에 중독되어서 우상을 버릴 수가 없었다. 우상을 숭배하는 것 자체도 영적으로 음행인데 특히 바알 종교는 성적인 음행이 무분별하게 이루어지고 있었다. 즉 바알 종교는 이미 포도주와 음란의 종교를 가지고 있었던 것이다. 그래서 이미 이스라엘 백성은 바람이 난 여자같이 하나님을 속이고 바알에게 몸과 마음을 바치고 있었다.

13절, **"저희가 산 꼭대기에서 제사를 드리며"**

바알에게 제사하는 것은 우리나라 무당이 제사를 하는 것과 비슷했다. 무당들은 산꼭대기나 작은 산 위나 혹은 참나무나 버드나무나 상수리나무 밑에서 제사를 했는데, 그 이유는 잎이 푸른 나무는 신성하다고 생각했기 때문이다.

"이러므로 너희 딸들이 행음하며 너희 며느리들이 간음을 행하는도다"

바알에게 제사를 지내고 난 뒤에는 그 장소에서 다시 음란한 혼음을 행했다. 그런데 그들은 이런 성행위를 하는 이유를 오직 농사가 잘되고 후손이 많이 태어나게 하기 위해서라는 식으로 스스로 속였다. 그래서 사실 바알 종교나 아세라 종교 때문에 이스라엘 백성 전체가 간음에 빠지게 되었다. 결국 이런 종교는 사람의 정신을 썩게 하고 영혼을 썩게 하기 때문에 사회 전체를 썩게 한다.

15절, **"이스라엘아 너는 행음하여도 유다는 죄를 범치 말아야 할 것이라"**

하나님께서는 이미 이스라엘은 더럽혀졌지만 유다는 이스라엘이 하는 것을 따라가지 않기를 바라셨다. 그래서 하나님은 이스라엘 백성에게 너희는 행음해도 유다는 끌어들이지 말라고 하셨고, 유다 사람들을 향해서도 길갈이나 벧아웬 같은 이스라엘 종교의 중심지에 가지 말라고 하셨다.

16절, **"이스라엘은 완강한 암소처럼 완강하니"**

아마도 농사를 지을 때 암소 중에서 고집이 센 것은 아무리 주인이 줄을 당겨도 꿈쩍도 하지 않고 자기 하고 싶은 대로 했던 것 같다. 하나님은 이스라엘을 사는 길로 인도하시려고 해도 이스라엘이 너무 고집이 세어 꿈짝도 하지 않아서 도저히 양 떼같이 인도할 수가 없다고 말씀하신다. 결국 우리가 하나님의 인도하심을 받으려면 양 떼처럼 목자의 음성을 따라가야 한다.

19절, **"바람이 그 날개로 저를 쌌나니"**

우리는 보통 집에 악취가 나는 물건이 있으면 종이로 싸서 멀리 내다 버릴 것이다. 지금 이스라엘은 너무 부패해서 악취가 나기 때문에 하나님은 바람을 날개로 삼아서 이스라엘을 아주 먼 곳에 가서 버릴 생각을 가지고 계신다.

본문 이해를 위한 질문

1. 하나님은 이스라엘 백성을 어떻게 고소하시는가?

이스라엘 백성에게는 꼭 있어야 하는 진실과 인애와 하나님을 아는 지식은 없고 있어서는 안 되는 저주와 사기와 살인과 강도와 음행만 있었다고 하신다.

2. 이스라엘 백성의 관심은 어디에 있었는가?

이스라엘 백성은 자신들에게 가장 중요한 재산인 하나님의 말씀에는 관심이 없었고 세상의 행복에 빠져 있었다.

3. 이스라엘 백성 가운데 우상 숭배는 어느 정도로 심했는가?

이스라엘 백성은 이스라엘 전역에서 바알 제사를 드렸고, 거의 모든 백성이 성적으로 타락한 상태였다.

성경 강해

오늘 우리 현대인들이 이렇게 편리한 생활을 할 수 있는 것은 석유를 사용하기 때문입니다. 현대인들은 석유가 있기 때문에 자동차도 운전하고, 비행기를 타고 여행하고, 고층 아파트에서 편리한 생활을 할 수가 있습니다. 그러나 석유를 사용하여 생활하는 것은 편리하지만 석유를 땅 속에서 퍼올리는 것은 결코 쉬운 일이 아닙니다. 누군가가 석유를 퍼올리려고 하면 뜨거운 사막 한가운데나 혹은 바다 한가운데에서 땅속 깊이 구멍을 뚫고 기름을 퍼올리는 일을 해야 합니다. 만일 기름을 퍼올리는 기술자들이 외롭고 힘든 곳에서 고생하기 싫다고 해서 기름을 퍼올리지 않으면 결국 온 도시가 마비되고 말 것입니다.

그러나 우리 인간이 이 세상을 살아가는 데는 기름보다 더 중요한 것이 있습니다. 그것은 바로 하나님의 은혜이고 사랑입니다. 물론 인간들은 하나님을 모를 때에도 얼마든지 살 수 있었습니다. 그러나 하나님께서는 이스라엘 백성을 통해서 하나님을 더 나타내시고 이스라엘 백성이나 주위 민족들을 더 축복하기를 원하셨습니다. 그런데 그 모든 축복의 전제는 이스라엘 백성이 하나님의 말씀에만 순종해서 사는 것이었습니다. 이스라엘 백성이 하나님의 말씀에 순종하면 이스라엘 백성은 하나님의 축복의 통로가 될 수 있는 것입니다. 그러나 그렇게 하려고 하면 이스라엘 백성은 외로운 가운데서 하나님의 말씀을 가지고 축복을 캐내는 일을 해야 하는 것입니다. 그러나 이스라엘은 처음부터 너무 모세의 율법에 치중하는 것을 반대했습니다. 즉 이스라엘 백성이나 지도자들의 생각은 너무 '성경, 성경' 하면 세상과 동떨어지니까 하나님을 믿되 세상적인 것도 적극적으로 받아들이자는 것이었습니다. 이스라엘 백성의 사상은 하나님의 신앙의 장점과 세상의 장점을 섞으면 더 좋은 것이 나올 수 있다는 것이었습니다. 이스라엘 백성의 이런 생각은 처음에는 적중하는 것 같았습니다. 그래서 이스라엘은 유다에 비하여 나라가 많이 발전했고 강해졌습니다. 그런데 이스라엘 사람들이 알지 못한 것이 있었습니다. 이 세상 것은 아무리 좋은 것이라 하더라도 결국은 부패한다는 것입니다. 특히 좋은 것일수록 더 잘 부패합니다. 아무리 좋은 음식도 며칠만 먹지 않고 그대로 두면 곰팡이가 생기고 결국 썩어서 먹을 수가 없게 됩니다. 하나님께서 이스라엘 백성이나 유다 백성에게 그렇게 율법의 말씀을 붙들어야 한다고 강조하신 이유는 덜 부패하는 방법이 하나님의 말씀밖에 없었기 때문입니다. 그러나 이스라엘 백성은 처음부터 하나님의 말씀을 덜 중요하게 생각하고 세상의 복을 따라간 결과 정신적으로나 윤리적으로 많이 부패하게 되었습니다.

오늘 본문 말씀은 호세아가 이스라엘 사람들에 대하여 본격적으로 설교하는 내용입니다. 그런데 이 말씀은 형식적으로는 호세아가 이스라엘 백성을 법적으로 고발하는 내용으로 되어 있습니다. 호세아가 하나님의 말씀을 고발 형식으로 말하는 이유는 결국 이런 이유 때문에 이스라엘이 가나안 땅에서 쫓겨나고 망하게 되기 때문입니다.

하나님께서 이스라엘 백성에게 기대하셨던 것은 하나님의 말씀 하나만을 파고드는 것이었습니다. 만일 이스라엘 백성이 하나님의 말씀만 붙들고 파고들었더라면 절대로 망하지 않을 뿐 아니라 큰 축복의 나라가 될 수 있었을 것입니다. 그러나 이스라엘은 세상을 따라가는 바람에 부패하고 말았습니다. 결국 부패한 나라나 국민들은 쓰레기를 치우듯이 치우는 방법밖에 없는 것입니다.

1. 하나님의 고소

하나님께서 이스라엘 백성을 법적으로 고소하고 있습니다. 신문이나 뉴스에 가끔 부모가 자식을 고발하는 기사가 보도될 때가 있습니다. 즉 자식이 마약을 한다든지 살인을 저지른 것을 부모가 알게 되었을 때 아무리 자식이라고 하지만 죄를 덮어 둘 수가 없어서 부모가 직접 경찰에 신고를 하는 것입니다.

마찬가지로 하나님께서는 이스라엘 백성의 죄를 고발하십니다. 왜냐하면 아무리 이스라엘 백성이라고 하지만 도저히 그들이 하는 짓을 두고 볼 수 없었기 때문입니다.

1-2절, "이스라엘 자손들아 여호와의 말씀을 들으라 여호와께서 이 땅 거민과 쟁변하시나니 이 땅에는 진실도 없고 인애도 없고 하나님을 아는 지식도 없고 오직 저주와 사위와 살인과 투절과 간음 뿐이요 강포하여 피가 피를 뒤대임이라"

여기서 '쟁변'은 법적으로 다투는 것을 말하는 것으로, 쉽게 생각하면 경찰이나 검찰에 고발하는 것입니다. 즉 하나님께서 이스라엘 백성을 정식으로 고발을 하시는 것입니다. 그 이유가 무엇입니까? 하나님이 보시기에 이스라엘 백성의 죄는 쉬쉬한다고 덮어질 수 있는 것도 아니고, 얼마 있지 않아서 곧 하나님께서 이스라엘 백성을 어마어마하게 심판하실 것이기 때문입니다.

하나님은 이스라엘 백성에 대하여 '이 땅 거민과 쟁변하신다'라고 말씀하고 있습니다. 여기서 '이 땅 거민'은 정당한 자격 없이 이 땅에 들어와 있는 사람들을 말합니다. 하나님은 하나님의 말씀을 저버린 이스라엘 백성은 더 이상 하나님의 땅에 있을 자격이 없다고 보시는 것입니다. 하나님께서 이스라엘 백성을 고발하시는 내용은 두 가지입니다. 하나는 그들에게 반드시 있어야 할 것이 없는 것이고, 다른 하나는 절대로 있어서는 안 되는 것이 너무나도 많다는 것입니다. 즉 이스라엘 백성의 죄는 있어야 할 것은 없고, 없어야 할 것은 있는 것이었습니다.

우선 이스라엘 백성에게 꼭 있어야 할 것은 세 가지였습니다.

'이 땅에는 진실도 없고 인애도 없고 하나님을 아는 지식도 없고.'

이스라엘 백성이라면 반드시 있어야 하는 것이 이 세 가지였습니다. 첫째는 '진실' 이고, 둘째는 '인애' 이고, 셋째는 '하나님을 아는 지식' 입니다. 그런데 실제로는 뒤에서부터 나타나게 됩니다. 이스라엘에 가장 중요한 것은 '하나님을 아는 지식' 이었습니다. 하나님은 이 세상 어느 나라, 어느 민족에게도 하나님을 아는 지식을 주지 않으셨습니다. 하나님은 오직 이스라엘 백성에게만 하나님을 아는 지식을 주셨습니다. 하나님께서 이스라엘 백성에게 기대하셨던 것은 하나님의 말씀 하나만 가지고 파고들어 가는 것이었습니다. 이스라엘 백성이 하나님의 말씀만을 붙들 때 그들은 하나님을 붙잡을 수가 있었습니다. 그래서 하나님의 능력이 이스라엘 백성에게 나타나고 영적인 부흥이 일어났습니다. 이것이 이스라엘이 존재하는 이유였고 이스라엘의 생명과 같은 것이었습니다. 그러나 이스라엘 백성은 처음부터 하나님의 말씀만 붙잡으면 너무 인생의 폭이 좁아진다고 해서 하나님의 말씀의 장점과 세상의 장점만 택했습니다. 그 결과 이스라엘이 세상적으로는 복을 받는데 영적으로는 고갈되어 갔습니다.

그리고 '인애' 라고 하는 것은 서로에 대하여 책임을 지는 사랑을 말합니다. 하나님의 백성에게 가장 중요한 것은 책임을 지는 것입니다. 그런데 그냥 책임을 지는 정도가 아니라 목숨을 걸고 책임을 지는 것입니다. 인애의 대표적인 예로는 여호수아 때 두 명의 이스라엘 정탐꾼이 라합의 집에 숨었을 때 라합이 자기 목숨을 걸고 이들을 지켜 주었고, 그들도 자기들의 목숨을 걸고 라합을 지켜 준 것을 들 수 있습니다. 하나님의 백성의 특징은 약속이 거의 생명과 같은 것입니다.

그리고 셋째로는 '진실' 이었습니다. 물론 사람들은 다 진실하려고 하지만 때로는 진실이 불편하거거나 복잡한 문제를 일으킬 때가 있습니다. 예를 들어 어떤 힘을 가진 자나 권력을 가진 자가 죄를 은폐하기 위하여 거짓말을 할 때 이때 진실이 밝혀지면 부자나 권력자는 아주 어렵게 될 것입니다. 이때 부자나 권력자는 진실을 은폐하기 위하여 압력을 넣게 됩니다. 그러나 이스라엘 백성은 이런 압력에 굴하는 자들이 아니었습니다. 이스라엘 백성은 힘이 없는 약한 자가 억울하게 희생되지 않도록 하기 위해서 부자나 권력자와 당당하게 맞서서 진실을 밝히는 자들이었습니다. 그런데 이스라엘 백성이 하나님의 말씀을 붙들지 않고 세상을 따라가고 난 후부터는 이런 것들이 없어지게 되었습니다. 이스라엘 안에 하나님의 말씀보다는 인간의 자랑이 더 많아지고, 책임지기보다는 모르는 체해 버리고, 나중에는 부자나 권력자에게 아부나 하고 아첨이나 하는 이스라엘이 되고 만 것입니다. 하나님께서는 이런 이스라엘을 부패한 쓰레기 같다고 생각하셨습니다.

반면에 이스라엘 사회 안에는 도저히 있어서는 안 되는 엄청난 사회악들이 가득 채워지고 있었습니다.

'오직 저주와 사위와 살인과 투절과 간음 뿐이요 강포하여 피가 피를 뒤대임이라.'

여기서 '저주' 는 욕설을 말합니다. 하나님의 백성이 다른 사람에 대하여 욕을 하는 것입니다. 그리고 이스라엘 사람들은 다른 사람을 망하게 하는 일들을 많이 하고 있었습니다.

그리고 '사위' 는 거짓말을 말합니다. 하나님의 백성이 거짓말을 너무 많이 하는 것입니다. 왜 이들이 이렇게 거짓말을 많이 하는 것일까요? 그 이유는 의욕이 너무 앞서기 때문입니다. 누군가를 해치려면 다른 사람의 힘을 끌어와야 하는데 자기 마음대로 안 되니까 다 그렇게 동의했다는 식으로 말을 해 버리는 것입니다.

그리고 그들은 '살인' 을 했습니다. '투절' 이라고 해서 남의 돈이나 물건을 강탈하기도 했습니다. 더욱이 '간음' 을 행했습니다. 이스라엘 백성이 하나님의 말씀을 버리니까 세상 사람들과 다를 바가 없었습니다. 그래서 다른 사람을 미워하기도 하고 물건을 탐내기도 하고 이성을 탐내기도 했습니다. 실제로 이스라엘 사람들이 너무 사나워서 피가 피를 뒤대인다고 했습니다. 즉 이들이 하는 일에는 계속 피를 흘리는 일이 일어나는 것입니다. 실수로 사람을 죽이기도 하고, 화가 나서 죽이기도 하고, 복수를 해서 죽이기도 하는 등 이스라엘이 하는 일에는 사람을 죽게 하는 일이 계속 일어났습니다.

이스라엘이 이렇게 된 결과가 무엇일까요? 이스라엘이나 다른 사람들이나 모두 망해서 아무것도 없게 되는 것이었습니다.

3절, "그러므로 이 땅이 슬퍼하며 무릇 거기 거하는 자와 들짐승과 공중에 나는 새가 다 쇠잔할 것이요 바다의 고기도 없어지리라"

보통의 경우 사람들이 망해서 다른 곳으로 쫓겨 가면 그 사람들이 살았던 곳은 풀이 무성해져서 들짐승과 공중의 새들이 살게 됩니다. 그런데 거기에 살던 사람들이 그냥 망하는 것이 아니라 원자 폭탄이 터지든지 혹은 중금속이나 독극성 물질에 오염되어서 죽거나 떠나는 경우에는 사람뿐만 아니라 들짐승이나 새도 씨가 말라 버릴 것입니다.

마찬가지로 이스라엘 백성은 가나안 땅에 살면서 너무나도 많은 독을 뿜어내는 쓰레기로 변했기 때문에 그들이 있던 자리에는 어떤 생물도 살지 못하게 되는 것입니다. 심지어는 바다까지도 오염되어서 물고기조차 살지 않는 곳이 되어 버리는 것입니다. 하나님께서 이렇게 말씀하시는 이유는, 이스라엘 백성이 세상을 따라가서 나름대로 성공했다고 생각하는 것이 어느 누구에게도 도움이 되지 않는 부패만 만들어 내었다는 뜻입니다. 즉 하나님의 백성에게는 그들 본연의 임무가 있는데 그것을 버리고 세상의 출세나 성공을 따라갔을 때에는 그냥 썩는 것이 아니라 아무 생물도 살지 못할 정도의 독을 뿜어내는 쓰레기가 되고 마는 것입니다. 즉 이스라엘의 부패는 유해 물질을 대량 생산하는 결과를 가져왔습니다. 가끔 국제 관계에 있어서 핵폐기물을 어디에 버리느냐 하는 것이 논란이 될 때가 있습니다. 어느 나라도 산업 폐기물이나 핵폐기물은 수입하지 않으려고 하기 때문입니다. 이스라엘 백성은 바로 이런 폐기물 수준이 되고 만 것입니다.

4-5절, "그러나 아무 사람이든지 다투지도 말며 책망하지도 말라 네 백성

들이 제사장과 다투는 자 같이 되었음이니라 너는 낮에 거치겠고 너와 함께 있는 선지자는 밤에 거치리라 내가 네 어미를 멸하리라"

하나님께서는 이스라엘 백성을 고발하시면서 이스라엘 백성끼리는 서로 다투거나 책망하지 말라고 말씀하고 있습니다. 그러면서 가장 중요한 말씀을 하시는데, 그것은 '내 백성이 제사장과 다투는 자 같이 되었다' 라는 것입니다. 사실 이 말씀이 가장 어려운 말씀입니다. 원래 제사장은 하나님께 바쳐진 자들로서 하나님과 죄인들을 화해시키는 것이 본업입니다. 그런데 제사장이 제사장다운 일을 하려면 오직 하나님의 말씀에만 매달려야 합니다. 즉 제사장이 하나님의 말씀만 붙들 때 하나님이 다른 사람의 죄를 용서해 주시고 은혜를 주시는 것입니다. 그리고 백성들은 제사장의 말을 듣고 순종해야 합니다. 그런데 '제사장과 다투는 자' 라고 하는 것은 자기가 제사장보다 더 똑똑하고 하나님보다 더 똑똑하다는 것입니다. 즉 이런 사람들은 하나님을 가르치려고 하는 사람들인 것입니다. 이스라엘 백성은 광야에서 계속 모세와 다투었고, 하나님을 불신했습니다. 이것이 제사장과 다투는 것입니다. 다른 말로 표현해서 이스라엘 백성이 하나님의 말씀을 믿지 않고 자기 생각을 믿는 것입니다. 그리고 누군가가 하나님의 말씀을 바로 가르치려고 하면 '네가 뭔데 그런 소리를 하느냐?' 라고 하면서 대어드는 것입니다. 하나님의 말씀을 잃어버린 이스라엘은 세상적으로 성공하는 것 같았는데 결국 부패를 이기지 못했습니다.

그들은 환한 낮에 넘어질 것입니다. 왜냐하면 자동차가 너무 속력을 내어서 달리면 장애물을 보지 못하고 부딪쳐서 넘어지기 때문입니다. 선지자는 밤에 넘어질 것이라고 했습니다. 선지자는 미래의 길을 보여 주는 자들입니다. 그러나 그들 자신이 소경이기 때문에 결국 앞을 보지 못하고 헤매다가 넘어지고 맙니다.

또 '네 어미를 멸한다' 라고 하는 것은 이스라엘의 기초를 부순다는 것입니다. 이스라엘의 기초는 하나님의 언약이기도 하고 이스라엘의 땅이기도 합니다. 결국 이스라엘은 어미 없는 자식같이 뿌리가 없어져서 망하게 됩니다.

2. 이스라엘의 관심

하나님께서는 그렇게 성공하고 잘살던 이스라엘이 왜 멸망하는지 그 이유를 설명하십니다. 이스라엘이 망하는 가장 큰 이유는 그들이 하나님의 말씀을 잃어버렸기 때문입니다.

6절, "내 백성이 지식이 없으므로 망하는도다 네가 지식을 버렸으니 나도 너를 버려 내 제사장이 되지 못하게 할 것이요 네가 네 하나님의 율법을 잊었으니 나도 네 자녀들을 잊어버리리라"

하나님께서 이스라엘 백성에게만 주신 것이 있었습니다. 그것은 현대인들에게 있어서 마치 보물처럼 여겨지는 석유와 같은 것인데, 그것은 바로 하나님의 말씀이었습니다. 하나님께서는 이 말씀을 통해서 사람들의 부패를 막고 하나님의 복을 주시기를 원하셨습니다. 그래서 이스라엘 백성의 사명은 세상 것은 좀 부족하더라도 하나님의 말씀만 붙들고 파고들어 가서 하나님의 은혜로 온 세상을 가득 채우는 것이었습니다. 그런데 이스라엘 백성이 하나님의 말씀을 버렸습니다.

'내 백성이 지식이 없으므로 망하는도다.'

이스라엘 백성은 하나님의 말씀 때문에 사는 사람들이었습니다. 그러나 이스라엘 백성은 하나님의 말씀을 전혀 알지 못했습니다. 왜냐하면 이스라엘 안에서 하나님의 말씀을 바로 가르쳐 주는 사람이 없었기 때문입니다. 우리는 하나님의 말씀을 듣지 않고서는 바른 믿음을 가질 수가 없습니다.

그러면 왜 이스라엘 백성이 하나님의 말씀을 버렸을까요? 이들이 생각하기에 하나님의 말씀을 많이 알아 봐야 세상적으로 성공하는 데에는 도움이 안 될 것 같았기 때문입니다. 세상에서는 똑똑하고 머리가 잘 돌아가는 사람을 좋아하지 믿음 좋은 사람은 아무 쓸데가 없다고 생각하기 때문입니다. 또 하나님의 말씀을 배우면 세상으로 나가는 것이 죄라고 가르치기 때문에 내 욕심대로 살 수가 없는 것입니다. 즉 이들은 하나님의 말씀을 잔소리라고 생각했습니다. 그래서 이들은 하나님의 말씀을 듣는 것보다는 세상의 재미를 더 좋아했습니다.

하나님은 이스라엘 백성에 대하여 이렇게 말씀하십니다.

'네가 지식을 버렸으니 나도 너를 버려 내 제사장이 되지 못하게 할 것이요.'

여기서 하나님께서는 제사장이 무엇을 하는 사람인지 분명히 말씀하셨습니다. 제사장은 오직 하나님의 지식만 붙들고 하나님 안을 파고들어 가는 사람인 것입니다. 그러면 하나님께서는 제사장을 통해서 세상의 죄를 용서하시고, 재앙을 막아 주시며, 큰 복을 내려 주시는 것입니다. 그런데 이스라엘은 하나님으로부터 제사장 자격을 박탈당했습니다. 그리고 이스라엘이 하나님의 율법을 버렸기 때문에 하나님도 이스라엘의 자녀를 잊어버린다고 하셨습니다. 즉 이들의 자녀들의 시대에 재앙이 일어나는 것입니다. 따라서 부모가 자식을 위해서 아무리 공부를 많이 시키고 좋은 것을 많이 물려주어도 소용이 없습니다. 가장 중요한 것은 하나님이 우리 자녀들을 잊지 않도록 하는 것입니다.

하나님은 약속하시기를, '나를 사랑하고 내 계명을 지키는 자는 자손 천대까지 복을 주신다' 라고 하셨습니다. 우리가 하나님의 말씀을 사랑하고 하나님의 계명을 지키는 것이 자녀들이 복 받는 비결인 것입니다.

하나님께서는 이스라엘 백성과 제사장들의 죄에 대해서 좀 더 구체적으로 지적하십니다.

7절, "저희는 번성할수록 내게 범죄하니 내가 저희의 영화를 변하여 욕이 되게 하리라"

우리 생각으로는 가난했을 때에는 남의 물건도 훔치고 거짓말도 하지만 복을 받아서 잘살게 되면 그렇게 할 필요가 없을 것 같습니다. 그런데 이상한 것은, 복을 받아서 잘살게 되면 죄가 더 지능화되고 더 고단수가 되는 것입니다. 오히려 옛날에는 가난해서 돈이 없어서 죄를 짓지 못했는데 이제는 돈이 있으니까 더 마음대로 죄를 짓는 것입니다. 그 이유는 욕심이 욕심을 낳기 때문입니다. 사람이라고 하는 것은 돈만 많이 있다고 해서 행복한 것이 아닙니다. 사람은 누군가가 붙들어 주고 무엇인가를 채워 주어야 하는데 사람이 욕심을 위해서 달리다 보면 나중에 붙들어 주는 사람도 없고, 더 무서운 것이 자기 통제가 되지 않는 것입니다. 예를 들어 자동차를 운전할 때 엔진도 중요하지만 브레이크가 잘 들어야 합니다. 그런데 운전하는 사람이 속도광이면 속력만 자꾸 올리려고 하지 브레이크가 말을 듣지 않는 것은 생각하지 않는 것입니다.

사람이 가난할 때에는 죄를 짓고 싶어도 돈이 없어서 죄를 잘 짓지 못합니다. 그런데 돈이 있으면 그때는 사람의 눈이 무서워서 그렇지 사람의 눈만 없으면 무슨 짓이든지 할 수 있는 것입니다. 사실 이 세상에 이것보다 더 무서운 것이 없습니다. 사람은 어떻게 해서든지 다른 사람의 간섭과 제재를 받아야 안전하지 자기 자신이 절대적인 존재가 되어 버리면 아무도 제재를 할 수가 없게 되는 것입니다.

8절, "저희가 내 백성의 속죄 제물을 먹고 그 마음을 저희의 죄악에 두는도다"

여기서 '저희'는 이스라엘의 제사장을 말합니다. 우리는 과연 이스라엘에 제대로 된 제사장이 있었던가 하는 의문을 가지게 됩니다. 왜냐하면 여로보암이 이스라엘의 신앙을 뜯어 고치면서 모세의 율법대로 제사장을 뽑지 않았기 때문입니다. 그럼에도 불구하고 이스라엘에 제사장이 있기는 있었습니다. 하나님은 이들을 제사장으로 인정하고 싶어 하셨습니다.

여기의 '내 백성의 속죄 제물을 먹고'에 대해서는 의견이 분분합니다. 많은 성경들은 '속죄 제물' 대신에 '죄를 먹고'라고 번역하고 있습니다. 우리는 이것을 좀 쉽게 이해할 수 있습니다. 즉 이스라엘에서 중요한 것은 하나님의 말씀이 아니고 세상의 복이었습니다. 그래서 이스라엘의 제사장이나 백성들은 모두 복을 가장 중요하게 생각했고, 복을 잘 주는 사람이 인기가 있었던 것입니다. 그러나 하나님은 이것을 죄라고 보십니다. 왜냐하면 이들이 진정으로 하나님 앞에서 죄를 용서받지 않고 복을 받고 성공하는 것은 결코 진정한 복이 아니기 때문입니다. 그래서 사실 이스라엘 사람들이 복을 받기는 많이 받았습니다. 그러나 이 복이 하나님이 주시는 복이 아니었고 그들의 악은 해결되지 않았습니다. '그 마음을 저희의 죄악에 두는도다' 라는 것도 제사장은 백성들이 세상적으로 잘되기를 바라지만 하나님이 보시기에는 그것들이 모두 죄인 것입니다.

그래서 하나님이 원하시는 것과 우리가 바라는 것은 다를 수 있습니다. 하나님께서는 우리가 하나님이 주시는 복만 가지기를 원하십니다. 하나님이 주시지 않은 복을 많이 가지는 것은 죄를 많이 가지는 것입니다. 우리가 하나님의 말씀을 붙들면 하나님이 먼저 우리 마음에 부흥을 주십니다. 그리고 하나님은 우리에게 물질적인 복도 주십니다. 이것은 결코 죄가 아닙니다. 그러나 우리가 신앙을 버리고 세상적으로 복을 받는 것은 죄를 가지는 것입니다. 그래서 하나님은 그 행위대로 갚으신다고 하셨습니다.

9-10절, "장차는 백성이나 제사장이나 일반이라 내가 그 소행대로 벌하며 그 소위대로 갚으리라 저희가 먹어도 배부르지 아니하며 행음하여도 수효가 더하지 못하니 이는 여호와 좇기를 그쳤음이니라"

이스라엘 백성이 복을 많이 받기는 했지만 중요한 것은 죄 용서를 받지 못했습니다. 이것을 정산하면 어떻게 될까요? 완전히 망하는 것입니다. 그래서 하나님의 백성은 복은 덜 받아도 죄 용서받는 것이 더 필요합니다. 왜냐하면 우리가 하나님을 바로 믿으면 복은 오게 되어 있기 때문입니다. 이스라엘 백성은 힘을 내기 위해서 많이 먹었지만 배가 부르지 않았고, 자식을 많이 가지려고 행음을 많이 했지만 아무 소용이 없었습니다. 왜냐하면 그들이 하나님 좇기를 그쳤기 때문입니다. 우리는 하나님을 끝까지 따라가야 복을 받는데 이스라엘은 중간에서 포기해 버렸습니다. 그러니까 지금까지 받은 복으로 어느 정도 가다가 나중에는 추락하고 말았습니다.

3. 이스라엘에 만연된 우상 숭배

이스라엘 백성이 결사적으로 하나님의 말씀을 붙들지 않을 때 자기들도 모르게 많은 우상이 파고들어 오게 되었습니다. 물론 처음에는 이스라엘 백성이 우상을 섬기려고 받아들인 것은 아니었습니다. 이스라엘 백성은 다른 민족과 장사를 하고 거래를 하려고 하니까 우상이 필요했던 것입니다. 그런데 이상한 것은, 우상이 일단 들어오고 나면 참된 신앙은 맥을 추지 못하는 것입니다.

11절, "음행과 묵은 포도주와 새 포도주가 마음을 빼앗느니라"

가나안 사람들에게 중요한 것은 추수 의식이었습니다. 이때 이스라엘 백성의 풍습과 가나안의 풍습은 너무나도 달랐습니다. 이스라엘 백성은 추수만 따로 떼어서 축제를 벌인 것이 아니라 맥추절이나 수장절처럼 하나님의 구원과 연결시켜서 절기를 지켰습니다. 그러나 이때 이스라엘 백성은 그런 절기는 너무 엄숙하고 딱딱하다고 해서 가나안의 추수 의식을 따랐습니다. 그런데 가나안의 추수 의식은 풍년을 위해서 술에 취하고, 다산을 위해서 음행을 하는 것이었습니다. 이스라엘 백성은 이것을 세상의 풍습으로 자연스럽게 받아들였습니다. 그러나 이것은 하나님이 가장 싫어하시는 것이었습니다.

이스라엘 백성이 처음에 금송아지를 만든 것은 모세의 신앙이 너무 수직적이고 경직되어 있으니까 백성들의 마음을 좀 더 표현을 하자는 뜻이었습니다. 그러나 이스라엘 백성이 포도주를 마시니까 결국 무절제하게 되고 방탕하게 되어서 시내 산 밑에서도 많은 사람들이 레위 인의 칼에 죽었습니다. 그런데 이스라엘 사람들 사이에 파고들어 오게 된 것은 바로 이런 광신주의였습니다. 즉 우리는 그동안 하나님 앞에서 너무나도 억눌려 있었기 때문에 마음껏 감정을 풀어 보자는 것입니다. 그래서 그들은 묵은 포도주와 새 포도주를 마시고 광란의 상태에 빠져서 음행을 했습니다. 여기서 새 포도주는 새로 담근 것이기 때문에 신선한 맛이 있고, 묵은 포도주는 오래된 것이기 때문에 은근하고 독한 맛이 있었습니다. 이스라엘 백성은 이 잘못된 광신주의 때문에 죄에 깊이 중독되어 있었습니다.

이스라엘 백성은 하나님의 말씀을 들을 때 율법에서 듣지 않고 나무에게 물었습니다.

12절, "내 백성이 나무를 향하여 묻고 그 막대기는 저희에게 고하나니 이는 저희가 음란한 마음에 미혹되어 그 하나님의 수하를 음란하듯 떠났음이니라"

여기서 '나무' 와 '막대기' 는 모두 아세라 신을 말합니다. 아마 이스라엘 백성에게 아세라 신상을 나무 막대기라고 하면 화를 내면서 신을 모독한다고 말을 했을 것입니다. 그러나 하나님이 보시기에 우상들은 나무토막이고 막대기에 불과한 것입니다.

그런데 왜 사람들은 이런 나무에게 복을 달라고 빌까요? 이 사람들도 그것이 나무라는 것을 모르는 것이 아닙니다. 단지 사람들은 자기 안에 있는 정성이나 종교성은 진실하다고 믿고 싶어 하는 것입니다. 그래서 정성을 다하면 신이 감동을 받는다고 생각하는 것입니다. 그러나 인간의 마음 중에서 가장 부패한 것이 바로 이 종교적인 본성입니다. 그래서 인간들의 종교성은 오직 하나님의 말씀을 들을 때만 바로 반응을 하지 나머지 것들은 모두 자기기만이고 자기도취인 것입니다.

사람들은 자기도취에 빠지는 것을 너무나도 좋아합니다. 그래서 이스라엘이 나무토막인 아세라 여신을 버리지 못했던 것입니다. 그 대신 하나님의 말씀은 어떻습니까? 하나님의 말씀은 마치 엑스레이와 같이 우리의 모습 그대로 다 보여 주면서 우리의 추하고 더럽고 형편없는 모습을 인정하고 하나님만 붙들게 하는 것입니다. 그런데 사람은 이상하게도 거짓말이라 할지라도 칭찬하는 말을 듣고 싶어 합니다.

이스라엘 백성이 하나님의 말씀을 결사적으로 붙들지 않으니까 자꾸 불안한 마음이 생기게 되고 미신적인 생각에 사로잡히게 되었습니다. 그래서 이스라엘 백성은 자기도 모르게 세상 사람들의 말을 듣게 되었습니다. 가나안 사람들은 이스라엘 백성에게 자기들이 높은 산과 작은 산꼭대기와 푸른 나무 그늘에서 제사를 지냈을 때가 가장 효과가 있었다고 말을 했습니다. 그러니까 이스라엘 백성도 그들이 하는 것을 따라 했습니다. 이스라엘 백성은 종교만 따라 하는 것이 아니라 그들의 성 생활까지도 따라 했습니다. 이스라엘 백성이 하나님에 대한 신앙이 분명하지 않으니까 정신적인 타락과 함께 도적적인 타락이 오게 되었습니다. 그래서 이스라엘 백성도 가나안 사람들이 하듯이 바알 제사를 드리는 데 가서 음란한 짓을 하니까 결국 딸이나 며느리들도 가서 음행을 하게 되었습니다. 원래 이스라엘 가정 안에서 딸이나 며느리들의 음행은 용서받을 수 없는 큰 죄악이었습니다. 그러나 이것이 이스라엘 사람들이 모두 세상을 따라간 결과였기 때문에 이스라엘 백성 중에서 간음하지 않는 사람이 없게 되었습니다.

결국 이스라엘 백성은 세상을 따라간 결과 많은 복을 받았지만 그 복은 부패한 복이요, 썩은 복이었습니다. 거기서 썩지 않은 것을 골라내려고 하니까 아무것도 남는 것이 없었습니다.

하나님은 이제 이스라엘 백성은 포기하시고 유다에 대하여 그 길을 따라가지 말라고 권고하십니다.

15절, "이스라엘아 너는 행음하여도 유다는 죄를 범치 말아야 할 것이라 너희는 길갈로 가지 말며 벧아웬으로 올라가지 말며 여호와의 사심을 가리켜 맹세하지 말찌어다"

당시 이스라엘은 유다에 비해 규모도 훨씬 크고 경제적으로도 훨씬 성공적이었습니다. 그러나 하나님은 이스라엘을 행음한 축복이라고 말씀하고 있습니다. 즉 이스라엘의 복은 하나님이 주신 복이 아니라 하나님의 백성이 믿음을 잃어버린 값이라는 뜻입니다. 즉 여자들이 술집에서 팁으로 돈을 많이 번 것과 같은 것입니다. 그럼에도 불구하고 유다 안에서는 이스라엘을 따라가야 한다는 주장이 만만찮았습니다. 신앙의 장점과 세상의 장점을 섞으면 이스라엘같이 복을 받고 성공한다는 것입니다. 그러나 하나님은 유다에게는 그 길로 가지 말라고 말씀하고 있습니다. 즉 하나님의 말씀에만 헌신해서 영적인 부흥으로 복을 받아야 한다는 것입니다.

여기서 '길갈'과 '벧아웬'은 유다 사람들이 아주 부러워했던 이스라엘의 종교 장소였던 것 같습니다. 아마도 길갈과 벧아웬에는 이스라엘의 큰 사원이 있었던 것 같고, 많은 사람이 모여서 열정적으로 예배를 드렸던 것 같습니다. 학자에 따라서는 벧아웬이 벧엘을 말한다고 주장하기도 합니다. 즉 호세아가 '하나님의 집'이라는 뜻을 가진 '벧엘'을 '우상의 집'이라는 뜻의 '벧아웬'으로 바꾸어서 불렀다는 것입니다. 유다는 자꾸 이스라엘의 복을 부러워하고 모방하려고 했지만 하나님은 유다 백성에게 너희가 지금 가지고 있는 것이 그것과 비교되지 않게 중요하다고 말씀하시는 것입니다.

하나님은 이미 이스라엘을 '말을 듣지 않는 암소' 라고 말씀하고 있습니다. 하나님은 넓은 들판에서 양들을 키우는 목자인데, 목자의 소리만 듣고도 양들이 따라와야 하는데 암소들이 죽어라고 말을 듣지 않는 것입니다. 결국 이 암소들은 들판에서 맹수들의 공격에 물려 죽고 말 것입니다. 우리는 눈에 보이는 풀보다도 목자의 음성을 알아들어야 합니다.

17-19절, "에브라임이 우상과 연합하였으니 버려두라 저희가 마시기를 다 하고는 행음하기를 마지아니하며 그 방백들은 수치를 기뻐하느니라 바람이 그 날개로 저를 쌌나니 저희가 그 제물로 인하여 수치를 당하리라"

여기의 '에브라임' 은 이스라엘의 별명입니다. 그런데 에브라임은 우상과 붙어 버려서 분리가 불가능하다고 말씀하고 있습니다. 에브라임이 우상과 조금이라도 느슨한 데가 있어야 떼놓을 수가 있을 텐데 완전히 하나가 되어 버려서 뗄 수가 없게 되어 버렸습니다. 그래서 하나님은 내버려 두라고 하셨습니다. 그들이 실컷 먹고 실컷 더러운 짓을 하고 난 뒤에 하나님은 그들을 바람으로 싸서 먼 곳에 가서 버릴 것이라고 하셨습니다.

에브라임은 크고 강한 나라가 되려고 했지만 부패를 이기지 못해서 쓰레기로 버려지게 되었습니다. 결국 바람에 나는 재같이 되어 버린 것입니다. 이스라엘은 하나님께 많은 제사를 드렸지만 도움이 되지 못하고 오히려 더 수치를 당하게 될 것입니다. 왜냐하면 그들이 믿는 하나님은 참 하나님이 아니라 도취에 빠진 자기 자신들이었기 때문입니다.

하나님은 우리에게 하나님의 말씀을 주셨습니다. 이 안에 부흥이 있고, 이 안에 축복이 있고, 이 안에 우리 자녀들에 대한 복이 들어 있습니다. 당장은 하나님의 말씀이 우리를 잘살게 하는 것 같지 않고 세상에서 성공하는 데 도움이 되지 않는 것 같아도 이 안에 생명이 있습니다. 하나님의 백성이 절대로 바람이 나면 안 됩니다. 하나님이 말씀하신 것을 끝까지 믿고 하나님의 큰 축복을 세상에 나타내는 성도들이 되시기 바랍니다.

성경 토의

1. 오늘 하나님께서 한국 교회나 우리의 신앙에 대하여 고소하신다면 무엇이라고 말씀하실까?

2. 오늘 우리는 어떤 과정에 의해서 세상적인 가치관과 음란한 풍조에 빠져들어 가게 되는가?

3. 우리가 함부로 미국 교회에서 하는 것이나 다른 교회에서 하는 것을 흉내 내거나 받아들여서는 안 되는 이유가 어디에 있다고 생각하는가?

06_치료받지 못한 병

호세아 5:1-15

전체적 설명

우리는 때로 사회적인 부패나 비리를 병으로 설명할 때가 있다. 그런데 그런 병 중에는 치료받을 수 있는 것이 있는가 하면 치료받을 수 없는 것이 있다. 예를 들어 지도자가 비리나 부정을 뿌리 뽑을 의지가 확고해서 어떤 대가를 치르더라도 고치겠다고 결심하고 대대적인 수술을 하고 사람들이 그것을 받아들일 때에는 치료가 되지만 지도자에게 그런 의지가 없고 아무도 고통을 받을 생각이 없다면 그 병은 치료가 불가능할 것이다. 하나님께서 이스라엘 백성을 보니까 지도자나 백성들 그 어느 누구도 자신들의 부정이나 비리를 치료하거나 고통을 감당할 의지가 없었다. 그래서 결국 이스라엘은 전쟁이라는 가장 고통스러운 방법으로 망하게 되는 것이다.

설교 프리노트

1절, "제사장들아 이를 들으라 이스라엘 족속들아 깨달으라 왕족들아 귀를 기울이라"

하나님께서는 이스라엘의 세 부류의 사람들을 호출

하신다. 첫 번째 부류는 제사장이고, 두 번째 부류는 일반 백성이고, 세 번째 부류가 왕족이다. 하나님의 백성에게 있어서 사회적인 부패나 부정을 수술할 수 있는 사람은 일차적으로 제사장이다. 물론 이스라엘의 제사장들은 레위 인이 아니었고 처음에 임명될 때에도 엉터리로 임명된 사람들이 많았다. 그럼에도 불구하고 적어도 직업이 제사장이라고 하면 그 사회의 부정이나 부패를 고쳐야 할 책임이 있었다. 그러나 이스라엘에는 제사장과 일반 백성과 왕족이 서로 결탁되어 있어서 조직적으로 부정과 죄가 저질러지고 있었다. 하나님이 보시기에 이스라엘에는 제사장이나 왕족이나 일반 백성 어느 누구도 부정을 수술할 의지나 고통을 받아들일 생각이 없었다. 그래서 하나님은 그들 모두를 호출하셨다.

"너희에게 심판이 있나니 너희가 미스바에서 올무가 되며 다볼 위에서 친 그물이 됨이라"

'미스바'와 '다볼'은 모두 유명한 믿음의 역사가 있었던 장소이다. 미스바는 사무엘이 대대적인 회개 운동을 일으켰던 곳이고(삼상 7:5), 다볼은 드보라가 시스라의 철병거를 물리치고 대대적인 승리를 거두었던 곳이다(삿 4:6). 그러나 이스라엘의 제사장과 왕족과 일반 백성은 그곳에서 그물을 치고 올무로 사람을 낚았다. 이스라엘 안에서 하나님을 바로 믿으려고 하는 자들에게 미스바와 다볼에서 하나님을 섬기자고 하면서 유인해 낸 후에 그들을 반역자로 체포하거나 죽였던 것이다. 즉 이스라엘 지배층 사람들은 하나님을 바로 믿으려고 하는 자들을 체제에 대한 불만 세력으로 생각해서 씨를 말리려 했던 것이다. 결국 지배층 사람들이 자기들의 욕심을 채우기 위해서 바른 신앙을 가진 사람들의 씨를 말렸기 때문에 그들 자신들이 회개할 수가 없었다.

2절, **"패역자가 살육죄에 깊이 빠졌으매"**

이스라엘 사회는 자기들의 뜻에 맞지 않는 자들은 죄를 뒤집어씌워서 죽였다. 물론 정권을 잡은 자들은 자신들은 정당하다고 할지 몰라도 하나님이 보시기에 이들은 모두 패역자요, 살인자였다. 무력으로 정권을 잡으면 정권을 유지하는 과정에서 많은 반대자들을 죽이게 된다. 하나님은 이들 모두를 심판하시겠다고 말씀하신다. 즉 이스라엘은 하나님의 것이요, 하나님이 주인이시기 때문이다. 그러면 왜 하나님은 이스라엘이 이렇게 사람에 의해서 좌지우지되는 것을 내버려 두셨을까? 그것은 하나님이 아무리 말씀하셔도 이스라엘 백성이나 지도자들이 듣지 않으니까 일단 너희의 뜻대로 한번 해 보라고 기회를 주신 것이다.

3절, "에브라임은 내가 알고 이스라엘은 내게 숨기지 못하나니"

에브라임은 이스라엘의 대표적인 지파이면서 이스라엘 전체를 의미한다. 이스라엘 백성은 자기들이 하나님을 잊어버리고 우상 숭배에 빠지면 하나님도 자기들을 잊으실 것이라고 생각했다. 그러나 하나님은 한번 관계를 맺은 백성들을 절대로 잊어버리거나 포기하시는 법이 없다. 그래서 이스라엘 백성이 우상을 섬기고 거의 이방화되었지만 하나님은 여전히 이스라엘을 하나님의 백성으로 생각하고 계셨고, 그들의 모든 죄를 알고 계셨던 것이다. 이스라엘은 하나님 앞에서 행음한 여인과 같았고, 더러워진 처녀와 같았다. 즉 이스라엘 백성은 너무 이방화되어서 하나님의 백성의 순수함을 다 잃어버렸다.

4절, "저희의 행위가 저희로 자기 하나님에게 돌아가지 못하게 하나니"

아이들이 잘못한 것이 있으면 부모에게 가는 것이 내키지 않을 것이다. 그러나 만일 아이들이 죄를 버리고 싶지 않다면 더 부모에게 돌아가려고 하지 않을 것이다. 이스라엘 백성의 문제는 죄를 좋아하는 것이었고, 하나님에게 돌아가기 싫어하는 것이었다. 이스라엘 백성은 하나님의 말씀을 따를 때를 자기들이 속박되어 있었던 때라고 생각했고 지금 바알을 섬기는 것이 더 자유롭다고 생각했기 때문에 하나님께 돌아갈 생각이 없는 것이다.

"이는 음란한 마음이 그 속에 있어 여호와를 알지 못하는 까닭이라"

만일 여인이 마음속에 애인을 사랑하는 마음이 있다면 자기 남편에게 돌아가려고 하지 않을 것이다. 마찬가지로 이스라엘 백성의 마음 한가운데에는 하나님이 있는 것이 아니라 이방 사람들의 자유분방한 생활이 자리잡고 있었다. 그리고 이스라엘 백성이 '여호와를 알지 못한다' 라는 것은 이미 그들의 머릿속에는 여호와에 대한 생각이 없었다는 것이다. 즉 이스라엘 백성은 완전히 이방화되어서 말로만 이스라엘이지 실제로는 이방인들과 생활하는 것이나 생각하는 것이 똑같았다.

5절, **"이스라엘의 교만이 그 얼굴에 증거가 되나니"**

만일 이스라엘 백성의 마음속에 조금이라도 하나님에 대한 신앙이 있었더라면 그들에게는 하나님 앞에서 미안해하고 부끄러워하는 모습이 있었을 것이다. 그러나 이스라엘 백성의 얼굴에는 부끄러워하거나 죄책감을 느끼는 모습이 없었다. 오히려 이스라엘 백성은 자기들이 우상을 섬기는 것에 대하여 당당한 태도를 보였다. 즉 이스라엘 백성은 우리가 좋아서 우상을 섬기는 것에 대하여 어느 누구도 간섭할 자유가 없다는 것이다.

"그 죄악을 인하여 이스라엘과 에브라임이 넘어지고 유다도 저희와 한 가지로 넘어지리라"

이스라엘 백성이 알지 못한 것은, 우상이 아무것도 아니지만 아무것도 아닌 그 우상이 이스라엘 백성 안에서 하나님의 능력을 마비시킨다는 사실이었다. 이스라엘 백성은 자기들이 하나님의 능력에다가 이방 신의 능력을 합하면 더 강한 축복이 올 것이라고 생각했다. 그러나 하나님의 백성에게 우상이 들어오면 모든 하나님의 능력을 마비시켜서 결국 아무것도 할 수 없게 된다. '이스라엘과 에브라임' 은 이스라엘을 강조하는 표현으로 볼 수 있다. 그리고 결국 유다도 우상으로 망하게 되는데, 유다는 지금 열심히 이스라엘의 뒤를 따라오고 있는 것이다.

6절, **"저희가 양떼와 소떼를 끌고 여호와를 찾으러 갈찌라도 만나지 못할 것은 이미 저희에게서 떠나셨음이라"**

이스라엘 백성은 놀랍게도 자기들은 하나님을 버렸다고 생각하지 않았다. 왜냐하면 이스라엘 백성은 하나님에 대하여 생각하기를, 하나님은 소와 양을 좋아하시기 때문에 소 떼나 양 떼만 가지고 가서 제사드리면 기뻐하실 것이라고 생각했기 때문이다. 그러나 하나님은 어디까지나 이스라엘 백성이 하나님의 말씀을 지키기 때문에 그들의 제사를 받으시는 것이지 양이나 소의 고기를 좋아하시는 것은 아니었다. 이스라엘 백성이 하나님의 은혜를 받는 것은 거저 받는 것이지만 일단 하나님의 은혜를 잃어버리면 은혜를 회복하는 것이 쉽지 않다. 왜냐하면 이미 하나님과 이스라엘 백성 사이에 두터운 죄의 담이 쳐져 있기 때문이다. 그래서 은혜를 잃어버린 이스라엘 백성이 하나님의 은혜를 되찾으려면 단순히 소 떼나 양 떼 같은 형식적인 제사로는 불가능하고 세상의 좋은 것들을 다 버리고 목숨을 걸고 하나님의 말씀만 붙들어야 한다. 이스라엘 백성은 하나님의 말씀을 버리고 양 떼나 소 떼로 하나님의 마음을 사로잡을 수 있을 것이라고 생각했지만 이미 하나님은 그들을 떠나셨기 때문에 예배로는 하나님을 만날 수 없었다.

7절, "저희가 여호와께 정조를 지키지 아니하고 사생자를 낳았으니"

만일 여인이 정조를 지키지 아니하고 사생아를 낳았다면 이것은 남편에 대하여 큰 죄를 지은 것이다. 그럼에도 불구하고 여인이 본 남편에게 돌아가려고 한다면 자기가 지은 죄를 다 버리고 새사람이 되어야 할 것이다. 그러나 이스라엘 백성은 아직도 우상을 사랑하면서 여전히 자기들은 하나님의 사랑과 축복을 받을 수 있다고 생각하고 있었다.

"그러므로 새 달이 저희와 그 기업을 함께 삼키리로다"

원래 '새 달' 이라는 것은 새로운 한 달이 시작되면서 하나님께 감사드리는 날이다. 그러나 호세아는 새 달에 이스라엘은 사람과 땅이 함께 망할 것이라고 말하고 있다. 즉 지금 이스라엘 백성에게 남은 시간은 채 한 달이 되지 못하는 것이다.

8절, "너희가 기브아에서 나팔을 불며 라마에서 호각을 불며 벧아웬에서 깨우쳐 소리하기를 베냐민아 네 뒤를 쫓는다 할찌어다"

지금 이스라엘 백성 앞에 급박하게 찾아오는 것은 전쟁의 나팔과 호각이다. 그런데 여기 '기브아' 와 '라마' 라고 하는 곳은 이스라엘과 유다의 경계선에 있는 지역으로서 이스라엘 사람들에게는 가장 안전한 지역이었다. 그러나 하나님의 진노 앞에는 더 이상 안전한 곳은 존재하지 않았다. 돈이 많은 사람들은 할 수 있는 대로 세상에서 가장 안전한 곳에 집을 마련하려고 하지만 이 세상 어느 곳도 하나님의 진노 앞에 안전한 곳은 없다. 이 세상에서 가장 안전한 곳은 오직 하나님의 말씀이 살아 있는 교회뿐이다.

'벧아웬' 은 벧엘의 별명인 것 같다. 원래 '벧엘' 은 '하나님의 집' 인데 '벧아웬' 은 '헛된 것의 집' , 곧 '우상의 집' 인 것이다.

'베냐민아 네 뒤를 쫓는다' 라고 했는데 베냐민은 유다에 속한 지파이다. 결국 우상 숭배는 이스라엘만 망하게 하는 것이 아니라 유다에게도 치명적인 상처를 입힌다. 그러나 유독 '베냐민' 을 말하는 이유는 이번에 유다 전체가 망하는 것은 아니기 때문이다.

9절, "**견책**[개역개정: 벌]**하는 날에 에브라임이 황무할 것이라**"

그동안 하나님은 이스라엘의 잘못에 대하여 침묵하셨지만 하나님이 더 이상 참지 아니하시고 징계하실 때 에브라임은 아무것도 남지 않게 된다. 그 이유는 에브라임의 번영과 축복이 하나님이 주신 것이 아니기 때문이다. 하나님이 심판하시는 날에는 하나님이 주신 것만 남게 된다.

10절, "**유다 방백들은 지계표를 옮기는 자 같으니**"

결국 이스라엘과 유다의 문제는 더 커지려고 하는 욕심에 있었다. 하나님께서는 모든 이스라엘 백성에게 땅을 나누어 주시면서 힘이 있다고 해서 땅을 마음대로 넓히지 못하도록 지계표를 세우게 하시고 그것을 옮기지 못하게 하셨다. 그러나 이스라엘은 이미 세상 법의 영향을 받아서 가난한 사람들을 쫓아내고 자기들의 땅을 넓혔고, 유다의 방백들도 그렇게 하고 있었다. 그러나 하나님은 이들에게 진노를 물같이 붓겠다고 말씀하셨다. 진노를 물같이 붓는다는 것은 비가 억수같이 내려 사람이 정신을 차리지 못할 때처럼 하나님이 진노란 진노는 모두 유다에 퍼붓겠다는 뜻이다. 그 이유는 하나님의 백성에게는 무한히 커지고 발전하는 것이 성공이 아니라 자기에게 주어진 것을 지키고 그것을 더 아름답게 만드는 것이 성공이기 때문이다.

11절, "**에브라임은 사람의 명령 좇기를 좋아하므로 학대를 받고**"

하나님의 백성이 가장 존귀한 때는 하나님의 말씀을 듣고 순종할 때이다. 하나님께서는 하나님의 말씀에 순종하는 자들을 지켜 주셔서 다른 인간의 압제를 받지 않게 해 주신다. 그러나 하나님의 백성이 교만해져서 하나님의 말씀을 듣지 않고 인간의 말을 듣고 따라갈 때에 그들의 지위는 낮아져서 인간의 종이 된다. 그래서 하나님의 백성이 사람의 학대를 당하지 않는 방법은 아무리 다른 사람이 욕을 하고 사람들로부터 따돌림을 당하더라도 목숨 걸고 하나님의 말씀만 붙드는 것이다. 그러면 하나님의 백성은 큰소리치면서 살 수 있는데 사람을 두려워해서 사람의 말을 듣기 시작하면 결국 인간의 종이 될 수밖에 없는 것이다.

"재판의 압제를 당하는도다"

지금까지 이스라엘 백성은 세상을 재판하는 지위에 있었다. 하나님께서는 이스라엘 백성에게 말씀으로 온 세상을 판단하게 하셨다. 그러나 이스라엘 백성이 하나님의 말씀을 떠났을 때 그들은 결국 죄수나 포로의 신분이 되어서 세상 사람들의 재판을 받게 된다.

12절, **"내가 에브라임에게는 좀 같으며 유다 족속에게는 썩이는 것 같도다"**

'좀' 이라고 하는 것은 사람 눈에는 보이지 않지만 옷을 상하게 해서 입지 못하게 만드는 벌레이다. 결국 이스라엘 백성은 하나님을 떠난 순간부터 자기도 모르는 사이에 쓸모없는 사람들이 되고 만다. 그리고 유다도 지금 열심히 이스라엘 백성이 가는 길을 따라가고 있는데 하나님은 그들을 썩게 하셔서 버림받게 하신다. 하나님의 백성은 썩지 않고 부패하는 것을 이겨야 힘이 있고 가치가 있다.

13절, **"에브라임이 자기의 병을 깨달으며 유다가 자기의 상처를 깨달았고"**

이것은 이스라엘과 유다가 자신들의 근본적인 문제를 깨달았다는 것이 아니다. 단지 그들의 국력이 예전과 다르고 자기들의 힘으로는 주위의 강대국을 이길 수 없다는 것을 깨달은 것뿐이다.

"에브라임은 앗수르로 가서 야렙 왕에게 사람을 보내었으나"

'야렙 왕' 은 싸움 왕과 같은 뜻이다. 이스라엘은 한때 자기들이 가나안 땅의 주인공인 줄 알고 큰소리를 쳤지만 힘이 모자란다는 것을 깨닫고는 앗수르 왕인 폭력 왕에게 도움을 청했지만 앗수르 왕은 이스라엘을 도와

주지 못했다. 왜냐하면 앗수르 왕은 전 세계를 정복할 야망을 가지고 있었기 때문이다. 이스라엘 백성은 하나님이 위기 때에 자신들을 능히 살리실 수 있다는 것을 믿지 않았다. 이것이 유다 왕 히스기야와의 차이이다. 히스기야는 앗수르 왕이 쳐들어왔을 때 목숨을 걸고 기도해서 앗수르 군대를 망하게 하였다.

14절, "내가 에브라임에게는 사자 같고 유다 족속에게는 젊은 사자 같으니"

하나님께서는 조금 전에는 에브라임에게는 '좀'과 같고, 유다에게는 '썩이는 것' 같다고 하셨는데 이제는 '사자'와 같고 '젊은 사자'와 같다고 하셨다. 이것은 하나님께서 에브라임과 유다를 심판하시는 단계를 말하는 것이다. 즉 처음에 하나님은 이스라엘이나 유다를 소리 없이 썩게 하시다가 어느 순간에는 사자같이 덤벼들어서 그들의 목을 물어서 죽이시는 것이다. 그러나 실제로는 하나님이 그렇게 하시는 것이 아니라 이방 나라가 그렇게 하도록 내버려 두시는 것이다. 즉 하나님이 지켜 주시지 않으면 이스라엘이나 유다가 모두 썩다가 한순간에 맹수에게 물려서 죽을 수밖에 없다.

15절, "내가 내 곳으로 돌아가서 저희가 그 죄를 뉘우치고"

하나님께서 이스라엘 백성이 살 수 있는 희망을 보여 주시는 내용이다. 하나님은 이스라엘 백성이 거의 회복이 불가능하도록 망하게 하시지만 하나님은 하나님의 장소에서 조용히 기다리시면서 이스라엘 백성이 자기 죄를 뉘우치고 하나님의 얼굴을 찾을 것을 기다리신다. '하나님의 얼굴'은 하나님의 자비하심과 긍휼하심을 나타내지만 결국 하나님의 말씀을 듣게 하시는 것이다.

본문 이해를 위한 질문

1. 이스라엘 백성이 하나님께 돌아가지 못하는 이유가 무엇인가?

그것은 이스라엘 백성이 제사장이나 왕족과 결탁하여서 하나님을 바로 믿으려고 하는 자들을 올무에 걸리게 하고 함정에 빠뜨려서 돌아가지 못하도록 조직적으로 막았기 때문이다.

2. 하나님께서 이스라엘 백성을 포기하셨을 때 이스라엘 백성에게는 어떤 일이 일어나는가?

이스라엘에 바로 전쟁 나팔 소리가 나고 안전한 곳은 하나도 없이 모두 황폐해진다.

3. 이스라엘과 유다의 문제는 어디에 있었는가?

이스라엘과 유다는 하나님의 말씀대로 따라가지 아니하고 세상적인 방법으로 큰 나라가 되려고 하다가 부패하게 되었다.

성경 강해

헤밍웨이가 쓴 『킬리만자로의 눈』이라는 작품은 처음에 킬리만자로의 정상 가까운 곳에 표범의 시체가 있는데 사람들은 왜 표범이 먹이도 없는 그 높은 곳에 갔는지 아무도 모른다는 말로 시작됩니다. 이 작품에 나오는 해리라는 작가는 아프리카 케냐에 가서 동물 사진을 찍다가 가시에 찔렸는데 소독도 하지 않고 계속 활동을 하다가 상처가 덧나서 무릎이 썩어 들어갑니다. 그러나 그들이 있는 곳에는 비행기가 오지 않아서 이 사람은 병원에 가서 치료를 받을 수가 없었습니다. 해리는 자기가 이 병으로 죽을 것이라고 생각해서 매일 술을 마시고 화를 내면서 인생을 회고합니다. 그런데 이 사람이 거의 가망이 없게 되었을 때 기적적으로 비행기가 왔고, 이 사람은 비행기를 타고 병원이 있는 곳으로 가서 치료를 받게 됩니다.

만일 우리 몸에 무슨 병이 있는데 그 병이 병원에서 치료를 받을 수 있는 병이라면 우리는 아무 걱정도 하지 않을 것입니다. 물론 병원에서 수술을 받고 치료를 받는 데는 고통이 따르겠지만 그것을 참아내고 나면 건강을 되찾아서 얼마든지 새로운 삶을 살아갈 수 있습니다. 그러나 만일 그 병이 암이고, 그것도 치료가 불가능할 정도로 병이 온몸에 퍼져 버렸다면 우리의 마음은 매우 답답할 것입니다.

호세아서는 북쪽 이스라엘 여로보암 2세 때 호세아가 북쪽 이스라엘 백성에게 외친 말씀입니다. 북쪽 이스라엘에는 한때 엘리야나 엘리사 같은 위대한 능력의 선지자가 활동했지만 이렇게 기록된 예언이 별로 없다는 점에서 호세아서는 아주 특별한 가치를 지닌다고 볼 수 있습니다. 호세아서는 하나님께서 그동안 이스라엘 백성의 탈선을 참으시면서 지켜보고 계시다가 여로보암 2세 때에 더 이상 참으실 수 없어서 이제 하나님과 이스라엘은 끝장이라고 선포하시는 내용입니다. 그러나 그냥 하나님께서 일방적으로 선포하시면 이스라엘 백성이 잘 이해를 하지 못하기 때문에 하나님은 호세아로 하여금 음란한 여성 고멜과 결혼하게 하셨습니다. 고멜은 호세아와 결혼한 후에도 계속 바람을 피우다가 다른 남자들의 아이를 세 명이나 낳았습니다. 하나님께서는 바람을 피워서 남의 아이를 세 명이나 낳았다면 이것은 더 이상 결혼 생활이라고 볼 수도 없고, 고멜은 호세아의 아내라고 볼 수 없다고 말씀하셨습니다. 그러면서 하나님은 이스라엘 백성도 바람난 고멜과 같아서 도저히 하나님의 백성이라고 말할 수 없다고 선언하셨습니다.

오늘 본문 말씀은 그 중에서도 왜 이스라엘은 하나님 앞에서 치료를 받을 수 없을까 하는 문제를 다루고 있습니다. 어떤 죄인이든지 하나님께 나오기만 하면 용서받을 수 있는데 왜 이스라엘은 하나님의 용서를 받지 못할까 하는 것입니다. 그러면서 호세아 선지는 이스라엘과 유다가 함께 병들어 가고 있는 문제를 지적하고 있습니다.

예를 들어 어떤 사회 전체가 부패하면 자기는 아무리 부패하지 않으려고 해도 그 사회 속에 있는 한 부패하지 않을 수 없을 것입니다. 마찬가지로 어떤 사회가 아주 심하게 음란하면 그 사회에 속해 있으면서 음란하게 되지 않을 수가 없는 것입니다. 왜냐하면 그들이 매일 눈으로 보고 듣는 것 자체가 죄이기 때문입니다. 마찬가지로 호세아 때 이스라엘과 유다는 겉으로는 잘살고 있었고 경제적으로 부흥되고 있었지만 사회 전체가 썩어 있었던 것입니다. 그때 하나님께서는 이스라엘에서 가장 안전하다는 곳에 전쟁의 나팔 소리가 들리게 되며, 이스라엘과 유다는 사자의 습격을 받게 될 것이라고 말씀하고 있는데 그 사자는 바로 앗수르였던 것입니다.

1. 이스라엘의 문제

우리는 퇴근 시간에 지하철 같은 곳에서 사람들이 많이 오고 있는 길을 거슬러 반대 방향으로 가려고 하면 사람들에게 떠밀려서 앞으로 가지 못하고 오히려 뒤로 가게 될 것입니다. 마찬가지로 어떤 사회에서 많은 사람들이 출세와 욕망을 향하여 달려가고 있을 때 그 흐름을 거슬러서 자기만 깨끗한 길로 간다는 것은 거의 불가능할 것입니다.

하나님께서는 호세아 선지를 통해서 왜 이스라엘 사람들이 바른 신앙으로 돌아오는 것이 쉽지 않은지 말씀하십니다. 그것은 바로 이스라엘 사회 전체가 바른 말씀으로 돌아가지 못하도록 막고 있었기 때문이라는 것입니다.

1절, "제사장들아 이를 들으라 이스라엘 족속들아 깨달으라 왕족들아 귀를 기울이라 너희에게 심판이 있나니 너희가 미스바에서 올무가 되며 다볼 위에서 친 그물이 됨이라"

하나님께서는 먼저 이스라엘의 지도자들을 부르십니다. 여기에 보면 하나님께서 이스라엘의 제사장들을 부르시고, 그 다음으로 이스라엘 족속들을 부르시고 그리고 이스라엘의 왕족들을 부르고 계십니다. 우리가 알아야 할 것은 이스라엘은 대단히 종교적인 사회였다는 것입니다. 물론 이스라엘을 시작한 여로보암은 모세의 율법이 명한 것처럼 레위 인을 제사장으로 삼지는 않았습니다. 즉 여로보암은 처음부터 모세의 율법을 따를 생각이 없었던 것입니다. 그럼에도 불구하고 이스라엘 사회에는 많은 제사장이 있었고 예배나 제사가 있었습니다. 그런데 이번에 하나님께서는 이스라엘의 제사장들과 왕족들을 호출하십니다. 그 이유가 무엇일까요? 그것은 이스라엘의 제사장들과 왕족들이 결탁해서 바른 신앙을 막고 있었기 때문입니다.

우리는 한때 정치인들과 기업인들이 결탁하는 정경 유착이 사회 부패의 원인이라고 해서 그렇게 하지 못하도록 많은 법을 제정했고, 또 기업으로부터 정치 자금을 받은 사람들이나 혹은 정치 자금을 낸 기업인들을 처벌했습니다. 그런데 옛날에는 정경 유착보다 더 무서운 것이 정종 유착이었습니다. 즉 정치인들과 종교인들이 한통속이 되어서 바른 신앙으로 돌아가지 못하도록 막는 것입니다. 이것은 이스라엘이라는 나라가 태어나면서부터 가진 문제였습니다. 여로보암은 이스라엘 백성의 마음이 예루살렘 성전으로 돌아갈 것을 두려워해서 예루살렘 성전 대신에 금송아지 상을 만들었고, 그 앞에 제사하게 했습니다. 그럼에도 불구하고 율법의 말씀이 있었기 때문에 제사 제도는 비정상적이라 하더라도 하나님을 믿을 수는 있었습니다. 그러나 이스라엘 왕족과 제사장들은 백성들이 율법을 알지 못하게 만들었습니다. 하나님의 백성이 율법을 알지 못하면 이것은 아무것도 아닌 것입니다.

그런데 여기에 보면 미스바와 다볼에서 무슨 일이 있었던 것을 알 수 있습니다.

'너희에게 심판이 있나니 너희가 미스바에서 올무가 되며 다볼 위에 친 그물이 됨이라.'

우리는 미스바와 다볼에서 어떤 일이 있었는지 알지 못합니다. 성경은 이스라엘과 유다에 있었던 모든 일들을 다 이야기하지 않습니다. 그렇지만 미스바와 다볼에서 어떤 심각한 일이 있었던 것은 분명합니다. 우선 미스바와 다볼은 모두 역사적으로 아주 중요한 곳입니다. 이스라엘 백성에게 있어서 미스바와 다볼은 모두 그들이 사느냐 죽느냐 하는 것을 결정하는 사활이 달린 장소였습니다. 우선 미스바는 사무엘이 이스라엘의 영적 부흥을 일으키기 위해서 회개 운동을 벌인 곳인데 블레셋이 침략을 해 왔습니다. 이때 하나님께서는 블레셋 군대를 우박으로 치셔서 이스라엘이 승리하게 하셨습니다. 그리고 다볼은 여선지 드보라가 이스라엘을 지켜낸 곳입니다. 즉 북쪽 하솔 왕 야빈이 군대장관 시스라에게 철병거 구백 승으로 이스라엘을 공격하게 했는데 이때 드보라가 시스라를 물리치고 대승을 거둔 곳이 다볼입니다.

그런데 오늘 본문을 보면 '너희가 미스바에서 올무가 되며 다볼 위에 친 그물이 되었다' 라고 말씀하고 있습니다. 이것을 보면 이스라엘의 제사장들과 왕족들이 미스바와 다볼에서 미끼를 던져서 바른 신앙을 가진 사람들을 몽땅 잡아들여서 우상 숭배를 강요했든지, 아니면 죽였다는 것을 알 수 있습니다. 이것은 이 두 사건이 있을 때까지는 이스라엘 백성 안에 이스라엘의 진정한 부흥을 원하는 자들이 많이 있었다는 것입니다. 그런데 제사장과 왕족과 일부 이스라엘 족속들이 계략을 세워서 이번에 미스바에서 큰 회개 운동을 한다 혹은 다볼에서 큰 부흥을 일으킨다고 백성들에게 선전을 한 후에 거기에 온 자들을 몽땅 잡아들였든지, 아니면 엉터리 부흥을 일으켰든지 둘 중의 하나인 것입니다.

그런데 2절을 보면 '패역자가 살륙죄에 깊이 빠졌으매 내가 저희를 다 징책하노라' 라고 말씀하고 있습니다. 이것을 보면 이스라엘 안에는 제사장들과 왕족들이 바른 신앙으로 돌아가려고 하는 백성들을 반역자라고 하여 많이 죽였던 것을 알 수 있습니다. 우리가 이것을 이해하려면 종교 개혁이 일어나기 전에 영국이나 유럽에서 성경을 번역하거나 혹은 복음을 가르치는 자들을 파문시키거나 화형에 처한 것을 생각하면 됩니다. 이때 후스나 위클리프 같은 지도자들이 처형되었습니다. 옛날에 정치와 종교가 일치되었을 때에는 이단들은 모두 처형을 했습니다. 그래서 정치와 경제가 유착되는 것보다 정치와 종교가 유착되는 것이 더 무서운 것입니다.

우리가 여기서 알 수 있는 것은, 이스라엘에서는 제사장들과 왕족들이 하나가 되어서 백성들로 하여금 바른 신앙으로 돌아가지 못하도록 막았다는 것입니다. 즉 이들은 하나님의 말씀을 읽거나 영적인 부흥을 원하는 자들이 있으면 미스바나 다볼로 모이라고 한 후에 잡아서 가두든지 죽였던 것입니다. 그 이유는, 이들은 바른 신앙은 자기들을 위태롭게 하는 것이라고 생각했기 때문입니다. 즉 이스라엘 나라가 지향하는 목표가 너무 모세의 율법적이어서는 안 된다는 것입니다. 이스라엘은 하나님을 믿지 않는 것이 아니었습니다. 그들은 하나님을 믿기는 하지만 모세의 율법대로는 믿지 않겠다는 것입니다. 그들이 지향하는 목표는 하나님 종교의 장점과 세상 종교의 장점을 다 받아들인다는 것이었습니다. 그런데 만일 누군가가 오직 하나님의 말씀으로만 돌아가야 한다고 주장하면 그들은 나라의 체제를 흔들고 나라를 망치려고 하는 극단적인 보수주의자로 몰려서 붙들려서 죽임까지 당했던 것입니다. 그래서 아합 왕 때 엘리야가 오죽했으면 '그들이 하나님을 믿는 사람들은 다 죽이고 나만 남았습니다.' 라고 기도를 했겠습니까? 그래서 이스라엘 사람들에게 이방 종교를 믿는 것은 전혀 문제가 되지 않았습니다. 왜냐하면 그들의 목표가 이방 종교의 장점을 다 받아들이는 것이었기 때문입니다.

이스라엘의 제사장들이나 왕족들은 오직 하나님만 믿어야 한다는 사람들을 만나면 적개심을 가졌습니다. 그 이유가 무엇일까요? 그들이 평소에 주장하는 것이 하나님 종교의 장점과 세상 종교의 장점을 다 받아들이는 것이라면 하나님만 죽어라고 믿자는 사람도 인정을 해야 할 것입니다. 그러나 이들은 자기들이 엉터리라는 것을 알고 있었던 것입니다. 그래서 오직 하나님만 믿어야 한다는 사람을 만나면 열등감을 느꼈고, 그들의 주장을 감당할 수가 없었던 것입니다. 그래서 초대 교회 때에 유대교에 그렇게 많은 학자들이 있었지만 사도 바울을 이길 수 있는 사람이 없었습니다. 오직 하나님 한 분만 믿는 신앙은 매우 강력하여 성령의 능력이 임하고 부흥의 불길이 솟아오르기 때문에 도저히 그냥 둘 수가 없었던 것입니다.

그래서 이스라엘이 세상으로 간 이유를 살펴보면, 그들의 주장 자체가 사람들의 욕망을 채워 주는 편리한 내용으로 되어 있을 뿐 아니라 바른 신앙을 가진 자들을 골라내어서 죽였기 때문입니다. 그래서 이스라엘에서는 부흥이 일어날 수가 없었습니다.

3절, "에브라임은 내가 알고 이스라엘은 내게 숨기지 못하나니 에브라임아 이제 네가 행음하였고 이스라엘이 이미 더러웠느니라"

'에브라임은 내가 알고 이스라엘은 내게 숨기지 못한다' 라는 것은 이스라엘과 에브라임이 하나님과 특별한 관계에 있다는 것을 의미합니다. 우리는 어리석게도 내가 하나님을 잊어버리면 하나님도 나를 잊어버릴 것이라고 생각합니다. 그러나 우리가 단 한순간이라도 하나님의 말씀에 은혜를 받은 적이 있다면 우리는 하나님의 것이며, 하나님은 나의 모든 사생활에 대하여 관심을 가지고 계십니다. 우리가 하는 모든 행동은 감추어질 수 없고 하나님께 숨길 수가 없습니다.

사실 우리 예수 믿는 사람들의 가장 큰 스트레스가 우리의 모든 생각과 행동을 하나님께 숨길 수가 없다는 것입니다. 하나님을 믿는 사람들은 하나님이 보시기 때문에 죄를 마음대로 지을 수가 없습니다. 그렇다고 해서 하나님을 믿는 사람들이 전혀 죄를 짓지 않는 것은 아닙니다. 그러니까 하나님의 백성은 언제나 스트레스를 받는 것입니다.

사람들은 모두 자기만의 은밀한 사생활이 있어야 정신병에 걸리지 않습니다. 만일 우리의 사생활이 사람들 앞에 모두 공개된다면 우리는 견디지 못할 것입니다. 우리는 하나님 앞에서 절대로 완전할 수 없습니다. 그러나 하나님은 우리가 정직하기만 하면 모든 죄를 용서하시고 새 마음을 주십니다. 그런데 사람이 뻔뻔스러워지면 하나님도 모르는 것처럼 위선적이 됩니다. 하나님은 이것을 싫어하십니다.

하나님은 이스라엘에 대하여 '에브라임아 이제 네가 행음하였고 이스라엘이 이미 더러웠느니라' 라고 말씀하고 있습니다. 여기서 에브라임과 이스라엘은 같은 뜻입니다. 에브라임은 이스라엘의 대표적인 지파였던 것입니다. 즉 이스라엘에서 가장 큰 에브라임 지파가 죄를 짓는 데 가장 앞장섰던 것입니다.

그런데 하나님은 에브라임이 행음하였고 이스라엘이 더러워졌다고 하셨는데 과연 어떤 것이 행음을 하는 것일까요? 사람들은 서로 감정적으로 좋아하는 것이나 한 번 만난 것을 가지고 행음했다고 하지 않습니다. 물론 이것이 부정의 발단이 되는 것은 사실이지만 아무도 한 번 만나서 이야기를 한 것 가지고는 행음하였다고 하지 않습니다. 여기서 '행음했다' 라는 것은 넘어서는 안 되는 선을 넘어선 것을 말합니다. 즉 이들이 행음했다는 것은 이들이 단체로, 또는 개인적으로 이방 신에게 절을 하고, 거기서 이방 여인과 관계를 한 것을 말하는 것입니다. 이스라엘 백성은 이방 신에게 한

번 절을 하고 나면 그 뒤에는 일사천리로 무너지게 되어 있습니다. 예를 들어 교회에 다니는 사람이 술을 마실 때 처음에 술을 마시는 것이 힘들어서 그렇지 한번 마시고 난 후에는 2차, 3차 가는 것이 문제가 되지 않는 것입니다.

죄라고 하는 것은 참 이상한 것이어서, 죄를 짓기 전에는 죄를 지으면 죽을 것 같고 망할 것 같은데 이상하게 한번 죄를 짓고 나면 죄가 그렇게 나쁜 것 같지도 않고 덤덤해집니다.

옛날에 순진한 학생들은 디스코장이나 술집 같은 데 들어가면 천벌을 받는다고 생각했습니다. 그러다가 친구들에게 이끌려서 한번 가 보면 별것 아니라는 생각이 들고, 그 뒤에는 점점 자신감이 생기는 것입니다. 이것은 마음속에 있는 영성 자체가 변하기 때문입니다.

하나님의 백성에게는 영성이라는 것이 아주 중요합니다. 우리의 영성이 건강할 때에는 하나님의 전에 와서 예배드리는 것이 그렇게 기쁠 수가 없고 세상의 술 분위기나 음란한 분위기는 독약을 마시는 것처럼 고통스럽습니다. 그런데 우리가 조금씩 세상을 따라가면 그때부터는 세상의 분위기가 좋아지고, 그 대신에 예배의 분위기가 역겨워지고 신앙 좋은 사람들을 보면 너무나도 싫어지는 것입니다. 하나님께서는 이스라엘의 제사장들이나 왕족들이 이미 선을 넘어선 것을 보셨습니다. 마치 이스라엘 백성이 광야 생활을 마치고 가나안 땅에 들어오기 전에 싯딤에서 모압 여자들이 그들을 유혹했을 때 그들이 우상에게 절하고 그 음식을 먹고 여인들과 관계를 했던 것과 같습니다. 그때 염병이 퍼지면서 이스라엘 백성이 2만 4천 명이나 죽었습니다. 그러나 이스라엘 백성이 광야에 있을 때에는 이스라엘 초기이고 하나님의 특별한 역사가 있었던 때였습니다. 그래서 하나님은 이스라엘 백성을 염병으로 치셔서 2만 4천 명이나 죽게 하셨던 것입니다.

그러나 이스라엘 왕조 때에는 이미 신앙적으로 침체된 때였기 때문에 이스라엘의 지도자들이 죄를 지어도 염병이 없었습니다. 그러나 그들의 마음은 이미 더럽혀져 있었습니다. 그래서 하나님의 징계가 나타나는 것도 부흥의 때에 나타나는 것이지 신앙이 침체되었을 때에는 징계도 잘 나타나지 않습니다. 왜냐하면 침체된 자들을 때리면 즉사해 버리기 때문에 때릴 수가 없는 것입니다. 그래서 우리가 죄를 짓는데도 불구하고 바로 징계가 오지 않는다고 해서 하나님이 나를 더 사랑하신다고 생각해서는 안 되는 것입니다.

4-5절, "저희의 행위가 저희로 자기 하나님에게 돌아가지 못하게 하나니 이는 음란한 마음이 그 속에 있어 여호와를 알지 못하는 까닭이라 이스라엘의 교만이 그 얼굴에 증거가 되나니 그 죄악을 인하여 이스라엘과 에브라임이 넘어지고 유다도 저희와 한가지로 넘어지리라"

예를 들어 어떤 아이가 있는데 정말 죄가 나쁜 것인 줄 알지만 친구들이 자꾸 꾀어서 어쩔 수 없이 죄에 빠지게 되었다면 이미 얼굴에 미안한 마음이 나타나고 기가 죽어서 처분만 바라는 자세가 될 것입니다. 그런데 만일 이 아이가 자기가 이렇게 하는 것이 옳다고 생각해서 했다면 오히려 고개를 들 것이고, 누군가가 야단을 치면 오히려 반박하려고 할 것입니다.

예를 들어 아무리 하나님의 백성이고 하나님의 종이라 하더라도 인간이기 때문에 죄에 대한 호기심이라는 것이 있습니다. 그래서 이방인들이 제사 지내는 것을 숨어서 엿볼 수도 있고 혹은 그들이 행음하는 장면을 몰래 엿볼 수도 있습니다. 그러나 이때 하나님의 백성이나 종의 마음에는 수치심이 생겨서 고개를 들지 못할 것입니다. 요즘 식으로 표현한다면 아무리 믿음의 형제자매나 목회자라 하더라도 인간이기 때문에 호기심으로 좋지 못한 영화를 볼 수도 있고 그런 분위기에 있을 때도 있습니다. 그러나 이미 믿음의 형제자매의 마음속에는 수치심이 생기고 너무 부끄러워서 고개를 들지 못하는 것입니다. 그리고 하나님 앞에서 세리처럼 가슴을 치면서 '이 죄인을 용서해 달라' 고 기도하는 것입니다.

그런데 이스라엘 백성이 우상에 바람이 난 것은 실수가 아니었습니다. 그들은 이미 마음속으로 하나님을 멸시하고 있었던 것입니다. 즉 하나님은 너무 케케묵으셨고, 너무 가난하고, 꽉 막힌 분이기 때문에 자기들은 당연히 우상으로 가야 한다고 생각하고 있었던 것입니다. 예를 들어 어떤 여자가 집이 너무 가난해서 그 반발로 술집에 나가게 되었다면, 술집에 나가는 것을 잘하는 것이라고 생각하지 않지만 부모에게 잘못했다고는 절대로 말하지 않을 것입니다. 오히려 더 당당하게 자기는 이렇게 해서라도 돈을 많이 벌어서 남 보란 듯이 잘살 것이라고 큰소리를 칠 것입니다. 하나님께서 이스라엘 백성의 얼굴을 보니까 이들은 호기심이나 실수로 우상을 섬기는 것이 아니었습니다. 이들은 이미 하나님을 경멸하고 있었고, 하나님만 믿는 것을 업신여기고 있었던 것입니다. 그래서 그들의 마음에 음란한 마음이 있고 얼굴에 교만이 나타나고 있었습니다. 그리고 이제는 유다도 그런 죄에 물들고 있다고 보셨습니다. 그 이유는 유다가 이스라엘의 외적인 성공만 보고 부러워했기 때문입니다. 하나님은 여기서 이미 결론을 내리셨습니다.

6절, "저희가 양떼와 소떼를 끌고 여호와를 찾으러 갈찌라도 만나지 못할 것은 이미 저희에게서 떠나셨음이라"

이것은 이스라엘 백성이 아무리 양이나 소를 떼로 몰고 가도 하나님을 만나지 못한다는 뜻입니다. 즉 이제 이스라엘 백성은 더 이상 제사나 예배로는 치유를 받을 수 없다는 것입니다. 그 이유는 그들의 예배가 자기만족이요, 자기도취였기 때문입니다.

7절, "저희가 여호와께 정조를 지키지 아니하고 사생자를 낳았으니 그러므로 새 달이 저희와 그 기업을 함께 삼키리로다"

이스라엘은 이미 하나님에 대한 정조를 버렸습니다. 이스라엘의 신앙은 결코 하나님을 믿는 신앙이 아니었습니다. 그들이 아무리 하나님의 이름을 부르고 하나님께 제사한다고 해도 그 중심은 하나님이 아니었습니다. 그리고 이스라엘이 얻은 축복은 하나님이 주신 축복이 아니었습니다. 이것은 사생아의 축복이었습니다. 즉 그들은 세상적인 방법으로 성공한 것이지 하나님이 주신 복은 아니었습니다. 그래서 '새 달이 그들을 삼키리라' 라고 했습니다. '새 달' 은 새로운 한 달이 시작되는 예배입니다. 즉 이스라엘에게는 새로운 미래입니다. 그러나 하나님은 그들에게 더 이상 미래가 없을 것이라고 말씀하셨습니다. 새로운 미래는 하나님이 축복해 주셔야 있는 것이지 세상을 따라갈 때는 없는 것입니다.

2. 전쟁의 나팔 소리

이스라엘 백성에게도 가장 두려운 것이 전쟁의 소식이었습니다.

하나님께서 이스라엘 백성의 신앙을 인정하지 않으시고 축복을 인정하지 않으셨을 때 그들이 듣게 되는 것은 바로 전쟁의 나팔 소리입니다.

8절, "너희가 기브아에서 나팔을 불며 라마에서 호각을 불며 벧아웬에서 깨우쳐 소리하기를 베냐민아 네 뒤를 쫓는다 할찌어다"

여기의 '나팔'은 전쟁의 나팔이요, '호각'은 전쟁이 터진 것을 알리는 호각 소리입니다. 그런데 이들이 전쟁이 터졌다고 알리는 곳은 기브아와 라마였습니다. 기브아나 라마는 이스라엘에서는 가장 안전한 곳으로, 모두 이스라엘과 유다의 중간 지점에 있는 도시였습니다. 이 도시들은 유다가 이스라엘을 공격하지 않는 이상 절대로 공격당하지 않는 곳이었습니다. 만일 적이 쳐들어오면 북쪽에서 내려올 것입니다. 혹시 남쪽으로 우회해서 올라오더라도 유다가 있기 때문에 이 지역은 이스라엘로서는 가장 안전한 곳이었습니다.

그런데 호세아는 이스라엘에서 가장 안전한 곳에 전쟁의 나팔 소리가 들리고 전쟁의 호각 소리가 들린다는 것입니다. 이 말은 두 가지 의미로 해석할 수 있습니다. 하나는 하나님께서 진노하실 때에는 이 세상에서 가장 안전하다고 생각한 곳도 전혀 소용이 없다는 뜻입니다. 왜냐하면 아무리 안전한 곳이라 하더라도 일단 전쟁이 터지면 포위되어서 망할 수밖에 없기 때문입니다. 그리고 또 다른 의미는, 호세아가 환상 중에 보니까 이미 사마리아나 다른 도시들은 폐허가 되어 버렸고 기브아와 라마에서 한창 전투가 벌어지고 있었다는 뜻입니다. 이것은 이미 사마리아나 이스라엘의 다른 성들은 함락이 된 것을 전제로 하시는 말씀인 것입니다.

그러면서 '베냐민아 네 뒤를 쫓는다 할찌어다'라고 했습니다. 이때 베냐민은 이미 유다에 속했습니다. 그러니까 앗수르 군대가 이스라엘을 다 멸망시키고 이제 유다를 공격할 차례인 것입니다. 이스라엘 사람들이나 유다 사람들 중에서 이 사실을 믿는 사람은 아무도 없었을 것입니다.

그동안 우리나라 사람들이 가장 중요하게 생각했던 것은 생활의 안정이었습니다. 그래서 우리나라 사람들은 안정된 직장을 아주 중요하게 생각해 왔고, 안정된 자기 집을 가지는 것을 인생의 성공으로 생각했습니다. 그러나 하나님께서 진노하시면 안정된 직장이나 안정된 집은 아무 소용이 없게 됩니다. 왜냐하면 이 세상 안에서는 하나님의 진노를 피할 곳이 없기 때문입니다. 우리가 하나님을 나의 산성으로 삼지 않고 하나님을 나의 적으로 삼으면 진노를 피할 곳이 없습니다.

하나님의 백성이 이 세상에서 사는 원리는 하나님을 모르는 자들이 이 세상에서 사는 원리와 완전히 다릅니다. 하나님을 모르는 자들이 자기의 성을 쌓고 안전 대책을 세우는 것은 옳을 것입니다. 그래서 하나님을 믿지 않는 자들은 철저하게 재테크를 합니다. 하나님을 모르는 자들은 철저하게 자기가 먹고살 길을 만들어 놓습니다. 그러나 하나님이 진노하시는 날에는 그런 것이 아무 소용이 없습니다. 아무리 안전하다는 펀드나 주식이나 돈도 휴지가 되고 마는 것입니다.

만일 우리가 하나님을 버리고 자기 방법으로 부를 쌓고 자만에 빠져 있으면 거기에 하나님의 나팔 소리와 호각 소리가 들릴지 모릅니다. 그리고 그 다음은 '누구 차례'라고 말씀하실지 모릅니다. 왜냐하면 다 똑같은 방식으로 살고 있기 때문입니다. 그러나 하나님의 말씀이 있고 그 말씀에 순종하는 마음이 있는 곳은 어디든지 안전합니다. 왜냐하면 하나님께서 그들과 함께하시기 때문입니다.

하나님께서 주신 말씀은 인간이 소유할 수 있는 것 중에서 가장 귀중한 보배입니다. 하나님께서는 우리가 이 말씀을 존중하기를 원하십니다.

11절, "에브라임은 사람의 명령 좇기를 좋아하므로 학대를 받고 재판의 압제를 당하는도다"

에브라임이 망하게 된 주 원인은 그들이 사람의 칭찬을 듣고 싶어 했기 때문이라는 것입니다. 이스라엘 백성은 하나님의 말씀을 따르지 않고 사람의 명령을 따랐기 때문에 망한 것입니다. 즉 그들은 인간의 생각과 가치관에 따라서 행동했다는 뜻입니다.

우리가 역사서를 읽어 보면 이스라엘 왕들에 대하여 '악한 여로보암의 길을 따랐더라' 라는 말이 계속 나오는 것을 볼 수 있습니다. 그들은 하나님을 버리고 인간의 길을 따랐던 것입니다. 예수님은 말씀하시기를, '살고자 하는 자는 죽고 나를 위하여 죽고자 하는 자는 살리라' 라고 하셨습니다. 우리가 세상을 따라가지 않고 하나님의 말씀만 붙들고 가면 꼭 죽을 것 같고 망할 것 같습니다. 그러나 그것이 사는 길이고 복 받는 길인 것입니다.

아마도 이스라엘 사람들은 기브아나 라마 같은 곳이 가장 안전할 것 같다고 해서 땅을 사고 투자를 많이 했을 것입니다. 그러나 하나님은 바로 그곳에 전쟁의 나팔 소리와 호각 소리가 날 것이라고 말씀하십니다.

하나님의 말씀을 떠난 백성들에게 안전한 곳은 없습니다. 인간들이 만든 수만 가지 방법은 그들을 돕지 못할 것입니다. 하나님은 우리가 어디로 도망을 치든지 우리를 포기하지 아니하십니다. 그래서 하나님은 우리를 꼼짝 못 하게 잡아서 다시 말씀이 있는 곳으로 끌고 오십니다. 그래서 우리로 하여금 이제는 다른 생각을 버리고 위대한 하나님의 말씀대로 사는 사람이 되게 하십니다.

우리 인간에게 가장 위대한 것이 무엇입니까? 그것은 좋은 집에서 잘사는 것이 아닙니다. 이 위대한 하나님의 말씀대로 사는 것입니다. 이것의 가치를 모르고 그저 눈에 보이는 것에서 행복과 만족을 찾으려는 정신 나간 백성들을 하나님께서는 망하게 하시는 것입니다.

9절, "견책하는 날에 에브라임이 황무할 것이라 내가 이스라엘 지파 중에 필연 있을 일을 보였노라"

아마도 호세아는 지금 그렇게 잘사는 이스라엘이 황폐하게 될 것을 환상 중에 분명히 보았던 것 같습니다. 그래서 이스라엘 중에 필연 있을 일을 보였다고 말하고 있습니다. 하나님께서는 눈에 보이는 것은 현실이 아니라고 말씀하십니다. 이것은 환상입니다. 실제 우리의 모습은 하나님의 말씀에 순종해서 사는 삶 그 자체입니다.

3. 유다와 이스라엘의 정책

하나님께서는 유다와 이스라엘이 이렇게 똑같이 하나님의 말씀에서 멀어지면서 망하는 이유가 어디에 있는지 말씀하십니다. 그것은 바로 성공하고 싶은 욕심 때문이라는 것입니다.

10절, "유다 방백들은 지계표를 옮기는 자 같으니 내가 나의 진노를 저희에게 물같이 부으리라"

여기서 '지계표'라는 것은 이스라엘 백성 사이에서 땅의 경계를 구분하는 경계표를 의미합니다. 그래서 지계표를 옮긴다는 것은 자기 땅을 그만큼 넓힌다는 뜻입니다. 하나님은 이스라엘 백성 모두에게 땅을 주시면서 자기 땅을 넓히지 못하도록 지계표를 세우게 하셨습니다. 그 이유는 이스라엘 백성은 모두 똑같이 하나님 앞에서 행복하게 살 자격이 있었기 때문입니다. 그러나 사람의 심리가 이상한 것이, 이미 자기에게 주어진 것으로는 만족하지 못하고 무한히 더 가지기를 원하고 무한히 더 잘살기를 원합니다. 즉 원래 하나님의 백성은 하나님이 주신 범위 안에서 자족하면서 살아야 하는 것입니다. 그러나 욕심이 많은 사람들은 주위의 약한 사람들의 땅을 빼앗아 가서 자기 지경을 넓히고 싶어 했습니다. 그래서 이 사람들은 흉년이 들었을 때 가난한 사람들에게 비싼 이자를 붙여서 곡식을 빌려 준 후에 제대로 갚지 못하는 사람의 땅을 자기 것으로 만들어 버렸습니다. 그러니까 지계표가 더 넓어지게 되는 것입니다. 그리고 가난한 사람들은 아예 돌아오지 못하도록 외국에 노예로 팔아 버렸습니다.

이스라엘과 유다 백성이 하나님을 바라보았을 때에는 이미 가지고 있는 것으로 충분하고 감사했습니다. 그러나 이들이 세상으로 눈을 돌렸을 때에는 자기에게 있는 것이 너무 작아 보였습니다. 그래서 그들은 세상의 가치관을 본받아서 우리가 가난한 사람들까지 책임질 필요는 없다고 해서 자기 땅을 넓혀 나갔던 것입니다.

하나님의 백성에게 중요한 것은 하나님께서 나에게 주신 것을 잘 지키는 것입니다. 하나님께서 나에게 주신 땅, 하나님께서 나에게 주신 가정, 하나님께서 나에게 하라고 하신 일, 이 모든 것을 잘 지키는 것입니다. 그래서 하나님의 백성은 자기가 복을 받았다고 해서 당장 지경을 넓히려고 하지 않습니다. 하나님께서 각 사람에게 주신 것은 매우 아름다운 것들이며, 우리는 그것을 잘 지킬 필요가 있습니다. 우리는 자신의 행복을 극대화시키지 않습니다. 또 자신의 능력을 무한히 개발하지 않습니다. 왜냐하면 우리가 나의 능력이나 행복을 극대화시킬 때 그 가운데 무엇인가 분명히 잃어버리는 것이 있기 때문입니다. 또 우리는 그렇게 할 때 반드시 다른 사람의 행복을 다치게 할 수 있기 때문입니다.

사사기에 나오는 기드온은 큰 용사였습니다. 그러나 그는 자식 문제에 있어서는 하나님의 뜻에 순종하지 못했습니다. 그래서 기드온은 70명이나 되는 자식을 두었으나 그들 중 아비멜렉이라는 아들이 세겜 사람들과 뜻이 맞아서 자기 형제 70명을 다 죽이고 세겜에서 왕 노릇을 했습니다. 이때 막내아들 요담이 간신히 살아서 도망치면서 이런 비유를 이야기했습니다. 즉 나무들이 자기들의 왕을 뽑기로 하고 먼저 감람나무에게 가서 부탁했습니다. 그랬더니 감람나무는 자기 기름은 하나님과 사람을 영화롭게 하는데 어떻게 그것을 버리고 나무들 위에 요동하겠느냐고 대답했습니다. 그래서 나무들이 무화과나무를 찾아가서 왕이 되어 달라고 부탁했습니다. 그랬더니 무화과나무는 자기의 단 것, 아름다운 실과를 두고 어떻게 나무들 위에 요동하겠느냐고 하면서 거절했습니다. 포도나무에게 부탁해도 대답은 마찬가지였습니다. 마지막으로 가시나무에게 가서 부탁했더니 좋아하면서 자기 그늘에 피하라고 했습니다. 그러나 이 가시나무에서 불이 나와서 그들을 사를 것이라고 했습니다.

여기서 요담이 말하고자 하는 것은, 하나님의 백성이 존재하는 것은 남을 편하게 하고 남에게 기쁨을 주기 위해서이지 자기의 야망을 위해서가 아니라는 것입니다. 하나님의 백성이 야망을 따라갈 때 처음에는 좋은 것 같지만 결국 서로 망하게 됩니다.

하나님의 백성은 하나님께서 자기에게 주신 것으로 남을 기쁘게 하고 남을 복 주기 위하여 존재합니다. 그들은 감히 다른 나무들 위에서 요동하면서 인기를 끌려고 하지 않습니다. 하나님의 백성의 특징은 하나님께서 자기에게 주신 귀중한 것을 잘 지키고 그것으로 다른 사람을 돕고 축복하는 것입니다. 우리의 복은 집을 늘려 가는 것이나 재산을 증식해 가는 것이 아닙니다. 그것은 가시나무들이나 하는 것입니다. 그래서 하나님께서는 하나님이 주신 것을 버리고 자기 욕심을 추구하는 유다의 지도자들에게 진노를 물같이 붓겠다고 말씀하십니다. 이것은 하나님께서 진노를 참지 않겠다는 뜻입니다.

이스라엘의 지도자들은 어떠했습니까?

13절, "에브라임이 자기의 병을 깨달으며 유다가 자기의 상처를 깨달았고 에브라임은 앗수르로 가서 야렙 왕에게 사람을 보내었으나 저가 능히 너희를 고치지 못하겠고 너희 상처를 낫게 하지 못하리라"

'에브라임이 자기의 병을 깨닫고 유다가 자기 상처를 깨달았다' 라는 말은 자기들이 병들었다는 것을 알게 되었다는 것입니다. 즉 이스라엘과 유다에 쉽게 해결되지 않는 어려운 문제가 생긴 것입니다. 이것은 지금까지 잠잠했던 앗수르 제국이 등장한 것을 말합니다. 여기서 '야렙 왕' 은 앗수르 왕에 대한 별명으로, '싸움 왕' 이라는 뜻입니다. 이들은 앗수르 제국의 침략 야욕을 앗수르에 돈을 주고 해결하려고 했던 것입니다. 이것은 마치 우리나라가 북한에 돈을 주어서 평화를 사려고 하는 것과 같습니다.

이스라엘 백성이 병을 깨달았으면 치료하시는 하나님께 돌아가야 합니다. 즉 완전히 망했다 생각하고 신앙 하나 건지는 것입니다. 그러나 이스라엘과 유다는 모두 돈으로 해결하려고 했습니다. 그러나 사실 앗수르는 주인이 아니고 하나님이 주인이셨습니다.

하나님은 자기 백성이 믿음으로 살지 않고 돈으로 어려움을 해결하려고 했을 때 그들의 복을 조금씩 빼앗아 가셨습니다.

12절, "그러므로 내가 에브라임에게는 좀 같으며 유다 족속에게는 썩이는 것 같도다"

여기서 '좀' 이나 '썩이는 것' 은 느끼지 못하게 조금씩 파고들어 가거나 썩게 만드는 것입니다. 이런 것은 하루 이틀은 별일이 없는 것 같습니다.

그러나 몇 주일 지나고 나면 전체가 좀이 슬거나 썩어서 쓸 수 없게 됩니다.

하나님의 백성이 하나님의 말씀대로 살지 않으면 부패합니다. 그래서 겉으로 보기에는 멀쩡할지 몰라도 내면적으로 곪아 들어갑니다. 그리고 점점 능력이 없어집니다. 하나님의 말씀대로 살 수 있는 능력이 없어지고, 죄를 거절할 수 있는 힘이 없어집니다. 그러나 그는 자기 영혼이 좀먹었고 곰팡이가 생겼다는 것을 알지 못합니다. 그는 옛날처럼 모든 것을 힘 있게 할 수 있을 것으로 생각합니다. 그러나 그는 이미 쓸모없는 자가 되었습니다.

하나님은 끝까지 불순종하는 자에게 어떻게 하십니까?

14절, "내가 에브라임에게는 사자 같고 유다 족속에게는 젊은 사자 같으니 나 곧 내가 움켜갈찌라 내가 탈취하여 갈찌라도 건져낼 자가 없으리라"

여기의 '사자' 나 '젊은 사자' 는 앗수르의 공격을 말합니다. 아프리카 초원 지대에서 사자들은 얼룩말이나 들소를 공격합니다. 그런데 얼룩말이나 들소가 목을 물리면 결국 죽고, 엉덩이를 물리면 깊은 상처를 입기는 하지만 도망을 쳐서 살게 됩니다. 이스라엘은 결국 앗수르에 목이 물려서 망하고 맙니다. 그러나 유다는 중상을 입지만 도망을 쳐서 다시 살게 됩니다.

이스라엘이나 유다가 망하는 이유는 자신들이 얼마나 특별한 사람인가 하는 것을 잊어버렸기 때문입니다. 하나님께서 우리를 택하실 때에는 우리에 대한 아름다운 계획이 있고 뜻이 있습니다. 그러나 우리는 하나님을 믿지 못하고 자꾸 세상 사람들이 성공한 것을 따라가려고 합니다. 우리는 하나님만 붙잡아야 하는데 이것은 우리 힘으로는 안 됩니다. 하나님께서 강한 손으로 붙들어 주셔야 합니다. 우리를 향한 하나님의 뜻이 이루어지지 않는 것은 큰 죄입니다. 우리는 우리 자신의 성공을 하나님께 맡겨 드려야 합니다. 하나님께서 우리에게 주신 것이 너무나도 많이 있습니다. 무화과나무는 무화과 열매가 있고, 포도나무는 사람들을 기쁘게 하는 열매가 있습니다. 단지 이 세상이 알아주지 않을 뿐입니다. 우리는 우리의 열매로 하나님을 기쁘시게 하면 되는 것입니다.

우리가 이 세상에서 하나님만 의지하여 그 말씀대로 살면 우리는 절대로 망하지 않습니다. 아무리 국제 정세가 불안정하고 이 세상이 험난하다고 해도 하나님은 우리를 보호해 주십니다. 하나님은 전쟁 왕 야렙 왕보다 더 강하신 분입니다. 우리에게 가장 안전한 길은 하나님의 말씀에 순종하는 것입니다. 하나님의 말씀 없이 형통한 것을 절대로 부러워하지 마시기 바랍니다. 우리는 다시 한 번 하나님께서 우리를 불쌍히 여겨 주셔서 우리 죄를 사하여 주시고 우리에게 성령을 부어 주시도록 간구합시다.

성경 토의

1. 하나님의 종들이 세상의 지도자들을 가까이하고 정치나 세상일에 깊이 관여하는 것이 어떤 문제가 있다고 생각하는가?

2. 교회가 세상의 기업의 원리를 따라서 무한정으로 커지는 것은 어떤 위험이 있으며, 그런 성공적인 목회나 교회를 따라가면 어떻게 되는가?

3. 하나님이 우리에게 회복 불가능한 어려움을 주시는 것은 결국 하나님이 우리에게 무엇을 기대하시기 때문인가?

07_하나님의 치료

호세아 6:1-11

전체적 설명

하나님께서는 우리가 아무리 세상을 사랑해서 하나님의 말씀을 멀리하고 그 결과 하나님이 치셔서 거의 망하게 되었더라도 하나님께 돌아오기를 원하신다. 그 대신 하나님은 우리가 과연 무엇이 잘못되었는가 하는 것을 분명히 깨닫고 바른 신앙으로 돌아오기를 원하신다. 그래서 우리가 비록 이 세상에서 많은 것을 잃고 비참하게 되었다 하더라도 하나님 한 분만 바로 붙들면 우리는 살아나게 된다.

설교 프리노트

1절, "오라 우리가 여호와께로 돌아가자"

5장 15절과 6장 1절의 관계에 대하여 두 가지 입장이 있다. 하나는 5장 15절과 6장 1절을 연결되는 말씀으로 보아 개역한글 성경처럼 5장 15절 끝을 '나를 간절히 구하여 이르기를' 이라고 번역한 것이 있는가 하면, 개역개정 성경처럼 이것을 별개의 말씀으로 보아서 '나를 간절히 구하여 이르리라' 라고 번역한 성경도 있다. 만일 이 두 절을 연결되는 말씀으로 본다면 '오라 우리가 여호와께로 돌아가자' 라는 말은 이스라엘 백성이 하는 것이 되고, 만일 서로 떨어진 말씀이라면 호세아 선지가 하는 말이 될 것이다. 그러나 어느 쪽을 취하든지 하나님의 뜻에는 차이가 없다. 즉 누가 '우리가 하나님께 돌아가자' 라고 하든지 간에 하나님은 이스라엘 백성이 하나님께 돌아오기를 원하시는 것은 분명하다. 그런데 하나님께 심하게 징계를 당해서 모든 것을 잃어버린 이스라엘 백성이 자기 스스로의 힘으로 하나님께 돌아가려고 한다는 것은 참 어려울 것으로 보인다. 그래서 '오라 우리가 여호와께로 돌아가자' 라고 하는 것은 호세아 선지나 하나님의 종들이 거의 파멸 상태에 빠져 있는 이스라엘 백성에게 하는 호소나 권면으로 보는 것이 자연스러울 것이다. 여기서 '하나님께로 돌아간다' 라는 것은 하나님이 우리의 생명의 주인인 것을 알고 지금까지 붙들려고 했던 세상적인 모든 끈을 다 버리고 오직 살든지 죽든지 하나님만 의지하는 자세를 말한다.

"여호와께서 우리를 찢으셨으나 도로 낫게 하실 것이요"

이스라엘 백성에게 중요한 것은 과연 이스라엘 백성을 이렇게 비참하게 찢은 자가 누구냐 하는 것이다. 물론 이스라엘을 찢어서 망하게 하고 많은 사람을 포로로 붙잡아 간 사람들은 이스라엘의 원수인 앗수르 군대일 것이다. 그러나 우리가 신앙의 눈으로 보면 하나님께서 허락하셨기 때문에 이런 일이 일어난 것이다. 그래서 하나님이 찢으셨다는 것은 하나님께서 얼마든지 회복시켜 주실 수 있다는 의미가 들어 있다. '찢는다' 라는 것은 마치 사자가 양이나 염소를 발톱이나 이빨로 찢어서 중상을 입히는 느낌이 든다. 대개 양이나 염소가 사자에게 물려서 찢기면 살기 힘들지만 하나님은 얼마든지 다시 살리실 수 있다.

"우리를 치셨으나 싸매어 주실 것임이라"

가끔 부모가 자녀를 때릴 때 너무 심하게 때려서 상처가 생겼으면 부모는 상처 난 곳에 약을 바르고 붕대로 싸매어 줄 것이다. 왜냐하면 부모가 자식을 때리는 것은 죽으라고 때리는 것이 아니라 바른 사람이 되라고 때리는 것이기 때문이다. 누구든지 큰 환난을 당하면 하나님이 자기를 버리는 것 같고 미워하시는 것 같은데 하나님은 실제로 우리를 사랑하시며, 우리가 바른 신앙으로 돌아오기를 바라시는 것이다.

2절, "이틀 후에 우리를 살리시며 제 삼일에 우리를 일으키시리니"

우리가 이 말씀을 잘못 해석하면 '제 삼일에 일으키신다' 라는 말만 보고 혹시 예수님의 부활에 대한 예언이 아닌가 생각하기 쉽다. 그러나 '이틀 후에 살리시며 제 삼일에 일으키신다' 라는 말은 우리가 생각하기에 아주 놀라운 시일 안에 하나님이 우리를 치료하시고 회복시키신다는 것이다. 하나님이 우리를 징계하시고 연단하실 때 우리는 도저히 소생할 가능성이 없을 정도로 심하게 부서지고 망하지만 일단 우리가 죽을 각오를 하고 하나님을 붙들면 하나님은 상상할 수 없을 정도의 빠른 속도로 우리를 고쳐 주시고 회복시켜 주신다.

"우리가 그 앞에서 살리라"

이스라엘이 하나님의 은혜로 치료된 다음에는 더 이상 세상을 따라가지 아니하고 하나님만 바라보면서 살아가게 된다. 아무리 이스라엘이 하나님의 백성이라고 하지만 눈에 보이는 세상을 바라보지 않고 눈에 보이지 않는 하나님만 의지하면서 살아간다는 것은 너무나도 어렵다. 그러나 이스라엘 백성이 하나님을 버리고 세상을 따라간 결과 엄청난 실패를 하고 난 뒤에는 성경 말씀이 진짜인 것을 믿고 이제는 하나님만 의지하게 된다.

3절, "그러므로 우리가 여호와를 알자 힘써 여호와를 알자"

이것은 단순히 하나님을 버리고 세상을 따라간 결과 인생 밑바닥까지 떨어지게 된 이스라엘만이 할 일이 아니라 모든 하나님의 백성이 해야 할 일이다. 하나님이 이스라엘 백성에게 주신 특권은 하나님을 아는 축복이다. 여기서 하나님을 '안다' (히브리 어로 '야다')라고 하는 것은 단순히 지식적으로 하나님에 대하여 아는 것이 아니라 하나님과 가족 관계를 가지는 것을 말한다. 이스라엘 사람들은 '야다' 라는 말을 쓸 때에는 '남자가 여자를 안다' 라는 식으로 특별한 관계를 맺는 것을 의미했다. 하나님께서는 우리에게 하나님의 말씀을 주시고 하나님을 알 수 있는 특권을 주셨는데 우리는 상식적으로 하나님을 아는 수준으로는 세상의 죄나 유혹을 이길 수 없다. 우리는 마치 석유를 탐사하는 사람들이 석유를 찾듯이 혹은 금을 캐는 사람들이 금을 찾듯이 온 힘을 다해서 성경을 연구해서 하나님을 알아 가야 한다. 우리가 하나님을 알면 알수록 더 하나님을 믿게 되고, 우리가 하나님을 믿는 만큼 능력이 나타나게 된다.

"그의 나오심은 새벽 빛같이 일정하니"

'그의 나오심' 은 하나님의 나타나심을 의미한다. 즉 우리가 하나님을 알려고 할 때 우리가 은혜를 받고 체험하게 되는 하나님의 사랑을 말한다. 이 세상에 아마 아침이 오는 것보다 더 정확한 것은 없을 것이다. 밤이 점점 깊어지면 다시는 새벽이 오지 않을 것같이 온 세상이 캄캄해지지만 어느 정도 시간이 지나고 나면 반드시 아침은 찾아온다. 마찬가지로 하나님은 하나님의 말씀을 통해서 하나님을 만나고 은혜 받기를 원하는 자들을 실망시키지 아니하시고 반드시 나타나신다.

"땅을 적시는 늦은 비와 같이 우리에게 임하시리라"

팔레스타인 땅에는 건기 때에는 비가 전혀 오지 않는다. 그렇기 때문에 식물들이 모두 말라 죽을 것 같지만 우기가 되어 비가 오기 시작하면 그 동안 메말랐던 땅은 모두 비로 적셔지고, 죽어 가던 식물들은 모두 살아난다. 특히 팔레스타인에서 늦은 비는 아주 많은 양의 비를 땅에 뿌리는 큰비일 때가 많다. 그래서 우리가 하나님을 만나고 은혜를 받게 될 때에는 하나님의 엄청난 축복도 함께 오게 된다.

4절, "에브라임아 내가 네게 어떻게 하랴 유다야 내가 네게 어떻게 하랴"

하나님은 이스라엘과 유다에게 은혜를 주시고 축복을 내리기를 원하시지만 믿음이 없고 하나님의 말씀이 없는 이스라엘과 유다는 아무리 하나님이 복을 주셔도 그것을 모르고 우상을 더 섬기기 때문에 복을 주실 수가 없으시다. 그래서 하나님께서는 이스라엘과 유다를 향하여 탄식을 하시는 것이다. 즉 에브라임과 유다는 하나님께 복을 달라고 하지만 하나님도 그들에게 더 이상 복을 주실 수 없으시다. 이제는 이스라엘 백성이 하나님을 향해서 복을 달라고 할 것이 아니라 그들 자신이 우상과 죄를 버리는 결단을 할 때인 것이다. 여기에서 하나님께서 이스라엘만이 아니라 유다까지 탄식하는 것이 인상적이다. 그 이유는 유다가 열심히 이스라엘의 길을 따라가고 있기 때문이다.

"너희의 인애가 아침 구름이나 쉬 없어지는 이슬 같도다"

'인애' (히브리 어로 '헤세드')는 책임을 지는 사랑을 말한다. 즉 약속을 했으면 어떤 일이 있어도 그 약속을 지키는 것이다. 하나님의 백성에게 가장 중요한 것은, 약속한 것에 대해서는 무슨 일이 있더라도 그 약속을 지키는 인애가 있어야 한다는 것이다. 그런데 이스라엘 백성은 약속을 지키지 않았다. 팔레스타인 땅에 비가 오랫동안 오지 않을 때 가끔 아침에 구름이 생기고 안개가 끼어서 사람들은 비가 올 것이라고 기대를 했는데 해가 뜨면서 안개나 구름이 걷히는 일이 많이 있었다. 이때 비를 기대했던 사람들은 모두 실망했을 것이다. 이스라엘 사람들의 말을 들으면 약속을 꼭 지킬 것 같고 어려운 사람을 도와줄 것 같은데 그것은 어디까지나 말뿐이었고 책임감이 없었다. 이런 식으로 이스라엘 백성이 다른 사람에 대하여 책임을 지지 않는 것은 하나님 앞에서 도움을 받을 수 있는 자격을 상실하는 것이었다.

5절, **"그러므로 내가 선지자들로 저희를 치고 내 입의 말로 저희를 죽였노니"**

'내가 선지자들로 저희를 치고' 와 '내 입의 말로 저희를 죽였노라' 는 같은 의미이다. 우리가 이 말만 보면 주인이 어떤 종이나 아이를 채찍으로 때려서 거의 죽게 만드는 장면을 연상하게 된다. 하나님은 하나님의 말씀을 버리고 세상으로 가는 이스라엘 백성을 그냥 둔 것이 아니라 선지자들을 보내셔서 살벌하게 경고하게 하시고, 특히 거의 이스라엘 사람들을 죽일 정도로 무서운 미래의 재앙을 예언하게 하셨다.

"내 심판은 발하는 빛과 같으니라"

'발하는 빛' 은 어둠 가운데서 누군가가 갑자기 불을 밝히는 느낌이 들게 한다. 사람들은 어둠 속에 있으면 아무것도 보이지 않지만 하나님은 그 가운데 촛불이나 등불을 준비해 놓으신다. 그러다가 하나님께서 갑자기 불을 밝히시면 그동안 어둠 속에서 사람들이 보지 못하는 가운데 저질렀던 모든 죄가 드러나게 된다. 그래서 하나님의 심판은 갑작스럽게 나타날 때가 많이 있다. 그러므로 누구든지 평소에 하나님을 의식하고 두려워하면서 살아야 이런 갑작스러운 심판에 걸려들지 않는다.

6절, "나는 인애를 원하고 제사를 원치 아니하며"

이스라엘의 역사를 보면 때때로 하나님의 말씀과 하나님께 드리는 제사가 충돌하는 것 같은 느낌이 들 때가 있다. 그 대표적인 예가 사울 왕이 아말렉을 치러 갔다가 하나님의 말씀대로 양이나 소를 철저하게 다 죽이지 않고 제사용이라고 하면서 좋은 것을 살려 가지고 왔을 때 사무엘 선지가 사울 왕을 책망한 것이다. 이때 사무엘 선지는 사울 왕에게 '순종이 제사보다 낫고 듣는 것이 수양의 기름보다 낫다' 라고 말을 한다(삼상 15:22). 그러나 하나님의 말씀과 제사는 서로 모순되는 것이 아니라 제사 자체가 하나님의 말씀에 순종하는 일부이고, 하나님의 말씀에 순종하지 않는 제사는 의미가 없다. '인애' 라고 하는 것은 하나님의 백성이 다른 사람들에게 보여 주는 자비를 말하는데, 하나님의 백성이 하나님의 말씀을 들으면 반드시 인애가 나타나게 되어 있다. 그래서 하나님의 백성에게 인애가 있느냐 없느냐 하는 것은 이들이 하나님의 말씀에 순종하느냐 순종하지 않느냐를 나타내는 표시였던 것이다.

"번제보다 하나님을 아는 것을 원하노라"

이것은 결코 하나님이 제사를 싫어하신다거나 혹은 제사를 소홀히 해도 된다는 뜻이 아니다. 단지 하나님은 누구든지 하나님의 말씀을 업신여기면서 의식적으로만 제사드리는 것을 싫어하신다는 뜻이다. 왜냐하면 하나님의 말씀을 무시하고 드리는 제사는 자기를 드러내고 자기를 과시하는 성격이 강하기 때문이다. 예수님은 바리새인들이 예수님의 제자들이 안식일에 밀 이삭을 잘라서 먹는 것을 보고 안식일을 어겼다고 비난했을 때 이 말씀을 인용하시면서 "나는 자비를 원하고 제사를 원치 아니하노라 하신 뜻을 너희가 알았더면 무죄한 자를 죄로 정치 아니하였으리라" (마 12:7)라고 말씀하셨다.

7절, "저희는 아담처럼 언약을 어기고"

'아담처럼' 이라는 말에 대하여는 세 가지 정도의 해석이 가능하다. 인류의 조상인 아담이라는 해석과 '사람' 이라는 뜻과 '아담' 이라는 장소를 의미한다고 보는 것이다. 그러나 가장 유력한 해석은 인류의 조상 아담으로 보는 것이다. 즉 전혀 하나님과의 언약을 어길 것 같지 않았던 아담이 그것도 하나님이 주신 낙원에서 하나님께 범죄했던 것처럼 이스라엘 백성도 겉으로는 전혀 하나님의 언약을 어기지 않을 것처럼 보였는데 약속의 땅에서 하나님의 말씀을 어기고 죄를 죄었던 것이다.

8절, "길르앗은 행악자의 고을이라"

'길르앗' 은 요단 동편에 있는 중요한 땅이지만 도피성이기도 하였다. 하나님께서는 이스라엘 백성에게 실수로 사람을 죽인 사람은 도피성으로 도망을 쳐서 살게 하셨다. 그러나 길르앗의 장로나 제사장은 피해자에게 뇌물을 받고 길르앗에 도피한 자들을 죽게 했던 것이다. 그래서 하나님의 말씀을 믿고 길르앗으로 피한 자들은 오히려 모두 죽임을 당했다. 이것은 제사장이나 장로가 하나님의 말씀을 악용해서 사람을 죽이는 것이었다. 그래서 9절에 '강도 떼가 사람을 기다림같이 제사장의 무리가 세겜 길에서 살인을 하였다' 라고 하였다. 세겜에서도 길르앗에서와 똑같은 일이 일어났다는 것이다. 즉 제사장들이 사람의 생명을 지키는 자들이 아니라 살인청부업자가 되었던 것이다.

10절, "내가 이스라엘 집에서 가증한 일을 보았나니"

'이스라엘 집' 은 이스라엘에 있던 여러 성전을 의미한다. 이스라엘의 성전에는 가증한 우상들이 있었다.

"에브라임은 행음하였고"

이스라엘 백성이 우상 숭배를 하는 것은 영적인 간음이었다. 특히 바알 종교는 이스라엘 백성의 영혼을 더럽혔고 썩게 만들었다. 겉으로 보기에 아무리 맛이 있어 보이는 음식이라 하더라도 부패하고 상한 것은 먹을 수가 없다.

11절, "유다여 내가 내 백성의 사로잡힘을 돌이킬 때에 네게도 추수할 일을

정하였느니라"

하나님은 이스라엘의 심판을 예고하면서 계속 유다의 죄를 경고하신다. 그 이유는 유다가 이스라엘을 성공 모델로 생각해서 따라가고 있기 때문이다. 여기서 '내 백성의 사로잡힘'은 이스라엘 백성이 망해서 포로가 되는 것을 의미한다.

'사로잡힘을 돌이킨다'라고 하는 것은 사로잡힌 데서 돌아오게 한다는 뜻인지 하나님 자신이 이스라엘을 포로로 붙들려 가게 하신 후 돌아오실 때를 의미하는지 알 수 없다. 그러나 분명한 것은, 하나님이 이스라엘을 포로로 잡아가게 하신 후에는 유다의 죄도 심판하신다는 것이다. 즉 '추수할 일'이라는 것은 그동안 유다가 신앙적으로 농사지은 것을 추수하시겠다는 뜻이다. 만일 유다가 엉터리로 농사를 지어서 쭉정이만 있으면 망하는 것이고, 알곡의 농사를 지었으면 구원을 받을 것이다.

본문 이해를 위한 질문

1. 호세아 선지는 하나님을 어떤 분으로 소개하고 있는가?

하나님은 이스라엘을 치셨지만 싸매어 주실 것이고, 이스라엘이 하나님께 돌아가기만 하면 아주 빠른 시일 내에 이스라엘을 살리실 분이다.

2. 하나님께서 이스라엘에게 원하시는 것은 무엇인가?

하나님은 이스라엘이 많은 제사를 드리는 것을 원하시는 것이 아니라 하나님의 말씀을 듣고 순종하기를 원하신다.

3. 하나님께서 이스라엘 백성에 대하여 실망하신 것은 무엇인가?

이스라엘 백성은 인류의 조상 아담처럼 하나님의 말씀을 잘 지킬 것처럼 말을 했지만 하나님의 말씀을 어기고 자기 욕심을 채우며 사람들을 죽게 했다.

성경 강해

의사가 환자를 치료하는 방법에는 내과적인 방법이 있는가 하면 외과적인 방법이 있습니다. 내과적인 방법은 가능한 한 수술을 하지 않고 약으로 치료하는 것을 말합니다. 반면에 외과적인 방법은 칼로 환부를 찢어서 병든 부분을 잘라내고 새로 넣을 것은 넣어서 치료하는 방식을 말합니다. 물론 환자의 입장에서는 할 수만 있으면 수술을 하지 않고 병을 치료받고 싶어 하지만 어쩔 수 없을 때에는 수술이라는 방법을 쓰게 됩니다.

하나님께서 우리 성도들을 치료하실 때 주로 사용하시는 방법이 내과적인 방법입니다. 하나님은 우리가 하나님의 말씀을 듣고 은혜를 받아서 스스로 죄를 버리고 하나님 앞에서 바로 서게 하시는 것입니다. 하나님의 백성이 하나님의 말씀을 듣고 스스로 깨닫고 은혜를 받는 방법은 가장 적은 고통으로 큰 영적 부흥이 일어나게 하는 것입니다. 이것이야말로 하나님께서 가장 기뻐하시는 방법입니다. 그러나 하나님의 백성이 하나님의 말씀을 듣기를 거부하거나 아예 하나님의 말씀을 들을 기회조차 없을 때에는 자기도 모르게 세상을 향해서 떠내려갈 수밖에 없습니다. 그러다가 암초를 만나면 그야말로 박살이 나서 거의 회복이 불가능할 정도로 망하게 됩니다. 그러나 이 정도로 망하면 아무리 미련한 하나님의 백성이라 하더라도 하나님 앞에서 무릎을 꿇고 바른 말씀을 들으려고 합니다. 이때 하나님의 백성이 바른 말씀을 듣고 은혜를 받아서 축복을 회복하는 것은 외과적인 수술로 치료를 받는 것입니다.

하나님의 백성이 바른 말씀을 듣지 못하고 세상을 따라가는 것은 배로 비유하자면 암초를 향하여 돌진하는 것과 같습니다. 이때 배에 타고 있는 사람들이 자신들이 영적인 부흥을 잃어버렸다는 것을 깨닫고 미리 하나님께 부르짖으면 배가 암초에 부딪히지 않고 얼마든지 바른 길로 갈 수 있습니다. 그러나 사람들은 영적인 부흥을 잃어버린 것을 깨닫지 못합니다. 왜냐하면 사람들은 영적인 부흥을 잃어버려도 거의 자각 증세를 느끼지 못하기 때문입니다. 대개 영적인 부흥을 잃어버렸을 때에는 하나님의 말씀이 귀에 들리지 않고, 예배에 감동이 없고, 영적으로 무감각해지며, 신앙생활이 형식적이 되지만 그렇다고 해서 아직 큰 사고가 있는 것은 아니기 때문에 잘 깨닫지 못합니다. 그러다가 어느 한순간 엄청난 환난을 겪게 되는데 그때는 거의 재생이 불가능할 정도로 깨어지는 것입니다. 그래서 하나님의 백성에게 가장 위험한 것은 영적인 부흥을 잃어버리는 것입니다.

오늘 말씀은 하나님께서 이스라엘 백성을 외과적인 방법, 즉 수술로 치료하시는 것을 보여 줍니다. 하나님께서는 이스라엘 백성에 대해서 사자가 다른 짐승을 찢듯이 거의 살 수 없게 찢어 놓으신 후에 그들이 하나님을 다시 찾으면 고치시겠다고 말씀하십니다.

1. 하나님의 치료

우리가 하나님에 대하여 이해가 잘 되지 않는 것이, 하나님께서는 어떻게 사랑하는 이스라엘 백성을 그렇게 비참하게 망하게 하실 수 있으신가 하는 것입니다. 하나님께서는 이스라엘 백성을 거의 사자가 양이나 염소 같은 짐승들을 찢어 놓듯이 찢어 버리겠다고 말씀하십니다.

5:14, "내가 에브라임에게는 사자 같고 유다 족속에게는 젊은 사자 같으니 나 곧 내가 움켜갈찌라 내가 탈취하여 갈찌라도 건져낼 자가 없으리라"

예를 들어 어느 목장에 양이나 염소가 있는데 밤에 사자가 와서 물어 갔다고 합시다. 사자에게 물려간 양이나 염소는 거의 살 가능성이 없다고 봐야 합니다. 그리고 또 실제로 사자에게 물려간 양이나 염소가 몸에 심한 상처를 입고 피를 흘리고 있을 때 양이나 염소를 살릴 수 있는 가능성은 없을 것입니다. "동물의 왕국" 같은 프로를 보면 가끔 사자가 들소나 노루 같은 짐승을 공격해서 목을 물고 늘어져서 쓰러뜨리는 장면이 나옵니다. 이때 들소나 노루는 당장은 숨이 붙어 있지만 다시 살 수 있는 가능성은 거의 없다고 보아야 합니다. 왜냐하면 사자가 자기가 잡은 짐승을 포기할 리도 없고, 또 이 짐승들이 입은 상처가 너무 깊어서 다시 살 수 없기 때문입니다. 그런데 하나님께서는 이스라엘과 유다에 대하여 이런 사자처럼 덤벼들어서 갈갈이 찢어 놓겠다고 말씀하십니다. 이때 하나님의 손에서 이스라엘이나 유다를 건져 낼 자가 없을 것이라고 말씀하십니다. 그런데 하나님께서 이스라엘이나 유다를 이렇게 비참하게 찢으시는 것은 죽이는 것이 아니라 다시 살리기 위해서 치료하시는 과정인 것입니다.

5:15, "내가 내 곳으로 돌아가서 저희가 그 죄를 뉘우치고 내 얼굴을 구하기까지 기다리리라 저희가 고난을 받을 때에 나를 간절히 구하여 이르기를"

보통은 사자가 들짐승을 사냥해서 거의 죽게 했으면 그때부터는 뜯어 먹는 것이 원칙인데 하나님의 사자는 거의 다 죽게 한 후에는 자기 굴로 돌아가서 가만히 기다립니다. 그 이유는 이들이 다른 방법으로는 살 수 없다는 것을 깨닫고 지금이라도 하나님께 돌아오기를 기다리는 것입니다. 그래서 비록 이스라엘 백성이 중상을 입었을지라도 하나님을 찾으면 사는 것이고, 끝까지 고집을 부리면서 하나님을 외면하면 죽는 것입니다. 이렇듯이 하나님은 치료 방법으로 무시무시한 외과 수술을 하실 때가 있습니다.

전에 서울에 어느 청년이 있었는데 이 청년은 공부는 잘하는데 인생의 의미를 잘 알지 못해서 자주 술을 마시고는 술집에서 난동을 부리다가 경찰서 신세를 지곤 했습니다. 그래서 그 가족들은 자주 경찰서에 가서 그 사고뭉치 청년을 꺼내오곤 했습니다. 가족들이 이 청년에게 할 수 있는 것은 제발 정신 차리고 술 마시지 말라고 타이르는 것이었고, 사고를 치면 돈을 주고 무마하는 것이었습니다. 나중에 보니까 이 청년은 가정에 충실하지 못한 아버지와 아들을 맹목적으로 사랑하는 어머니에 대하여 불만을 가지고 있었던 것입니다. 그런데 이 청년은 누구의 말도 듣지 않았습니다. 그러던 중 이 청년에게 큰 사고가 터지게 되었습니다. 어느 날 술에 만취한 상태에서 고층 아파트에서 떨어진 것입니다. 이 청년은 몸은 만신창이가 되었지만 죽지 않고 살았습니다. 그리고 그는 전도를 받고 예수를 믿게 되었는데 사람이 완전히 180도로 변하여 예수님을 사랑하는 청년이 되었습니다. 이 청년은 하나님께 외과 수술을 받은 것입니다.

아마 우리 성도들 중에도 하나님께 외과 수술을 받고 예수를 믿게 된 분들이 많이 계실 것입니다. 어떤 분은 손가락을 절단당하신 분도 있을 것이고, 어떤 분은 팔뚝 전체에 핀을 박았던 분도 계실 것입니다. 어떤 분은 폐결핵에 걸려서 학업을 중단하고 인생을 포기하다시피 하신 분도 있을 것입니다. 이것이 바로 하나님께서 우리 인생을 수술하시는 과정인 것입니다.

사실 성 어거스틴 같은 경우도 그의 인생은 큰 수술이 필요할 정도로 병들어 있었습니다. 그러나 하나님께서는 그가 하나님의 말씀을 듣고 스스로 돌이켰을 때 큰 수술 없이 귀한 하나님의 종이 되게 하셨습니다.

오늘 본문 말씀은 우리 인생이 하나님 앞에서 만신창이가 되었을 때 하나님이 우리를 어떻게 치료하시는지 말씀하고 있습니다.

6:1, "오라 우리가 여호와께로 돌아가자 여호와께서 우리를 찢으셨으나 도로 낫게 하실 것이요 우리를 치셨으나 싸매어 주실 것임이라"

인생을 살다 보면 때로 내 힘으로는 도저히 다시 일어설 수 없을 것 같은 큰 실패나 어려움을 당할 때가 있습니다. 그때 사람들마다 생각하는 것이 다르겠지만 하나님의 백성은 이것을 하나님의 외과 수술로 생각해야 하는 것입니다. 즉 내 인생을 세상 중심이나 일 중심에서 하나님 중심이나 신앙 중심으로 바꾸기 위해서 하나님께서 수술을 하시는 것입니다. 그런데 원래는 하나님이 말씀만 해도 우리가 알아들어야 하는데 세상을 향한 우리의 욕망이 너무 강하고, 또 우리가 도저히 하나님의 말씀을 알아들을 수 없을 때에 하나님은 우리에게 수술을 하시는 것입니다. 즉 하나님은 우리를 붙잡으셔서 전신 마취를 시키시고, 그 다음에는 배나 뇌를 열어서 거의 죽게 만드시는 것입니다. 이때 우리가 살 수 있는 유일한 길은 하나님을 찾는 것입니다.

'오라 우리가 여호와께로 돌아가자.'

바로 이것입니다. 우리가 여호와께 돌아간다는 것이 무엇을 뜻하는 것일까요? 그것은 우리 인생에서 하나님의 말씀을 가장 중요시하는 삶으로 돌아가는 것을 말합니다. 우리가 하나님께 돌아간다고 해서 우리가 하나님을 만날 수 있는 것도 아니고 하나님 앞에서 잘잘못을 따질 수 있는 것도 아닙니다. 우리가 하나님 앞에서 할 수 있는 것은 지금까지 내가 세상만 바라보고 산 것이 죄라는 것을 인정하고 하나님의 말씀 중심으로 돌아서는 것입니다. 그리고 이제부터는 살든지 죽든지 내 모든 것을 하나님께 맡겨 버리는 것을 말합니다.

하나님은 하나님과 우리 사이에 하나님의 말씀만 있기를 바라십니다. 왜냐하면 우리가 하나님의 말씀만 붙들어야 우리 가운데 영적 부흥이 일어나기 때문입니다. 하나님의 백성은 부흥이 일어나는 것이 정상이고, 부흥이 일어나고 있어야 살아 있는 것입니다. 그래서 하나님의 백성이 하나님의 말씀만 붙드는 것은 이제 정상으로 돌아오는 것을 말합니다.

우리가 하나님의 말씀을 붙들지 않을 때는 얼마나 엉터리 같은 세상 이야기나 자기 생각을 믿는지 모릅니다. 또 우리가 하나님의 말씀을 붙들지 않는 동안 얼마나 하나님으로부터 멀어졌으며, 얼마나 세상으로 떠내려갔는지 깨닫지 못합니다. 그러다가 불같은 하나님의 말씀을 들을 때 지금까지 자신이 속아서 살아온 것을 깨닫게 되고, 그것이 너무 원통하고 분해서 울게 됩니다. 그리고 하나님의 은혜를 되찾기 위해서 부르짖게 됩니다. 이것이 하나님의 백성에게 부흥이 일어나는 첫 단계입니다. 이때 우리는 하나님의 말씀이 얼마나 살아 있고 얼마나 능력이 있는지를 깨닫게 되고, 하나님의 말씀이 그동안 답답했던 내 가슴을 완전히 치료하는 것을 느끼게 됩니다. 물론 이때까지 아직 우리의 생활이나 경제적인 부분은 전혀 회복되지 않아서 여전히 가난하고 궁핍할지 몰라도 마음만은 그렇게 행복할 수가 없습니다. 이것이 바로 우리가 살아나고 있는 것입니다.

그런데 우리가 진정으로 감사한 것은, 하나님은 우리를 치료하실 능력이 있으시다는 것입니다. 오늘 본문 말씀을 보면 '여호와께서 우리를 찢으셨으나 도로 낫게 하실 것이요 우리를 치셨으나 싸매어 주실 것임이라' 라고 했습니다. 사람들은 망가뜨리는 것은 잘하지만 고치지는 못합니다. 그러나 기술자들은 차를 분해해서 망가뜨려 놓는 것 같아도 얼마든지 다시 조립을 해서 차를 고쳐 놓습니다. 깡패들이 칼로 사람을 찔러서 부상을 입혔을 때에는 다시 고칠 수 없지만 의사가 수술실에서 환자의 몸을 칼로 찢었을 때에는 얼마든지 다시 꿰매어서 치료할 수 있습니다.

사실 우리가 이 세상에서 환난을 겪고 어려움을 당하는 것이 반드시 하나님께서 치시는 것이나 하나님이 찢으시는 것은 아닙니다. 단지 우리가 욕심 때문에 판단을 잘못하거나 일을 잘못해서 망하게 된 경우가 대부분입니다. 그런데 우리가 그렇게 어려운 가운데 하나님을 다시 찾으면 하나님은 '내가 찢었다' 라고 하시면서 우리를 치료하여 주시는 것입니다.

그래서 우리가 큰 어려움을 당했을 때 다시 살 수 있는 길은 세상적으로 살 수 있는 길을 찾는 것도 아니고, 나에게 왜 이런 일이 일어났을까 생각하는 것도 아닙니다. 우리가 할 수 있는 것은, 모든 것을 하나님께 맡겨 버리고 하나님의 말씀만 붙잡는 것입니다. 그러면 하나님은 우리의 인생을 하나님이 원하시는 모습으로 수술하여 주십니다.

우리가 하나님께 돌아오면 어떻게 하십니까? 하나님께서 우리를 놀라운 속도로 회복시키십니다.

6:2, "여호와께서 이틀 후에 우리를 살리시며 제 삼일에 우리를 일으키시리니 우리가 그 앞에서 살리라"

하나님은 우리를 '이틀 후에 살리시며 삼 일 만에 일으키시는 분' 입니다. 여기서 '이틀 후에 살리시며 제 삼일에 일으키신다' 라는 것은 아주 빠른 시간 안에 회복시킨다는 뜻입니다. 어떤 분은 3일 만에 다시 일으키신다고 하니까 예수님의 부활을 예언한 것이 아닌가라고 생각하기도 합니다. 그러나 이것은 히브리 인들이 자주 사용하는 표현 방법입니다. 아모스서에서도 '다메섹의 서너 가지 죄로 인하여' 라고 말씀하는데, 이것은 꼭 그들의 죄가 세 가지 또는 네 가지라는 뜻이 아닙니다. 이것은 몇 안 되는 죄이지만 아주 중요한 죄라는 뜻입니다. 그래서 여기서 '이틀 후에 살리시며 제 삼일에 일으키신다' 라는 것은 우리가 하나님께 돌아가서 하나님의 말씀을 붙들면 사람의 머리로는 도저히 상상할 수 없는 빠른 시간 안에 다시 우리를 치료해서 '살게 하시는 것' 입니다.

여기에 보면 '우리가 그 앞에서 살리라' 라고 말씀하십니다. 우리가 하나님 앞에서 산다는 것은 우리가 이제 완전히 예전의 고통과 경제적인 어려움에서 일어서서 당당하고 능력 있게 하나님의 축복을 받으면서 살아가는 것을 말합니다.

우리 성도들 가운데도 이와 비슷한 경험을 한 분들이 많습니다. 즉 어떤 성도가 하나님의 손에 붙들려서 연단을 받게 되었습니다. 그분은 마치 사자에게 물어뜯긴 것과 같아서 다시 일어설 가능성이 없어 보였습니다. 경제적으로나 사회적으로 모든 것이 끝장이 난 것 같았습니다. 그런데 그분은 하나님의 말씀 앞에 나아와서 엄청나게 은혜를 받았습니다. 예배 시간마다 하나님으로부터 부어지는 은혜를 받았습니다. 그러던 중 어느 순간에 그 사람이 살아나기 시작하는 것입니다. 즉 우리 인간의 머리로는 도저히 이해할 수 없을 정도로 모든 면에서 회복되기 시작한 것입니다. 그래서 우리는 하나님의 이런 수술을 받은 자야말로 정말 하나님이 사랑하시는 자라는 것을 알게 됩니다. 즉 하나님께서 이 사람을 세상에 빼앗기지 않으시려고 질투하셔서 치신 것입니다. 그러나 우리가 하나님 앞에서 거꾸러져서 우리가 정말 하나님 앞에서 아무것도 아니며 하나님의 은혜 없이는 하루도 살 수 없는 연약한 자들이라는 것을 인정하기만 하면 하나님의 구원은 상상할 수 없을 정도로 빠르고 신기한 방법으로 이루어집니다. 아마도 세상 사람들은 아무도 이 사람이 다시 멋있게 성공하리라는 것을 믿지 않았을 것입니다. 왜냐하면 이 사람이 너무나 비참하게 찢어져 있었고 망해 있었기 때문입니다. 그러나 우리 귀에 하나님의 말씀이 들리고 우리가 그 말씀 앞에 무릎 꿇고 하나님의 얼굴을 구했을 때 하나님은 하루하루가 무서울 정도로 우리를 치료해 주십니다.

그래서 선지자는 이스라엘 백성을 향해서 힘써 부르짖습니다.

6:3, "그러므로 우리가 여호와를 알자 힘써 여호와를 알자 그의 나오심은 새벽 빛같이 일정하니 비와 같이, 땅을 적시는 늦은 비와 같이 우리에게 임하시리라 하리라"

'그러므로 우리가 여호와를 알자 힘써 여호와를 알자' 라고 하는 것은 우리가 과연 이런 진리를 깨닫게 되었다면 우리는 굳이 불필요하게 큰 수술을 받을 필요가 없는 것입니다. 즉 이스라엘 백성이 하나님의 말씀으로 은혜를 받아서 모든 우상을 버리고 부흥을 회복하기만 하면 굳이 앗수르에 망하고 많은 사람들이 포로로 붙들려 갈 필요가 없는 것입니다.

'힘써 여호와를 알자' 라고 하는 것은 우리가 다시 하나님만 붙잡자는 것입니다. 즉 이스라엘 백성이 앗수르에 의해서 망하지 않는 것만 해도 얼마나 대단한 일입니까? 그러니까 아직 우리에게 시간이 있을 때, 아직 앗수르와의 전쟁이 터지기 전에 세상적인 생각이나 방법은 다 버리고 죽을 각오를 하고 하나님만 붙들자는 것입니다.

그런데 우리가 하나님을 붙드는 것이 너무 어려운 이유는, 세상은 너무나도 급박하게 돌아가는데 하나님만 붙드는 것은 아무것도 하지 않는 것처럼 보이기 때문입니다. 우리가 하나님을 붙드는 것은 결코 아무것도 하지 않는 것이 아닙니다. 오히려 이것은 가장 중요한 것을 하고 있는 것입니다.

이때 하나님은 우리에게 어떤 모습으로 나타나십니까? 하나님은 일정하게 우리를 찾아오십니다. 여기에 보면 '하나님은 새벽 빛같이 일정하다' 라고 했습니다. 이 세상에서 아마도 해 뜨는 시간보다 더 정확한 것은 없을 것입니다. 겨울이 되면 밤이 길어서 아침이 영원히 오지 않을 것 같습니다. 그러나 놀랍게도 매일 정확한 시간에 아침은 찾아옵니다. 그래서 모든 어둠을 쫓아 버리고 환한 새날이 오게 하는 것입니다.

즉 우리가 하나님의 말씀만 붙들 때 틀림없이 부흥이 옵니다. 처음에는 부흥이 영원히 오지 않을 것 같고 하나님의 말씀이 아무 소용이 없을 것 같은데 놀랍게도 반드시 부흥이 오고 축복이 옵니다. 그리고 하나님은 우리의 기도에 반드시 응답해 주십니다.

또한 하나님은 우리에게 땅을 적시는 비, 특히 늦은 비와 같이 우리에게 오신다고 했습니다. 팔레스타인에는 1년에 두 번 비가 옵니다. 이것은 바로 이른 비와 늦은 비입니다. 그 외의 기간에는 비가 오지 않습니다. 사람들은 비가 오지 않아서 밭이 타 들어가는 것을 보고 영원히 비가 오지 않을 것이라고 생각합니다. 그러나 때가 되면 놀랍게도 비가 내리기 시작합니다. 특히 늦은 비는 억수같이 쏟아집니다. '땅을 적시는 늦은 비' 라고 했는데 사실 이 비는 온 땅을 다 적시는 풍성한 비이고, 이 비가 오면 모든 곡식이 살아나게 됩니다. 즉 하나님은 우리에게 모든 물질적인 부흥과 축복까지 반드시 주시는 것입니다.

2. 인애가 없음

병원에서 환자를 수술하다 보면 위급한 상황에 처할 때도 있을 것입니다. 예를 들어 수술 중에 환자의 혈압이 갑자기 떨어진다든지 혹은 호흡이 멈춘다든지, 과다 출혈을 하면 환자는 수술 중에라도 죽게 될 것입니다.

하나님께서는 이스라엘 백성을 치료하기 위해서 이스라엘 백성을 마취시켜서 배를 찢어 놓으셨습니다. 그런데 하나님께서 막상 이스라엘 백성의 배를 열어 놓고 보니까 갑자기 필요한 것이 없어서 이스라엘을 살릴 수가 없게 되었습니다.

6:4, "에브라임아 내가 네게 어떻게 하랴 유다야 내가 네게 어떻게 하랴 너희의 인애가 아침 구름이나 쉬 없어지는 이슬 같도다"

하나님께서 이스라엘 백성에 대하여 '에브라임아 내가 네게 어떻게 하랴 유다야 내가 네게 어떻게 하랴' 라고 하시면서 아주 당황한 가운데 말씀을 하시고 계십니다. 이것은 하나님께서 이스라엘 백성을 살리려고 수술을 하시는데 이스라엘을 살리는 데 가장 중요한 것이 없는 것입니다. 그것은 바로 '인애' 였습니다. 여기서 '인애' 라고 하는 것은 하나님의 백성의 몸 안에 반드시 있어야 하는 혈액과 같은 것입니다. '인애' 는 쉽게 번역하기 어려운 단어인데 그 중 하나가 '책임이 있는 신실한 사랑' 입니다. 인애는 두 가지 방향으로 나타나는데 하나는 하나님에 대한 믿음입니다. 그리고 다른 하나는 이웃에 대한 신실한 태도입니다. 큰 어려움에 빠진 환자가 다시 살아나려고 하면 최소한도 하나님에 대한 믿음이 있어야 하고, 하나님의 말씀을 들어야 합니다. 그런데 이스라엘 백성은 전혀 하나님에 대한 믿음이 없었고, 말씀을 들을 줄 몰랐습니다. 그리고 다른 사람에 대한 사랑 같은 것은 찾아볼 수 없었습니다.

'너희의 인애가 아침 구름이나 쉬 없어지는 이슬 같도다.'

이스라엘 백성에게 인애가 전혀 없는 것은 아니었습니다. 그러나 이 인애가 제 역할을 하려면 어느 정도 유지가 되어야 하는데 아침 구름이나 쉬 없어지는 이슬과 같았습니다. 즉 이스라엘 백성의 믿음은 아침 나절을 견디지 못하는 것입니다. 다시 말해서 이스라엘 백성은 하나님에 대한 믿음이 있는 것 같은데 실제로는 믿음이 없었습니다. 결국 이스라엘 백성의 수술이 실패한 것은 이들에게 하나님에 대한 믿음이 없었기 때문입니다.

그러면 이스라엘 백성이 예배를 드리지 않았을까요? 아닙니다. 그러면 이스라엘 백성이 제사를 드리지 않았을까요? 그것도 아닙니다. 그러나 이스라엘 백성의 신앙은 의식에 그쳤을 뿐 실제로 자신들의 문제나 어려움을 하나님께 맡기는 신앙은 아니었던 것입니다. 우리의 믿음이 조금은 버텨주어야 합니다. 왜냐하면 우리가 하나님의 말씀을 듣고 은혜 받았다고 해서 그 다음날 당장 모든 것이 회복되는 것은 아니기 때문입니다. 예를 들어 마른 땅에 비가 오려고 해도 수증기가 하늘로 올라가서 비가 되어 떨어지려면 시간이 필요한 것입니다.

원래 하나님께서는 이스라엘 백성을 수술 없이 치료하려고 하셨습니다.

6:5, "그러므로 내가 선지자들로 저희를 치고 내 입의 말로 저희를 죽였노니 내 심판은 발하는 빛과 같으니라"

하나님께서는 이스라엘 백성에게 할 수만 있으면 바른 말씀을 전하는 선지자들을 보내어서 아주 강한 말씀으로 설교하게 하셨습니다. '선지자들로 저희를 치고 내 입의 말로 저희를 죽였노니' 라고 했습니다. 우리가 하나님의 말씀을 제대로 들으면 어떤 때는 거의 죽게 될 때도 있습니다. 그래서 사도행전에서 베드로의 설교를 듣고 정면으로 부딪쳤던 유대 인들은 '형제들아 우리가 어찌 할꼬' 라고 하면서 사도들에게 매달렸습니다. 하나님의 백성은 이렇게 되어야 정상인 것입니다.

6:6, "나는 인애를 원하고 제사를 원치 아니하며 번제보다 하나님을 아는 것을 원하노라"

하나님께서 원하셨던 것은 요란한 예배나 행사가 아니었습니다. 하나님께서 이스라엘 백성에게 원하셨던 것은 하나님의 말씀을 듣고 하나님에 대한 믿음을 회복하는 것이었습니다. 이스라엘 백성이 만일 그렇게 했더라면 그들의 제사 가운데 하나님이 부흥의 불을 주셨을 것입니다. 그러나 이스라엘 백성은 하나님의 말씀은 듣지 않고 자꾸 제사만 드렸습니다. 이것은 하나님 앞에서 자기 자신을 과시하는 것일 뿐 살아 있는 예배가 아니었던 것입니다. 물론 하나님은 제사를 기뻐하십니다. 그러나 그 제사는 우리 자신을 있는 그대로 내어 놓는 제사여야 하는 것입니다. 그때 하나님은 우리에게 하나님의 말씀을 주시고, 그때 우리 안에 하나님의 대한 믿음이 생기게 됩니다. 즉 '나에게 생긴 고난은 하나님이 나를 수술하시는 것이구나. 나는 하나님을 기다리기만 하면 되는구나.' 라는 믿음이 생기게 됩니다. 그리고 우리는 다른 사람을 원망하거나 미워할 필요가 없습니다. 왜냐하면 하나님께서 나에게 바른 신앙을 주시고 나에게 부흥을 주시기 위해서 이런 어려움을 주신 것을 알기 때문입니다.

물론 우리는 너무나도 연약해서 우리가 아무리 은혜를 받아도 또 죄에 빠지고 인간적인 염려에 빠집니다. 하나님께서는 그런 것을 가지고 우리에게 믿음이 없다고 말씀하지 않으십니다. 이런 것은 믿음이 부족한 것입니다. 그런데 이스라엘 백성은 열어 보니까 속에 믿음이 전혀 없었던 것입니다.

6:7, "저희는 아담처럼 언약을 어기고 거기서 내게 패역을 행하였느니라"

이것은 하나님께서 오랫동안 가슴에 품었던 생각을 드디어 말씀하시는 것입니다. 하나님은 처음 아담을 만드시고 하나님의 모든 기대를 우리 인간에게 다 거셨습니다. 또 아담은 겉으로 보기에는 너무나도 신실한 것처럼 보였습니다. 그러나 아담은 너무나도 간단하게 마귀의 시험에 넘어가서 하나님의 언약을 깨뜨리고 말았습니다. '거기서 내게 패역을 행하였다' 라고 말씀하셨습니다. '거기' 는 바로 하나님이 주신 축복의 동산을 말합니다.

여기에서 하나님은 아담에게 주셨던 것이 언약인 것을 처음으로 말씀하십니다. 그것은 우리 인간이 하나님의 말씀에 순종하기만 하면 죽음을 경험하지 않고 하나님의 영원한 나라에 들어가는 것입니다. 그러나 아담은 너무 쉽게 하나님의 말씀을 깨뜨리고 타락해서 죄와 불신앙을 이 세상에 끌어들이고 말았습니다. 이것이 너무나도 하나님의 마음을 아프게 했던 것입니다.

결국 우리 인간의 죄를 수술하려고 하면 인간의 고통만으로는 되지 않습니다. 영원한 하나님의 아들의 피가 흘려져야 우리의 죄가 사하여질 수 있는 것입니다.

5절에 보면 '내 심판은 발하는 빛과 같으니라' 라고 하였습니다. 하나님의 심판은 어두운 멸망의 심판이 아니라 우리를 다시 살리는 치료하시는 심판인 것입니다. 그런데 이스라엘 안에는 최소한도의 믿음이 없어서 이스라엘은 죽게 됩니다. 그러나 유다는 다시 생명을 얻습니다. 당시 사람들은 이스라엘이 살고 유다는 죽을 줄 알았는데 결과는 정반대였습니다. 즉 고난과 심판 때에 우리를 살릴 수 있는 것은 믿음인 것입니다. 우리는 하나님의 말씀만 붙들고 죽을 각오를 하고 모든 것을 하나님께 맡겨야 합니다. 그러면 살 수 있습니다.

3. 이스라엘의 숨은 죄

오늘 성경 본문을 읽으면 하나님께서 한편으로는 이스라엘에 대한 치료의 말씀을 하시고 다른 한편으로는 이스라엘의 또 다른 죄를 끄집어 내시면서 망한다고 말씀하시는 것을 볼 수 있습니다. 이런 것들이 구약 선지서를 해석하는 데 있어서 가장 어려운 점이고, 마치 하나님께서 줏대 없이 이랬다저랬다 하시는 분처럼 느껴지기도 하는 것입니다. 그러나 이것이 바로 이스라엘의 복잡한 형편을 말하는 것입니다. 즉 하나님은 이스라엘을 치료하고 살리기를 원하시는데 이스라엘은 너무나도 복잡하게 꼬여 있고 감추어진 죄가 많아서 치료가 쉽지 않습니다. 이것은 마치 어떤 의사가 환자를 수술하고 있는데 생각지 않았던 암 덩어리가 자꾸 나와서 결국 시간만 지연되고 수술은 제대로 되지 못하는 것과 같습니다.

하나님께서 이스라엘에 대하여 지적하시는 것은 두 가지입니다. 하나는 이스라엘 제사장들의 죄이고, 다른 하나는 이스라엘 가운데 깊이 뿌리박힌 음행입니다. 우리는 이 두 가지 죄가 얼마나 간교하고 얼마나 다양한 얼굴을 가지고 있는지를 발견할 수 있습니다. 이스라엘의 지도자들의 죄는 너무나 깊이 감추어진 것이라서 발견되기 어려웠습니다. 그런데 거기에 비하여 일반 백성들의 음행은 너무나도 퍼져 있어서 손을 댈 수가 없었던 것입니다.

6:8-9, "길르앗은 행악자의 고을이라 피 발자취가 편만하도다 강도 떼가 사람을 기다림 같이 제사장의 무리가 세겜 길에서 살인하니 저희가 사악을 행하였느니라"

여기서 '길르앗' 이나 '세겜' 은 이스라엘 백성의 도피성을 말합니다. 길르앗은 요단 동편에 있고, 세겜은 요단 서편에 있었습니다. 도피성은 이스라엘 백성 중에서 실수로 살인을 한 자가 도망쳐서 살 수 있는 곳이었습니다. 과실로 사람을 죽인 자가 도피성으로 피하면 그 성문에서 자기 죄를 고하고 제사장은 그것이 진정으로 의도적인 살인이 아니라면 그 사람을 그곳에 보호하여 살게 했습니다. 그리고 그 성에 피한 자들은 대제사장이 죽을 때까지 거기서 살 수 있었습니다.

그런데 이스라엘은 어떤 사람이 실수로 죄를 짓고 길르앗이나 세겜으로 도망을 치면 죽임을 당했습니다. 그 이유는 거기에 있는 제사장들이 돈을 받고 거기에 온 사람들의 정보를 주어 심지어는 청부살인까지 했던 것입니다. 그래서 놀랍게도 이스라엘 백성 중에서 도피성으로 도망한 자들은 모두 죽임을 당했습니다.

사실 우리는 어떤 의미에서 도피성으로 피한 죄인들과 같습니다. 왜냐하면 우리는 실제로 다른 사람을 죽이지 않았다 하더라도 마음속으로 사람들을 많이 죽였고 더러운 짓을 많이 한 죄인이기 때문입니다. 하나님의 교회는 이런 자들을 보호해 주어서 다시는 교회에서 쫓겨나지 않도록 해 주어야 합니다. 그러나 당시 제사장들은 모두 돈에 매수된 자들이었기 때문에 오히려 이런 사람들을 죽이는 일을 했던 것입니다.

하나님께서 원하신 것은 제사장은 참으로 믿을 수 있는 사람이어야 한다는 것입니다. 제사장은 청탁이 들어온다고 해서 마음이 흔들려서는 안 되고 끝까지 신의를 지켜야 하는 것입니다.

도피성은 그리스도의 예표입니다. 마땅히 죽을 수밖에 없는 죄인이 이 안에 피함으로 대제사장과 생명이 연합되어 대제사장이 죽을 때까지 이 안에서 삽니다. 놀랍게도 대제사장이 죽으면 석방됩니다. 이것은 그리스도가 죽으심으로 우리가 모든 죄에서 해방되는 것과 같습니다.

즉 교회는 목회자의 성공의 수단이 아닙니다. 교회는 이 세상에서 죄짓고 어려움을 당한 사람들이 피할 수 있는 피난처가 되어야 하고 도피성이 되어야 합니다. 그리고 이들이 다시는 돈 때문에 혹은 권력 때문에 상처를 받지 않도록 해야 합니다. 그러나 목회자가 욕심을 가지면 교인들을 저주하고 다시 세상으로 내어 쫓게 되는 것입니다.

다음으로 일반 백성들의 보편화된 음란입니다.

6:10, "내가 이스라엘 집에서 가증한 일을 보았나니 거기서 에브라임은 행음하였고 이스라엘은 더럽혔느니라"

놀랍게도 이스라엘 안에는 음행이 보편화되고 만연되어 있었던 것입니다. 아마 그들은 풍년을 위해서 그렇게 했다고 말을 했을 것입니다. 즉 바알 종교는 풍년을 위해서 성적으로 무분별하게 음행을 하게 했습니다. 그래서 하나님은 '이스라엘 집' 에서 가증한 일을 보았다고 말씀하고 있습니다. 즉 이스라엘은 하나님의 성전인데 하나님의 백성으로서는 도저히 상상할 수 없는 범죄가 이루어지고 있었다는 뜻입니다.

왜 이런 일이 일어나게 되었을까요? 사람들은 자기 자신의 감정을 너무 중요하게 생각하기 때문입니다. 그래서 사실 진짜 우상은 자기 자신인 것입니다. 즉 자기가 더 행복하고 싶고, 자기가 최고가 되고 싶고, 모든 것을 자기 마음대로 하고 싶은 욕망이 우상이었던 것입니다.

6:11, "유다여 내가 내 백성의 사로잡힘을 돌이킬 때에 네게도 추수할 일을 정하였느니라"

하나님께서는 죄를 바로잡기 싫은 백성들은 포로로 잡혀 가는 수밖에 없다고 말씀하십니다. 즉 이스라엘 백성이 포로로 잡혀 가기 싫으면 하나님의 말씀을 듣고 죄를 버려야 합니다. 그러나 그렇게 하려면 선지자의 말씀은 치는 말씀이고 죽이는 말씀이 될 것입니다. 우리가 죽을 각오를 하면 죄를 끊을 수 있습니다. 그러나 전혀 통증을 느끼지 않고 모든 것을 편하게 처리하려고 하면 죄를 끊지 못합니다.

하나님께서는 이스라엘이 포로로 잡혀 갔다가 돌아오게 되면 그때는 유다를 추수하겠다고 말씀하십니다. 이것은 지금 유다의 음행의 수준이 이스라엘만큼은 아니지만 점점 그 수위가 높아져 가고 있다는 것입니다. 그래서 이런 추세로 나가면 이스라엘이 망하고 포로로 붙들려 갈 때 정도면 유다도 손을 봐야 하는 것입니다.

이것은 우리 한국 교회의 실정과 너무나도 비슷합니다. 우리는 겉으로는 엄청나게 믿음이 좋은 것 같고 하나님을 사랑하는 것 같습니다. 그러나 실제 상황에 부딪쳐 보면 목회자나 교인이 너무나도 믿음이 없는 것입니다. 목회자들은 교회를 죄인이 와서 죄 용서받는 곳으로 생각하지 않고 성공의 수단으로 생각합니다. 그리고 목회자나 교인 할 것 없이 음행이 너무 많이 퍼져 있습니다. 이것은 하나님의 좋지 않은 추수를 받게 하는 것입니다. 이것은 알곡의 추수가 아니라 쭉정이의 추수인 것입니다.

이제 우리가 해야 할 것은 무조건 하나님의 말씀으로 돌아가는 것입니다. 우리는 많은 일이나 봉사를 붙잡을 것이 아니라 하나님의 말씀을 붙잡고 처음 믿을 때처럼 믿어야 합니다. 그러면 하나님이 우리에게 빛을 주시고, 비를 주시며, 영적인 부흥을 주시고, 물질적인 축복을 주실 것입니다.

성경 토의

1. 때때로 하나님이 우리를 치실 때 어떻게 치시며, 우리가 하나님 앞에서 회개할 때 하나님은 우리를 어떻게 회복시키시는가?

2. 하나님은 우리가 하나님의 말씀을 듣는 것과 형식적인 예배 중에서 어떤 것을 원하시며, 왜 우리의 예배는 자주 형식주의에 빠지게 되는가?

3. 하나님의 백성이나 교회는 어떻게 하는 것이 더럽혀지는 것이며, 믿는 자들과 교회가 세속화되었을 때 회복할 수 있는 방법은 무엇인가?

08_뒤집지 않은 전병

호세아 7:1-16

전체적 설명

옛날에 전병과 같이 얇은 떡을 구울 때에는 상당한 기술과 인내가 필요했다. 왜냐하면 전병을 빨리 구우려고 불을 너무 세게 하면 한쪽은 타 버리고 다른 한쪽은 덜 익기 때문이다. 전병을 제대로 구우려면 세지 않은 불에 전병을 올려서 이쪽저쪽을 번갈아 가면서 서서히 구워야 한다. 그러나 이스라엘 백성은 열정이나 욕심이 절제가 되지 않아서 너무 빨리 불길이 세어지는 바람에 한쪽은 타서 시커멓게 되고, 다른 한쪽은 덜 익어서 가루 반죽 그대로 있어서 먹을 수가 없는 떡과 같았다. 우리가 하나님의 복을 받고 죄를 치료받으려면 우리의 욕망을 하나님의 말씀과 성령으로 절제할 수 있어야 한다.

설교 프리노트

1절, "내가 이스라엘을 치료하려 할 때에"

하나님은 이스라엘을 치료하시는 분이다. 여기서 하나님께서 이스라엘을 치료하려고 하신다는 것은 이스라엘의 경제적인 어려움이나 도덕적인 문제를 치료하려고 하시는 것을 말한다. 그러나 하나님께서 이스라엘의 문제를 다루면 다룰수록 이스라엘의 병은 결코 가벼운 것이 아니라 깊은 중병인 것이 드러나게 되었다. 즉 이스라엘의 죄는 한두 사람의 부도덕이나 범죄가 아니라 사회 전체적으로 정신이 썩었고 도덕적으로 타락한 것이 문제인 것이 드러났기 때문이다.

"에브라임의 죄와 사마리아의 악이 드러나도다"

에브라임은 이스라엘의 대표적인 지파이기도 하지만 이스라엘 안에서 가장 유력하고 부요한 사람들을 나타내기도 하였다. 그리고 사마리아는 이스라엘의 수도였는데 이스라엘의 지배층에 있는 사람들을 말한다. 하나님께서 이스라엘의 사회 문제나 도덕적인 문제를 치료하려고 하셨을 때 나타난 현상은 이스라엘의 부요한 자들이나 지배층에 있는 사람들 대다수가 이런 죄에 연결되어 있는 것이었다.

"저희는 궤사를 행하며 안으로 들어가 도적질하고 밖으로 떼 지어 노략질하며"

이스라엘의 지배층 사람들이나 지방의 유지들은 늘 궤사, 즉 거짓을 행했다. 즉 이스라엘에서 유력한 자들은 모두 공모를 해서 어떤 때는 약한 자들의 재물이나 집을 도적질하고, 그렇지 않을 때에는 강도짓을 해서 재물을 불리고 있었다. 이런 현상이 이스라엘 사회에서 전반적으로 이루어지고 있었다.

2절, **"내가 그 여러 악을 기억하였음을 저희가 마음에 생각지 아니하거니와"**

이스라엘의 부자나 지배층 사람들이 조직적으로 다른 사람들의 재물이나 집을 약탈했던 것은 하나님을 전혀 의식하지 않았기 때문이다. 그들은 다른 나라 지배층 사람들이 하는 것을 본받으려 했기 때문에 하나님을 의식하지 않은 것이다. 그러나 이스라엘 사람들이 아무리 하나님을 인정하지 않아도 하나님은 그들을 하나님의 백성으로 생각하시고 그들의 모든 행동을 기억하고 계신다. 그래서 가장 어리석은 사람은 자기가 하나님을 믿지 않기 때문에 하나님도 자기를 기억하지 않을 것이라고 생각하는 사람이다.

"이제 그 행위가 저희를 에워싸고 내 목전에 있도다"

이스라엘 백성의 죄는 너무 많이 이루어지고 있어서 감출 수가 없었다. 오히려 이스라엘 백성의 죄가 이스라엘 백성을 보자기처럼 싸서 하나님 앞에 놓여 있었다. 예를 들어 정부에서 어느 기관을 감찰할 때 그 기관의 모든 비리가 보자기에 싸여서 감사하는 사람들의 책상 위에 하나씩 놓여 있는 것처럼 하나님 앞에 이스라엘의 모든 잘사는 사람들이나 성공한 사람들의 비리가 보자기에 싸여서 놓여 있는 것이다. 하나님께서 이 보따리를 풀기만 하시면 그때는 온 천하에 이들의 죄가 드러나게 될 것이다.

3절, "저희가 그 악으로 왕을, 그 거짓말로 방백들을 기쁘게 하도다"

이스라엘의 부자나 지배층 사람들은 사기와 폭력으로 착취한 재물로 왕이나 방백들에게 뇌물을 바쳤기 때문에 왕이나 방백들은 이런 일이 일어나는 것을 오히려 좋아하였다. 왜냐하면 너무 정직한 사회보다는 이런 착취가 있는 사회가 수입이 더 많았기 때문이다.

4절, "저희는 다 간음하는 자라"

'간음하는 자' 는 단순히 음란한 짓을 하는 여인이나 남자를 말하는 것이 아니라 직업적으로 매춘이나 윤락업을 하는 사람들을 말한다. 아마 매춘이나 윤락업으로 아무리 돈을 많이 벌어도 그런 사람들을 성공했다고 말할 사람은 없을 것이다. 하나님의 백성은 비록 가난하더라도 하나님이 주신 것으로 사는 것이 깨끗하고 명예로운 것이다. 그러나 이스라엘의 지배층 사람들은 이렇게 깨끗하게 살려고 하는 사람들을 모함해서 망하게 하고, 그들이 가진 재물이나 재산을 빼앗았던 것이다.

"빵 만드는 자에게 달궈진 화덕과 같도다"

옛날에 빵을 굽는 자에게는 불을 꺼뜨리지 않는 것이 중요했다. 그래서 빵 굽는 자들이 빵을 굽지 않을 때에는 불을 좀 낮추어서 꺼지지 않을 정도로 유지하다가 빵을 구울 때에는 불을 올려서 활활 타오르게 했다. 그런데 이스라엘의 지배층 사람들은 욕심을 부리지 않을 때가 없었다. 단지 그들이 욕심을 덜 내는 것처럼 보이는 것은 마치 빵 굽는 자가 밀가루를 반죽해서 발효할 때까지 기다리는 것처럼 악을 행할 사람을 찾고 방법을 찾을 때까지 조금 잠잠한 것뿐이었다. 그러나 누구든지 이런 사람들에게 한번 걸려들기만 하면 여지없이 사기를 당하거나 큰 피해를 입게 되었다. 이것은 마치 맹수들이 사냥감을 찾으면 접근할 때까지 조용히 기다리느라 얌전한 것처럼 보이지만 일단 먹이를 향하여 공격할 때에는 인정사정없이 물어뜯는 것과 같다. 그러나 야생동물들은 배가 부를 때에는 더 이상 먹이를 공격하지 않지만 인간은 아무리 많이 가져도 만족하지 못하고 더 가지려고 한다.

5절, **"우리 왕의 날에 방백들이 술의 뜨거움을 인하여 병이 나며"**

보통 '우리 왕의 날' 이라고 하면 왕의 생일을 의미하지만 이스라엘에서는 왕의 즉위식을 말한다. 그런데 이스라엘의 왕들은 많은 경우 쿠데타를 통해서 왕이 되었기 때문에 왕의 날은 지배층들이 새롭게 판을 짜는 날이었다. 이때 방백들이 얼마나 술에 취했는지 술의 뜨거움에 병이 났다고 말을 한다. 이것은 방백들을 찾아와서 술을 바치는 자들이 많았다는 것이다.

또 '왕은 오만한 자들로 더불어 악수하였다.' 즉 쿠데타로 왕이 된 자들은 어떻게 해서든지 오만한 자들과 손을 잡아야 정권을 유지할 수 있었기 때문에 평민들은 아예 안중에도 없었다는 것이다. 결국 이스라엘 사람들이 다윗의 집을 거부한 결과는 세상 나라와 다를 바가 없었고, 오히려 세상 나라보다 더 악한 나라가 되었다. 그 이유는 힘 있는 자들이 하나님의 백성과 축복을 강도짓하려고 했기 때문이다.

6절, **"저희는 엎드리어 기다릴 때에 그 마음을 화덕 같이 예비하니"**

이스라엘의 지배층들은 이 세상에 살아남기 위해서 처세에 많은 신경을 써야 했다. 그들은 상황이 불리할 때에는 엎드려서 사람들 몰래 힘을 길렀는데, 이것은 마치 빵을 굽는 자가 밤새 화덕의 불을 준비하는 것과 같았다. 즉 빵 굽는 자는 밤에 나무를 많이 준비했다가 아침이 되면 본격적으로 불을 피웠는데 이스라엘의 부자나 지배층 사람들도 기회가 생기기만 하면 반대파를 공격해서 죽이거나 몰락하게 하였다. 이스라엘 부자들은 재판장이나 왕까지도 공격해서 망하게 하였다(7절). 그러나 하나님은 이스라엘 지도층 사람들 중에 하나님께 부르짖으며 하나님을 찾는 자가 아무도 없다고 말씀하셨다. 왜냐하면 이스라엘 백성은 이미 오래전부터 하나님에 대한 믿음이나 기도에 대한 능력을 잃어버렸기 때문에 위급할 때 하나님을 찾거나 기도하는 방법을 몰랐던 것이다.

8절, **"에브라임이 열방에 혼잡되니 저는 곧 뒤집지 않은 전병이로다"**

에브라임은 이스라엘의 대표적인 지파로 유력한 사람들을 나타내는데 이들은 이미 이방 사람들과 정신적으로 많이 혼합되어서 이스라엘 백성의 정체성을 찾아볼 수가 없었다. '뒤집지 않은 전병'은 얇은 떡을 구우면서 뒤집지 않으니까 한쪽은 새까맣게 타 버리고 다른 한쪽은 생밀가루 반죽 그대로 있어서 어느 쪽도 먹을 수가 없는 것을 말한다. 즉 에브라임 같은 유력한 이스라엘 지파가 앞장서서 이방을 받아들이고 따라가는 바람에 어느 부분은 너무 이방화되었고 어느 부분은 아직도 다른 나라에 비해 덜 세련되어서 그 어느 쪽도 제대로 된 것이 없었던 것이다. 즉 에브라임은 하나님의 백성으로도 맞지 않고, 그렇다고 해서 이방 나라로도 부족한 상태였다.

9절, **"저는 이방인에게 그 힘이 삼키웠으나 알지 못하고"**

이스라엘 백성은 이스라엘 백성 특유의 장점이 있다. 우리가 이 세상에서 살아남기 위해서는 자기만의 독특한 장점이 있어야 하는데 하나님의 백성은 하나님의 백성만의 고유한 힘이 있고, 능력이 있고, 축복이 있다. 그러나 이스라엘 백성은 무조건 이방 나라를 본받으면 이스라엘이 가진 모든 장점을 잃어버리고 오로지 이방 나라의 힘에 예속되게 되는데 그들은 그것을 알지 못하였다. 이것은 마치 백발 노인이 자기 처지를 잊고 자기가 여전히 젊은 것처럼 만용을 부리다가 허리를 크게 다치거나 넘어져서 다리를 부러뜨리는 것과 같다.

10절, **"이스라엘의 교만은 그 얼굴에 증거가 되나니"**

에브라임 지파 사람들은 이스라엘 안에서는 가장 힘이 있고 잘사는 사람들이었는데 이미 그들의 얼굴은 하나님 앞에서 겸손한 얼굴이 아니었다. 이것은 아마도 하나님께서 이스라엘 부자들이 하나님께 제사드리러 오는 모습을 보고 말씀하시는 것 같다. 즉 원래 이스라엘 사람들이 하나님께 제사드리러 올 때에는 죄 용서 받고자 하는 겸손한 얼굴이어야 하는데 이스라엘 부자들의 제사는 마치 소풍을 가거나 극장 구경을 가듯이 시시덕거리며 떠들면서 왔던 것이다.

"저희가 이 모든 일을 당하여도"

이스라엘은 이미 망하기 전에도 이방 나라들로부터 상당히 손해를 보는 일을 당했던 것 같다. 이 모든 것은 이스라엘 백성이 자신들의 부족을 발견하고 하나님께 돌아와서 부르짖을 기회였는데 이미 이스라엘 백성은 영적으로 둔해져서 하나님을 찾아야 할 필요를 느끼지 못했다.

11절, "에브라임은 어리석은 비둘기 같이 지혜가 없어서"

옛날에 새 중에서 가장 지혜롭고 훈련이 잘 되는 새는 비둘기였다. 그래서 사람들은 비둘기를 통신용으로 쓰기도 했는데, 비둘기는 날려 보내면 훈련받은 그대로 정확하게 날아가서 소식을 전하곤 했다. 그러나 어리석은 비둘기는 훈련을 받지 못해서 날아가기는 하는데 어디로 가야 할지 몰라서 갈팡질팡하는 것이다. 이스라엘의 지도층 사람들은 어려움이 생기면 하나님을 향하여 바로 날아가야 하는데 얼굴은 애굽을 향해 부르짖으면서 몸은 앗수르로 가니까 어느 쪽으로도 도움을 받지 못하게 되는 것이다.

12절, "저희가 갈 때에 내가 나의 그물을 그 위에 쳐서"

옛날에 새를 잡는 사람들은 새가 날아가는 방향 앞에 그물을 쳐서 새를 잡았다. 그런데 이스라엘 백성이 애굽을 향해서 부르짖고 또 앗수르에 도움을 청하는 것이 상대방 나라에 알려지고, 또 그 사신들이 중간에 잠복한 군인들에게 붙들리는 바람에 나중에 이스라엘은 앗수르 왕으로부터 심문을 당하게 된다.

"전에 그 공회에 들려준 대로 저희를 징계하리라"

'전에 공회에서 들려준' 것은 선지자들이 이스라엘 지배층 사람들이나 일반 백성들에게 설교한 내용일 것이다. 그럼에도 불구하고 이스라엘의 지배층 사람들은 너무 머리를 굴려서 애굽과 앗수르 사이를 왔다 갔다

하다가 양쪽 모두에게 불신을 당하고 결국 버림을 당하는데 이것이 바로 하나님의 징계이다.

13절, **"저희가 나를 떠나 그릇 갔음이니라"**

죄라고 하는 것은 원래 화살이 목표를 벗어나서 엉뚱한 곳으로 날아가는 것이다. 하나님께서 이스라엘 백성을 만드신 것은 하나님의 뜻대로 행하는 자들이 되게 하기 위해서였는데 이스라엘 백성이 하나님의 뜻을 향하여 날아가지 않고 세상을 향하여 날아감으로 이스라엘 백성은 스스로 쓸모없는 자들이 되었던 것이다.

"내가 저희를 구속하려 하나 저희가 나를 거스려 거짓을 말하고"

하나님께서는 만일 이스라엘 백성이 이방에 빚진 것이 있다면 그것을 갚아 주실 생각을 하셨다. 단지 하나님은 이스라엘 백성이 하나님 앞에서 진실하고 하나님께 돌아오기만을 원하셨던 것이다. 그러나 이스라엘 백성이 하나님께 한 말은 전부 거짓말이었다. 왜냐하면 이스라엘 백성은 하나님께 돌아오는 것 자체를 싫어했기 때문이다.

14절, **"성심으로 나를 부르지 아니하였으며"**

이스라엘 백성이 결코 하나님께 기도하지 않은 것은 아니었다. 단지 그들의 기도는 형식적으로 경건한 체하기 위해서 부르짖는 기도였던 것이다. 이스라엘 백성이 '침상에서 슬피 부르짖은 것' 은 죄를 회개하기 위한 것이 아니라 자기 욕심대로 모든 것을 하기 위한 것이었고, 이스라엘 백성이 하나님 앞에 모인 것은 오직 '곡식과 포도주' 를 많이 수확하기 위한 모임에 불과했다. 즉 이스라엘 백성은 오직 물질적인 복에만 관심을 가졌지 하나님의 뜻에는 생각이 없었다.

15절, **"내가 저희 팔을 연습시켜 강건케 하였으나"**

이것은 아버지가 아들에게 활 쏘는 법을 가르쳐 주는 장면을 연상하게 한다. 아버지는 어린 아들에게 활을 어떻게 잡으며, 어떻게 쏘면 잘 쏠 수 있으며 유능한 용사가 될 수 있는지 가르쳐 주셨다. 그런데 아들은 아버지에게 배운 실력으로 아버지 집을 도둑질하고 아버지를 공격했던 것이다.

16절, "저희가 돌아오나 높으신 자에게로 돌아오지 아니하니"

이스라엘 백성은 어려운 일이 있으면 하나님을 찾았지만 실제로는 하나님이 얼마나 높으신 분이며 그들의 신분이나 축복이 얼마나 고상한지 생각지 않았다. 단지 이스라엘 백성의 회개는 눈앞에 있는 어려움을 피하기 위한 것이었고, 어려움이 해결되면 이스라엘 백성은 여전히 우상을 숭배하던 습관에서 떠나지 못했다.

"속이는 활과 같으며"

활은 똑바로 날아가서 활을 쏜 사람이 원하는 곳에 적중을 해야 활로서 가치가 있는 것이다. 그러나 활 자체가 꾸불꾸불하게 생긴 것은 활을 쏘는 사람이 아무리 정확하게 겨냥을 해서 쏘아도 엉뚱한 쪽으로 날아가기 때문에 전혀 가치가 없다. 죄라고 하는 것은 하나님의 백성이 하나님이 원하는 방향으로 날아가지 않고 엉뚱한 방향으로 날아가는 것이다.

"방백들은 그 혀의 거친 말로 인하여 칼에 엎드러지리니"

이스라엘의 지도자들은 이미 평소에 가난한 자들에 대하여 말로 많은 저주를 하고 그들의 사정하는 말에 대하여 악하게 대답하였다. 하나님은 이스라엘 지도자들의 그 모든 악한 말을 다 기억하셨다가 결국 대적의 손에 망하게 하셨다. 이들은 애굽에 도움을 청하였지만 애굽에서는 실컷 조롱만 당하고 말았다.

본문 이해를 위한 질문

1. 하나님이 이스라엘 사회를 치료하려고 했을 때 나타난 어려움은 무엇이었는가?

이스라엘 사회의 병은 가난하고 무식한 사람들 한두 명이 죄를 짓는 것이 아니라 이스라엘의 지배층 사람들이 하나님의 말씀을 버리고 이방 나라를 모델로 해서 악을 저지르는 것이었다.

2. 하나님은 이스라엘 지배층과 사회를 무엇에 비유하셨는가?

하나님은 먼저 불 피우는 화덕에 비유하셨는데 이스라엘 지배층 사람들은 마음속에서 언제나 욕심의 불을 피우고 있었다. 그리고 하나님은 이스라엘 사회를 뒤집지 않은 전병에 비유하셨는데, 그것은 완전한 이방도 아니고 그렇다고 해서 이스라엘의 순수함이 있는 것도 아니어서 하나님은 이스라엘을 쓸 수가 없으셨다.

3. 이스라엘과 에브라임의 어리석음은 어떻게 나타났는가?

에브라임의 교만은 그 얼굴에 나타났는데 하나님께 제사드리는 것이 죄를 통회하는 태도가 아니라 소풍이나 극장 구경하는 것 같은 장난스러운 태도였고, 자기들 나름대로는 머리를 쓴다고 했지만 애굽과 앗수르 사이에서 계속 저울질을 하다가 결국 두 나라 모두로부터 배신을 당한 것이다.

성경 강해

우리는 몸이 아프면 병원에 가서 의사에게 증세를 자세하게 설명해 주어야 치료를 받을 수 있습니다. 그런데 만일 어떤 환자가 몸이 아파서 병원에 왔는데 의사에게 자꾸 거짓말을 한다면 의사는 그 환자를 치료할 수가 없을 것입니다. 예를 들어 배가 아픈데 머리가 아프다고 한다든지 혹은 열이 나는데도 전혀 열이 나지 않는다고 거짓말을 자꾸 하면 의사는 이 환자를 치료할 수 없을 것입니다. 물론 환자들 중에는 몸이 아픈데 의사에게 거짓말을 하는 사람은 없을 것입니다. 그러나 정신병을 가진 환자들은 의사에게 자신의 증세를 다 말하지 않거나 실제와 다르게 이야기할 때가 많습니다. 그것은 정신적인 질병을 가진 환자들 중에는 자신의 병을 인정하지 않는 환자들이 많기 때문입니다. 대개 정신적인 병은 환자가 자신이 환자라는 것을 인정하면 치료가 아주 빨라집니다. 그러나 하나님 앞에서 우리 신앙의 문제는 더욱더 바로 진단받기가 어렵습니다. 왜냐하면 우리가 하나님 앞에서 내 신앙의 문제가 무엇이라는 것을 깨닫기만 하면 이것은 이미 그 병이 치료가 되고 있는 것이기 때문입니다.

요즘 우리는 사회적으로 높은 신분에 있고 존경을 받는 분들 중에서 생각지도 못한 도덕적인 문제에 빠져서 그 직책에서 쫓겨나는 사람들을 많이 볼 수 있습니다. 그러나 이런 일들이 일어나는 이유는 그들이 자기 자신의 문제를 객관적으로 보지 못했기 때문입니다. 그들이 자기 자신의 모습을 객관적으로 정확하게 볼 수만 있다면 이런 잘못에는 절대로 빠지지 않을 것입니다. 그러나 자기 자신의 모습을 보지 못하고 눈앞에 있는 이익만 생각하기 때문에 작은 것에 집착하다가 결국 죄에 빠지는 것입니다. 그리고 만일 사람들이 자신의 미래의 모습을 볼 수만 있다면 계속 잘못된 길로 가지는 않을 것입니다. 그러나 사람들은 자신의 객관적인 모습을 알지도 못하고 미래에 자기가 어떻게 될지 모르기 때문에 계속 미련하게 작은 욕심에 집착하다가 결국 망하고 마는 것입니다.

우리에게 하나님의 말씀이 중요한 이유가 바로 여기에 있습니다. 하나님의 말씀은 현재 나의 모습을 객관적으로 정확하게 보게 합니다. 우리가 자기 자신의 모습을 객관적으로 볼 수만 있으면 아름답지 못한 행동은 당장 그만둘 것입니다. 또 하나님의 말씀은 미래의 나의 모습을 볼 수 있게 합니다. 왜냐하면 우리는 지금 뿌린 것을 미래에 거두기 때문에 지금 믿음 생활하는 것을 보면 미래를 예측할 수 있기 때문입니다. 그러나 하나님의 말씀을 듣지 않는 사람은 마치 앞을 보지 못하는 사람 같아서 당장은 괜찮은 것 같지만 결국 정신없이 가다가 깊은 수렁에 빠지거나 절벽에서 떨어져 망하고 마는 것입니다.

호세아 7장은 하나님께서 북쪽 이스라엘을 진단하셨을 때 하나님이 보신 이스라엘의 상태를 말씀하시는 내용입니다. 그런데 하나님께서는 이스라엘의 상태를 진단하시면서 아주 수준 높은 비유를 사용하시는데 우리가 그 비유를 제대로 이해하는 것이 쉽지가 않습니다. 하나님께서는 이스라엘을 진단하시면서 환자가 너무 거짓말을 많이 해서 고칠 수가 없다고 말씀을 하십니다.

1. 이스라엘의 병

하나님은 이스라엘을 영적인 환자로 보셨습니다. 그 이유는 이스라엘 안에 많은 사회적인 부조리만 있었던 것이 아니라 영적인 부흥이 오랫동안 꺼져 있었기 때문입니다. 하나님의 백성에게 있어서 신앙의 부흥이 꺼져 있으면 이것은 이미 영적으로 병이 든 것입니다. 왜냐하면 하나님의 백성에게 부흥이 없으면 하나님의 능력은 차단되고 세상의 모든 죄가 몸 안으로 파고들어 오기 때문입니다.

예를 들어 우리 인간은 호흡이 멈춰서 뇌에 산소가 공급되지 않으면 뇌가 죽게 됩니다. 이처럼 우리에게 하나님의 말씀이 중단되고 성령의 능력이 중단되면 우리는 영적인 뇌사 상태에 빠져서 식물인간이 되고 맙니다.

그런데 문제는 우리가 그런 것에 대해서 전혀 자각 증세를 느끼지 못하는 것입니다.

1절, "내가 이스라엘을 치료하려 할 때에 에브라임의 죄와 사마리아의 악이 드러나도다 저희는 궤사를 행하며 안으로 들어가 도적질하고 밖으로 떼 지어 노략질하며"

하나님께서 이스라엘의 병을 치료하려고 할 때에 단순히 경제적인 문제뿐만 아니라 그 안에 들어 있는 죄와 악이 드러나기 시작했습니다. 여기서 아주 중요한 말은 '궤사' 라는 단어입니다. '궤사' 는 '속이는 말' 혹은 '사기를 치는 말' 이라는 뜻입니다. 하나님께서 왜 이스라엘이 이렇게 혼란스럽고 죄악이 들끓는지 이들의 병을 고치기 위해서 진단을 해 보니까 그 핵심에 '궤사' 가 있었던 것입니다.

하나님께서는 이스라엘 백성에게 이웃에 대하여 거짓 증거 하지 말라고 명령하셨습니다. 여기서 '이웃에 대한 거짓 증거' 라고 하는 것은 주로 땅과 관계되는 분쟁에서 일어났습니다. 즉 이스라엘 백성은 전 세계에서 유일하게 하나님께서 땅을 나누어 주신 민족이었습니다. 즉 모든 이스라엘 백성은 하나님께서 나누어 주신 땅을 가지고 행복하게 살 권리가 있었습니다. 그런데 이스라엘 백성이 다른 나라를 보니까 그렇지가 않은 것입니다.

다른 나라는 왕이나 귀족이 땅을 차지하고 있고 백성들은 땅을 가질 수가 없었습니다. 그래서 이스라엘의 왕이나 귀족들은 다른 백성들의 땅을 욕심내기 시작했습니다. 왜냐하면 왕이나 귀족들이 백성들의 땅을 차지하지 아니하면 큰 부자가 될 수 없었기 때문입니다. 그래서 이스라엘 왕이나 귀족들은 기회가 있는 대로 핑계를 대어서 약하고 순진한 사람들의 땅을 빼앗아서 자기 땅을 불려 갔습니다.

하나님께서는 이스라엘 백성에게 '지계표' 를 옮기지 못하게 하셨습니다. 즉 하나님의 백성은 무한정의 팽창주의로 가서는 안 되고 자기에게 주어진 영역 안에서 하나님의 말씀에 순종해서 살면 되는 것입니다. 그러나 이스라엘 백성이 다른 나라들과 교류하면서 깨닫게 된 것이 이 세상에서 그렇게 사는 사람들은 자기들밖에 없다는 것이었습니다. 전 세계 사람들은 모두 팽창주의를 원리로 삼고 있었습니다. 그래서 강한 자들은 약한 자들의 땅을 빼앗고, 큰 나라는 작은 나라들의 땅을 빼앗으면서 영토를 넓혀 나갔습니다. 그런데 이스라엘 백성이 하나님의 말씀에 순종하려고 하니까 도저히 발전이 되지 않는 것입니다. 이스라엘 백성이 하나님의 말씀대로 사니까 아무리 농사를 지어도 땅을 넓힐 수 없었고 큰 부자가 될 수 없었습니다. 그래서 왕이나 귀족들부터 하나님의 말씀을 버리고 세상적인 방법으로 자기 땅을 넓히는 방법을 추구했습니다. 그래서 하나님은 '에브라임의 죄와 사마리아의 악' 이 드러났다고 말씀하고 있습니다. 이것은 이곳이 이스라엘 안에서 땅 투기가 가장 심했던 곳이기 때문입니다. 그래서 그들이 '안으로 들어가 도적질하고 밖으로 떼지어 노략질했다' 라는 것은 가난한 사람들의 집이나 땅을 빼앗았다는 뜻입니다. 그런데 이 가난한 사람들을 그냥 두면 얼마 후에 다시 돌아와서 땅을 달라고 하기 때문에 아주 먼 곳으로 종으로 팔려 가게 했습니다. 이것이 이스라엘의 근본적인 악이었던 것입니다.

예를 들어 우리나라 같은 경우에는 기업이나 교회나 도시가 성장하고 발전하는 것을 아주 중요하게 생각합니다. 몇 년이 지났음에도 불구하고 기업이나 교회나 도시가 그대로 있으면 너무 발전하지 않는다고 할 것입니다. 그 대신에 기업이 다른 회사들을 합병에서 규모를 엄청나게 키우고, 교회가 넓은 땅을 사서 더 크게 지어 많은 사람이 출석하고, 도시가 논이나 밭을 밀어서 대형 아파트 단지를 짓고 많은 상가 건물들이 들어서면 크게 발전했다고 할 것입니다. 그러나 못사는 곳은 거의 발전이 없습니다. 하지만 영국의 런던이나 다른 도시들을 보면 일부러 개발을 하지 않는 곳이 많이 있습니다. 그래서 100년 이상 된 건물이 많고, 독일 같은 곳은 몇십 년이 지나도 집세가 오르지 않는 곳이 많이 있다고 합니다.

하나님은 이스라엘 백성이 욕심을 위해서 남의 땅을 차지하는 것을 금하셨습니다. 왜냐하면 모든 이스라엘 백성은 행복하게 살 권리가 있기 때문입니다. 물론 하나님께서는 이스라엘 백성이 자연스럽게 성장하고 발전하는 것까지 금하신 것은 아닙니다. 오히려 여호수아 같은 경우에는 에브라임 지파 사람들에게 산지를 개간해서 땅을 많이 만들라고 권면하기도 했습니다. 우리가 열심히 일을 하고 노력을 해서 자연스럽게 발전하고 부흥하는 것은 하나님이 주시는 축복입니다. 그런데 이스라엘이 하나님이 자기에게 주신 것으로 만족하지 못하고 무조건적으로 성장하고 무조건적으로 팽창하려고 하는 것은 죄였던 것입니다.

2절, "내가 그 여러 악을 기억하였음을 저희가 마음에 생각지 아니하거니와 이제 그 행위가 저희를 에워싸고 내 목전에 있도다"

우리는 이 세상에서 이스라엘 백성의 가장 중요한 역할이 무엇인지 생각해야 합니다. 이스라엘이 이 세상에 존재하는 이유는 무조건 크고 강한 나라가 되기 위해서도 아니고, 잘사는 나라가 되기 위해서도 아닙니다. 이스라엘이 존재하는 이유는 하나님 앞에서 죄 용서 받는 일을 위해서 존재하는 것입니다. 그래서 이스라엘 백성은 자신들의 죄나 다른 사람들의 죄를 하나님 앞에서 용서받는 일을 가장 중요하게 생각했어야 했습니다.

하나님은 어떤 분입니까? 하나님은 인간들이 행하는 모든 죄를 다 기억하시는 분입니다. 하나님은 아무리 사소한 죄라 하더라도 하나도 잊지 아니하시고 기억하십니다. 오직 이스라엘 백성이 정당한 방법으로 하나님께 돌려 드린 죄만 하나님은 기억하지 않으십니다.

여기서 '정당한 방법' 이라고 하는 것은 하나님의 말씀에 입각해서 바른 예배를 드림으로 하나님께서 책임지겠다고 약속하신 죄를 말하는 것입니다. 그러나 이스라엘 백성은 심지어 자신들의 죄마저 하나님 앞에서 용서받지 못하고 그대로 쌓여 있는 것을 알지 못했습니다. 하나님은 '이제 그 행위가 저희를 에워싸고 내 목전에 있다' 라고 말씀하고 있습니다. 즉 이스라엘 백성이 바른 예배를 버리고 자신들의 감정을 추구하는 예배를 드린 후부터 그들의 죄는 전혀 씻겨지지 않고 차곡차곡 쌓여 갔습니다. 그래서 이제는 죄에 완전히 에워싸이게 되었고, 이것들이 하나님 앞에서 악취를 내는 바람에 하나님도 도저히 참으실 수 없게 된 것입니다. 그래서 우리가 알아야 할 것은, 우리의 신앙이 얼마나 우리를 만족시키고 얼마나 사람들을 기쁘게 하느냐 하는 것으로 판단을 해서는 안 됩니다. 우리의 신앙이 우리 죄를 씻게 하고 다른 사람들의 죄를 없애는 신앙이 되어야 합니다. 그렇게 하려면 우리는 하나님의 말씀에 따라 예배드릴 수밖에 없는 것입니다.

3절, "저희가 그 악으로 왕을, 그 거짓말로 방백들을 기쁘게 하도다"

여기서 우리는 이스라엘의 땅 투기의 주범이 누구인지 알 수 있습니다. 이스라엘에서 가장 많이 땅을 투기하는 사람은 왕이었고, 방백 곧 장관이나 귀족들도 투기를 많이 했습니다. 그런데 이들을 기쁘게 하고 만족시켜주는 사람들은 바로 제사장이나 재판장이었던 것입니다. 이스라엘 사회 안에서는 땅을 찾기 위해서 재판하면 평민들은 이길 수 없었습니다. 그 이유는 그들이 모두 한통속이었기 때문입니다.

아마 우리 사회에서도 땅 투기를 가장 많이 하는 사람들은 서울에서 돈이 많은 사람들일 것입니다. 그들 중에는 공직자들도 많이 있을 것입니다. 그러나 우리나라에서는 고위직에 임명될 때 땅 투기의 혐의가 있으면 물러나야 합니다. 사실 돈이 있고 유력한 사람들은 다 투기를 하는데 그것이 드러나면 욕을 먹고 자리에서 쫓겨나는 세상인 것입니다.

이스라엘의 가장 큰 병은 자기들이 원래 해야 할 일은 잊어버리고 세상나라같이 많은 땅을 가진 부자가 되려고 한 것이었습니다. 이들은 그것이 하나님의 축복이라고 생각했겠지만 하나님이 보시기에 이것은 이스라엘의 고칠 수 없는 병이었습니다. 하나님의 백성에게 중요한 것은 이미 하나님이 주신 것으로 만족할 수 없느냐 하는 것입니다. 다른 사람들이 발전하지 못하고 융통성이 없다고 비난하더라도 하나님이 나에게 주신 이 제사장의 사명으로 만족할 수 없을까 하는 것입니다.

2. 이스라엘의 열병

원래 하나님의 백성은 가슴 안에 아주 뜨거운 불이 있는 것이 특징입니다. 그래서 이스라엘 백성이나 우리 예수 믿는 사람들은 용광로에 비유할 수 있습니다. 우리 안에 하나님의 성령이 부어지고 하나님의 말씀이 임하면 용광로같이 뜨거워지는데 이것이 하나님의 백성을 살리는 비결인 것입니다. 그런데 하나님께서 이스라엘 백성을 보니까 그들이 용광로이기는 한데 성령의 용광로나 말씀의 용광로가 아니라 분노의 용광로였고, 탐욕의 용광로였던 것입니다.

4절 상, "저희는 다 간음하는 자라 빵 만드는 자에게 달궈진 화덕과 같도다"

우리는 간음하는 것과 빵 만드는 것이 어떤 관계가 있는지 잘 알지 못합니다. 그런데 사실 사람이 간음을 하는 것은 그 마음속에 정욕의 불이 있기 때문입니다. 청년들이 처음에 이성에 대하여 사랑의 감정을 느낄 때 마치 열병에 걸린 것 같아서 사랑하는 사람을 단 하루라도 보지 않으면 죽을 것 같고 한순간이라도 목소리를 듣지 않으면 죽을 것 같아서 전화를 붙들고 삽니다. 그러나 젊었을 때 이런 강력한 사랑의 감정을 느끼는 것은 자연스러운 것입니다. 그런데 이미 나이가 들어서 결혼해서 살고 있는 남자나 여자가 다른 사람에 대하여 이런 뜨거운 사랑의 감정을 느끼는 것은 죄인 것입니다. 하지만 사람들 중에는 이런 사랑의 병이 생겨서 아내와 아이들을 버리고 사랑의 도망을 치는 사람들이 있습니다. 그런데 이스라엘 사람들은 이런 잘못된 사랑의 감정만이 아니라 아주 복잡한 성격의 불이 붙어 있었습니다. 그것은 물질적인 성공의 불이었고, 세상적인 성공에 대한 불이었습니다.

이스라엘 백성은 하나님 앞에서 간음하는 자들과 같았습니다. 즉 하나님께서 이스라엘 백성을 보니까 지금까지 하나님께서 보셨던 이스라엘의 모습이 아니었습니다. 그들은 하나님이 주신 것으로 만족하지 못하고 완전히 바람난 사람들 같았습니다. 즉 아내는 자기 남편으로 만족해야 하고 남편이 벌어다 주는 것으로 만족해야 하는데 이스라엘은 완전히 다른 사람들이 되어 있었습니다. 이스라엘 사람들은 남의 재산을 탐을 내었고, 남의 여자를 탐을 내었으며, 남의 물건을 탐을 내었습니다. 이스라엘 백성은 모두 이런 탐욕의 불이 붙어 있어서 가만히 있을 수가 없었습니다. 물론 이스라엘 백성이 겉으로 내어 놓고 욕심을 부리는 것은 아니었습니다. 겉으로는 전혀 불이 없는 것 같았고, 욕심이 없는 사람들 같았습니다. 그런데 일단 무엇인가 건수가 생기면 그때는 인정사정없이 덤벼들어서 자기 것으로 만들어 버렸습니다. 즉 이스라엘 사람들은 겉으로는 전혀 욕심이 없는 사람들 같은데 실제로는 그렇지 않았던 것입니다.

4절 하, "저가 반죽을 뭉침으로 발교되기까지만 불 일으키기를 그칠 뿐이니라"

예를 들어 어떤 바람난 여자가 있는데 한동안 잠잠해서 가만히 보니까 다시 바람을 피우기 위해서 준비를 하고 있었다는 것입니다. 즉 이스라엘 화덕에 불이 보이지 않아서 이제 불이 완전히 죽었는가 하고 보면 반죽을 하느라고 불을 죽여 놓았던 것이지 완전히 불이 꺼진 것이 아니었던 것입니다. 사실 이것은 우리 하나님의 백성에게 아주 심각한 문제입니다. 우리 믿는 사람들과 믿지 않는 사람들을 비교하면 세상 사람들은 정욕의 불이 활활 타오르고 있다면 우리는 이미 불길을 잡은 상태라고 말할 수 있습니다. 그런데도 우리 안에는 죄의 불씨가 남아 있어서 어떻게 하다가 죄를 지을 수 있는 분위기와 접촉하면 죄의 불이 다시 살아날 때가 많습니다. 그래서 결코 우리 안에 있는 죄의 불씨가 다 죽은 것은 아닌 것입니다. 그래서 우리는 이것을 언제나 인정하고 더 조심을 하면 됩니다.

하나님의 백성의 마음에 성령의 불이 붙지 않으면 자기도 모르는 사이에 정욕의 불, 탐욕의 불이 붙게 됩니다. 그래서 신앙에 있어서는 결코 중간 상태라고 하는 것이 있을 수 없습니다. 성령의 불이 아니면 탐욕의 불이 붙게 되고, 영적인 부흥이 아니면 욕심의 부흥이 일어나게 되는 것입니다.

5절, "우리 왕의 날에 방백들이 술의 뜨거움을 인하여 병이 나며 왕은 오만한 자들로 더불어 악수하는도다"

'우리 왕의 날'은 선지자가 조롱하는 의미로 한 말입니다. 즉 원래 이스라엘의 왕은 하나님을 대신한 목자이기 때문에 하나님이 주시는 성령으로 충만해야 합니다. 그런데 어떻게 된 것인지 이스라엘의 왕은 술로 충만했습니다. 그리고 방백들은 얼마나 술을 많이 마셨는지 병이 날 정도였습니다. 그리고 왕은 하나님의 말씀에 순종할 생각을 하지 않고 오만한 자들의 손을 잡았습니다. 이들에게는 이스라엘 왕이 하나님이란 생각이 전혀 없었습니다. 이스라엘도 인간의 나라이기 때문에 누구든지 권력을 잡은 자가 자기 마음대로 하면 된다고 생각을 했던 것입니다.

7절, "저희가 다 화덕 같이 뜨거워져서 그 재판장들을 삼키며 그 왕들을 다 엎드러지게 하며 저희 중에는 내게 부르짖는 자가 하나도 없도다"

이스라엘의 왕이나 방백들은 모두 뜨거운 자들이었습니다. 그들이 얼마나 뜨거웠는가 하면 화덕같이 뜨거웠습니다. 그러나 그 화덕은 하나님의 말씀을 만들어 내고 은혜를 만들어 내는 화덕이 아니라 자기들의 욕심을 실현시키는 화덕이었습니다.

이스라엘 백성의 잘못은 하나님이 주신 것만으로는 만족할 수 없는 욕심을 부린 것이었습니다. 그들은 하나님이 주신 것만 가지고 살려고 하니까 너무나도 시시했습니다. 이스라엘 백성이 다른 나라를 가 보니까 속에서 불이 치밀어 올랐습니다. 그것은 약한 자들의 땅을 다 빼앗아서 큰 부자가 되겠다는 생각한 것입니다. 그런데 사실 이스라엘 백성은 너무나도 어수룩했습니다. 그들은 다른 사람들이 하는 말은 다 믿었고, 법도 잘 알지 못했습니다. 그러니까 이스라엘 왕이나 방백들이 백성의 땅을 차지하는 것은 너무나도 쉬웠습니다. 오늘날 돈을 많이 가진 사람들의 입장에서 보면 돈을 버는 것이 너무나도 쉬울 것입니다. 단지 그렇게 해서 버는 것들이 다 정당한 것은 아니라는 것입니다. 일단 법에 걸리지만 않으면 얼마든지 돈을 벌 수 있는 것입니다. 그러나 그들은 이 모든 악을 하나님이 기억하고 계신다는 것을 알지 못했습니다. 사람이 하나님을 두려워하지 않으면 이 세상에서 하지 못할 일이 없습니다.

지금 세상 사람들은 하나님을 전혀 두려워하지 않습니다. 그래서 온 세상에 임자 없는 물건이 널려 있는 것으로 생각합니다. 이런 사람들은 돈을 버는 데 너무나도 시간이 모자란다고 생각합니다. 왜냐하면 할 일이 너무 많고 돈 벌 일이 많기 때문입니다. 그러나 그들이 잊고 있는 것이 있습니다. 그들의 죄가 하나님 앞에 쌓이고 있다는 사실입니다. 그리고 언젠가는 이 정욕의 불이 자기를 태워 버리고 만다는 것을 생각지 않는 것입니다. 모든 것은 하나님의 것이고 하나님께서 잠시 빌려 주신 것뿐입니다. 그런데도 인간들은 마치 이 모든 것이 영원히 자기의 것인 양 속에서 불을 뿜으면서 서로 차지하려고 합니다. 사람이 하나님만 두려워하지 않으면 못할 것이 없을 것입니다. 그러나 하나님은 이스라엘이 자기 사명을 잊고 욕심에 빠진 것을 우려하시는 것입니다.

오늘날 하나님께서 우리 이방인들을 택하셔서 하나님의 백성으로 삼으신 것은 세상 사람들의 죄를 사하시기 위해서입니다. 즉 우리는 우리 자신을 위해서 존재하는 자들이 아닙니다. 교회도 교회 자신을 위하여 존재하지 않습니다. 우리는 모두 남을 위하여 존재하며, 다른 사람들이 축복을 받게 하기 위해서 존재하는 사람들입니다. 그래서 우리는 우리의 복을 일차적인 목적으로 생각해서는 안 됩니다. 우리의 복은 결과로 주어지는 것이고, 우리는 영적인 부흥을 위해서 존재하는 것입니다.

3. 이스라엘의 모습

사람들이 자기도취에 빠지지 않고 자기 자신을 객관적으로 볼 수 있다면 우리의 모습은 너무나도 달라질 것입니다. 즉 우리가 자기 자신에 대하여 만족하지 못하고 있었는데 다른 사람들 앞에서 자기 자신이 너무나도 멋있고 아름답게 보이고 있다면 우리는 내 모습에 만족하게 될 것입니다. 반대로 내가 나 자신의 모습에 굉장한 자부심을 느끼고 있는데 다른 사람들에게 너무나도 잘못된 모습으로 보이고 있다면 우리는 그것을 고치려고 할 것입니다.

하나님은 이스라엘 백성이 하나님 앞에서 어떤 모습을 하고 있는지 보여 주셨습니다.

8절, "에브라임이 열방에 혼잡되니 저는 곧 뒤집지 않은 전병이로다"

'전병' 이라는 것은 얇게 구운 과자 같은 떡을 말합니다. 전병을 구울 때에는 불 위에 한쪽만 너무 오래 두면 타기 때문에 이쪽저쪽을 돌려 가면서 잘 구워야 합니다. 그런데 여기서 말하는 전병은 하나님께 드리는 떡을 가리킵니다. 하나님께서는 이스라엘 백성에게 매주 열두 개의 떡을 구워서 하나님의 성소에 바치라고 하셨습니다. 이것은 이스라엘 백성의 삶 전체가 하나님께 바쳐졌고, 하나님께서 그들의 생활 전체를 언제나 보고 계시며 지켜 주시는 것을 의미합니다. 그런데 이스라엘은 뒤집지 않은 전병이었습니다. 즉 이스라엘 백성을 한쪽만 보면 아주 맛이 있을 것같이 잘 익었습니다. 그러나 뒤쪽은 완전히 타 버렸거나, 아니면 전혀 익지 않은 모습이었습니다. 하나님은 이것을 에브라임의 혼잡이라고 말씀하셨습니다.

하나님께서는 이스라엘 백성이 온전히 하나님이 주시는 부흥과 축복으로 복을 받기를 원하셨습니다. 그러면 이스라엘은 골고루 부서진 고운 가루이기 때문에 한쪽이 타거나 설익지 않습니다. 그런데 이스라엘 백성은 하나님의 축복에 세상의 복을 섞었습니다. 그랬더니 이 전병을 굽는 데 속도가 달랐던 것입니다. 예를 들어 우리가 불에 무엇을 구울 때 달걀이나 채소나 곡류는 익는 속도가 다를 것입니다. 그럼에도 불구하고 무리하게 이것들을 한꺼번에 섞어서 구우면 어떤 것은 타고 어떤 것은 익지 않게 될 것입니다. 이스라엘 백성은 하나님 앞에 자기들이 복을 받았다고 하면서 소제물로 전병을 구웠는데 이 전병은 여러 가지 재료가 혼합되어 있어서 골고루 구울 수 없었습니다. 결국 하나님은 이런 전병을 받으실 수 없었던 것입니다.

하나님은 이스라엘 백성이 앞과 뒤가 똑같은 잘 익은 전병으로 예배드리기를 원하셨습니다. 즉 예배드릴 때나 집에 있을 때나 직장에서의 모습이 똑같이 거룩하기를 원하셨습니다. 그러나 이스라엘의 전병은 앞뒤가 달랐습니다. 그 떡은 떡인데 먹을 수 없는 떡이었습니다. 왜냐하면 한쪽은 아직 익지 않았고 다른 쪽은 새까맣게 타 버렸기 때문입니다.

이스라엘은 유일하신 하나님을 믿음으로 존재합니다. 그러나 이스라엘 백성이 하나님을 믿지 못하니까 그들의 신앙에 너무나도 많은 세상의 요인들이 들어와 있었습니다. 이것은 결코 하나님이 받으실 예배가 되지 못했던 것입니다.

9절, "저는 이방인에게 그 힘이 삼키웠으나 알지 못하고 백발이 얼룩얼룩할찌라도 깨닫지 못하는도다"

이스라엘 백성은 자신들이 아직 젊고 매력적이라고 생각하고 있었습니다. 즉 이스라엘 백성은 지금 같은 모습으로 세상에 나가면 세상 여인들이 자기들을 좋아할 것이라고 생각했던 것입니다. 그들은 자기들의 머리가 희끗희끗한 것을 알지 못하고 있었습니다. 다른 나라 사람들이 보기에 이스라엘은 이미 한물 간 건달이었던 것입니다. 그들의 힘은 이미 세상 나라에 삼켜져 있었습니다. 즉 이스라엘의 힘은 순수하게 자기들의 힘으로 지탱되는 것이 아니라 다른 나라의 힘에 의해서 간신히 지탱되고 있었습니다. 요즘으로 치면 IMF에 넘어가서 외국의 돈으로 겨우 지탱되는 나라와 같은 것입니다.

요즘 유럽 여러 나라의 경제 사정은 말이 아닙니다. 그들은 국민들이나 노동자들에게 인심을 쓴다고 선심 정책을 쓰면서 돈을 다 써 버리다가 결국 나라가 빚으로 어렵게 되었습니다. 나라나 교회나 집이나 기업이 선심 정책으로 돈을 펑펑 쓰면 나중에는 쪽박을 찰 수밖에 없습니다.

교회의 생명은 성령의 능력에 있습니다. 성령의 능력을 잃어버린 교회는 이미 머리가 하얗게 센 사람과 같습니다. 그 교회는 아무런 힘을 쓰지 못합니다. 그저 현상 유지만 할 뿐입니다.

10절, "이스라엘의 교만은 그 얼굴에 증거가 되나니 저희가 이 모든 일을 당하여도 그 하나님 여호와께로 돌아오지 아니하며 구하지 아니하도다"

이스라엘 백성이 이 정도가 되면 '우리가 정말 큰일났구나.' 라고 생각해서 하나님께 돌아와서 기도하고 바른 능력을 회복시켜 달라고 간구해야 할 텐데 그렇게 하는 사람이 없었습니다. 그 이유가 무엇입니까? 당장 어떤 일이 일어나지 않기 때문입니다. 그들은 일단 하루하루는 버틸 수 있기 때문에 '나중에 어떻게 되겠지.' 라는 생각으로 근본적인 해결을 하려고 하지 않았습니다.

'그 하나님 여호와께로 돌아온다' 라는 것은 우리의 상태를 완전히 제로(zero)에 놓고 새로 시작하는 것입니다. 믿는 사람들의 가장 큰 힘이 무엇입니까? 우리는 무엇인가 잘못되었다고 생각될 때 하나님 앞에서 모든 것을 제로로 놓고 새로 시작할 수 있다는 것입니다. 그러면 하나님은 우리가 제로가 되지 않도록 다 찾아 주십니다.

11절, "에브라임은 어리석은 비둘기 같이 지혜가 없어서 애굽을 향하여 부르짖으며 앗수르로 가는도다"

그러나 하나님은 에브라임이 어리석은 비둘기 같다고 말씀하셨습니다. 비둘기는 인간들과 가장 가까운 새이고 비둘기는 인간에게 돌아와야 살 수 있습니다. 그 중에서도 똑똑한 비둘기는 사람들의 편지를 날라 주는 역할을 하기도 합니다. 새 중에서도 똑똑한 새는 목표를 향하여 곧장 날아가는데, 어리석은 비둘기는 다른 쪽을 보면서 날아갑니다. 그러니까 제대로 날아가지도 못하고 떨어지고 마는 것입니다.

이스라엘 백성은 사정이 어려우니까 도움을 청해야 했습니다. 그리고 하나님께 돌아와서 모든 것을 내려놓고 다시 시작하면 되는 것입니다. 그러나 그들은 애굽과 앗수르 사이에서 계속 왔다 갔다 했습니다. 그들은 머리로는 애굽을 바라보면서 몸은 앗수르로 갔습니다. 그러니까 이스라엘은 결국 애굽과 앗수르 모두로부터 미움을 받게 되었습니다.

세상적으로도 한 우물을 파야 성과가 있는데 이스라엘은 애굽과 앗수르 사이에서 계속 머리를 굴리면서 어디가 낫다 하면 그쪽으로 달려가고, 그것이 아니라고 하면 또 다른 쪽으로 달려갔습니다. 이들이 이럴 수밖에 없었던 것은 자신들의 머리를 믿었기 때문입니다.

결국 이스라엘은 그물에 걸려들었습니다. 그것은 애굽이 이스라엘을 돕겠다고 제안한 것입니다. 그러자 이스라엘은 좋다고 하면서 앗수르와의 관계를 끊고 애굽으로 돌아섰습니다. 그러나 그것은 함정이었습니다. 왜냐하면 애굽은 이스라엘을 도울 힘이 없었기 때문입니다. 애굽의 약속은 책임질 수 없는 약속이었고, 부도난 수표였습니다. 결국 이 그물에 걸려서 이스라엘은 앗수르에게 망하게 됩니다.

하나님의 백성은 이론적으로는 절대로 망할 수 없는 사람들입니다. 그러나 그들이 하나님을 의지하지 않고 자기 머리를 의지했을 때 기가 막히게 망할 길을 찾아가서 결국은 망하고 마는 것입니다. 이것이 결국 하나님의 그물이고 이때는 두 손 두 발 다 들어야 합니다. 그리고 철저하게 밑바닥에서부터 하나님만 믿고 새 출발해야 합니다.

12절, "저희가 갈 때에 내가 나의 그물을 그 위에 쳐서 공중의 새처럼 떨어뜨리고 전에 그 공회에 들려준 대로 저희를 징계하리라"

하나님은 우리를 연단하실 때에 날아가는 새를 그물을 쳐서 떨어뜨리듯이 하십니다. 우리가 하나님의 그물에 한번 걸려들면 내 재주나 학벌은 아무 소용이 없게 됩니다. 그때 우리가 살 수 있는 길은 공회에서 하신 말씀을 듣는 것입니다. 즉 교회에서 하나님이 하시는 말씀을 듣는 것밖에 없습니다.

13절, "화 있을찐저 저희가 나를 떠나 그릇 갔음이니라 패망할찐저 저희가 내게 범죄하였음이니라 내가 저희를 구속하려 하나 저희가 나를 거스려 거짓을 말하고"

하나님은 이스라엘 백성에게 자기 인생 전체를 내어 놓기를 원하셨습니다. 그리고 하나님은 이스라엘 백성이 하나님의 말씀 전체를 믿기를 원하셨습니다. 그러나 이스라엘 백성은 오직 하나님이 자기들의 경제적인 것만 해결해 주기를 원했고, 하나님의 말씀도 자기들이 믿고 싶은 것만 믿으려고 했습니다. 즉 이스라엘 백성은 완전히 하나님께 돌아올 생각이 없었던 것입니다. 결국 이것은 하나님 앞에서 거짓말을 하는 것이었습니다.

14절, "성심으로 나를 부르지 아니하였으며 오직 침상에서 슬피 부르짖으며 곡식과 새 포도주를 인하여 모이며 나를 거역하는도다"

이스라엘은 하나님께 회개했습니다. 그러나 그것은 자신들의 불신앙을 회개하는 것이 아니라 곡식과 새 포도주가 손해 본 것 때문에 회개하는 것이었습니다. 즉 이들은 돈 때문에 회개하는 것이지 바른 신앙을 회복하겠다는 것이 아니었습니다. 예를 들면 어떤 분이 울면서 회개하는데 그 이유가 자기가 산 주식의 주가가 떨어졌다고 우는 것과 같은 것입니다. 그리고 어떤 사람이 하나님 앞에 나와서 아주 열심히 기도하는데 알고 보니까 아들이 좋은 대학에 붙게 해 달라는 것입니다.

그러나 하나님께서 원하시는 것은 모든 것을 다 내려놓고 하나님만 믿는 것입니다. 그러면 하나님은 이스라엘을 완전히 치료해 주실 것입니다.

하나님께서 우리에게 원하시는 것은 이 복잡한 세상 가운데서 오직 하나님 한 분만 의지하고 믿음 하나로 사는 것입니다.

15절, "내가 저희 팔을 연습시켜 강건케 하였으나 저희는 내게 대하여 악을 꾀하는도다"

하나님께서 이스라엘을 강건케 하신 것은 하나님께서 마음껏 쓰실 수 있는 도구가 되도록 하기 위해서였습니다. 하나님께서 도우라고 하는 자를 돕고, 하나님이 치라고 하는 자를 치기 위해서였습니다. 그러나 이스라엘 사람들은 이 힘으로 약한 자를 쳤습니다. 자기 이익을 위해서 이 힘을 썼던 것입니다.

16절, "저희가 돌아오나 높으신 자에게로 돌아오지 아니하니 속이는 활과 같으며 그 방백들은 그 혀의 거친 말로 인하여 칼에 엎드러지리니 이것이 애굽 땅에서 조롱거리가 되리라"

하나님은 이스라엘이 하나님의 손에 붙들린 화살이 되기를 원하셨습니다. 그러나 이스라엘은 속이는 화살이었습니다. 즉 이스라엘은 하나님의 뜻과 정반대되는 방향으로 열심히 날아가서 꽂혔습니다. 우리나라의 양궁

선수들은 활을 얼마나 잘 쏘는지 바람이 부는 날에도 정확하게 과녁 한가운데를 맞춥니다. 우리는 하나님의 손에 붙들린 화살이 되어서 하나님이 원하시는 방향으로 정확하게 날아가서 꽂혀야 합니다. 그렇게 하려면 자기 자신의 야망이나 욕심이 완전히 죽어야 합니다. 우리가 돌아올 때에는 시시하게 사람에게 돌아오면 안 되고 지극히 높으신 하나님께 돌아와야 합니다. 그러나 방백들은 하나님께 돌아오라고 하면 욕을 했습니다. 방백들은 자기들이 하나님께 돌아가면 바보가 되는 줄 알고 거친 말로 욕을 했습니다. 그래서 이스라엘의 병은 고침을 받지 못하고 앗수르에 의해서 망하고 맙니다.

하나님 앞에서는 고칠 수 없는 병이 없고 용서받지 못할 죄가 없습니다. 우리는 하나님께 돌아오려면 철저하게 돌아와야 합니다. 그러면 하나님은 우리 인생 전체를 치료해서 깨끗하게 하시며, 우리는 하나님의 손에 붙들린 화살이 되어서 정확하게 하나님이 원하시는 방향으로 날아가게 될 것입니다.

성경 토의

1. 우리 사회의 병폐는 어디에서 시작된다고 생각하며, 우리나라 교회의 문제는 어디에 있다고 생각하는가?

2. 하나님의 백성의 특성은 어디에 있으며, 왜 우리가 다른 데서 유행하는 프로그램이나 전략들을 함부로 배워서는 안 되는가?

3. 왜 사람들은 자기에게 이미 옛날 같은 힘이 없어졌음에도 불구하고 깨닫지 못하며 여전히 힘이 있다고 생각하는가?

4. 우리는 어려운 처지에 있을 때 과연 누구에게 손을 벌려야 하며, 어떻게 해야 우리의 신앙이 실패하지 않을 수 있는가?

09_사마리아의 송아지

호세아 8:1-14

전체적 설명

사람들은 자기 몸이지만 자신의 건강 상태를 잘 모르기 쉽다. 특히 암같이 무서운 병은 자각 증세가 별로 없고, 자각 증세가 나타났을 때에는 이미 돌이킬 수 없을 정도로 병이 심해졌을 때이다. 그래서 사람들은 굳이 아픈 곳이 없어도 자주 병원에 가서 건강 검진을 받아서 건강을 체크해야 한다. 마찬가지로 우리의 신앙 상태는 겉으로 나타난 종교 활동이나 물질적인 축복으로는 알 수 없다. 우리의 영적인 상태는 오직 하나님의 말씀에 비추어 보아야 확인될 수 있다. 이스라엘 백성은 자신들의 상태가 아주 좋은 줄로 알고 있었지만 실제로는 멸망이 임박한 상태이다. 그래서 하나님은 선지자를 통해서 전쟁을 알리는 나팔 소리를 울리라고 말씀하신다.

설교 프리노트

1절, "나팔을 네 입에 댈찌어다"

이것은 하나님께서 호세아 선지에게 하시는 말씀으로 생각할 수도 있고, 또는 하나님께서 호세아 선지를 통해서 이스라엘을 수비하는 나팔수에게 하시는 명령으로 볼 수도 있다. 지금 이스라엘의 영적인 상태는 곧 하나님의 심판이 임할 수밖에 없는 상태인데 이스라엘 백성은 전혀 하나님의 심판을 생각하지 않고 평안하게 살아가고 있었다. 그래서 선지자는 지금이라도 전쟁의 나팔을 불어서 이스라엘 백성으로 하여금 전쟁의 임박함을 알리고 정신을 차리게 하려고 하고 있다.

"대적이 독수리처럼 여호와의 집에 덮치리니"

독수리는 하늘 높은 곳에 소리도 없이 떠 있다가 작은 짐승을 보면 쏜살같이 덮쳐서 낚아채어 간다. 마찬가지로 이번에 이스라엘을 공격할 적은 소리도 없이 있다가 갑자기 공격해서 이스라엘을 낚아채어 갈 것이다. 그런데 하나님은 여전히 이스라엘을 '여호와의 집' 이라고 말씀하신다. 이것은 아마도 이스라엘 백성의 자부심을 비꼬아서 말씀하시는 것 같다. 즉 이스라엘 백성은 자기들은 하나님의 집이기 때문에 절대로 적의 공격을 당하지 않는다고 말하지만 하나님의 집도 이번에는 별 수 없이 공격을 당할 것이라는 뜻이다.

"이는 무리가 내 언약을 어기며 내 율법을 범함이로다"

하나님은 이스라엘 백성을 '무리' 라고 말씀하신다. '무리' 라는 것은 전혀 조직이 되어 있지 않고 통제가 되지 않는 사람들의 집단을 말한다. 하나님의 백성은 그 수가 많든지 적든지 하나님의 말씀 하나로 통제가 되어야 하나님의 백성이다. 그러나 하나님의 말씀으로 통제되지 않고 자기 멋대로 행동하는 사람들은 더 이상 하나님의 백성이 아닌 것이다.

여기서 하나님은 '율법' 을 '내 언약' 이라고 설명하신다. 즉 율법은 그냥 단순한 법이 아니라 하나님과 이스라엘 사이의 약속이었던 것이다. 즉 이스라엘 백성이 하나님의 율법을 지키는 동안 하나님은 이스라엘을 모든 공격이나 어려움으로부터 지켜 주시지만 하나님의 율법을 지키지 않는 이스라엘은 하나님이 지켜 주실 책임이 없는 것이다.

2절, **"저희가 장차 내게 부르짖기를 나의 하나님이여 우리 이스라엘이 주를 아나이다 하리라"**

이스라엘 백성이 하나님께 부르짖는 시기가 앞으로 전쟁을 당했을 때를 말하는지, 아니면 완전히 망해서 포로로 붙들려 간 후 회개하고인지 분명히 알 수는 없다. 만일 이스라엘 백성이 전쟁을 당했기 때문에 하나님께 도와달라고 이렇게 부르짖는다면 이것도 위선적인 기도에 불과하겠지만 먼 훗날 이스라엘이 진정으로 이런 기도를 드린다면 그때는 하나님께서 이스라엘을 이렇게 만드시겠다는 의미이다. 이스라엘 백성에게는 진작 이런 부르짖는 기도가 필요했다. 원래 '부르짖는다' 라는 것은 모든 자존심이나 체면을 다 버리고 오로지 하나님만 의지하면서 도움을 호소하는 것을 말한다.

'나의 하나님이여 우리 이스라엘이 주를 아나이다' 라고 할 때 '안다' 라는 말도 하나님만 의지하는 것을 말한다. 하나님은 이스라엘 백성을 너무 사랑하셔서 하나님과 이스라엘 백성의 관계를 부부 관계로 높이셨다. 그러나 이스라엘 백성은 역시 천박해서 이런 높은 위치를 감당하지 못하고 이 세상의 천하고 더러운 우상과 짝이 되는 것을 더 좋아해서 망하는 것이다. 그러나 이스라엘 백성이 다시 자신들의 가치를 깨닫게 되려면 엄청난 연단을 받아야 하고 다시 하나님의 말씀으로 돌아와야 한다.

3절, "이스라엘이 이미 선을 싫어 버렸으니 대적이 저를 따를 것이라"

여기서 '선' 은 단순히 다른 사람들에게 사랑을 베푸는 것을 말하는 것이 아니다. 성경에서 말하는 '선' 은 하나님의 뜻에 일치하는 것이다. 따라서 다른 사람들에게 아무리 좋은 일을 많이 한다 하더라도 하나님의 뜻과 일치하지 않는 것은 '선' 이 아니다. 이스라엘 백성이 하나님의 뜻에서 벗어났을 때 이미 이스라엘은 이스라엘로서 가치를 상실한 것이고, 그때부터는 대적이 이스라엘을 삼키기 위해서 따라오게 된다. 이것은 마치 양이나 소가 길을 잃었을 때 뒤에서 맹수가 잡아먹기 위해서 따라오는 것과 비슷한 모습이다.

4절, "저희가 왕들을 세웠으나 내게서 말미암지 아니하였고"

이스라엘은 자기 나름대로는 강한 국가의 모습을 가지고 있었다. 그래서 이스라엘에는 왕이 있었고, 방백이 있었고, 종교가 있었다. 이스라엘은 외모만 보면 아주 정상적인 국가인 것 같지만 내면적으로는 모든 것이 엉터리였다. 왜냐하면 이스라엘의 왕은 하나님이 세우시는 백성들의 인도자인데 하나님이 세우신 사람이 아니었고, 방백도 이스라엘에서 하나님의 말씀을 지키는 지도자들인데 이들은 하나님을 믿지 않는 자들이었다. 그리고 이스라엘의 종교의 중심에는 하나님의 말씀이 아니라 은과 금으로 만든 우상이 있었다. 결국 이스라엘은 부실하게 세워진 하나님의 나라였기 때문에 무너질 수밖에 없었다.

5절, "사마리아여 네 송아지는 버리웠느니라"

이스라엘 백성의 신앙은 금송아지 신앙이었다. 이스라엘 백성은 자기들이 여호와를 버린 것이 아니라 금송아지가 여호와를 나타낸다고 생각했다. 왜냐하면 율법의 돌비는 너무 딱딱하고 엄격해서 자기들에게 좀 더 가깝고 친근한 송아지로 하나님을 나타내겠다는 것이었다. 그러나 송아지 신앙은 기복적인 신앙이었고, 하나님이 가장 싫어하시는 것이었다. 그럼에도 불구하고 하나님께서 이 긴 세월 동안 이스라엘에 대하여 참으신 것은 참으로 놀라운 사랑이요, 인자하심이다. 그러나 이제는 하나님이 더 이상 금송아지에 대하여 참지 않으시고 버리시기로 결심하셨다.

"내 노가 무리를 향하여 타오르나니"

하나님은 원래 이스라엘 백성을 향하여 질투하는 사랑을 가지셨다. 이스라엘 백성은 하나님께서 자기들에 대하여 그렇게 많은 관심과 사랑을 가지고 계신지 깨닫지 못하였지만 하나님은 이스라엘을 그들이 생각하는 것 이상으로 사랑하셨다. 그러나 이스라엘이 하나님에게 돌아올 생각이 전혀 없었기 때문에 이제 하나님은 더 이상 이스라엘에 대하여 기다릴 수 없게 되었다. 이제는 하나님의 진노가 폭발할 수밖에 없는 것이다.

"저희가 어느 때에야 능히 무죄하겠느냐"

하나님은 오랫동안 이스라엘 백성이 자신들의 죄를 회개하고 하나님 앞에 솔직하게 나와서 죄 씻음 받기를 원하셨다. 그러나 이제 이스라엘 백성이 스스로의 의지로 하나님 앞에서 죄 용서 받는 것은 불가능하게 되었다. 이제 하나님께서 하실 수 있는 유일한 방법은 이스라엘을 망하게 하시고 그 중에서 혹시 몇 명이라도 회개하는 자가 있으면 건지는 것뿐이었다.

6절, "이것은 이스라엘에서 나고 공장이 만든 것이라"

금송아지 신상의 정체는 결코 하나님으로부터 나온 것이 아니었다. 이것은 이스라엘 지배층이 사람들의 마음을 하나님으로부터 빼앗기 위해서 스스로 생각해 낸 것이지 하나님이 명령하신 것은 아니었다. 금송아지 신상이 겉으로 보기에는 오래되고 대단해 보일지 몰라도 그것은 철공소 직공이 쇠나 금 조각을 두들겨서 만든 쇳조각에 불과한 것이다. 그럼에도 불구하고 사람들이 우상에 정성을 바치고 응답을 기대하는 것은 자신들의 정성을 믿으려고 하기 때문이다. 그러나 하나님은 분명히 선언하시기를, 금송아지 신상은 참 신이 아니라고 하신다. 그래서 이스라엘은 망하고 금송아지는 부서지게 될 것이다. 이것이 바로 이스라엘 백성이 하나님의 말씀을 믿지 않고 자기 생각을 따라간 결과이다.

7절, "저희가 바람을 심고 광풍을 거둘 것이라"

아이들이 불장난을 할 때에 처음에는 불이 조그마하게 시작되지만 나중에는 어마어마한 불이 되어서 사람의 힘으로는 도저히 끌 수 없을 때가 있다. 마찬가지로 처음에는 별것 아닌 것 같았지만 나중에는 눈덩이처럼 커져서 감당할 수 없게 되는 것을 두고 "바람을 심고 광풍을 거둔다"라고 말을 한다. 이처럼 이스라엘 지도층이 여호와의 신앙을 자기 마음대로 만든 것이 나중에는 도저히 수습할 수 없는 재앙으로 나타나게 된다.

"심은 것이 줄기가 없으며"

이스라엘 사람들에게서 중요한 것은 농사였는데 아무리 농사를 지어도 줄기가 생기지 않으면 식물은 열매를 맺지 못할 것이다. 이렇듯 이스라엘 백성이 여호와를 의지하지 않으면 생활 전체에 열매가 없다. 왜냐하면 이스라엘 백성은 하나님의 말씀으로 열매 맺는 자들이기 때문이다. 혹시 물질적인 복이 임한다 하더라도 하나님이 지켜 주시지 않으면 이방에 모두 삼키우고 만다. 결국 이스라엘 백성이 하나님의 말씀을 버린 것은 스스로의 삶의 기반을 부순 것이었다.

8절, "이스라엘은 이미 삼키웠은즉"

하나님께서는 이스라엘을 야생동물로 표현하신다. 아프리카 초원에서 영양이 사자 무리에 에워싸이면 지금 살아 있지만 이미 삼켜진 것이나 마찬가지이다. 이스라엘은 하나님의 도움을 잊어버리면 아무리 힘이 세고 자신이 있다고 해도 이미 이방에 삼켜진 것과 바를 바가 없다.

"열국 가운데 있는 것이 기뻐하지 아니하는 그릇 같도다"

금이 가거나 깨진 그릇은 가치가 없어서 거저 주어도 가져가려고 하는 사람이 없을 것이다. 마찬가지로 부잣집 아들이 돈이 있을 때에는 기생이나 술친구들이 좋아하지만 망한 부잣집 아들은 할 수 있는 것이 아무것도 없기 때문에 좋아하는 사람이 아무도 없다. 마찬가지로 그동안 이스라엘 백성이 다른 나라에게 환영을 받았던 것은 하나님의 사랑을 받고 축복을 받아서 그나마 가진 것이 있었기 때문이다. 그러나 이미 망한 이스라엘은 주위 어느 나라에서도 환영받지 못하는 처지가 되었다.

9절, "저희가 홀로 처한 들나귀처럼 앗수르로 갔고"

'들나귀' 는 나귀이기는 하지만 전혀 길이 들지 않은 나귀이다. 그래서 들나귀는 어느 누구의 말도 듣지 않고 자기 멋대로 행동을 한다. 하나님이 보시기에 이스라엘이 앗수르에게 도움을 청하는 것은 위험한 일인데도 불구하고 이스라엘은 하나님의 말씀을 듣지 않고 고집스럽게 앗수르에 도움을 청하러 갔다.

"에브라임이 값 주고 연애하는 자들을 얻었도다"

'값 주고 연애하는 자들을 얻었다' 라는 말은 여자가 매춘을 하면서 돈을 받는 것이 아니라 오히려 돈을 주면서 몸을 파는 것을 말한다. 돈은 돈대로 주면서 상대방에게 버림을 당하는 것이다. 즉 에브라임이 하나님을 의지하지 않고 다른 나라에 대하여 돈을 주고 군사를 요청하는 것은 결국 돈은 돈대로 쓰면서 외국 군대를 끌어들여서 자멸하는 것이다. 우리는 여기서 이스라엘이 망할 때 그냥 망하는 것이 아니라 앗수르에 돈을 주고 군대를 끌어들이는데 앗수르가 돈은 돈대로 받고 이스라엘에 들어와서 이스라엘을 멸망시키게 되는 것을 알 수 있다.

10절, "저희가 열방 사람에게 값을 주었을찌라도"

이스라엘은 망하기 전에 돈으로 목숨을 구해 보려고 애를 많이 썼던 것을 알 수 있다. 그래서 이스라엘은 열방에 돈을 주고 이스라엘을 공격하지 말도록 부탁을 했지만 소용이 없었다. 그 이유는 하나님께서 열방을 모으셔서 이스라엘을 치게 하셨기 때문이다. 그리고 이스라엘의 방백들은 이미 그 배상금 때문에 가난해지기 시작했다. 즉 하나님이 축복하시지 않는 이스라엘은 쓸데없는 데 돈을 다 쓰면서 쇠퇴하게 되는 것이다.

11절, **"에브라임이 죄를 위하여 제단을 많이 만들더니"**

에브라임은 나름대로 하나님 앞에서 죄 용서를 받기 위해 제단을 많이 만들었다. 즉 에브라임은 나름대로 하나님을 믿는답시고 열심히 종교 행사를 많이 했는데 이런 종교 행사들이 오히려 에브라임을 더 범죄하게 만들었다. 왜냐하면 그들은 이 종교 행사를 우상의 행사로 만들어 버렸기 때문이다.

12절, **"내가 저를 위하여 내 율법을 만 가지로 기록하였으나"**

하나님께서 이스라엘을 위하여 '율법을 만 가지로 기록하였다' 라는 것은 '아주 많은 율법을 주셨다' 라는 뜻도 되지만 '아주 흔하게 주신 율법의 말씀' 이라는 뜻으로 생각할 수도 있다. 하나님께서 이스라엘 백성에게 원하셨던 것은 많은 종교 행사가 아니라 하나님이 모세를 통하여 주신 율법의 말씀을 듣고 순종하는 것이었다. 그러나 이스라엘 백성은 하나님의 말씀은 자기와 상관이 없는 것으로 생각하였다. 아마도 이스라엘 백성은 모세의 율법은 광야 시대의 이스라엘 백성에게나 필요하고 조상 때에나 필요한 것이지 자기들 시대에는 뒤떨어진 것이라고 생각하였을 것이다. 13절에서 하나님은 이스라엘 백성의 제사에 대하여 분명한 입장을 밝히셨다. 즉 하나님은 이스라엘 백성이 드리는 제사를 기뻐하지 아니하시고 그들의 죄를 기억하여 벌을 주시겠다는 것이다. 이것은 이스라엘 백성의 제사는 죄를 씻는 데 전혀 효력이 없었다는 것이다. 이것은 마치 병원에서 환자에게 주사를 놓는데 환자의 병을 치료하는 데 효력이 없는 주사를 놓는 것과 같다.

13절, **"저희가 애굽으로 다시 가리라"**

이것은 이스라엘 백성이 애굽에서 나오기 전 상태, 곧 다른 민족의 노예 상태로 돌아가게 되는 것을 의미한다. 이스라엘 백성은 하나님을 섬기는 것이 조건이었기 때문에 하나님을 버리면 그들은 원래 상태로 돌아가야 하는 것이다.

14절, "이스라엘은 자기를 지은 자를 잊어버리고 전각들을 세웠으며"

대개 '전각'이라고 하면 아주 큰 집을 의미한다. 이스라엘이 망하기 전에는 큰 집을 많이 건축하였는데, 이것은 왕궁이나 혹은 제사를 위한 성전일 수도 있었다. 그러나 이스라엘이 지은 이런 큰 건물들이 하나님의 말씀에 입각한 것이 아니라 왕의 위세를 떨치고 사람의 이름을 내기 위한 것이었기 때문에 하나님 앞에서는 아무 가치가 없는 것들이었다. 여기에 유다에 대한 예언도 나오는데, 유다는 견고한 성읍을 많이 쌓았다. 물론 유다가 하나님을 의지하면서 성읍을 견고하게 쌓는 것은 상관이 없지만 세상의 유행을 따라 성읍을 건축한다면 하나님이 기뻐하지 않으신다. 결국 하나님은 이스라엘과 유다 모두에 불을 보내어 삼키게 하겠다고 말씀하셨다. 즉 하나님의 백성은 거창한 행사나 건물로 사는 것이 아니라 하나님의 말씀으로 사는 것이다.

본문 이해를 위한 질문

1. 이스라엘은 지금 어떤 상태에 있는가?

입에 전쟁 나팔을 대고 임박한 전쟁을 알려야 할 형편이다.

2. 이스라엘의 신앙의 본질은 무엇인가?

금송아지 신앙인데 이것은 하나님이 주신 신앙이 아니라 철공 기술자가 자기 마음대로 만든 쇳덩어리에 불과하다.

3. 이스라엘은 무엇에 비유할 수 있는가?

사람들이 좋아하지 않는 깨어진 그릇과 같고 미련하고 고집스러운 들나귀 같다.

4. 이스라엘과 유다의 종교의 특징은 무엇인가?

요란한 종교 행사를 하고 건물을 크게 짓는 것이었는데, 이것은 마치 효력 없는 주사와 같아서 위기에서 자기들을 지켜 주지 못한다.

성경 강해

요즘은 들판이나 산에서 하늘 위에 떠 있는 매를 보기가 쉽지 않지만 제가 어렸을 때에는 밭이나 산 위에 떠 있는 매를 자주 보았습니다. 매는 하늘 높은 곳에 조용히 있다가 어느 한순간에 곤두박질치듯이 내려와서 병아리나 쥐 같은 것을 낚아채어 둥지로 가지고 가서 잡아먹습니다. 그래서 일단 하늘에 매가 나타났다고 하면 병아리나 쥐들은 숨어야만 합니다. "동물의 왕국" 같은 다큐멘터리 프로를 보면 매나 독수리가 거북이 새끼나 악어 새끼, 물고기 혹은 뱀까지 잡아먹는 것을 볼 수 있습니다. 독수리나 매가 방울뱀 같은 독사까지 잡아먹는 것을 보면 작은 짐승들에게는 이런 것들이 얼마나 무서운 적인지 알 수 있습니다.

이스라엘 백성은 이 세상에서 아주 토실토실하고 사랑스러운 병아리와 같았습니다. 그러나 병아리가 안전할 수 있는 것은 어디까지나 어미 닭의 품안에 있을 때입니다. 만일 병아리가 자기가 귀여운 것만 믿고 어미 닭의 품을 떠나서 마음대로 돌아다닌다면 어느 순간에 고양이나 매의 먹이가 되고 말 것입니다.

이스라엘 백성은 다른 민족에 비하여 확실히 뛰어나고 우수한 점이 많이 있었습니다. 그러나 이스라엘 백성은 하나님이 왜 이스라엘을 사랑하시고 축복하시는지 깨닫지 못했습니다. 이 세상에 많은 민족이 있는데 왜 하나님께서는 굳이 이스라엘 백성을 사랑하셔서 복을 주셨을까요? 이스라엘 백성은 하나님께서 이스라엘 백성을 사랑하시는 것은 그들이 똑똑하고 사랑받을 만하기 때문이라고 생각했습니다. 그러나 하나님께서 이스라엘 백성을 사랑하신 것은 그들이 하나님을 닮아서 하나님 같은 행동을 하도록 하기 위해서였습니다.

이스라엘 백성이 하나님을 닮는다는 것은 어떤 것일까요? 가장 중요한 것이 이스라엘 백성이 하나님의 사랑을 받을수록 더 겸손해지는 것입니다. 왜냐하면 하나님이 겸손한 분이기 때문입니다. 그리고 이스라엘 백성은 이 세상 어떤 것보다도 하나님의 말씀에 철저하게 헌신적이 됩니다. 왜냐하면 하나님께서 이스라엘 백성에게 맡기신 가장 중요한 것이 말씀이기 때문입니다. 그리고 이스라엘 백성은 모든 것을 믿음으로 해결하지 돈이나 인간적인 방법으로 해결하지 않습니다.

그런데 이스라엘 백성에게 크게 두 가지 신앙적인 흐름이 있는 것을 보게 됩니다. 그 하나는 철저하게 하나님의 말씀에 헌신된 신앙입니다. 이것이 바로 다윗의 신앙입니다. 다윗은 이스라엘 백성을 하나님의 말씀으로 데리고 갔고, 온 백성이 하나님의 말씀을 먹었을 때 하나님에 대한 믿음이 생겼고 부흥이 일어나게 되었습니다. 그러나 하나님의 말씀을 붙드는 신앙은 처음에 너무 불안정하고 공격을 많이 당하게 됩니다. 그리고 이 신앙은 하나님의 말씀 외에는 다른 것은 받아들이지 않기 때문에 세상에서 고립을 당하기 쉽고 독선적이라는 비난을 받게 됩니다.

거기에 비해서 다른 하나는 적극적인 신앙입니다. 즉 이스라엘 백성이 하나님의 말씀만 붙드는 것은 너무나도 소극적인 자세이기 때문에 신앙의 장점과 세상 축복의 장점을 같이 믿는 것입니다. 이것이 바로 사마리아의 신앙이었고 너무나도 적극적이고 현실적인 것 같았습니다. 즉 이것은 하나님의 신앙의 장점과 세상 축복의 장점을 같이 받아들이기 때문에 신앙과 축복이 시너지 효과를 일으키면서 말씀의 신앙에 비하여 열 배 이상의 부흥을 가져오는 것 같았습니다. 이스라엘 백성은 하나님의 말씀만 듣는 것이 아니라 금송아지 상을 만들어서 적극적으로 자신들의 신앙을 표현하고, 인간적인 장점도 자랑하고, 세상적인 축복도 자랑하였습니다.

그런데 오늘은 바로 그 사마리아의 송아지 신앙의 결과를 보여 주고 있습니다. 그것은 바로 전쟁의 나팔이었고, 이스라엘의 멸망이었습니다. 그 이유는 사마리아의 이 신앙이 자기만족의 신앙이었고, 진정으로 하나님이 기뻐하시는 신앙이 아니었기 때문입니다.

1. 임박한 전쟁의 경고

우리가 인간적으로 생각해 볼 때 사마리아의 신앙은 신앙적이면서도 세상에서 적극적으로 복을 받는 훌륭한 신앙인 것 같습니다. 이스라엘 백성의 관점에서 보면 모세가 요구한 신앙은 너무나도 비현실적이고 독선적인 신앙 같았습니다. 그런데 하나님께서 모세나 선지자들을 통하여 이스라엘 백성에게 요구하신 것은 하나님의 말씀만 절대적으로 붙들라는 것이었습니다. 이것이 이스라엘에게는 마치 누군가가 카지노 같은 곳에 도박을 하러 가서 거기에 자기 재산을 다 거는 것처럼 무모한 도박같이 보였습니다. 하나님은 이스라엘 백성에게 결코 도박 같은 것을 하지 못하게 하셨습니다. 그러나 하나님은 이스라엘 백성이 신앙에 있어서만은 도박하는 것처럼 하나님에게 모든 것을 다 걸게 하셨습니다. 그런데 이스라엘 백성이 하나님의 말씀에 모든 것을 다 건 결과는 너무나도 독선적인 것 같았고, 다른 민족이나 문화를 인정하지 않는 것 같았으며, 인생의 폭이 좁아 보였습니다. 즉 하나님의 말씀만 붙드는 신앙은 이 세상의 출세나 성공에는 관심이 없는 것 같고 오직 말씀의 종교에 복종해야 하는 것처럼 보였습니다.

이스라엘 백성은 처음부터 이런 말씀의 종교에 너무나도 답답해했습니다. 그래서 이스라엘 백성은 광야에 있으면서 계속 모세에게 반발했고, 모세가 시내 산에 올라갔다가 40일 동안 내려오지 않았을 때 이스라엘 백성은 금송아지를 만들었습니다. 고라 일당은 모세를 대적해서 땅이 갈라져서 죽는 심판을 당하기도 했습니다. 다윗은 자기 아들 압살롬이 반역을 일으켜서 왕위에서 쫓겨나는 수모를 겪기도 했습니다. 이것은 이 세상에 좋은 것이 많이 있는데 그 중에서 오직 딱 하나 하나님의 말씀만 붙든다는 것이 그만큼 답답했기 때문입니다. 그래서 이스라엘 백성은 기회가 있는 대로 하나님의 율법 대신에 세상의 좋은 점을 받아들이기를 원했습니다. 그렇게 해서 나타난 대표적인 것이 송아지 신앙입니다.

여기서 '송아지 신앙' 이라고 하는 것은 하나님의 말씀이 절대적이지 않다는 것입니다. 즉 신앙에는 이성이나 감정도 중요하고 제사장이나 선지자들의 생각만이 아니라 일반 백성들의 생각도 중요하다는 것이었습니다. 송아지 신앙은 결코 하나님을 믿지 않는 것이 아니었습니다. 즉 하나님을 열심히 믿는데 모세나 다윗같이 하나님의 말씀만 절대적으로 생각하지 않고 세상의 장점이나 인간적인 장점을 적극적으로 받아들이자는 것이었습니다. 그래서 신앙에 있어서 이성이나 감정 그리고 세상에서의 축복 같은 것을 중요하게 생각한 것입니다. 이스라엘 백성은 이 길을 따랐을 때 너무나도 만족스러웠고 세상적으로도 성공하게 되었습니다. 즉 하나님의 신앙과 세상적인 장점을 합쳤을 때 말씀만 독선적으로 붙드는 것보다 열 배 이상의 부흥과 성장이 있었었습니다.

이런 현상은 멀리 갈 것도 없이 우리나라의 교회를 보면 될 것입니다. 우리 한국 교회 안에서 하나님의 말씀만 맹목적으로 붙들면 교인들이 별로 좋아하지 않습니다. 그 대신에 기독교의 장점과 세상의 축복을 함께 추구하는 신앙을 택하면 교회도 열 배 이상 커지고 교인들도 세상에서 성공하고 출세를 많이 하는 것을 볼 수 있습니다. 그런데 이런 송아지 신앙의 핵심에는 '자기 자신' 이라는 우상이 있습니다. 즉 하나님께서 우리를 택하신 것은 우리가 잘되고 우리가 성공하는 것보다는 우리가 하나님을 닮아서 하나님을 의지하는 믿음으로 살게 하기 위해서입니다. 우리가 하나님을 믿고 열심히 신앙생활을 하는 것은 좋은데 그 핵심이 다른 것입니다. 오늘 우리나라 교회의 신앙은 바로 이런 축복의 신앙을 따라가고 있다고 보아야 합니다. 그런데 그 결과는 당장은 성공하고 좋아 보이지만 나중에는 결국 망하고 맙니다.

1절, "나팔을 네 입에 댈찌어다 대적이 독수리처럼 여호와의 집에 덮치리니 이는 무리가 내 언약을 어기며 내 율법을 범함이로다"

하나님은 호세아를 통해서 파수꾼에게 빨리 나팔을 불라고 명령하고 있습니다. 그 이유는 지금 독수리가 병아리나 강아지에게 덮치듯이 대적이 이스라엘 백성에게 덮치기 때문입니다.

하늘에 매나 독수리가 떠 있으면 병아리나 강아지는 모두 조심을 해야 합니다. 왜냐하면 매나 독수리는 조용하게 있다가 갑자기 내려와서 먹이를 채어 가기 때문입니다. 여기서 선지자는 대적이 '여호와의 집에 덮친다' 라고 말하고 있습니다. 이 말 속에는 상당한 아이러니(irony)가 들어 있습니다. 즉 이스라엘 백성의 의식 속에는, '우리는 하나님의 백성이고 우리 이스라엘은 여호와의 집인데 어떻게 감히 우리 대적이 우리를 덮칠 수 있겠는가.' 라는 자부심이 있었던 것입니다. 그런데 하나님께서는 이스라엘 자손들에게 '너희 스스로 여호와의 집이라고 하면서 신앙이 좋은 것으로 생각하고 있는데 웃기는 소리 하지 말아라. 너희가 하나님의 집이라고 하는 것은 아무것도 아니다.' 라는 식으로 말씀을 하시는 것입니다. 즉 이스라엘 백성은 한 번도 자기들의 신앙이 틀렸다고는 생각하지 않고 있었던 것입니다. 그리고 이스라엘 백성은 스스로 자기들은 신앙이 좋기 때문에 절대로 망할 리가 없다고 철석같이 믿고 있었습니다. 그러나 하나님께서는 때가 되었을 때 결국 이스라엘이 죄로 멸망하고 만다고 선언을 하십니다.

'나팔을 네 입에 댈찌어다 대적이 독수리처럼 여호와의 집에 덮치리니 이는 무리가 내 언약을 어기며 내 율법을 범함이로다.'

하나님께서는 이스라엘 백성이 얼마나 복을 받았고 얼마나 성공했는지를 보시지 않고 얼마나 하나님의 말씀을 지키고 순종했는지를 보시고 판단하시는 것입니다. 결국 중요한 것은 우리의 기준이 아니고 하나님의 기준인 것입니다. 그런데 사실 우리는 모두 하나님의 말씀을 제대로 지킬 수가 없습니다. 하지만 우리가 하나님의 말씀을 중요하게 생각하고 하나님의 말씀을 사랑하면 하나님께서 우리에게 하나님의 말씀을 지킬 수 있는 힘을 주십니다. 그래서 우리가 하나님의 말씀을 지킬 수 있는 것이지 우리 자신이 믿음이 좋아서 하나님의 말씀대로 사는 것은 아닌 것입니다. 하나님께서는 이스라엘 백성과 언약을 맺으시기를, 그들이 하나님을 사랑하고 하나님의 율법을 지키면 가나안 땅에 살게 하겠다고 약속하셨습니다. 여기서 이스라엘 백성이 하나님을 사랑하는 것과 율법을 사랑하는 것은 같은 것입니다. 그런데 이스라엘 백성은 하나님을 사랑한다고 하면서 세상을 사랑하고 자기들이 복 받는 것을 사랑했습니다. 그 결과는 하나님 앞에서 버림을 받는 것이었습니다.

2절, "저희가 장차 내게 부르짖기를 나의 하나님이여 우리 이스라엘이 주를 아나이다 하리라"

우리말 성경은 이스라엘 백성이 앞으로 연단을 받고 난 후에는 정신을 차리고 하나님을 부르며 하나님을 안다고 말을 할 것이라고 번역을 했습니다. 그러나 이것은 계속적인 용법에 더 가깝습니다. 즉 이스라엘 백성이 지금까지 말해 온 것이, 우리는 하나님을 잘 안다는 것입니다. 우리는 하나님을 아주 잘 믿고 있다는 것입니다. 그러나 하나님은 이것을 인정하지 않으십니다. 왜냐하면 그들이 하나님을 사랑한다는 것이 결국 자기들이 복을 받고 잘되기 위한 열심이었기 때문입니다.

3절, "이스라엘이 이미 선을 싫어 버렸으니 대적이 저를 따를 것이라"

여기서 '선' 이라고 하는 것이 중요합니다. 사람들은 보통 '선' 이라고 하면 남을 구제하고 어려운 사람을 돕는 것을 생각합니다. 그러나 하나님의 백성에게 선이라고 하는 것은 하나님의 뜻에 일치하는 것을 말합니다. 이것은 마치 화살을 쏘는 사람이 정확하게 과녁을 맞추는 것과 같습니다. 하나님께서는 우리가 돈을 많이 벌어서 내 이름을 내면서 남을 도와주는 것을 선이라고 말씀하지 않으십니다. 우리가 하나님의 백성이라면 우리 자신이 하나님의 화살이 되어서 하나님이 원하시는 곳에 날아가서 꽂혀야 하는 것입니다. 그런데 이스라엘 백성은 하나님의 말씀을 따르는 것을 싫어했습니다. 이스라엘 백성이 원한 것은 세상에서 성공하고, 세상에서 유명해지며, 복을 많이 받는 것이었습니다. 이것은 하나님이 원하시는 것과는 많이 다른 것이었고, 결코 하나님이 주신 복이 아니었습니다. 하나님의 백성이 이 세상에서 해야 할 것은 세상의 복을 많이 모으는 것이 아니라 이 세상에 하나님의 복이 오게 하는 것입니다. 그런데 이스라엘은 세상의 복만 많이 긁어모았으니까 세상 나라와 다를 바가 없었고, 결국 세상 나라와 똑같은 취급을 받게 되는 것입니다.

요즘 우리나라의 크고 유명한 교회들에서 많은 문제가 불거져 나오고 있습니다. 그 이유가 다른 데 있는 것이 아닙니다. 교회가 하나님의 말씀만 붙들고 영적 부흥을 일으켜야 하는데 돈이나 명예만 끌어 모으니까 여러 가지 비리가 터지는 것입니다.

우리는 우리가 잘되고 유명해지는 것에 앞서서 우리 자신이 하나님의 손에 붙들린 화살이 되어서 하나님이 원하시는 곳을 향해 정확하게 날아가서 꽂혀야 하는 것입니다.

4절, "저희가 왕들을 세웠으나 내게서 말미암지 아니하였고 저희가 방백들을 세웠으나 나의 모르는 바며 저희가 또 그 은, 금으로 자기를 위하여 우상을 만들었나니 파멸을 이루리라"

원래 이스라엘 백성은 하나님의 말씀만 붙들면 복을 받게 되어 있습니다. 그러나 우리 인간은 무식하고 미련하여서 하나님의 말씀을 눈앞에 두고도 뜻을 모릅니다. 또 설사 뜻을 안다고 해도 선뜻 하나님의 말씀에 순종하는 것이 잘 되지 않습니다. 그런데 하나님께서 세우신 종이 이끌어 주면 우리는 하나님의 말씀을 깨닫게 되고, 또 말씀에 순종해서 따라가게 됩니다. 그래서 이스라엘의 왕은 자기 멋대로 나라를 다스리는 사람이 아니었습니다. 이스라엘 왕은 백성들에게 하나님의 말씀을 먹게 하는 목자였습니다. 그러나 이스라엘 백성은 하나님의 말씀의 목자를 버렸습니다. 왜냐하면 하나님의 말씀은 모든 것을 죄라고 하면서 하지 말라고 하기 때문입니다. 그래서 이스라엘 백성은 이스라엘을 세상적으로 이끌어 줄 수 있는 왕이나 방백들을 뽑았습니다. 물론 이 사람들도 겉으로는 하나님을 믿는 사람들이었습니다. 그러나 이들은 하나님의 말씀에 대한 체험이 없었고 믿음이 없었습니다. 그래서 왕이나 방백들은 이스라엘을 세상의 기업이나 단체같이 이끌었던 것입니다.

이 지도자들은 하나님의 말씀을 최고의 권위로 두지 않고 결국 송아지에 최고의 권위를 두었습니다. 그러나 이 송아지는 결코 하나님이 될 수 없었습니다. 이스라엘 백성은 아무것도 보이지 않는 말씀보다는 송아지가 훨씬 은혜롭다고 생각했습니다. 그들은 송아지 앞에서 울기도 하고 밤을 새우면서 기도하기도 했습니다. 그러나 이 송아지는 자기들이 잘되기를 바라는 우상에 불과했던 것입니다.

오늘 우리는 무조건 열심히 하나님을 믿기만 하면 복을 받는다고 생각을 합니다. 그러나 진정한 복은 하나님의 말씀에 나 자신을 일치시키는 것입니다. 만일 우리가 하나님과 세상을 같이 믿을 때 물론 하나님을 안 믿는 사람들이나 말씀만 붙드는 사람들보다 더 성공할 수 있습니다. 그러나 이것이 진정한 영적인 부흥이 아닌 것입니다. 진정한 영적인 부흥은 오직 하나님의 말씀만 붙들 때 하나님께서 그 영을 우리 안에 부으시는 것입니다.

지금 우리나라에 많은 교회가 있고, 많은 신자들이 있습니다. 그래서 흔히 하는 말로 우리나라에 교회가 이렇게 많고 신자가 이렇게 많은데 설마 하나님이 우리나라를 망하게 하시겠는가 하고 이야기합니다. 그러나 지금 우리나라의 신앙은 거의 인간적인 축복의 신앙인 것을 알아야 합니다. 이런 신앙은 우리나라에서 하나님의 심판을 막지 못할 것입니다. 그런데 축복의 신앙의 문제는 미래를 너무 낙관적으로 보고 있기 때문에 설마 자기들이 망할 것이라는 것을 전혀 생각하지 않는 것입니다.

2. 사마리아 신앙의 본질

그동안 이스라엘이 잘될 수 있었던 것은 하나님께서 그들을 불쌍히 여겨 주셨기 때문입니다. 그러나 이스라엘 백성은 자기들이 똑똑하고 유능하기 때문에 성공하고 잘사는 것이라고 생각했습니다. 왜냐하면 사실 이스라엘 백성은 그만큼 인간적인 노력을 많이 했기 때문입니다. 이스라엘 백성이 가진 신앙의 특징은 하나님의 종교의 장점과 세상의 축복의 장점을 함께 취한다는 것이었습니다. 사실 이 세상에 이것보다 더 좋은 것은 없을 것입니다. 왜냐하면 하나님을 믿는 신앙은 이 세상과는 비교할 수 없는 복이 많이 있기 때문입니다. 우선 하나님의 백성은 하나님을 믿기 때문에 악하지 않습니다. 그리고 하나님의 백성은 하나님을 믿기 때문에 신념이 있습니다. 그리고 하나님의 말씀의 지혜가 있고 하나님의 축복이 있습니다. 그뿐만 아니라 이 세상에는 또 너무나도 좋은 복이 많이 있습니다. 이 세상에는 물질의 복이 있고, 권력의 복이 있고, 지식의 복이 있습니다. 하나님의 말씀과 이 세상의 복을 섞으면 너무나도 좋은 복이 나오는 것 같습니다. 이것이 바로 사마리아의 송아지 신앙의 특징이었습니다.

그러나 하나님께서는 바로 이 사마리아의 송아지가 버림을 받았다고 말씀하고 있습니다.

5절, "사마리아여 네 송아지는 버리웠느니라 내 노가 무리를 향하여 타오르나니 저희가 어느 때에야 능히 무죄하겠느냐"

여기서 '사마리아의 송아지가 버리웠다'라는 것은 두 가지 의미로 생각할 수 있습니다. 그 하나는 이 송아지 신앙이 하나님의 축복을 받는 데 실패했다는 것입니다. 하나님께서 이스라엘 백성에게 주시려는 것은 이 세상의 썩어질 복이 아니고 이 세상에 없는 하늘의 복입니다. 결국 이스라엘 백성은 세상의 물질의 복은 많이 받았을지 몰라도 영적인 복은 전혀 받지 못했던 것입니다. 이스라엘 백성은 하나님의 백성에게 가장 중요한 죄 용서를 받지 못하고 있었습니다. 이 세상은 죄가 어느 수준 이상 차오르면 사전 경고 없이 심판이 임하게 되어 있습니다.

원래 하나님의 백성의 특징은 믿음으로 하나님의 진노를 축복으로 바꾸는 데 있습니다. 하나님께서 무엇 때문에 이스라엘 백성으로 하여금 광야에서 40년 동안 훈련을 받게 하셨습니까? 하나님의 말씀으로 하나님을 그들 가운데 모시게 하기 위해서였습니다. 그러나 이스라엘 백성은 세상의 재물로 자기들의 기분이 좋아졌는지 모르지만 하나님의 진노를 전혀 없애지 못하고 오히려 더 하나님의 진노를 맹렬하게 타오르게 하고 있었습니다. 그 이유는 그들에게 진정한 믿음이 없었기 때문입니다.

그리고 사마리아의 송아지가 버림을 받았다는 것은 이 신앙이 이스라엘을 구원하는 데 실패했다는 것입니다. 이스라엘 백성에게 예배의 열심이 없었던 것은 아니었습니다. 그리고 이스라엘 백성이 헌금을 적게 드렸던 것도 아닙니다. 다만 이스라엘 백성은 하나님의 말씀을 절대적으로 생각하지 않았던 것입니다. 그 결과는 그들의 열정적인 신앙이 자기들을 구원하지 못하는 것이었습니다.

6절, "이것은 이스라엘에서 나고 공장이 만든 것이라 참 신이 아니니 사마리아의 송아지가 부숴뜨리우리라"

이스라엘 백성은 송아지를 섬기면서 바로 이것이 자기들을 애굽에서 인도하신 여호와라고 했습니다. 즉 이스라엘 백성은 송아지를 섬기면서 자기들이 하나님을 믿지 않는다고 한 번도 생각하지 않았던 것입니다. 단지 그들은 하나님을 믿는데 모세의 두 돌비 대신에 송아지를 하나님으로 생각한다는 것입니다. 그리고 자기들은 하나님의 말씀만 절대적으로 믿는 것이 아니라 세상 현실도 받아들인다는 것이었습니다.

그러나 하나님은 '이것은 이스라엘에서 났다' 라고 하셨습니다. 즉 이런 사상은 하나님이 주신 사상이 아닌 것입니다. 즉 성령께서 감동하신 하나님의 말씀의 사상이 아닌 것입니다. 하나님께서 말씀하지 않으신 것은 아무리 거창하고 웅장한 것이라 하더라도 전혀 하나님의 능력을 가져오지 못합니다. 하나님이 보시기에 이것은 오직 기술자가 만든 쇳덩이에 불과한 것입니다. 결국 이 송아지 신앙은 부서지고 말 것입니다. 왜냐하면 이것은 하나님의 말씀이 아니기 때문입니다. 하나님의 말씀이 아닌 것은 능력이 없고, 우리를 위기에서 건져 주지 못합니다.

7절, "저희가 바람을 심고 광풍을 거둘 것이라 심은 것이 줄기가 없으며 이삭은 열매를 맺지 못할 것이요 설혹 맺힐찌라도 이방 사람이 삼키리라"

'바람을 심고 광풍을 거둔다' 라는 것은 처음 이들이 시작할 때에는 순풍에 돛을 단 것처럼 모든 것이 순조로웠으나 시간이 지남에 따라 바람이 점점 세어져 나중에는 광풍이 되어서 배를 파선시키고 모든 것을 파멸시켜 버리는 것을 말합니다. 이스라엘 백성이 처음 시작할 때에는 나름대로 좋은 것이라고 생각을 하고 시작했습니다. 그리고 처음에는 결과가 좋은 것 같았습니다. 이스라엘 사람들은 유다 백성에 비하여 많은 복을 받았습니다. 그러나 결국 이것은 결코 책임질 수 없는 무시무시한 불장난이었던 것입니다. 이스라엘 백성이 하나님의 말씀을 버리고 자기들의 생각과 세상의 출세와 자랑을 붙잡았을 때 처음에는 잘되는 것 같았는데 이것은 브레이크가 고장 난 자동차와 같아서 대형사고가 터지고 말았던 것입니다.

왜 우리가 하나님의 말씀을 그토록 철저하게 붙들어야 하는가 하면 우리 자신이 그만큼 위험한 존재이기 때문입니다. 우리 안에는 죄의 불이 있고, 우리 주위에도 죄의 불이 붙고 있습니다. 우리는 마치 기름을 뒤집어쓰고 죄의 불길 가운데 살아가는 사람들과 같습니다.

여기서 우리에게 중요한 것은, 이 세상에서 좀 더 유명해지고 다른 사람이 좀 더 나를 알아주는 것이 아니라 죄의 불을 끄는 것입니다. 그렇게 하려면 우리는 하나님의 말씀에 모든 것을 걸어야 합니다. 그러면 하나님의 성령의 불이 죄의 불을 꺼 버립니다. 그러나 우리가 하나님의 말씀을 무시하고 내 생각대로 믿으면 결국 무시무시한 죄의 광풍이 불어오는데 그 광풍은 소중한 복을 아무것도 남겨놓지 않고 모두 가지고 가버립니다.

처음에 심으니까 싹이 나왔는데 자세히 보니까 줄기가 없었습니다. 겨우 이삭이 맺힌 것 같은데 보니까 쭉정이밖에 없었습니다. 그리고 설혹 열매가 맺힌 것이 있어도 이방인들이 와서 모두 빼앗아 가고 마는 것입니다. 결국 순수한 말씀의 부흥이 아닌 복은 모래의 복과 같아서 오래가지 않고 모두 없어지고 맙니다.

3. 이스라엘의 현재 상태

사람들에게 중요한 것은 자신의 현재의 상태와 모습을 정확하게 아는 것입니다. 요즘은 사람들이 무서운 병에 걸려도 겉으로 전혀 표시가 나지 않을 때가 많습니다. 그러나 병원에 가서 정확하게 진찰을 받고 자기 병을 알게 되면 모든 일을 중단하고 입원을 해서 수술을 받습니다. 그렇게 치료를 받은 사람은 처음에는 고통스럽지만 나중에는 완전히 건강을 회복해서 정상적으로 살게 됩니다. 그러나 그것을 귀찮아 하여 치료를 받지 않는 사람은 얼마 가지 않아서 병으로 죽게 됩니다.

8-9절, "이스라엘은 이미 삼키웠은즉 이제 열국 가운데 있는 것이 기뻐하지 아니하는 그릇 같도다 저희가 홀로 처한 들나귀처럼 앗수르로 갔고 에

브라임이 값 주고 연애하는 자들을 얻었도다"

하나님께서는 지금 이스라엘 백성의 상태를 정확하게 보여 주셨습니다. 그 하나는 금전적인 비유이고, 다른 두 가지는 실제적인 비유입니다.

지금 이스라엘 백성은 이미 다른 나라에 삼켜진 상태입니다. 여기서 삼켜졌다는 것은 경제적으로 생각하면 쉽게 이해할 수 있을 것입니다. 즉 어떤 사람이 사업을 하는데 빚이 너무 많아서 이자를 감당할 수 없으면 그 회사는 이미 다른 사람에게 삼켜진 것과 같습니다. 물론 그 회사가 현재는 자기 소유로 되어 있고 자기가 경영하고 있을지 몰라도 얼마 가지 않아서 다른 사람의 소유로 넘어갈 것입니다. 그리고 만일 누군가가 이런 회사에 투자를 하거나 이런 회사의 주식을 많이 사면 결국 망하고 말 것입니다. 즉 하나님도 이런 이스라엘에 대해서는 더 이상 투자할 생각이 없으신 것입니다. 그 이유는 믿음의 빚이 너무 많기 때문입니다. 즉 이스라엘 백성이 믿음은 전혀 없고 죄만 많은데 이런 나라를 지켜 주는 것은 하나님에게도 엄청난 손해인 것입니다.

하나님께서는 이스라엘 백성의 상태에 대하여 두 가지 비유를 사용하십니다. 하나는 기뻐하지 아니하는 그릇의 비유이고, 다른 하나는 홀로 처한 들나귀입니다.

'기뻐하지 않는 그릇' 이란 깨어지거나 금이 가서 별로 사용 가치가 없는 그릇을 말합니다. 여인들이 가장 싫어하는 그릇은 바로 이렇게 깨어지거나 금이 간 그릇일 것입니다. 그런 그릇이 자기는 아무리 가치 있다고 주장을 해도 아무도 가지려고 하는 사람이 없을 것입니다.

지금 이스라엘 주위에는 아무도 이스라엘 사람들을 좋아하는 나라가 없었습니다. 그 이유는 이스라엘 백성은 실제로 할 수 있는 것은 아무것도 없으면서 잘난 체하고 있었기 때문입니다. 이 세상에 이런 사람을 좋아할 바보는 없습니다. 즉 어떤 사람이 환영을 받으려면 좀 잘난 체하더라도 그만큼 실력이 있든지, 실력이 없으면 겸손하든지 해야 하는데 이스라엘 백성은 아무것도 할 수 있는 것이 없으면서 입만 살아 있고 잘난 체를 하고 있었습니다. 결국 맛을 잃은 소금은 모두에게 외면을 당하고, 발에 밟히고 마는 것입니다. 하나님의 백성이 말씀대로 살지 않을 때 그들을 좋아할 사람은 아무도 없습니다. 왜냐하면 그들은 너무 이기적이고, 잘난 체하고, 다른 사람을 비판이나 하기 때문에 천하여 쓸데가 없는 것입니다.

이것과 비슷한 것이 홀로 처한 들나귀입니다. 홀로 처한 들나귀는 친구가 없습니다. 왜냐하면 성격이 괴팍하기 때문입니다. 그리고 들나귀는 죽어도 다른 사람의 말을 듣지 않습니다. 왜냐하면 들나귀는 자존심이 너무 강하기 때문입니다. 그렇다고 해서 들나귀는 일을 하지도 않습니다. 왜냐하면 일을 하는 것은 너무나도 힘들기 때문입니다. 또한 들나귀는 한곳에 진득하게 정착해 있지도 못합니다. 왜냐하면 너무 이상이 높아서 모든 것이 시시하게 보이기 때문입니다. 그래서 들나귀는 언제나 혼자 돌아다니다가 결국 사자에게 잡아먹히고 맙니다. 그 이유는 자기 모습을 알지 못하기 때문입니다.

10절, "저희가 열방 사람에게 값을 주었을찌라도 이제 내가 저희를 모으리니 저희가 모든 방백의 임금의 지워준 짐을 인하여 쇠하기 시작하리라"

이스라엘 백성이 그렇게 큰소리를 칠 수 있었던 것은 돈이 많이 있었기 때문입니다. 이스라엘 백성은 돈을 주고 다른 나라 사람들을 많이 고용했습니다. 아마 정상적인 상태였다면 이스라엘은 절대로 망할 수가 없었을 것입니다. 그런데 이스라엘이 돈을 주고 산 나라 사람들마다 이스라엘을 도울 수가 없었습니다. 그 이유는 그 나라에 전쟁이 터졌기 때문입니다. 이스라엘 백성이 인간적으로 머리를 써서 여러 나라의 도움을 받으려고 돈을 주고, 또 약속 어음을 끊어 주었지만 결국 전부 부도가 나서 이스라엘은 어느 나라로부터도 도움을 받지 못하게 되었습니다.

이스라엘 백성은 하나님의 도움을 받기 위해서 제사를 많이 드렸습니다.

11절, "에브라임이 죄를 위하여 제단을 많이 만들더니 그 제단이 저로 범죄케 하는 것이 되었도다"

이스라엘 백성이 결코 하나님께 예배드리는 것을 소홀히 했던 것은 아니었습니다. 이스라엘 백성은 하나님께 죄 용서도 받고, 축복을 받으려고 제단도 많이 만들고, 예배도 많이 드리고, 헌금도 많이 바쳤습니다. 그러나 하나님의 말씀이 없는 제사는 아무 소용이 없었고, 이스라엘 백성의 죄는 전혀 없어지지 않았습니다. 오히려 그들은 제사를 드렸다고 해서 안심하고 더 죄를 많이 지었던 것입니다. 즉 차라리 이스라엘 백성이 이런 엉터리 제사를 믿지 않았더라면 더 늦기 전에 어떤 결단을 내릴 수도 있었을 텐데 잘못된 것을 믿었기 때문에 기회를 놓치고 만 것입니다. 그래서 신앙이라고 하는 것은 내 마음에 들고 많은 사람들에게 인기가 있다고 해서 좋은 것이 아닙니다. 오히려 그런 엉터리를 믿기 때문에 바른 신앙으로 돌아올 기회를 놓치는 경우가 많은 것입니다.

하나님께서 가장 중요하게 생각하시는 것이 12절에 나옵니다.

12절, "내가 저를 위하여 내 율법을 만 가지로 기록하였으나 저희가 관계없는 것으로 여기도다"

'율법을 만 가지로 기록하였다' 라는 말씀도 의역입니다. 이것은 '율법을 아주 많이 기록하였다' 라는 뜻입니다. 하나님께서 이스라엘 백성에게 원하시는 것은 하나님의 말씀을 듣고 그 말씀대로 사는 것입니다. 하나님의 말씀은 그 하나하나가 우리에게 믿음을 일으켜 주고 부흥의 불을 일으키는 말씀입니다.

그런데 이스라엘 백성이 얼마나 교만하고 건방졌는가 하면 하나님이 그렇게 많은 율법을 주셨는데도 자기들과는 아무 상관이 없는 것으로 생각한 것입니다. 그 이유가 무엇입니까? 이스라엘 백성은 하나님의 말씀을 뻔한 말씀이라고 생각했고, 세상에 더 배울 것이 많고 세상이 더 자기들을 복되게 한다고 믿었기 때문입니다. 하나님의 백성의 진정한 복은 속사람을 하나님의 말씀으로 채우는 것입니다. 그러면 우리 안에서 부흥이 일어나고 하나님이 우리 안에 함께하시면서 우리로 하여금 죄를 이기게 하시고, 기도하게 하시고, 말씀에 순종해서 살게 하십니다. 이것이 진정한 능력인 것입니다.

이스라엘 백성은 하나님께 도와달라고 열심히 제사를 드렸습니다.

13절, "내게 드리는 제물로 말할찌라도 저희가 고기로 제사를 드리고 먹거니와 여호와는 그것을 기뻐하지 아니하고 이제 저희의 죄악을 기억하여 그 죄를 벌하리니 저희가 애굽으로 다시 가리라"

이스라엘 백성이 아무리 열심히 제사를 드려도 하나님께 기쁨이 되지 않는 이유가 무엇일까요? 이스라엘 백성이 하나님의 말씀에 관심이 없었기 때문입니다. 우리가 제사를 드리는 이유는 하나님의 말씀을 듣기 위해서입니다. 그런데 하나님의 말씀을 들으려고 하지 않는 제사는 제물을 자랑하는 것밖에 되지 않는 것입니다.

이스라엘 백성의 예배가 하나님께 받아들여지지 않을 때 이스라엘 백성은 결국 애굽으로 갈 수밖에 없습니다. 여기서 애굽으로 간다는 것은 다시 노예가 된다는 것입니다. 하나님의 백성에게 다른 선택은 없습니다. 하나님의 말씀에 순종하지 않으면 결국 다시 종이 되어야 하는 것입니다.

말씀이 없는 신앙은 다시 미신의 종이 될 수밖에 없습니다. 그들은 하나님의 자유를 누릴 자격이 없기 때문에 다시 종이 되어야 하고, 다시 방황해야 하는 것입니다.

14절, "이스라엘은 자기를 지은 자를 잊어버리고 전각들을 세웠으며 유다는 견고한 성읍을 많이 쌓았으나 내가 그 고을들에 불을 보내어 그 성들을 삼키게 하리라"

하나님께서 이스라엘 백성에게 원하시는 것은 눈에 보이는 전각이나 견고한 성이 아닙니다. 우리 한 사람 한 사람이 하나님의 말씀으로 채워져서 우리가 살아 있는 성전이 되는 것입니다. 우리 안에는 언제나 성령의 불이 있습니다. 하나님의 부흥의 불이 없고 성령의 불이 없는 이스라엘은 결국 세상의 불의 공격을 당할 수밖에 없습니다. 하나님은 그들에게 불을 보내어서 성들을 삼키게 하겠다고 말씀하셨습니다. 이것은 결국 앗수르의 불이 와서 이스라엘을 철저하게 멸망시키는 것입니다.

우리가 알아야 할 것은, 결코 이스라엘이 하나님을 믿지 않았던 것이 아니라는 것입니다. 그러나 이스라엘은 하나님의 말씀만 붙들기에는 너무 머리가 좋았습니다. 이스라엘 백성은 하나님의 말씀은 물리치고 세상의 복을 붙잡았고, 눈에 보이는 부흥과 성장을 붙잡았습니다. 그러나 그것은 이스라엘을 위기에서 지켜 주지 못하는 죽은 송아지에 불과했습니다.

오늘 우리나라 목회자들이나 신자들은 너무 머리가 좋고 똑똑해서 절대로 하나님의 말씀만 미련하게 붙들지 않습니다. 그리고 정말 온 세상이 놀랄 복들을 받고 있습니다. 그러나 하나님은 그것을 인정하지 않으십니다. 이스라엘의 불행은 이런 사고방식이 일시적으로 성공했기 때문에 더 바른 신앙으로 돌아올 수가 없었던 것입니다.

사실 한번 금송아지 맛을 본 사람들은 절대로 하나님의 말씀으로 돌아오지 못합니다. 왜냐하면 하나님의 말씀만 붙드는 것은 답답해서 죽을 것 같기 때문입니다. 그러나 이상한 것은 죽어라고 하나님의 말씀만 붙들 때에는 규모는 작아도 항상 부흥의 불이 있고 하나님의 능력이 있습니다. 여기에는 심판의 불이 오지 않습니다. 오히려 사람들이 살아나기 시작합니다.

오늘 우리는 우리가 잘나서 축복받고 부흥의 역사가 일어나는 것이 아닙니다. 하나님께서 우리를 긍휼히 여기셔서 우리에게 말씀을 주시고 부흥을 주셨습니다. 우리는 이것 하나로 만족하고 이것 하나로 감사해서 끝까지 부흥을 지키는 성도들이 다 되시기 바랍니다.

성경 토의

1. 요즘 우리 자신이나 교회나 국가의 영적인 상태를 어떻게 평가할 수 있는가?

2. 요즘 우리나라 교회나 교단이 큰 행사를 많이 하고 큰 건물을 많이 짓는데 그것은 어떤 의미가 있는가?

3. 금송아지 신앙의 특징은 무엇이며, 하나님이 원하시는 신앙은 어떤 신앙인가?

10_불신앙의 타작 마당

호세아 9:1-17

전체적 설명

농사짓는 사람들에게 가장 즐거운 때는 가을에 타작할 때일 것이다. 이스라엘 백성도 농사를 짓고 타작할 때에는 타작 마당에서 기뻐 뛰놀며 춤을 추었다. 그러나 문제는 그들이 이렇게 기뻐한 후에 바알 종교에서 하듯이 집단적인 성행위를 했던 것이다. 그 이유는, 바알 종교에서는 타작 마당에서 성행위를 해야 바알이 힘을 얻어서 비를 내리고 농사가 잘되게 한다고 가르쳤기 때문이다. 결국 이스라엘 백성은 이렇게 어리석은 이방인들의 말에 넘어가는 바람에 자신들을 더럽히고 하나님으로부터 버림을 받게 되었다. 즉 이스라엘이 속은 이유는 하나님이 주신 것으로 만족하지 못하고 더 많은 것을 수확하려고 욕심을 내었기 때문이다.

설교 프리노트

1절, "이스라엘아 너는 이방 사람처럼 기뻐 뛰놀지 말라"

누구든지 추수를 해서 곡식을 거두면 춤을 추고 싶고 기뻐하고 싶은 마음이 든다. 하나님께서 이스라엘 백성에게 기뻐 뛰놀지 말라고 하신 것은 그런 것까지 기뻐하지 말라는 뜻이 아니다. 하나님께서 이렇게 말씀하신 이유는, 이방인들의 타작 뒤에는 무서운 음란한 행위가 뒤따랐기 때문이다. 바알 종교는 바알이 1년에 한 번씩 죽는데 살려내기 위해서는 많은 성행위가 있어야 한다고 가르쳤다. 이스라엘 백성은 이 말도 되지도 않는 이방 풍습에 속아서 타작 마당에서 음행을 저질렀던 것이다. 그래서 하나님께서는 이스라엘 백성에게 절기를 주실 때 모두 구원과 연결시켜서 지키게 하셨다. 그래서 유월절은 보리나 밀을 추수하기 시작하는 때이고, 오순절은 보리나 밀 추수를 마쳤을 때이다. 그리고 장막절은 가을 추수를 마쳤을 때이다. 하나님께서 이렇게 이스라엘의 절기를 추수와 연결시키신 것은 이스라엘 백성이 누리는 축복이 하나님의 구원의 결과인 것을 깨닫게 하시려는 것이다.

"각 타작 마당에서 음행의 값을 좋아하였느니라"

사람들이 음행을 저지르면 상대방에게 돈을 주었다. 그것이 바로 음행의 값이다. 이스라엘 백성은 하나님이 주신 축복을 바알 앞에서 성행위를 함으로 음행의 값이 되게 하였다. 즉 이스라엘 백성은 자기들의 추수를 하나님이 주시는 복이 아니라 더러운 짓을 하고 받는 팁으로 만들었던 것이다.

2절, "타작 마당이나 술틀이 저희를 기르지 못할 것이며"

이스라엘의 주된 산업은 농사였기 때문에 밀과 포도 농사가 주 수입원이었다. 그러나 하나님께서는 이제 더 이상 타작 마당과 술틀이 이스라엘 백성을 먹이거나 부자가 되지 못하게 할 것이라고 말씀하신다. 그 이유는 이제 하나님께서 더 이상 이스라엘의 농사를 축복하지 않으시기 때문이다.

"새 포도주도 떨어질 것이요"

포도 농사가 잘되어야 새 포도주를 만들 수 있을 텐데 이제부터 포도 농사가 안 되기 때문에 이스라엘 백성은 더 이상 새 포도주를 담그지 못할 것이다.

3절, "저희가 여호와의 땅에 거하지 못하며"

이스라엘 백성의 문제는 농사만 망치는 것이 아니라 더 이상 가나안 땅에 있을 수가 없다는 것이다. 왜냐하면 이스라엘 백성이 가나안 땅에 있을 수 있는 권한이 없어졌기 때문이다. 이것은 마치 어떤 상인이 건물을 임차해서 사용하다가 임차 기간이 끝나서 집을 비워 주어야 하는 것과 비슷하다. 이스라엘 백성이 하나님의 율법을 지킬 때에는 얼마든지 무상으로 가나안 땅에 있을 수 있지만 이스라엘 백성이 하나님의 율법을 버리면 땅을 비워 주어야 하는 것이다.

"에브라임이 애굽으로 다시 가고"

'에브라임' 은 단지 에브라임 지파만 말하는 것이 아니라 이스라엘의 부자나 지도층을 의미한다. 이들이 '애굽으로 간다' 라는 것은 이스라엘의 부자들이 환난을 피하여 애굽으로 피난 간다는 뜻도 있지만 옛날처럼 다시 노예가 된다는 뜻이 더 강하다. 그래서 애굽으로 간다는 말을 설명하기를, '앗수르에서 더러운 것을 먹을 것이라' 라고 했다. 이것은 이스라엘 백성이 앗수르에 망해서 이방 땅에서 율법에 먹을 수 없는 부정한 음식을 먹으면서 포로 생활을 하는 것을 말한다.

4절, "저희가 여호와께 전제를 드리지 못하며"

'전제' 는 포도주 제사를 말하는데 번제를 드리다가 나중에 그 위에 포도주를 붓는 것이다. 그러면 포도주의 향기가 하늘로 올라가게 되며, 이는 제사에서 가장 아름다운 부분에 속한다. 그러나 이스라엘 백성이 포로로 붙들려 가면 포도주 자체를 구하기 어려워지기 때문에 전제를 드리지 못하며, 이방 땅에서는 제사장이나 제물이나 모든 것이 없어서 제사 자체를 드릴 수 없을 것이다. 이때 이스라엘 백성은 마음껏 하나님께 제사드릴 수 있는 것이 얼마나 큰 축복인지 깨닫게 될 것이다.

"여호와의 기뻐하시는 바도 되지 못할 것이라"

하나님은 이스라엘 백성 자체를 더 이상 기뻐하지 아니하신다. 그 이유는 이미 이스라엘 백성이 이방화되어서 이스라엘 백성의 특성을 잃어버렸기 때문이다. 그래서 하나님은 더 이상 이스라엘 백성을 특별하게 대하지도 않을 것이며, 선지자를 통하여 말씀을 주시지도 않고, 제사도 드리지 못하게 하시며, 이방인들과 같이 취급할 것이다.

"저희의 제물은 거상 입은 자의 식물과 같아서"

하나님께서는 죽은 자의 집의 음식을 부정하게 하셨다. 여기서 '거상 입은 자의 식물' 은 초상집의 음식을 말한다. 물론 초상집의 음식을 먹을 수 없는 것은 아니지만 이 집에는 죽은 자가 있고 슬픔이 있기 때문에 그 집 식구나 일하는 자들이 먹을 정도이지 많은 사람들에게 나누어 줄 수 있는 기쁨의 떡은 아닌 것이다. 특히 영적으로 하나님께 바치는 제물은 모두 살아 있는 제물이며, 지극히 거룩한 것이어야 하는데 이미 이스라엘은 초상난 집과 같이 죽은 집이기 때문에 하나님께 바칠 성질의 것이 아니었다. 또한 이것은 부정한 것이어서 이웃과도 나누어 먹을 성질의 것도 아니었다. 결국 이스라엘 백성의 제물은 자신들이나 먹고 연명할 정도에 불과했다.

5절, "너희가 명절일과 여호와의 절일에 무엇을 하겠느냐"

하나님은 이스라엘 백성이 명절이나 여호와의 절기를 이방인들의 의식으로 만들어서 지키는 바람에 진노하셔서 이런 절기를 지키지 못하게 하려고 하셨다. 결국 하나님이 이스라엘 백성으로 하여금 이방인의 절기를 지키지 못하게 하는 방법은 이스라엘이 망하게 하는 것밖에 없었다. 왜냐하면 이스라엘 백성은 절대로 이런 잘못된 절기를 고칠 생각이 없었기 때문이다. 하나님께서는 이스라엘 백성에게 너희 나라가 망하고 너희가 포로로 붙들려 갔을 때 명절이나 절기가 돌아오면 무엇을 하겠느냐고 질문하신다. 즉 이스라엘 백성이 노예로 붙들려 가면 그때는 절기도, 명절도 없고 오직 한평생 종살이만 해야 하기 때문이다.

6절, "보라 저희가 멸망을 피하여 갈찌라도 애굽은 저희를 모으고"

앗수르 군대가 쳐들어오면 이스라엘 백성이 도망갈 곳은 애굽밖에 없었다. 물론 유다로 피할 수도 있지만 그들은 유다가 자기들보다 안전하지 못하다고 생각했다. 그러나 애굽은 이스라엘 백성의 피난처가 되지 못했다. 왜냐하면 애굽 사람들은 자기들이 살기 위해서 이스라엘 백성을 도로 붙잡고, 죽은 자들은 놉에 장사되기 때문이다. 이스라엘 백성이 살던 곳은 폐허가 되는데 그들이 미처 가져가지 못하고 땅에 파묻고 간 보물들에는 잡초가 우거질 것이며, 그들이 미처 치우지 못하고 간 장막 안에는 가시 넝쿨이 가득하게 되어 폐허가 될 것이다. 결국 이스라엘 백성은 자기들이 애지중지하던 집이나 보물들을 제대로 써 보지 못하고 도망치는 것이다.

7절, "형벌의 날이 이르렀고 보응의 날이 임한 것을 이스라엘이 알찌라"

이스라엘 백성이 가장 안전하고 가장 행복하다고 생각하는 순간에 하나님의 형벌이 찾아오게 되었다. 그 이유는 하나님의 심판 날은 아무도 모르기 때문이다. 그러나 하나님께서는 선지자들을 통하여 하나님의 심판이 가까워진 것을 알려 주신다. 그러나 이스라엘의 선지자들은 하나님의 말씀을 들을 줄 모르는 엉터리 선지자들이었다.

"선지자가 어리석었고 신에 감동하는 자가 미쳤나니"

이스라엘의 선지자들은 하나님의 말씀을 듣고 전하는 자들이 아니었다. 그들은 백성들이 듣기 원하는 것을 전하는 엉터리 선지자들이었다. 이스라엘 백성은 언제나 자기들을 축복해 주고 칭찬해 주는 선지자를 좋아했지만 이들은 하나님의 뜻을 모르는 어리석은 선지자들이었고, 하나님의 입장에서 보면 미친 자들이었다. 왜냐하면 이들은 선지자라고 하면서도 전혀 하나님의 뜻에 따라 움직이지 않았기 때문이다.

"이는 네 죄악이 많고 네 원한이 큼이니라"

이스라엘의 선지자들이 엉터리 선지자들이었던 이유는 이스라엘 백성이 하나님의 말씀을 듣기 싫어서 바른 말씀을 전하는 선지자들을 죽이거나 내쫓았기 때문이다. 그러나 이스라엘 백성이 이렇게 된 것은 그들의 죄가 커서 하나님께서 이미 그들을 멸망시키기로 작정하셨기 때문이다. 그리고 '네 원한이 크다' 라는 것은 이스라엘 백성에 대한 사람들의 원한이 크다는 뜻이다.

8절, "에브라임은 내 하나님의 파숫군이어늘"

원래 에브라임의 사명은 하나님으로부터 오는 소식을 가장 먼저 듣고 사람들에게 알려 주는 파수꾼 역할이었다. 파수꾼은 최전방에서 주야로 잠을 자지 않고 지키면서 적이 쳐들어오는 것을 백성들에게 알려 주는 사람이다. 즉 이 세상에 일어나는 모든 재앙이나 축복은 하나님께로부터 오는 것이기 때문에 하나님으로부터 오는 말씀을 듣는 것이 파수꾼의 사명이다. 그러나 에브라임의 마음은 세상으로 향했기 때문에 하나님의 말씀을 전혀 듣지 않았고, 무관심해서 파수꾼의 역할을 할 수가 없었다.

"선지자는 그 모든 행위에 새 잡는 자의 그물 같고"

새 사냥꾼은 새가 보지 못하는 곳에 그물을 치고 있다가 새가 날아가면 걸리게 해서 잡는다. 선지자는 세상에 그물이 있는 곳을 사람들에게 알려 주어서 피하게 해야 하는데 오히려 그물을 쳐서 걸리게 했다. 그 이유는 선지자들이 당장 사람들에게 듣기 좋은 소리를 해서 이익을 얻으려고 했기 때문이다. 이스라엘이 망할 때에도 거짓 선지자들이 사람들을 잘못된 길로 많이 데리고 간 것을 알 수 있다.

"또 그 하나님의 전에서 원한을 품었도다"

이스라엘에도 선지자가 있었지만 이들은 결코 하나님의 전을 사랑하지 않았다. 여기서 '하나님의 전' 이라고 하는 것은 무엇일까? 북쪽 이스라엘 사람들이 세워 놓은 성전을 말하지는 않을 것이다. 왜냐하면 그 선지자나 제사장들은 한통속이었기 때문이다. 여기 하나님의 전은 이스라엘 백성이 온전한 하나님의 전으로 세워지는 것을 말할 것이다. 즉 선지자들은 이스라엘 백성 전체가 하나님이 계시는 전이 되게 해야 하는데 그들은 그것을 미워해서 허무는 일을 했던 것이다.

9절, **"저희는 기브아의 시대와 같이 심히 패괴**[개역개정: 부패]**한지라"**

'기브아의 시대' 는 사사 시대를 의미한다고 본다(삿 19:22-30). 사사 시대에 제사장이 첩을 데리고 여행을 하다가 기브아에서 동성연애자들의 공격을 받아 여자는 밤에 강간을 당해서 죽고, 살아남은 제사장은 이스라엘 전체에 고발을 해서 이스라엘에 내전이 일어나게 되었다. 마찬가지로 지금 이스라엘도 동성연애나 폭력이 난무할 뿐 아니라 누군가가 잘못을 책망해도 듣지 않고 오히려 전쟁을 하는 악한 시대가 된 것이다.

"여호와께서 그 악을 기억하시고 그 죄를 벌하시리라"

하나님께서는 그 백성의 죄를 보시고 침묵하시지만 이것은 그들의 죄를 몰라서 그런 것이 아니라 스스로 죄를 버리고 회개하기를 기다리시기 때문이다. 그러나 하나님이 가만히 계신다고 해서 계속 악을 저지르면 하나님은 드디어 그 모든 죄를 심판하시는데, 그때는 하나님의 진노를 피할 수가 없다.

10절, **"옛적에 내가 이스라엘 만나기를 광야에서 포도를 만남 같이 하였으며"**

나무가 전혀 살지 않는 허허벌판에서 탐스러운 포도가 맺혀 있는 포도나무를 만난다는 것은 기적이라고 보아야 할 것이다. 이스라엘 백성은 아무것도 없는 들판에서 오직 하나님의 말씀만 가지고 위대한 축복을 만들어 내었다. 하나님은 그 이스라엘을 무척 사랑하셨고, 귀하게 생각하셨다.

"너희 열조 보기를 무화과나무에서 처음 맺힌 첫 열매를 봄 같이 하였거늘"

과일 농사를 짓는 사람이 몇 년 동안 과일 나무를 키우는데 과일이 맺히지 않다가 첫 열매가 맺혔을 때 그 신기함이라고 하는 것은 말로 표현할 수가 없을 것이다. 그리고 그 후부터는 열매가 수도 없이 맺히기 때문에 농부는 돈을 벌게 된다. 하나님이 보시기에 이스라엘 조상들의 믿음은 참으로 신기한 열매였다. 하나님이 이스라엘 백성을 가나안 땅에 심은 것은 이런 열매를 더 많이 맺도록 하기 위해서였다. 그러나 이스라엘 백성은 가나안 땅에 들어오면서 열매가 맺히지 않고 썩기 시작했다. 그것은 이스라엘 백성이 자기들이 왜 이렇게 복을 받는지 생각하지 않고 교만했기 때문이다.

"저희가 바알브올에 가서 부끄러운 우상에게 몸을 드림으로"

바알브올은 이스라엘 백성이 가나안 땅에 들어오기 전에 발람의 계략으로 모압 여자들이 만든 우상에 속아서 음행을 하고 우상에게 절을 함으로 염병으로 많은 사람이 죽은 사건을 말한다(민 25:3). 마찬가지로 이스라엘 백성은 가나안 땅에서 바알에게 자신을 바침으로 썩은 열매가 되어서 스스로 버림받게 했다. 이스라엘은 하나님을 사랑해야 하는데 바알을 사랑했다.

11절, "에브라임의 영광이 새 같이 날아가리니"

새는 한번 날아가면 다시는 돌아오지 않는다. 마찬가지로 지금까지 에브라임은 잘살고 유명했지만 이번에 몰락하면 다시는 영광이 돌아오지 않을 것이다. 왜냐하면 하나님의 축복이 에브라임을 완전히 떠나서 돌아오지 않기 때문이다.

"해산함이나 아이 뱀이나 잉태함이 없으리라"

이제 에브라임 혹은 이스라엘은 자식의 복이 없어지게 된다. 왜냐하면 하나님께서 더 이상 이스라엘에 복을 주시지 않기 때문이다. 물론 이스라엘 사람들이 아이를 낳겠지만 이들은 더 이상 하나님의 백성이 아니라 이방인이며, 더 이상 이스라엘에 부흥이 일어나지 않을 것이다. 하나님의 백성에게서 부흥이 없어지면 사람들이 적어지고 젊은이들이 없어지니까 어린아이들도 적어지게 된다.

12절, "혹 저희가 자식을 기를찌라도 내가 그 자식을 없이하여"

하나님은 앞으로 이스라엘에 있을 무서운 재앙을 예고하신다. 즉 하나님은 앞으로 이스라엘의 젊은 자식들을 모두 없앨 생각을 가지고 계신다. 그 이유는 이들이 모두 불신앙의 자식이며 우상의 사고방식이 가득 찬 세대이기 때문에 더 이상 하나님 앞에서 가치가 없기 때문이다. 하나님은 이스라엘의 자식을 한 사람도 남기지 아니할 것이라고 말씀하신다. 이것은 하나님께서 이스라엘 자식들은 어느 누구 하나 가치가 없고 이 가나안 땅에 있을 믿음을 가진 자가 없다고 보시는 것이다. 이것이 이스라엘에 대한 하나님의 평가이다.

"내가 저희를 떠나는 때에는 저희에게 화가 미치리로다"

하나님은 과연 언제 이스라엘을 떠나시는가? 사람의 눈으로는 하나님이 떠나시는 것이 보이지 않을 것이다. 그러나 하나님은 이스라엘 백성에게 새까맣게 이방 군대가 쳐들어오는 것을 보면 하나님이 그들을 떠나셨다는 것을 알라는 뜻이다. 우리는 하나님이 떠나시기 전에 하나님을 붙들어야지 하나님이 떠나시고 난 후에는 붙들 수가 없다.

13절, "내가 보건대 에브라임은 아름다운 곳에 심긴 두로와 같으나"

두로는 바닷가에 있는 난공불락의 바위 성이었다. 그리고 두로는 전 세계를 상대로 무역을 해서 경제적으로 부강했으며, 바알 종교의 원산지였다. 여기서 우리는 에브라임이 무엇을 모델로 해서 도시를 꾸몄는지 알 수 있다. 즉 에브라임은 위치만 옮겨 놓은 두로였던 것이다. 그러나 하나님은 그 자식을 살인하는 자에게로 끌어내겠다고 하셨다. 왜 하나님은 에브라임에 대하여 이렇게 잔인한 일을 하려고 하시는가? 그 이유는 이미 에브라임이 하나님과 이스라엘 사람들에게 잔인한 짓을 했기 때문이다.

14절, "여호와여 저희에게 주소서"

아마도 이스라엘 백성은 하나님께 기도할 때 항상 무엇인가를 달라고 기도했던 것 같다. 그래서 이번에도 선지자는 이스라엘 백성을 대신해서 하나님께 무엇인가 달라고 기도를 하는데, 이번에 선지자는 물질적인 복이나 영화가 아니라 '배지 못하는 배와 젖 없는 유방을 달라' 고 기도한다. 그 이유는 앞으로 이스라엘의 모든 자식이 전쟁으로 죽을 것이기 때문에 차라리 자식이 없는 것이 덜 고통스럽기 때문이다. 지금 이스라엘은 자신들이 성공했다고 생각하고 있지만 그들을 기다리고 있는 것은 철저한 파멸뿐이다.

15절, "저희의 모든 악이 길갈에 있으므로"

아마도 이스라엘의 모든 우상은 길갈에서 만들어져서 공급되었던 것 같다. 즉 길갈에는 우상을 만드는 공장이 있었던 것이다. 한때 이스라엘 백성은 길갈에서 할례를 받고 하나님께 모든 것을 맡겼는데 이제는 길갈이 우상의 공장이 되었다. 그래서 하나님은 길갈에서 이스라엘을 미워했다고 말씀하신다. 즉 우상이 있는 이스라엘은 더 이상 하나님의 집에 있을 자격이 없고 하나님의 사랑을 받을 자격이 없는 것이다.

"그 방백들은 다 패역한 자니라"

이스라엘의 방백들은 이스라엘을 개혁해야 하는 사람들이었다. 즉 방백들은 이스라엘 안에 하나님을 거역하는 것이 있으면 청산을 해서 언제나 하나님의 은혜가 있게 해야 하는데 이스라엘은 지도자 자신들이 하나님을 반역하는 자들이었다. 여기서 '패역하다' 라는 것은 반항적이라는 뜻이다. 이스라엘의 지도자들은 하나님께 반항적인 것이 똑똑한 것이라고 생각했고, 세상을 따라가는 것이 세련된 것이라고 믿었다.

16절, "에브라임이 침을 입고 그 뿌리가 말라"

에브라임은 이스라엘에서 가장 중요한 지파였는데 나무로 비유하면 병이 들거나 혹은 번개를 맞아서 뿌리까지 말라 버려 열매가 없어지게 된다. 선지자는 이것을 다시 말하기를, 아이를 낳아서 그 태의 열매가 죽는 것이라고 했다. 그렇게 번창했던 에브라임이 말라 죽는 이유는 하나님의 말씀의 진액을 먹지 않고 세상의 진액을 먹었기 때문이다.

17절, "저희가 듣지 아니하므로"

이스라엘이 멸망하는 궁극적인 이유는 끝까지 하나님의 말씀을 듣지 않았기 때문이다. 만일 이스라엘이 하나님의 말씀을 들으려고 했으면 망하지 않을 수 있었겠지만 결국 하나님의 말씀을 들으려고 하지 않았기 때문에 하나님으로부터 버림을 받고 나라를 잃고 세계에 유리하는 난민이 되는 것이다.

본문 이해를 위한 질문

1. 이스라엘의 타작 마당은 어떻게 변질되었는가?

원래 타작 마당은 하나님이 주시는 축복의 열매였는데 이스라엘 백성의 욕심이 음란의 현장으로 만들어 버렸다.

2. 이스라엘 백성은 위기를 당했을 때 어떻게 했는가?

이스라엘의 지도자들은 어리석게도 애굽을 의지하려 했고 앗수르의 도움을 받으려고 했지만 온 세상에 이스라엘을 도울 수 있는 나라는 없었다.

3. 이스라엘이 하나님을 버린 결과는 무엇인가?

원래 이스라엘은 광야의 포도같이 존귀한 자들이었지만 하나님을 떠난 결과 그 모든 자손이 죽는 철저한 파멸을 당하게 된다.

성경 강해

요즘 우리나라 사람들은 전 세계에서 가장 복을 많이 누리고 있는 사람들 중의 하나일 것입니다. 과거 우리나라는 전 세계에서 가장 비참하고 못사는 나라들 중의 하나였습니다. 그런데 하나님께서는 우리나라에 엄청난 경제 발전을 주셔서 가장 잘사는 나라는 아니지만 그래도 세계에서 잘사는 나라 중의 하나가 되게 하셨습니다.

옛날에 우리나라 사람들 대다수는 춥고 불편한 재래식 집에서 살았습니다. 그러나 이제는 아주 많은 사람들이 따뜻하고 편리한 아파트에서 생활하고 있습니다. 또 옛날에는 굶는 사람들이 너무 많았습니다. 그러나 이제는 다 먹지 못해서 버리는 음식 때문에 곤란할 정도가 되었습니다. 아마 세계에서 우리나라만큼 옷값이 싸고 옷이 좋은 나라도 많지 않을 것입니다. 그리고 옛날에는 우리나라 사람들이 자가용을 굴린다는 것을 상상할 수도 없을 정도로 가난했습니다. 그러나 이제는 웬만한 사람들은 자신의 차를 타고 다닐 정도로 잘살게 되었습니다. 특히 최근의 한류 바람은 주위에 있는 여러 나라에 거세게 불고 있습니다. 즉 우리나라 배우나 가수가 주위 나라에서 인기를 끌고 있는 것은 그만큼 우리나라 배우나 가수들이 잘생겼고, 거기에 나오는 배경이 되는 집이나 환경이 좋은 집과 좋은 분위기이기 때문에 인기를 끄는 것입니다.

지금 우리나라 사람들은 과거에 비해 말할 수 없을 정도로 많은 복을 누리고 있습니다. 그런데 지금 우리는 심각한 기로에 서 있습니다. 그것은 과연 앞으로도 우리나라는 계속 이런 식으로 복을 받으면서 잘살 수 있을까 하는 것입니다. 그렇게 되려면 지금 젊은이들이나 청소년 세대가 복을 받아야 하는데 과연 우리는 그런 길로 가고 있느냐 하는 것입니다. 오늘 본문은 그 점에 있어서 복의 본질적인 부분을 말씀하고 있습니다. 우리가 앞으로도 계속 복을 받으려면 진정한 우리 복의 근원이 어디에 있는지 알아야 합니다. 즉 우리 복의 근원이 하나님인지, 아니면 이 세상인지 분명히 알아야 하는 것입니다. 그뿐만 아니라 우리가 하나님의 복을 지속적으로 받으려면 하나님이 왜 우리에게 복을 주시는지 그 이유를 알아야 합니다.

오늘 말씀을 보면 하나님께서 이스라엘 백성을 어떻게 생각하셨는지를 잘 알 수 있습니다. 본문 10절을 보면 '옛적에 내가 이스라엘 만나기를 광야에서 포도를 만남 같이 하였으며 너희 열조 보기를 무화과나무에서 처음 맺힌 첫 열매를 봄 같이 하였거늘' 이라고 하였습니다.

하나님께서 처음 이스라엘 백성을 만났을 때 아무것도 없는 거친 광야에 포도가 열려 있는 포도나무를 발견한 것과 같았다고 하셨습니다. 광야는 그야말로 풀 한 포기, 나무 한 그루 없는 철저하게 버려진 땅입니다. 그런데 이스라엘 백성은 그런 황량한 곳에 살아 있을 뿐 아니라 열매까지 맺고 있는 포도나무였던 것입니다. 이렇게 거친 광야에 포도나무가 살아 있을 뿐 아니라 포도까지 맺고 있다는 것은 기적 중의 기적이며, 목마른 나그네들에게는 완전히 갈증을 해소해 주고 기운을 소생시켜 주는 것입니다.

그리고 하나님은 '너희 열조 보기를 무화과나무에서 처음 맺힌 첫 열매를 보는 것 같았다' 라고 말씀하고 있습니다. 즉 농부가 땅에 무화과나무를 심으면 5, 6년이 지나도록 열매가 맺히지 않습니다. 그러다가 어느 날 무화과나무에서 첫 열매가 맺혔을 때 그 농부의 기쁨은 말로 표현할 수가 없을 것입니다. 무화과나무에서 첫 열매가 맺히고 나면 그때부터는 무화과 열매가 수백 배 열리게 될 것입니다.

하나님께서 이스라엘 백성을 이렇게 귀한 나무로 보셨던 것은 그들이 물질적으로 잘사는 것을 보고 말씀하신 것이 아니었습니다. 이스라엘 백성은 그 가난한 광야 생활 가운데서도 하나님의 말씀을 믿었고, 성령의 열매를 맺는 자들이었던 것입니다. 하나님께서 이스라엘 백성을 가나안 땅으로 들어오게 하셔서 물질적인 복을 받게 하신 것은 그 믿음을 가지고 더 많은 열매를 맺으라는 뜻이었습니다. 즉 하나님께서 이스라엘 백성에게 복을 주신 이유는 더 많은 신앙적인 열매를 맺으라는 뜻이었습니다. 그런데 이상한 것은 이스라엘 백성이 가나안 땅에서 복을 받자마자 신앙의 열매는 맺지 않고 악의 열매, 불신앙의 열매를 맺기 시작한 것입니다. 그 이유는 이스라엘 백성이 진정한 복의 근원을 알지 못했기 때문입니다. 결국 하나님께서는 더 이상 이스라엘 백성을 가나안 땅에 둘 수가 없어서 이방 땅으로 쫓아 버리겠다고 말씀하십니다. 그 이유는 가나안 땅은 거룩한 땅인데 거룩하지 않은 이스라엘 백성은 이곳에 살 수 없기 때문입니다.

이스라엘 백성이 가나안 땅에서 계속 복을 누리지 못하고 비참하게 쫓겨난 것은 우리에게 교훈을 주시기 위한 것입니다. 즉 우리가 하나님의 복을 많이 받았지만 중요한 것은 복을 받은 것이 아닙니다. 더 중요한 것은 하나님은 왜 우리에게 복을 주셨으며, 우리가 계속 복을 누리려면 어떻게 해야 하느냐 하는 것입니다.

1. 타작 마당의 변질

농사짓는 사람들에게 가장 중요한 것은 역시 추수입니다. 사람들은 농사지은 것을 추수해서 그것으로 1년 동안 먹고살고, 그 곡식을 팔아서 필요한 물건을 사기도 하고, 집을 짓기도 하고, 자녀들 공부도 시키는 것입니다. 그래서 농사짓는 사람들에게는 풍년이 들어서 곡식을 많이 추수하는 것이 하나님의 축복이었고 부자가 되는 길이었습니다. 예를 들어 장사하는 사람이 이윤을 많이 남기면 그것이 부자가 되는 길이고, 공장에서 물건을 만들어 내는 사람이 물건을 많이 팔면 부자가 되는 것과 같은 것입니다. 그래서 옛날 사람들은 농사를 지어서 풍년이 들면 잔치를 하고 기뻐했습니다. 이것은 어떤 의미에서 당연한 것이라고 볼 수 있습니다. 즉 추수하고 난 뒤에 그것을 가지고 잔치를 하고 기뻐하는 것은 1년 동안 농사짓느라고 수고한 것에 대하여 스스로 위로하는 의미도 있고, 또 감사의 의미도 있을 것입니다. 그런데 이 점에 있어서 이스라엘 백성과 이방인들은 큰 차이가 있었습니다.

1절, "이스라엘아 너는 이방 사람처럼 기뻐 뛰놀지 말라 네가 행음하여 네 하나님을 떠나고 각 타작 마당에서 음행의 값을 좋아하였느니라"

사람들은 누구나 가난하게 살다가 크게 성공해서 돈이 많아지면 집도 크게 짓고, 옷도 더 좋은 옷을 입고, 사업도 더 확장해서 더 많은 종업원을 거느리면서 부를 누리려고 할 것입니다. 이것은 당연한 것이며, 누가 보아도 잘못하는 것이 아닙니다. 그런데 사람들은 복을 누릴 때 나쁜 방향으로 복을 누릴 때가 많습니다. 그것은 죄를 지으면서 복을 누리는 것입니다. 즉 사람이 돈이 많아지면 아내로 만족하지 못하고 첩을 두거나 다른 여자를 두어서 쾌락을 즐기려고 할 때가 많습니다. 왜냐하면 사람이 돈이나 권력을 이용해서 가장 빠른 시간 안에 가장 큰 행복을 누리는 방법이 성적인 쾌락이기 때문입니다. 사람들은 그것으로 만족하지 못하고 더 부자가 되기 위해서 남의 것을 빼앗으려고 불법을 저지릅니다. 이것은 하나님이 주신 축복을 잘못된 방법으로 사용하는 것입니다.

예를 들어 사람들이 가난하고 어려울 때에는 조금이라도 더 잘살기 위해서 죽어라고 일을 하고 노력을 합니다. 사람에게 이런 목표가 있을 때에는 대개 정신적으로 건강한 법입니다. 그러나 사람이 성공해서 돈이 많아지고 더 이상 추구할 목표가 없어지면 그때부터는 정신이 부패하게 됩니다. 즉 지금까지는 성공하기 위해서 에너지를 다 썼는데 이제는 목표를 이미 달성했기 때문에 에너지를 쓸 데가 없는 것입니다. 그래서 성공한 사람들에게 언제나 문제가 되는 것은 바로 이 남아도는 에너지를 제대로 쓰지 못해서 죄를 짓는 것입니다.

하나님은 이스라엘 백성에게 복을 주시기 전에 진정한 복의 근원이 어디에 있는지 가르쳐 주셨습니다. 이것은 모든 이스라엘 백성이 1년에 세 번 지켜야 하는 세 번의 절기였습니다.

이스라엘 백성은 누구나 1년에 세 번 지켜야 하는 절기가 있었습니다. 그 절기는 바로 유월절과 오순절과 수장절이었습니다. 이 세 번의 절기는 모두 이스라엘 백성의 구원을 기념하는 절기였습니다. 즉 유월절은 이스라엘 백성이 애굽에서 종이 되었다가 구원받는 절기였습니다. 이스라엘 백성이 이스라엘로 존재할 수 있었던 것은 바로 이 유월절 때부터였습니다. 그리고 오순절은 유월절을 지난 후 50일 되는 절기인데, 이때 모세는 시내 산에 올라가서 십계명 두 돌비를 받아가지고 내려왔습니다. 오순절은 하나님께서 이스라엘 백성에게 하나님의 말씀을 주신 절기입니다. 그리고 수장절은 이스라엘 백성이 광야 40년 동안 하나님의 은혜로 살아남은 것을 기념하는 절기였습니다.

그런데 이 세 번의 절기가 모두 추수와 관계가 되었습니다. 즉 유월절은 보리 추수를 시작하는 때였고, 오순절은 보리나 밀 추수를 마칠 때였습니다. 그리고 수장절은 가을 추수를 마칠 때였습니다. 결국 하나님은 이 세 번의 절기를 통해서 이스라엘 백성에게 물질적인 추수가 하나님의 구원의 결과로 주어지는 것임을 보여 주셨습니다. 즉 이스라엘 백성에는 구원이 따로 있고 추수가 따로 있는 것이 아니라 하나님께서 이스라엘 백성을 구원하셨기 때문에 그들의 먹을 것까지 책임을 져 주시는 것입니다. 그래서 이스라엘 백성에게는 물질적인 축복보다 더 중요한 것이 하나님의 구원이었고, 하나님의 은혜였습니다. 즉 이스라엘 백성은 하나님만 열심히 믿고 하나님의 말씀에 순종하기만 하면 영적인 부흥이 오게 되어 있고, 영적인 부흥이 오면 반드시 물질적인 축복이 온다는 것을 보여 주시는 것입니다.

그런데 이스라엘 백성이 가나안 땅에 들어온 후에는 이런 생각에 변화가 오게 되었습니다. 즉 이스라엘 백성이 광야에서 만나를 먹을 때에는 하나님께서 그들에게 먹을 것을 주시는 것을 분명히 알 수 있었습니다. 왜냐하면 하나님께서 단 하루라도 만나를 주시지 않으면 이스라엘 백성은 모두 굶어 죽을 수밖에 없었기 때문입니다. 그런데 이스라엘 백성이 가나안 땅에 들어왔을 때에는 하나님이 일하시는 것을 볼 수가 없었습니다. 왜냐하면 이스라엘 백성이 농사를 짓는데 비만 많이 오고 이스라엘 백성이 부지런하기만 하면 얼마든지 풍년이 들 수 있었기 때문입니다. 그리고 가나안 사람들이나 이방인들 중에서 농사 기술이 뛰어나고 능력이 있는 사람은 얼마든지 부자가 될 수 있었던 것입니다. 이스라엘 백성은 하나님께서 광야에서는 만나로 자기들에게 먹을 것을 주셨고 가나안 땅에서는 곡식으로 먹을 것을 주신다고 생각하면 되는 것입니다. 그런데 이스라엘 백성은 가나안 땅에서 이방인들과 자신들을 비교했습니다. 그랬더니 가나안 땅에서는 굳이 하나님을 믿는다고 해서 더 농사가 잘되는 것도 아니고 이방인이라 하더라도 기술만 좋으면 얼마든지 농사를 잘할 수 있다는 것을 알게 된 것입니다. 그래서 이스라엘 백성은 가나안 땅에서는 하나님의 구원과 추수를 연결시키지 않고 추수를 따로 생각하게 되었습니다. 즉 추수나 물질적인 복이라고 하는 것은 꼭 하나님을 잘 믿어야 받는 것은 아니라고 생각한 것입니다.

이것이 바로 우리가 겪는 문제와 너무나도 비슷한 현상입니다. 오늘 우리 사회와 같은 문명사회에서는 하나님께서 일하시는 것이 잘 보이지 않습니다. 오늘 우리 사회에서는 신앙생활을 잘한다고 해서 더 복을 받는 것이 아닙니다. 공부를 더 잘하고, 세상적으로 재능이 있고 능력이 있는 사람들이 더 많이 성공을 하는 것을 볼 수 있습니다. 그때 우리가 가지기 쉬운 생각은, 우리가 세상에서 성공하는 데는 굳이 하나님을 잘 믿을 필요가 없다는 것입니다.

사실 신앙이 좋다고 해서 반드시 좋은 대학에 합격하는 것은 아닙니다. 또 신앙이 좋은 청년이라고 해서 좋은 직장에 들어가는 것도 아닙니다. 이 세상은 오직 그 사람의 능력과 재주만 보지 하나님을 믿는 것은 생각하지 않습니다. 그래서 오늘 많은 크리스천은 점점 더 세상에서 성공하기 위해서는 신앙보다는 세상적인 능력을 갖추는 것이 더 중요하다고 생각하는 것입니다.

그래서 이스라엘 백성은 가을에 곡식을 추수하고 난 후에는 하나님께서 말씀하신 것처럼 성전에 나와서 예배드리는 일을 하지 않았습니다. 그 대신 이스라엘 백성은 이방인들처럼 타작 마당에서 잔치를 하면서 먹고 뛰놀았습니다.

'이스라엘아 너는 이방 사람처럼 기뻐 뛰놀지 말라 네가 행음하여 네 하나님을 떠나고 각 타작 마당에서 음행의 값을 좋아하였느니라.'

하나님은 이스라엘 백성이 추수를 하고 난 후에 기뻐서 음식을 준비해서 잔치를 하고 기뻐하는 것을 하지 말라는 것이 아니었습니다. 이스라엘은 이방인들이 성공하는 것을 보고 그 비결을 따라 하려고 한 것입니다.

이스라엘 백성은 전통적으로 유목민이어서 농사를 잘 지을 줄 몰랐습니다. 거기에 비하여 가나안 족속들은 조상 때부터 농사를 지었기 때문에 농사짓는 데 전문가들이었습니다. 사실 이스라엘 백성이 조상 때부터 목축을 하다가 가나안 땅에 와서 그 정도로 농사를 짓는 것만 해도 대단한 것이었습니다. 그러나 이스라엘 백성은 그렇게 생각하지 않고 자기들이 기필코 가나안 사람들 이상은 되어야 한다고 생각해서 가나안 사람들의 풍습을 따라 하기 시작했습니다. 그것은 결국 가나안 사람들이 행해 오는 추수 제사 방식을 따라가는 것이었습니다. 그것은 추수 때 타작 마당에서 잔치를 하면서 먹고 마시고 뛰놀고는 무분별한 성행위를 하는 것이었습니다.

그래서 하나님께서는 '네가 행음하여 네 하나님을 떠나고' 라고 말씀하셨습니다. 이스라엘 백성이 하나님을 떠나게 된 것은 하나님께서 그들을 축복하셨을 때입니다. 그들은 하나님이 주신 복을 하나님의 복으로 생각하지 않고 자기들이 잘해서 얻은 것이라고 생각한 것입니다. 그래서 더 복을 받으려고 가나안 사람들의 방법을 따라가게 되었는데 그것이 바로 행음이었습니다. 이스라엘 백성은 하나님이 주신 복을 제대로 감당하지 못하는 바람에 하나님이 주신 복이 '음행의 값' 이 되어 버렸습니다.

모든 사람이 열심히 일을 해서 월급을 받는 것은 아주 신성한 것입니다. 그러나 술을 팔고 팁을 받는 것은 결코 신성한 것이 될 수 없을 것입니다. 또 어떤 사람이 뇌물로 돈을 받는 것도 신성한 것이 되지 못할 것입니다. 결국 이 모든 것은 음행의 값이 되어 버리는 것입니다. 그런데 이스라엘 백성이 하나님이 복 주신 것을 하나님의 복으로 생각하지 않고 세상 사람들의 행실을 따라갈 때에는 그 복도 결국 음행의 값이 되어서 하나님이 싫어하시게 되는 것입니다. 예를 들어 우리가 직장에 다니거나 열심히 사업을 해서 돈을 버는 것은 신성한 것이지만 그것을 믿지 못해서 열심히 사람을 따라다니면서 술을 마시거나 쾌락에 빠진다면 하나님이 주신 복도 부정한 것이 되는 것입니다. 그래서 복을 받는 것도 중요하지만 더 어려운 것이 복을 잘 지키는 것입니다.

2. 이스라엘의 변질의 결과

하나님께서는 가나안 땅에 와서 신앙이 변해 버린 이스라엘 백성을 더 이상 축복하시지 않을 것이라고 말씀하셨습니다.

2절, "타작 마당이나 술틀이 저희를 기르지 못할 것이며 새 포도주도 떨어질 것이요"

타작 마당이나 술틀은 이스라엘 백성에게 아주 중요한 수입원이었습니다. 이스라엘 백성은 타작 마당의 곡식과 술틀의 포도주로 돈을 벌어서 자식들을 키우고 옷을 사 입고 풍족한 생활을 하였습니다. 그러나 이것은 모두 하나님께서 이스라엘 백성을 키우시는 것이었습니다.

하나님께서 이스라엘 백성을 가나안 땅의 곡식과 포도주로 복을 주시고 잘살게 하시는 이유가 무엇일까요? 그것은 하나님이 보시기에 이스라엘 백성의 신앙이 너무 아름다워서 이들이 하나님을 더 잘 믿게 하기 위해서였습니다. 즉 이스라엘 백성이 광야에서 아무것도 없는 가운데 그렇게 아름다운 신앙생활을 했다면 그들이 가나안 땅에서 풍족하게 살면 얼마나 더 많은 열매를 맺게 되겠습니까? 그래서 하나님은 이스라엘 백성에게 복을 주신 것입니다. 그런데 놀라운 것은, 이스라엘 백성은 가나안 땅에서 복을 받으면서 옛날의 그 믿음이 없어져 버렸습니다. 그 이유가 무엇일까요? 그것은 하나님의 복이 부족해서가 아니었습니다. 그것은 이스라엘 백성이 가나안 땅에 들어가면서 욕심이 생겼기 때문입니다. 즉 이스라엘 백성이 하나님만 죽어라고 믿으면 하나님께서 얼마든지 가나안의 복을 주실 텐데 그들은 하나님과 가나안의 복을 분리시켜서 가나안의 복만 받으려고 했던 것입니다. 우리는 결코 하나님과 세상의 복을 분리시켜서는 안 됩니다. 그리고 하나님이 우리를 복 주시는 이유는 더 하나님을 잘 믿으라고 복을 주시는 것이지 세상을 사랑하라고 복을 주시는 것이 아닙니다. 세상 사람들이 하나님을 믿지 않아도 잘사는 것은 하나님이 불쌍히 여기셔서 물질적인 복을 주시는 것이지 그들이 결코 영적인 복까지 받는 것은 아닙니다.

그런데 이스라엘 백성에게 더 심각한 것은, 그들의 신앙이 심각하게 변질되었을 때에는 가나안에서 사는 권리까지 빼앗기게 되는 것입니다.

3절, "저희가 여호와의 땅에 거하지 못하며 에브라임이 애굽으로 다시 가고 앗수르에서 더러운 것을 먹을 것이니라"

'저희가 여호와의 땅에 거하지 못하며' 라고 한 것은 가나안 땅은 하나님의 거룩한 땅이기 때문에 신앙을 잃은 자들은 그곳에 살 수 없다는 뜻입니다. 물론 가나안 땅은 이방인들이 살고 있고 거룩한 곳이 아닌 것처럼 보일 수도 있습니다. 그러나 적어도 이스라엘 백성에게 가나안 땅은 거룩한 곳이며, 그들은 발에서 신을 벗어야 살 수 있는 것입니다. 하나님은 이스라엘 백성에게 약속하시기를, 그들이 모세의 율법을 지키면 가나안 땅에서 살 것이라고 하셨습니다. 그런데 이스라엘 백성이 모세의 율법을 버리면 그들은 이 거룩한 땅에 살 자격이 없어지는 것입니다. 다시 말해서 이방인들에게는 가나안 땅이 거룩한 땅이 아닐지 몰라도 이스라엘 백성에게는 가나안 땅이 거룩한 땅인 것입니다.

이것은 오늘날 우리에게도 마찬가지입니다. 이 세상은 악한 자들이 들끓고 있는 죄악된 곳입니다. 그러나 예수 믿는 사람들에게 이 세상은 거룩한 땅인 것입니다. 우리는 이 악한 세상에서 믿음으로 살아야 복을 받을 자격이 있습니다. 만일 우리가 이곳에서 믿음대로 살지 않으면 복을 받지 못하는 것은 물론이고 아예 살 자격조차도 박탈당하는 것입니다. 그래서 우리가 알아야 할 것은, 우리가 이 세상에 사는 원리는 믿지 않는 사람들과 근본적으로 다르다는 사실입니다. 그리고 우리는 이 세상에서 가나안 사람들처럼 잘살지 못하지만 믿음을 지키는 것만 해도 대단한 일이라는 것을 알아야 하는 것입니다.

하나님은 믿음을 버린 이스라엘 족속은 거룩하지 않으니까 가나안 땅에 있을 수 없다고 말씀하십니다. 즉 그들은 애굽으로 다시 돌아가야 합니다. 여기서 '애굽으로 돌아간다' 라는 것은 그들이 다시 포로 상태로 돌아간다는 뜻입니다. 실제로 그들은 앗수르로 포로 되어 갑니다. 거기서 이스라엘 백성은 풍족한 음식은 고사하고 더러운 음식을 먹게 될 것입니다. 여기서 '더러운 음식' 이라고 하는 것은 그들이 먹기 싫어하는 음식이라는 뜻도 있지만 실제로는 사람으로서는 먹을 수 없는 동물 사료 같은 음식을 말하는 것입니다. 그 이유가 무엇일까요? 그들이 하나님의 복을 받으면서 복의 근원을 잃어버렸기 때문입니다. 우리는 잘살든지 못살든지 복의 근원은 하나님 한 분밖에 없다는 것을 알아야 합니다.

이스라엘 백성이 하나님으로부터 버림을 받는 중요한 이유는 그들의 제사가 더럽기 때문이라고 하셨습니다.

4-5절, "저희가 여호와께 전제를 드리지 못하며 여호와의 기뻐하시는 바도 되지 못할 것이라 저희의 제물은 거상 입은 자의 식물과 같아서 무릇 그것을 먹는 자는 더러워지나니 저희의 식물은 자기 먹기에만 소용될 뿐이라 여호와의 집에 드릴 것이 아님이니라 너희가 명절일과 여호와의 절일에 무엇을 하겠느냐"

여기서 '전제' 는 하나님께 드리는 포도주 제사를 말합니다. 이스라엘 백성은 먼저 하나님께 번제를 드린 후에 그 제물 위에 포도주를 부음으로 다시 한 번 하나님께 향기 나는 제사를 드렸습니다. 다시 말해서 이스라엘 백성이 물질적으로 복을 받는 것은 단순히 세상적으로 잘해서가 아니라 믿음의 결과였고, 가장 거룩한 것이었습니다. 그런데 이스라엘 백성은 가나안 땅에서 복을 받고 난 후에 신앙이 변해 버렸습니다. 이스라엘 백성은 마음으로는 가나안 사람들을 따라가면서도 겉으로는 여전히 하나님께 전제를 드렸습니다.

우리는 마음으로는 세상을 따라가더라도 하나님께 예배를 드리는 것만 해도 얼마나 대단하냐고 생각할지 모릅니다. 그러나 하나님은 그런 이중적인 신앙을 아주 부정한 행동으로 보셨습니다. 그래서 하나님은 이스라엘 백성의 예배를 향해서 이것은 예배가 아니라 장례식이라고 하셨습니다. 하나님은 그들의 제물은 '거상 입은 자의 식물과 같다' 라고 하셨습니다. 이스라엘의 예배는 자기들이 다시 하나님 앞에 살아나는 산 예배가 아니라 죽은 예배요, 장례식과 같다고 하셨습니다. 사실 종교가 생명력을 잃으면 예배가 얼마나 장엄한지 장례식 같은 분위기입니다. 그런 예배는 마치 하나님이 죽으신 것 같고, 억지로라도 엄숙해야 거룩한 것으로 생각하는 것입니다.

그러면서도 이스라엘 백성은 여차하면 애굽으로 도망칠 생각을 하고 있었습니다. 즉 이스라엘 백성은 나름대로 도망칠 길을 생각하고 있었던 것입니다. 그러나 하나님은 이스라엘 백성에게 환난 날에 애굽은 도움이 되지 않을 것이라고 말씀하셨습니다.

6절, "보라 저희가 멸망을 피하여 갈찌라도 애굽은 저희를 모으고 놉은 저희를 장사하리니 저희의 은 보물은 찔레가 덮을 것이요 저희의 장막 안에는 가시덩굴이 퍼지리라"

이스라엘 백성이 애굽으로 도망을 쳐도 거기에서 죽을 수밖에 없는 이유는 하나님께서 이스라엘을 버리셨기 때문입니다. 이스라엘 백성이 하나님만 믿으면 어디서든지 살 수 있지만 이스라엘이 하나님을 버리면 어디를 가든지 죽을 수밖에 없는 것입니다. 그래서 우리는 이 세상 어느 곳에 안전한 곳이 있다고 생각하지 말아야 합니다. 이스라엘 백성은 하나님을 떠나서는 어디로 가든지 망할 수밖에 없고, 그들이 쌓아 놓은 보물은 폐허가 되어서 가시덤불이나 찔레 같은 것이 덮일 것입니다. 왜냐하면 위기 때에 우리는 돈으로 위기를 피할 수 없기 때문입니다.

하나님의 백성에게는 귀한 맛이 있습니다. 그것은 우리가 이 세상에서 돈맛이나 쾌락으로 사는 것이 아니라 하나님의 말씀으로 사는 것입니다. 우리가 이 맛을 잃지 않으면 어떤 환경에 있든지 복을 받을 수 있습니다. 그러나 이 맛을 잃어버리면 아무리 잘살고 아무리 안전한 곳에 있어도 결국 그 돈은 쓰레기 더미가 되고 말 것입니다.

3. 이스라엘의 무지의 원인

이스라엘 백성이 이렇게 축복을 받는 가운데 갑자기 망해 버리는 것은 참으로 이례적인 것이었습니다. 이스라엘 백성이 이렇게 잘나가다가 갑자기 망하게 된 것은 하나님의 말씀이 잘못 전달되었기 때문입니다.

7절, "형벌의 날이 이르렀고 보응의 날이 임한 것을 이스라엘이 알찌라 선지자가 어리석었고 신에 감동하는 자가 미쳤나니 이는 네 죄악이 많고 네 원한이 큼이니라"

지금 이스라엘 백성은 자신들 앞에 형벌의 날이 있고 보응의 시간이 다가오고 있는 것을 알지 못했습니다. 그 이유는 그들이 복을 받고 모든 일이 잘되고 있었기 때문입니다. 그러다가 이스라엘이 갑자기 망하게 된 것은 일차적으로 선지자들 때문이었습니다.

여기에 보면 '선지자가 어리석었고 신에 감동하는 자가 미쳤나니' 라고 했습니다. 이스라엘 백성이 이렇게 잘못될 수밖에 없었던 이유는 선지자들이 하나님의 말씀을 정반대로 전했기 때문입니다. 여기서 선지자가 어리석었다는 것은 선지자 자신이 하나님의 말씀을 몰랐다는 것입니다. 선지자는 오직 하나님의 말씀의 능력으로 산 체험이 있어야 했습니다. 선지자는 이 세상에서 가진 것이 없어도 오직 하나님의 말씀만 있으면 얼마든지 복을 받을 수 있으며 살 수 있다는 것을 체험했어야 합니다. 그런데 선지자들 자신이 하나님의 말씀에 대한 체험이 없으니까 사람들이 하는 소리를 그대로 할 수밖에 없었습니다. 즉 선지자들이 하는 말은 세상적인 복에 하나님의 색을 칠한 것밖에 없었습니다. 그뿐만 아니라 선지자 자신들이 살아 계신 하나님에 대한 체험이 없으니까 하나님이 두려운 줄 몰랐습니다. 이 사람들에게 중요한 것은 사람들에게 인정을 받는 것이었고 사람들의 사랑을 받는 것이었습니다. 그러니까 이 선지자들은 백성들이 죄를 지어도 잘되기만 하면 복 받았다고 이야기를 하는 것이었습니다. 그리고 아무리 하나님의 말씀을 지키고 사랑해도 가난하면 믿음이 없다고 책망을 했습니다. 그러니까 이런 선지자들은 사람들에게 인기가 있고 높임을 받았지만 실제로는 미친 선지자들이었던 것입니다. 미친 사람이 아무리 지껄인다고 해도 그것은 아무 소용이 없는 것입니다.

그런데 이스라엘에 이런 어리석고 미친 선지자들이 날뛰었던 이유는 그들 자신이 그런 말을 좋아했기 때문입니다. 즉 '이는 네 죄악이 많고 네 원한이 큼이니라' 라고 했습니다. 이미 이스라엘 백성 자신이 하나님의 말씀을 좋아하지 않으니까 선지자들도 하나님의 말씀을 전하지 않는 사람들이 많이 나오게 되는 것입니다. 결국 그래서 이것은 악순환이 될 수밖에 없습니다. 하나님의 말씀을 사랑하는 백성들은 바른 말씀을 전하는 선지자들을 좋아하니까 더 바른 하나님의 말씀을 전해 주게 됩니다. 그러나 하나님의 말씀을 싫어하는 백성들은 엉터리 설교를 좋아하니까 더 엉터리 설교를 듣고 믿음이 없어지는 것입니다.

하나님께서는 이스라엘 백성의 사명을 분명히 말씀하셨습니다. 그것은 파수꾼의 사명이었습니다.

8절, "에브라임은 내 하나님의 파숫군이어늘 선지자는 그 모든 행위에 새 잡는 자의 그물 같고 또 그 하나님의 전에서 원한을 품었도다"

하나님의 백성의 사명은 하나님으로부터 오는 것을 가장 먼저 알아내는 것입니다. 즉 이 세상에 임하는 재앙이나 축복은 모두 하나님으로부터 옵니다. 하나님의 백성은 이 세상에 재앙이 터지기 전에 그것을 알아서 사람들에게 경고해 주어서 피하게 해야 하고, 하나님으로부터 복이 올 때에는 모두 마음에 준비를 하게 해서 다 받게 해 주어야 합니다. 그러나 이스라엘에서 가장 중요한 지파인 에브라임은 오직 세상에 빠져 있었습니다. 그들은 하나님의 방향이 아니라 세상의 방향으로 향해 있었습니다. 그러니까 결국 하나님의 백성이 하는 것이 뒷북만 치는 것입니다. 즉 일이 터지고 난 후에 비로소 난리를 치면서 울고불고하면서 돈을 거두는 것입니다.

지금 우리나라에는 미래를 예견할 수 있는 시스템이 없습니다. 그래서 사람들은 앞으로 우리에게 무슨 일이 터질지 아무도 모르고 있습니다. 단지 바라는 것이 있다면 오직 북한이 가만히 있어 주는 것입니다. 그러다가 폭탄이 떨어지거나 어뢰가 터져서 사람들이 죽으면 그때 비로소 울고불고하면서 성금을 모으는 수준인 것입니다. 그 이유는 선지자들이 미쳤기 때문입니다. 선지자들이 미치니까 일반 백성도 미치는 것입니다. 하나님을 볼 줄 모르는 이스라엘 백성이나 선지자는 모두 미친 것입니다.

이스라엘의 백성이 하나님의 말씀을 절대적으로 생각하지 않고 상대적으로 생각하므로 그들은 가나안의 죄에 물들게 되었습니다. 왜 우리가 하나님의 말씀을 절대적으로 붙들어야 하는가 하면, 그렇게 하지 않으면 우리는 모두 세상의 죄에 물들기 때문입니다. 그런데 우리가 하나님의 말씀을 죽어라고 붙들면 부흥이 일어나면서 죄의 힘이 죽게 됩니다. 이것이 조금 돈을 더 벌고 좋은 집에 사는 것보다 엄청난 복인 것입니다.

결국 이스라엘 백성은 하나님의 말씀을 멀리하여 기브아의 죄에 빠지게 되었습니다. 여기서 '기브아의 죄'라고 하는 것은 사사기에 있었던 무서운 죄와 그 결과를 말합니다.

9절, "저희는 기브아의 시대와 같이 심히 패괴한지라 여호와께서 그 악을 기억하시고 그 죄를 벌하시리라"

기브아 시대에 레위 제사장이 첩을 데리고 베냐민 족속의 도시인 기브아에 들어갔습니다. 레위 인이 첩을 두었다는 것 자체도 엄청나게 타락한 것입니다. 그런데 기브아 사람들은 동성연애자들이었고 깡패들이었습니다. 결국 이들이 이 레위 인의 첩을 윤간해서 죽였는데 이것 때문에 이스라엘에 내전이 터져서 베냐민 지파는 도망친 6백 명 외에는 아이나 여자나 모두 몰살을 당했습니다. 하나님의 백성이 도덕적으로 타락하면 아주 이상하게 타락을 하고, 절대로 하나님의 말씀이나 치리에 복종하지 않습니다. 결국 이스라엘 백성이 가나안 땅을 신앙의 힘으로 이기지 못하니까 물질적으로는 복을 받았지만 정신적으로 썩어서 결국 자신들이 망하고 마는 것입니다. 우리가 세상을 신앙으로 이기지 못하면 결국 우리 자신이 가나안 족속이 되어서 멸망하게 됩니다. 그래서 우리는 세상에서 잘살든지 못살든지 신앙을 지켜야 하는 것입니다.

하나님께서는 이스라엘 백성을 소중하게 생각하셨습니다. 하나님께서 이스라엘 백성을 어떻게 생각하셨습니까?

10절, "옛적에 내가 이스라엘 만나기를 광야에서 포도를 만남 같이 하였으며 너희 열조 보기를 무화과나무에서 처음 맺힌 첫 열매를 봄 같이 하였거늘 저희가 바알브올에 가서 부끄러운 우상에게 몸을 드림으로 저희의 사랑하는 우상 같이 가증하여졌도다"

여기서 '옛적에'라는 것은 하나님께서 광야에서 이스라엘 백성을 보셨을 때를 말합니다. 그때 이스라엘 백성은 정말 가진 것이 아무것도 없는 가난한 자들이었습니다. 그런데 하나님께서 이스라엘 백성의 믿음을 보셨을 때 얼마나 신선했던지 마치 아무것도 없는 광야에서 열매 맺는 포도나무를 만난 것과 같다고 하셨습니다. 이스라엘 백성은 순수했고 생명력이 넘쳤으며, 그렇게 믿음이 아름다울 수가 없었습니다. 하나님께서 이스라엘 백성을 보셨을 때 신선함 그 자체였던 것입니다.

그리고 하나님께서 이스라엘 백성을 보셨을 때 그들은 무화과나무에서 처음 맺힌 첫 열매와 같았다고 말씀하고 있습니다. 즉 사과나 배나 과일나무를 심는 분들은 첫 열매를 기다립니다. 물론 과일나무는 나무를 심는다고 해서 바로 열매가 맺히지 않습니다. 어떤 나무는 5년이나 6년을 기다려야 합니다. 그런데 어느 날 드디어 첫 열매가 맺혔을 때 그 감격이라고 하는 것은 말로 표현할 수가 없을 것입니다. 이것은 자기가 노력해서 맺힌 것이 아니고 하나님이 주신 기적인 것입니다. 그리고 그 첫 열매가 맺히고 나면 그때부터는 무수한 열매가 맺히게 되어 있습니다.

우리에게 있어서 '첫 열매'는 우리의 신앙이 변하는 것입니다. 사실 신앙이 변한다는 것은 생각만큼 쉽지 않습니다. 어쩌면 그것은 불가능할지도 모릅니다. 그런데 우리가 하나님의 말씀을 꾸준히 듣고 은혜를 받았을 때 어느 날 우리가 정말 변하여 새사람이 된 것을 느낄 때가 있습니다. 이것을 우리 자신이나 다른 사람보다 하나님이 더 감격해하시는 것입니다.

그런데 하나님께서 엄청난 충격을 받으신 것은, 그렇게 어렵게 변화된 이스라엘 백성이 바알브올의 음행 앞에서 한순간에 타락해 버렸던 것입니다. 이것을 보면 우리가 은혜를 받고 변화되었다 하더라도 세상의 타락한 정욕 앞에서는 한순간에 무너질 수가 있는 것입니다. 그러나 우리가 아무리 유혹에 넘어가서 신앙이 부패하고 있다 하더라도 빨리 정신을 차려서 하나님 앞에 부르짖으면 새롭게 될 수 있습니다. 그런데 이스라엘 백성은 세상의 복만 붙들었기 때문에 그들의 정신적인 타락에 관심이 없었습니다.

이스라엘 백성이 영적인 순결을 잃어버리고 빨리 회개하지 않았을 때 두 가지 무서운 결과가 나타났습니다. 그 한 가지는 그들의 영광이 사라지는 것이고, 다른 하나는 어린이들이나 다른 세대가 복을 받지 못하는 것입니다.

11절, "에브라임의 영광이 새 같이 날아가리니 해산함이나 아이 뱀이나 잉태함이 없으리라"

어떤 사람이 새를 거의 잡으려고 하는 순간 새가 눈치를 채고 달아나 버리면 그 새는 다시는 돌아오지 않을 것입니다. 마찬가지로 이스라엘의 영광도 한번 달아나고 나면 회복이 되지 않습니다. 그 이유는 이스라엘이 근본적으로 그 귀한 맛을 잃어버렸기 때문이고, 부흥의 불길이 꺼졌기 때문입니다. 그래서 이스라엘이나 교회에 부흥의 불이 꺼지면 다시 살리기가 어렵습니다. 왜냐하면 부흥이 꺼지면 인간적인 고집과 자만심만 살아 있어서 절대로 자신을 바꾸려고 하지 않기 때문입니다. 그런데 그 결과는 철저하게 자녀들에게 돌아갑니다. 여기에 보면 다시는 '해산함이나 아이 뱀이나 잉태함이 없을 것이라' 라고 말씀하십니다. 그것은 실제로 자손들이 전혀 태어나지 않는다는 뜻은 아닐 것입니다. 그러나 실제로 이스라엘은 많이 죽고 다시는 부흥이 되지 못합니다. 즉 자손들이 부흥의 축복을 받지 못하는 것입니다.

어떤 가문이나 나라가 앞으로 잘될지 못될지는 어른들을 보아서는 알 수 없고 그 자손들을 보아야 합니다. 어른들은 좀 어리석고 힘이 없어도 자식들이 생각이 깊고 태도가 분명하면 분명히 그 가정은 부흥되고 그 나라는 잘되게 되어 있습니다. 그러나 자라는 세대가 아무런 의식도 없고 흐리멍텅하다면 그 가정이나 나라는 앞으로도 별 볼일이 없을 것입니다.

이것은 교회도 마찬가지입니다. 교회의 장래를 보려면 그 교회의 청년들이나 아이들의 신앙을 보아야 합니다. 교회 청년들이나 아이들이 신앙적으로 살아 있고 뜨거우며 그들의 수가 점점 많아지고 있으면 소망이 있습니다. 그러나 어른들은 많은데 아이들은 없고, 아이들이 있더라도 자기가 왜 거기에 있는지를 모른다면 그 교회의 장래는 어두운 것입니다.

12절, "혹 저희가 자식을 기를찌라도 내가 그 자식을 없이하여 한 사람도 남기지 아니할 것이라 내가 저희를 떠나는 때에는 저희에게 화가 미치리로다"

하나님께서는 이스라엘의 자식들을 남겨 두지 않겠다고 하십니다. 그 이유는 이들의 자식들이 아무 가치가 없기 때문입니다. 부모는 자식들이 잘되도록 비싼 과외를 시키고 외국에 유학까지 보내지만 신선한 맛을 잃어버린 자식들은 하나님 앞에서 아무 가치가 없는 것입니다.

13-14절, "내가 보건대 에브라임은 아름다운 곳에 심긴 두로와 같으나 그 자식들을 살인하는 자에게로 끌어내리로다 여호와여 저희에게 주소서 무엇을 주시려나이까 청컨대 배지 못하는 태와 젖 없는 유방을 주시옵소서"

16절, "에브라임이 침을 입고 그 뿌리가 말라 과실을 맺지 못하나니 비록 아이를 낳을지라도 내가 그 사랑하는 태의 열매를 죽이리라"

두로는 바닷가의 아주 튼튼한 성채에 있는 나라였습니다. 그러나 하나님 앞에서 가치 없는 자들은 아무리 안전한 곳에 있다 하더라도 모두 끌려 나와서 비참하게 죽을 수밖에 없습니다. 그래서 선지자는 하나님께 이스라엘에 배지 못하는 태와 젖 없는 유방을 달라고 기도합니다. 그 이유는 자녀들을 많이 낳아서 잘 키워 봐야 다 죽을 것이기 때문입니다. 결국 부모가 자식을 사랑하는 방법은 부모가 성경적인 신앙을 가지고 이것을 자식들에게 물려주는 것입니다. 그렇지 않고 부모가 세상적인 복을 아무리 물려주어도 자식들은 하나님 앞에서 결국 뿌리 없는 나무가 되어서 말라 죽게 되는 것입니다. 하나님께서 이 세상에서 가장 귀하게 생각하시는 것은 성공이나 출세가 아니라 신앙의 열매인 것입니다.

하나님께서 이스라엘 백성을 축복하시고 이처럼 가나안 땅에 심으신 이유가 무엇입니까? 그것은 그들에게 말씀이 있고, 구원에 기뻐하고 감사하는 신앙이 있었기 때문입니다. 하나님께서는 이 귀한 신앙이 더욱더 많이 생기고 확대될 수 있도록 하기 위하여 그들을 이곳에 심으셨습니다.

그러나 그들은 너무나도 빨리 변질되었습니다. 이스라엘 조상들은 하나님께서 기뻐하시자마자 바알브올에게 가서 자기들의 몸을 바침으로 창녀같이 되고 말았습니다. 하나님께서 충격을 받으신 것이 바로 이것입니다. 하나님께서는 이스라엘이 이렇게 빨리 타락할 수 있는 데 놀라셨습니다. 그러나 하나님은 이스라엘이 스스로 깨닫고 돌아오기를 기다렸습니다. 하지만 이스라엘은 끝까지 세상 복을 붙들고 하나님을 찾지 않았습니다. 그 결과는 그들 자신이 가나안 족속들과 같이 망하고 마는 것이었습니다.

하나님은 우리가 오직 하나님의 말씀만 붙들고 은혜 받을 때 광야의 포도같이 귀하게 생각하십니다. 하나님은 우리를 처음 익은 무화과 열매같이 반가워하십니다. 즉 하나님이 생각하시는 것과 사람들이 생각하는 것은 완전히 다릅니다. 우리는 다시 하나님 앞에서 아름답고 순수한 신앙으로 회복되기를 바랍니다.

성경 토의

1. 우리는 최근 우리나라 기업의 성공이나 우리나라 사람들의 물질적인 축복을 어떤 눈으로 보아야 하는가? 또 우리가 지속적으로 하나님의 복을 받는 비결은 무엇이라고 생각하는가?

2. 하나님은 이스라엘 백성이 기브아 때와 같이 성적으로 심하게 타락했다고 말씀하신다. 오늘 우리 시대는 어떤 상태에 있으며, 성적인 타락을 막을 수 있는 방법은 무엇인가?

3. 에브라임의 모델은 두로라는 도시 국가였다. 두로는 겉으로는 아름답지만 바알 신앙과 성적인 타락으로 소돔과 고모라같이 타락한 도시였다. 오늘 우리 교회의 모델은 무엇이며, 우리는 무엇을 가장 중요하게 생각하는가?

11_묵은 땅을 기경하라

호세아 10:1-15

전체적 설명

하나님께서는 이스라엘을 두 가지 비유로 말씀하신다. 하나는 하나님께서 이스라엘 백성에게 기대한 것은 아주 맛이 있는 포도를 맺는 포도나무인데 이스라엘 백성은 사람을 가렵게 하고 고통스럽게 하는 독초가 된 것이다. 또 하나는, 하나님은 이스라엘 백성에게서 자녀의 모습을 기대했는데 그들은 금송아지를 섬김으로 소처럼 되어 버린 것이다. 그래서 결국 이스라엘은 자기들이 바라던 대로 소처럼 종 노릇을 하게 될 것이다. 그러나 이스라엘이 지금이라도 살 수 있는 길은 이왕 소가 되었다면 자기 자신을 갈아엎어서 하나님의 의를 심는 것이다. 이것은 이스라엘이 지금이라도 우상의 종교를 버리고 하나님의 말씀을 믿는 것이다.

설교 프리노트

1절, "이스라엘은 열매 맺는 무성한 포도나무라"

포도나무는 가나안 땅에서는 가장 고급스러운 과일나무였다. 그 이유는 가나안 땅에서는 포도가 가장 귀한 열매였기 때문이다. 하나님께서 이스라엘 백성을 이스라엘에 살게 하신 것은 더 많은 열매를 맺도록 하기 위해서였다. 여기서 '열매' 라고 하는 것은 하나님의 말씀에 순종해서 사는 의롭고 능력 있는 삶을 의미한다. 즉 이스라엘의 열매는 물질적인 번성이 아니라 하나님의 능력이 나타나는 삶이었다.

"그 열매가 많을수록 제단을 많게 하며"

이스라엘 백성은 하나님의 축복을 오해해서 물질적으로 번창하는 것을 복이라고 생각했다. 더욱이 이스라엘 백성은 가나안 땅에서 잘사는 것을 하나님의 복이라고 생각하기보다는 자신들의 수고나 노력의 결과로 생각하였다. 이스라엘 백성은 자신들이 가나안 땅에서 도태되지 않으려면 가나안 사람들을 열심히 따라가야 한다고 생각해서 하나님의 복을 받으면 받을수록 우상의 제단을 더 많이 만들어서 우상을 숭배하였다. 따라서 여기서 '제단을 많게 했다' 라는 것은 하나님을 섬기는 제단이 아니라 우상을 섬기는 제단을 말한다. 이것은 우리에게도 비슷한데, 우리가 세상에서 뒤처져 있을 때에는 열심히 신앙생활을 하지만 하나님의 복을 받아서 세상에서 성공하면 더 바빠지고 더 세상을 따라가기 위해서 세상 사람들과 어울리게 되는 것이다.

"그 땅이 아름다울수록 주상을 아름답게 하도다"

'그 땅이 아름답다' 라는 것은 하나님이 주신 땅에 비가 많이 내려서 산천초목이 푸르고 무성하며 농사가 잘되는 것을 말한다. 그런데 이스라엘 백성은 이렇게 비가 잘 오고 농사가 잘될수록 아세라 상 같은 나무 우상을 더 멋있게 만들어서 세웠다. 아마 이스라엘 백성은 그 모든 것이 하나님의 복이라는 것을 잊지는 않았을 것이다. 그럼에도 불구하고 이스라엘 백성은 또 아세라 같은 우상을 숭배하는 것도 잊지 않았다. 이스라엘 백성은 하나님을 섬기면 우상도 섬기는 것이 자신들에게 불리하지 않다고 생각한 것이다. 그러나 우상은 하나님의 모든 능력을 몰아내는 영적인 거머리와 같았다.

2절, "저희가 두 마음을 품었으니 이제 죄를 받을 것이라"

이스라엘이 '두 마음을 품었다' 라는 것은 하나님을 믿는다고 하면서도 우상 숭배를 하는 것이다. 이스라엘 백성은 자신들이 완전히 하나님을 버린 것이 아니기 때문에 여전히 하나님을 믿는 것이라고 생각했다. 그러나 이스라엘 백성이 하나님과 다른 신을 동시에 섬기는 것 자체가 하나님과 우상을 대등하게 여기는 것이며 하나님에 대한 신앙을 버리는 것이다. 이스라엘 백성이 하나님과 우상을 동시에 섬긴 것은 혹시 하나님이 도와주시지 않으면 우상의 도움을 받을 생각에서였지만 하나님은 이스라엘 백성이 하나님과 우상 사이에 양다리를 걸치는 것을 용납지 아니하신다. 즉 이스라엘 백성이 온전한 하나님의 능력을 체험하려면 죽든지 살든지 하나님만 붙들어야 하는 것이다.

'이제 죄를 받을 것이라' 에서 '죄' 는 이스라엘 백성이 우상을 받아들인 결과를 보게 되는 것이다. 이스라엘 백성은 우상이 별것 아니라고 생각했을지 모르지만 우상은 이스라엘 안에 하나님의 능력을 마비시키는 결과를 가져왔다.

"그 제단을 쳐서 깨치시며 그 주상을 헐으시리라"

하나님은 이스라엘 백성 안에 우상의 제단이나 신상이 있는 것을 용납하지 않으셨다. 그러나 이스라엘 백성은 자진해서 이 제단이나 우상들을 철폐할 생각이 없었기 때문에 우상의 제단이나 신상을 없애려면 이스라엘이 이방 민족에 의해서 망하고 이방 민족이 그 제단이나 신상을 부수어야 했다. 결국 이스라엘 안에 우상의 제단이나 신상을 없앨 수 있는 방법은 전쟁에 의해서 이스라엘이 망하는 것밖에 없었다. 그래서 우리가 자신의 생각이나 상식에 따라서 믿지 않고 미리 하나님의 말씀으로 은혜를 받아서 죄를 버리는 것이 얼마나 지혜로운 일인지 모른다.

3절, "우리가 여호와를 두려워 아니하므로"

이스라엘 백성이 '여호와를 두려워 아니한다' 라는 것은 더 이상 이스라엘 백성이 하나님의 말씀을 절대적인 말씀으로 생각하지 않는다는 뜻이다. 원래 하나님께서 이스라엘 백성에게 요구하신 것은 이스라엘 백성이 죽든지 살든지 하나님의 말씀에 목숨을 거는 것이었는데 이스라엘 백성은 하나님의 말씀보다는 축복의 결과를 더 좋아했고, 하나님의 말씀을 듣는 것보다는 자신들의 감정을 표현하고 자기 생각대로 믿고 이방 사람들에게 인정받는 것을 더 좋아했다.

"우리에게 왕이 없거니와 왕이 우리를 위하여 무엇을 하리요"

하나님은 이스라엘의 왕으로 다윗의 후손을 약속하셨다. 하나님께서 다윗의 후손을 이스라엘의 왕으로 세우려고 하신 이유는 다윗의 후손이 왕이 되는 것이 이스라엘이 정치적으로 안정될 뿐 아니라 특히 다윗이 하나님의 말씀에 순종하는 본을 보였기 때문이다. 그러나 이스라엘 백성은 왕이 하나님의 말씀에만 집착하는 것을 무능하다고 생각해서 다윗 집안을 버리고 여로보암 같은 실세를 택하였다. '왕이 우리를 위하여 무엇을 하리요' 라는 것은 다윗의 후손은 우리와 상관이 없다는 뜻이다. 즉 이스라엘은 다윗의 집안을 의지하기보다는 자신들의 힘과 능력으로 성공하겠다는 뜻이다.

4절, "저희가 헛된 말을 내며 거짓 맹세를 발하여 언약을 세우니"

이스라엘 백성은 하나님의 말씀을 절대적으로 믿지 않았기 때문에 주위에 있는 나라들을 따라갈 수밖에 없었다. 그런데 원래 이스라엘은 모든 이스라엘 백성이 다 형제요 자매이기 때문에 그들의 땅을 빼앗을 수 없지만 이방 나라는 강한 자들이 땅이나 재산을 차지하였기 때문에 이스라엘은 가난한 자들의 땅이나 재산을 빼앗기 위하여 재판에서 예사로 거짓 증거를 하고 거짓 맹세를 하였다.

"그 재판이 밭이랑에 돋는 독한 인진같으리로다"

'인진' 은 아주 쓴 맛을 내는 쑥을 의미하는데, 실제로는 사람이 지나가다가 닿기만 해도 몸이 가렵거나 붓는 독초를 의미한다. 우리나라에 이와 비슷한 것으로 '옻' 이 있는데 옻은 몸에 닿기만 해도 가렵고 부으며, 만일 모르고 그것을 먹으면 온몸이 그 독으로 붓게 된다. 원래 이스라엘의 재판은 가난한 자들의 억울함을 풀어 주고 손해 본 것을 갚아 주는 치료하는 재판이었다. 그러나 이스라엘 백성이 다윗의 집안을 거부하고 하나님의 말씀을 무시했을 때 결국 이스라엘은 부자나 귀족들이 평민을 괴롭게 하고 그들의 땅을 빼앗는 독초 같은 나라가 되어 버렸다.

5절, "사마리아 거민이 벧아웬의 송아지를 인하여 두려워할 것이라"

원래 벧아웬이라는 장소가 있었던 것은 아니고 호세아가 벧엘을 비꼬아서 그렇게 부른 것으로 보인다. 즉 벧엘에 금송아지가 있는 성전이 있었는데 호세아가 보기에 그것은 '하나님의 집'(벧엘)이 아니라 '헛된 것의 집'(벧아웬)이었던 것이다. 사마리아 거민들은 벧엘에 있는 금송아지 신전을 아주 자랑스럽게 생각하고 마치 이스라엘의 대표적인 성전인 것처럼 선전했지만 나중에 이스라엘이 망할 때 그 망하는 원인이 사마리아의 금송아지 때문이라는 것을 알고는 두려워하게 되는 것이다.

"그 백성이 슬퍼하며 그것을 기뻐하던 제사장들도 슬퍼하리니"

원래 이스라엘 백성은 사마리아의 금송아지를 자랑하였고 제사장들도 그 금송아지에 대하여 대단한 자부심을 가졌지만 나라가 망하고 성전이 파괴되며 금송아지가 빼앗겨서 다른 나라로 옮겨질 때 비로소 자신들이 잘못된 것을 믿었다는 것을 깨닫게 될 것이다.

"이는 그 영광이 떠나감이며"

한때 벧엘의 성전이 이스라엘 백성 가운데서 얼마나 인기가 높았는지 알 수 있다. 이스라엘 백성은 벧엘의 금송아지 앞에서 열심으로 제사를 드렸지만 그 금송아지는 이스라엘을 위기에서 지켜 줄 능력이 없었다. 그래서 이 금송아지에게서 영광이 떠나니까 송아지 상과 그를 추종하던 모든 자들의 신세가 비참하게 된다.

6절, "그 송아지는 앗수르로 옮겨다가 예물로 야렙 왕에게 드리리니"

호세아는 계속 금송아지 상을 '송아지'라고 부르고 있다. 물론 이스라엘 백성은 그 금송아지 상을 '송아지'라고 부르지 않고 '여호와'라고 불렀던 것이다. 호세아는 구체적으로 이 송아지 상의 운명이 어떻게 될 것인지를 예언하고 있다. 금송아지는 앗수르로 옮겨져서 앗수르 왕에게 선물로 바쳐진다.

'야렙 왕'은 '싸움 왕'이라는 뜻을 가지고 있다. 결국 에브라임 족속은 오랫동안 그들이 헛된 것을 믿었다는 것을 깨닫고 수치를 당하게 되고, 이스라엘 백성은 그들의 열렬했던 제사를 부끄러워하게 된다.

7절, "사마리아 왕은 물 위에 거품 같이 멸망할 것이며"

물 위에 떠 있는 거품은 아무 힘이 없어서 그대로 두면 얼마 가지 않아서 터져 버린다. 이스라엘 왕은 자기들 나름대로 정권을 오래 유지하려고 별의별 방법을 다 쓰지만 하나님이 함께하시지 않는 정권은 아무런 힘이 없다. 강한 자가 아무리 자기가 힘이 세다고 큰소리치지만 더 강한 자가 나타나면 맥을 못 추고 없어지는 것이다.

8절, "이스라엘의 죄 된 아웬의 산당은 패괴되어 가시와 찔레가 그 단 위에 날 것이니"

아마도 이스라엘 백성은 벧엘의 성전을 예루살렘 성전보다 더 크고 화려하게 지었을 것이다. 그러나 이 성전은 하나님이 보시기에는 하나의 산당에 불과했고 결국 이 성전은 하나님께 예배하는 곳이 아니라 이스라엘 백성으로 하여금 교만하게 하고 죄짓게 만드는 산당이었던 것이다. 한때 그렇게 많은 귀족과 왕족이 붐비던 이 벧엘의 성전은 폐허가 되어서 아무도 찾지 않게 될 것이다. 하나님의 말씀 위에 세워지지 않은 집은 무너질 수밖에 없는 것이다.

"산더러 우리를 가리우라 할 것이요 작은 산더러 우리 위에 무너지라"

평소에 이스라엘 백성은 자부심이 대단해서 다른 나라들을 우습게 알고 무시했다. 즉 속으로는 이방 신을 추종하고 이방을 따라가지만 겉으로는 하나님을 섬기는 백성으로 대단한 자부심을 가지고 있었던 것이다. 그러나 나중에 망해서 자기들이 업신여기던 나라 사람들에게 포로가 되어서 끌려갈 때 이스라엘 백성은 너무나도 부끄러워서 차라리 산이 자기들 위에 무너져 깔려 죽기를 바라게 된다. 결국 하나님의 백성은 자부심만 강하다고 해서 능력이 나타나는 것이 아니라 실제적으로 하나님을 의지하고 믿어야 능력이 나타나서 부끄러움을 당하지 않는다.

9절, "이스라엘아 네가 기브아의 시대로부터 범죄하였거늘"

하나님은 이스라엘 백성이 하나님의 말씀을 떠나서 우상 숭배한 기간을 헤아리고 계셨다. 이스라엘 백성이 우상에 빠진 것은 여로보암 때가 아니라 그보다 훨씬 전인 사사 시대부터였다. 이스라엘 백성은 이미 사사 시대부터 가나안 족속들의 음행을 따라갔고 우상을 배워서 받아들이기 시작했던 것이다.

"우리가 기브아에 서서 흉악한 족속을 치는 전쟁을 거기서 면하였도다"

사사 시대에 기브아는 베냐민 지파에 속한 성읍이었는데 베냐민 사람들은 지나가던 제사장의 첩을 윤간해서 죽인 베냐민의 동성연애자들을 보호해서 이스라엘과 전쟁을 치렀다가 거의 전멸하다시피 하였다. 그러나 호세아 선지는 이런 동성연애의 죄가 베냐민 지파에만 국한된 것이 아니라 이미 이스라엘 전반에 걸쳐서 이루어지고 있었던 것으로 보았다. 결국 이스라엘 백성은 베냐민 지파를 치는 것으로 전쟁을 끝내었지만 사실 더 철저하게 하려면 이스라엘 전체에서 흉악한 자들을 쳤어야 한다는 뜻이었다. 그러나 그때 하나님께서 이스라엘을 불쌍히 여기셔서 더 이상 흉악한 자들을 찾아서 멸하지 않으시고 이스라엘 백성이 스스로 깨닫기를 바랐지만 이스라엘은 그 후에도 이런 동성애나 가나안의 음란한 죄를 결코 청산하지 않았던 것이다.

10절, "내가 원하는 때에 저희를 징계하리니"

결국 이스라엘 나라가 사느냐 죽느냐 하는 것은 하나님의 결정에 달린 문제였다. 우리는 이러한 상황을 '풍전등화'라고 말할 수 있을 것이다. 결국 문제는 하나님께서 언제 이스라엘의 멸망을 결정하셔서 앗수르로 하여금 공격을 허락하는 사인을 내리시느냐 하는 것이다.

"저희가 두 가지 죄에 걸릴 때에 만민이 모여서 저희를 치리라"

하나님은 이스라엘 백성이 멸망할 때 물론 이스라엘을 공격하는 주된 나라는 앗수르이지만 실제로는 온 나라 만민이 다 모여서 공격하는 양상으로 나타날 것이라고 말씀하셨다. 그런데 하나님께서 이스라엘의 멸망의 시기로 보시는 것은 이스라엘이 두 가지 죄에 걸릴 때라고 하셨다. 그러나 본문에는 이 두 가지가 무엇인지 명확하게 말씀하지 않고 있다. 이미 이스라엘 백성이 걸린 한 가지는 바로 이 금송아지 신상이다. 그리고 다른 하나는 하나님이 세우지 않은 왕이 앗수르를 배반하는 일일 것이다. 그래서 이스라엘 왕과 귀족들이 스스로 교만하게 생각해서 앗수르를 배반하고 벧엘의 금송아지 앞에서 제사를 하는 것을 사인으로 해서 이스라엘은 갑자기 멸망하게 되는 것이다.

11절, **"에브라임은 마치 길들인 암소 같아서"**

소들 중에서도 길이 든 소는 농부들이 귀하게 생각해서 험한 일을 시키지 않고 곡식을 밟는 등의 점잖은 일을 시키고, 또 일을 하면서도 곡식을 마음대로 먹을 수 있게 했다. 이것이야말로 소로 치면 귀족 대접을 받는 것이었다. 이스라엘 백성은 하나님의 사랑도 많이 받고 물질적인 축복도 많이 받아서 사마리아에서 귀족적인 생활을 하고 있었다. 그들이 그로 인해 하나님께 감사하고 더 믿음 생활을 열심히 하면 되는데 그들은 하나님을 배반하고 더 욕심을 부려서 세상을 따라가고 그들의 귀족적인 생활은 비참하게 끝나게 된다. 하나님은 고생이라고는 전혀 해 본 적이 없는 이스라엘의 부자와 귀족들을 모두 노예로 만들어서 등에 사람을 태우고 흙덩이를 깨는 험한 일을 하게 하시는 것이다.

"유다가 밭을 갈고 야곱이 흙덩이를 깨뜨리리라"

여기서 '야곱'은 북쪽 이스라엘을 상징한다. 즉 유다가 밭을 갈고 이스라엘이 흙덩이를 깨는 모습은 가나안 정착 초기에 유다와 이스라엘이 아름답게 협력하던 모습이다. 그러나 이제는 옛날 그 개척 때가 아니라 이방인의 노예가 되어서 강제 노동을 한다. 그리고 이스라엘을 부러워해서 열심히 따라가고 있는 유다도 결국 외국의 포로가 되어서 유다와 이스라엘이 다 같이 다시 옛날처럼 땅을 파고 흙을 부수는 일을 하게 되는 것이다. 이제는 자신들의 밭을 일구는 것이 아니라 다른 나라 사람들의 밭을 일구는 강제 노동을 하는 것이다. 결국 하나님의 말씀을 버린 이스라엘과 유다의 축복은 비참한 결과로 나타나게 된다.

12절, **"너희가 자기를 위하여 의를 심고 긍휼을 거두라"**

물론 지금 이스라엘 백성이 자신들의 운명을 바꿀 수는 없을 것이다. 그러나 지금 이스라엘 백성이 조금이라도 하나님의 긍휼을 기대한다면 지금이라도 거짓을 버리고 다른 사람에게 긍휼을 베푸는 것밖에 없다. 즉 이스라엘 백성이 조금이라도 덜 비참해지는 방법은 획기적으로 욕심을 버리고 어려운 사람들에게 살 수 있도록 돈이나 집을 주는 것이다. 즉 이스라엘 백성이 생색을 내듯이 다른 사람을 도와주는 것은 소용이 없고 하나님의 마음을 감동시킬 만한 결단이 있어야 하는 것이다.

"지금이 곧 여호와를 찾을 때니"

'지금' 이라고 하는 것은 망하기까지 아직 시간이 있을 때를 말한다. 즉 이스라엘 백성이 하나님의 말씀을 들을 때는 아직 하나님께 돌아올 시간이 있는 것을 의미한다. 하나님께서 선지자를 통해서 아무리 책망하시고 그들을 용서하지 않을 것이라고 말씀하셔도 하나님이 선지자를 통하여 말씀을 주실 때에는 아직 회개할 수 있다. 이스라엘 백성이 하나님을 찾는다는 것은 모든 인간적인 노력을 포기하고 하나님 앞에 자신들의 죄를 버리며 오직 믿음으로 살 것을 고백드리는 것을 말한다.

"너희 묵은 땅을 기경하라"

오랫동안 농사를 짓지 않은 논이나 밭은 잡초가 우거지고 나무들이 무성하며 땅은 굳어져 있고 돌멩이만 가득할 것이다. 농부가 이런 곳에서 다시 농사를 지으려면 돌을 골라내고 잡초를 뽑고 나무뿌리를 뽑고 땅을 쟁기로 갈아엎어야 한다. 그러나 농부가 오랫동안 묵은 땅을 기경하려면 마치 황무지를 개간하는 것 같은 고생과 수고를 해야 할 것이다. 즉 이스라엘 백성이 사회적으로 묵은 땅을 기경하려면 모든 기득권을 포기하고, 관습이나 정책도 포기하고 오직 하나님의 말씀 외에는 소망이 없는 것을 인정해야 한다. 결국 이스라엘이 살 수 있는 길은 다윗의 후손의 종이 되는 것인데, 이들이 종이 되면 사는 것이고 주인으로 있으면 망하는 것이다.

"마침내 여호와께서 임하사 의를 비처럼 너희에게 내리시리라"

'여호와께서 마침내 임하신다' 라는 것은 이스라엘을 떠났던 하나님의 영광이 회복되는 것을 의미한다. 하나님이 이스라엘에 돌아오시는 것은 이스라엘 안에 다시 능력의 말씀이 선포되고, 백성들의 기도가 뜨거워지며, 모든 위선과 죄를 버리고 하나님의 말씀에 순종하기 시작하는 것으로 나타난다. 이것이 바로 이스라엘의 영적인 부흥의 회복인 것이다.

하나님이 '의를 비처럼 내리신다'라는 것은 지금까지 이스라엘을 가득 채우고 있던 모든 불의를 씻어 버리고 하나님의 의로 깨끗게 하신다는 뜻이다. 이스라엘 안을 가득 채우고 있는 우상 숭배나 부자나 권력자들이 욕심의 재물을 포기하고, 그들의 집에서 쫓겨난 가난한 자들이 돌아오게 되려면 억수 같은 하나님의 의가 부어져야 할 것이다. 사실 말로는 하나님께 돌아오는 것이 쉬울지 몰라도 그때까지 욕심으로 산 것을 다 버리고 청산하는 것은 불가능하다. 그래서 사람들이 불의로 돈을 많이 벌면 벌수록 바른 하나님의 말씀을 듣는 것을 싫어하고 금송아지같이 말하지 못하는 우상을 죽어라고 좋아하는 것이다. 그러나 이스라엘이 진심으로 회개하면 하나님은 억수 같은 은혜의 비를 내리셔서 이스라엘을 모든 불의에서 깨끗게 하실 것이다.

13절, "너희는 악을 밭 갈아 죄를 거두고 거짓 열매를 먹었나니"

이것이 바로 이스라엘 사람들이 지금까지 지어 왔던 농사법이다. 이스라엘 백성이 '악을 밭 갈았다'라는 것은 불의한 방법으로 잘살려고 한 것을 말한다. 이스라엘 백성은 욕심으로 잘살려고 했을 때 죄를 많이 짓게 되었다. 이것은 야고보 사도가 말한 "욕심이 잉태한 즉 죄를 낳고 죄가 장성한 즉 사망을 낳느니라"(약 1:15)와 통하는 것이다. 욕심이나 불의는 하나님께서 나에게 주신 범위를 벗어나서 행복하려고 하는 것을 말한다. 죄라고 하는 것은 짓기 전에는 너무나도 좋아 보이고 자신을 영원히 행복하게 해 줄 것 같지만 모든 죄는 중독성이 있어서 한번 빠지면 나올 수가 없다. 누구든지 죄를 지으면 죄의 종이기 때문에 결국 죄가 시키는 대로 하다가 나중에는 그 죄가 들통이 나면서 죗값으로 망하게 된다. 결국 이런 죄에 걸리지 않는 방법은 죄가 깊어지기 전에 체면이나 자존심을 다 버리고 하나님 앞에 나와서 부르짖으면서 회개하는 수밖에 없다.

"이는 네가 네 길과 네 용사의 많음을 의뢰하였음이라"

이스라엘 백성은 어려움이 닥칠 때마다 그것을 하나님의 경고라고 생각하지 않고 인간적인 방법으로 해결하려고 하였다. 즉 이스라엘 사람들은 자기들의 능력이나 군사력으로 웬만한 어려움을 해결할 수 있을 것이라고 생각했다. 결국 이스라엘은 자기들에게 힘이 있고 방법이 있다고 생각했기 때문에 하나님께 돌아오려고 하지 않았다.

14절, "그러므로 너희 백성 중에 요란함이 일어나며"

이스라엘 백성은 집을 빼앗긴 가난한 자들을 모두 외국에 팔아 버렸기 때문에 감히 이스라엘 안에서는 요란함을 일으킬 수 있는 사람이 없었다. 그러나 하나님은 탐욕으로 평화스러운 이스라엘을 위해서 이방 민족을 끌어오셔서 요란하게 하셨다.

"살만이 전쟁의 날에 벧아벨을 훼파한 것 같이 될 것이라"

여기서 살만은 앗수르 왕 살만에셀을 말한다. 그런데 호세아는 이스라엘이 망하기 전에 이미 살만에셀에 의해서 벧아벨이라는 곳이 함락된 것을 예로 말하고 있는데 아마 이때 살만에셀은 벧아벨 사람들을 전멸시켰던 것 같다. 그런데 이 살만에셀이 어느 살만에셀이며 벧아벨이 구체적으로 어느 곳을 말하는지는 분명치 않다. 어떤 학자는 이 살만에셀을 이스라엘을 멸망시킨 살만에셀 5세라고 하기도 하고, 어떤 학자는 수리아를 멸망시킨 살만에셀 3세를 말한다고 주장하기도 한다. 그러나 아마 당시 사람들은 벧아벨에 있었던 참극을 잘 알고 있었을 것이다. 호세아는 사마리아가 그렇게 될 것이라고 예언하고 있다. 만일 이것이 사실이라면 이스라엘 백성은 빨리 하나님께 회개하든지 이스라엘에서 도망치든지 해야 할 것이다.

"그때에 어미와 자식이 함께 부숴졌도다"

살만은 벧아벨을 공격할 때 어미와 자식들을 같이 바위에 치든지, 아니면 절벽에서 떨어뜨려서 죽였던 것 같다. 다시 말해서 일체 자비심을 베풀지 않았던 것이다.

15절, "너희의 큰 악을 인하여 벧엘이 이같이 너희에게 행하리니"

이스라엘 백성이 하나님의 큰 사랑을 받고서도 온전히 하나님의 말씀에 순종하지 않고 자기 멋대로 하나님의 말씀을 바꾸어서 벧엘에 금송아지를 만든 것은 큰 죄악이었다. 결국 이스라엘 백성이 이렇게 망하게 된 원인은 하나님의 말씀 중심이 아닌 잘못된 신앙 때문이었다. 그래서 호세아는 벧엘이 너희에게 이렇게 한다고 말을 하고 있다. 즉 벧엘이 이 모든 비극의 원흉인 것이다.

"이스라엘 왕이 새벽에 멸절하리로다"

호세아는 이스라엘 왕이 망하는 시기까지 말하고 있다. 즉 이스라엘 왕은 새벽에 죽임을 당하는데, 이 새벽은 아무도 알지 못하는 시간일 수도 있고 편안하게 잠을 자는 시간일 수도 있다. 결국 이스라엘 왕은 자신이 전혀 예상하지 못한 시간에 죽임을 당하고 이스라엘은 망하게 된다.

본문 이해를 위한 질문

1. 이스라엘은 하나님을 어떻게 배반하였는가?

하나님은 이스라엘이 더 많은 열매를 맺도록 축복하셨는데 이스라엘 사람들은 복을 받을수록 우상 숭배에 더 빠져들어 갔다.

2. 이스라엘 사람들이 하나님의 말씀을 버렸을 때 어떤 일이 일어났는가?

이스라엘 사람들이 모두 탐욕스럽게 되어 재판이 밭이랑에서 나는 독초같이 되어서 닿는 사람들에게 많은 고통을 주었다.

3. 이스라엘은 어떻게 되는가?

이스라엘은 옛날같이 다시 노예가 되어서 흙덩이를 부수는 강제 노동을 할 것이며, 앗수르는 전혀 긍휼 없는 심판을 행할 것이다.

성경 강해

해운대 백사장에서는 가끔 모래 조각 전시회가 열립니다. 즉 많은 모래 조각가들이 모여서 바닷가에 쌓인 모래를 가지고 여인의 얼굴을 조각하기도 하고 혹은 용이나 성을 조각하기도 하고, 백악관같이 유명한 건물을 조각하기도 합니다. 그러나 모래 조각은 단점이 있는데, 그것은 모래 자체가 단단하지 못해서 아이가 올라가거나 혹은 바람이 심하게 불면 부서지고 만다는 것입니다.

우리는 이 세상의 복 중에는 두 가지 종류의 복이 있다는 것을 생각해야 합니다. 그 하나는 세상의 눈에 보이는 것을 긁어모으는 복인데, 이것이 바로 모래의 복입니다. 그리고 다른 하나는 하나님의 말씀을 파고들어 가서 하늘의 복을 터뜨려서 모래에 철근과 콘크리트를 부어 아주 단단한 복이 되게 하는 것입니다.

요즘 우리는 신문에서 대형 교회들에 대한 좋지 못한 기사와 논평들을 많이 보게 됩니다. 그것은 바로 우리나라 대형 교회들이 하나님의 말씀을 파고들어 가서 하늘의 복을 임하게 하는 진정한 부흥을 일으킨 것이 아니라 교인들에게 세상의 복을 설교해서 사람들을 모으고 대형 예배당을 지어서 성공한 모래의 복이었기 때문에 이것이 지금 무너지고 있는 것입니다. 바로 이런 식으로 하나님의 복을 세상의 복으로 바꿔치기하는 것을 호세아 선지는 송아지 신앙이라고 말하고 있습니다.

북쪽 이스라엘은 남쪽 유다에 비해 경제력이 열 배 이상 차이가 날 정도로 복을 받았습니다. 그 이유는 북쪽 이스라엘의 신앙이 오직 하나님의 말씀을 파고들어 가서 영적인 부흥을 일으키는 신앙이 아니었기 때문입니다. 이스라엘의 신앙은 하나님을 믿기는 믿지만 하나님의 신앙의 장점과 세상의 장점을 혼합하는 것이었습니다. 이스라엘 백성의 신앙의 장점과 세상의 장점을 함께 받아들이니까 죽어라고 하나님만 붙드는 신앙에 비해서 그 효과가 열 배 이상 좋았습니다. 이스라엘 백성은 자기들이 하나님을 잘 믿었기 때문에 복을 받는 것이라고 생각했습니다. 그러나 이스라엘 백성은 실제로 모래성만 쌓고 있었던 것입니다.

이스라엘 백성이 지금이라도 복을 받을 수 있는 비결이 무엇일까요? 그것은 지금까지 쌓아 온 모래성을 포기하고 다시 묵은 땅을 갈아서 정식으로 농사를 짓는 것입니다. '묵은 땅을 기경하라.' 아마도 호세아가 이 말씀을 하고 있을 때 이스라엘의 모래성은 무너지고 있었을 것입니다. 그 한 가지 증거가 살만이라는 왕이 쳐들어와서 벧아벨이라는 성을 파괴했는데 그때 어미와 자식을 같이 부수어서 죽이는 만행을 저질렀던 것입니다.

우리가 오늘 본문 말씀을 보면 당장은 잘되는 것 같지만 결국 모래성같이 부서지고 마는 세상의 복과 하나님의 축복을 받아서 의가 비같이 임하는 진정한 영적인 부흥을 함께 보게 됩니다. 우리는 지금 당장 눈에 보이는 좋은 결과를 선택해서는 안 됩니다. 우리가 하나님의 백성이면 하나님의 백성답게 하나님의 복을 받아야 하는 것입니다.

1. 하나님의 포도나무

하나님께서는 이스라엘 백성을 무성한 포도나무라고 부르십니다.

1절, "이스라엘은 열매 맺는 무성한 포도나무라 그 열매가 많을수록 제단을 많게 하며 그 땅이 아름다울수록 주상을 아름답게 하도다"

포도나무는 나무들 중에서는 참으로 특이한 나무입니다. 포도나무는 나무 자체는 너무나도 보잘것없어서 그 나무를 가지고 기둥으로 쓴다거나 혹은 판자나 작대기로 쓴다는 것은 불가능합니다. 포도나무는 줄기 자체가 힘이 없어서 혼자서는 제대로 서 있지도 못할 정도입니다. 그러나 이런 포도나무가 만들어 내는 포도 열매는 아마 과일들 중에서 가장 수분이 많고 당도가 높고 맛있는 열매일 것입니다. 더욱이 이 포도를 가지고 술을 담근 포도주는 술이나 음료수 중에는 최고이며, 그 향기는 말로 표현할 수가 없습니다. 우리나라에는 포도주 전문가가 많지 않지만 일본만 해도 포도주의 맛만 보고 몇 년도 산 무슨 포도주인지를 알아맞히는 전문가가 많이 있습니다.

그런데 포도나무의 이런 특성은 이스라엘 백성의 특성과 너무나도 닮았습니다. 이스라엘 백성은 외적으로 화려하거나 대단한 명성을 가진 민족이 아니었습니다. 오히려 외적인 모습만 본다면 이스라엘 백성은 초라하고, 세련되지 못했으며, 시대에 많이 뒤떨어지는 사람들 같았습니다. 그런데 이스라엘 백성이 하나님의 말씀을 가지고 만들어 내는 위대한 신앙은 이 세상의 어느 민족도 흉내 낼 수 없는 것이었습니다. 그래서 하나님은 이스라엘 백성을 많이 사랑하셨습니다. 하나님께서 이스라엘 백성을 가나안 땅에 심으신 것은 이런 믿음의 열매를 많이 맺도록 하기 위해서였습니다. 즉 이스라엘 백성은 그야말로 아무것도 없는 가난한 광야 생활 가운데서도 40년 동안 하나님의 말씀으로 죄짓지 않고 위대한 영적인 부흥을 이루어 내었습니다. 하나님께서는 이런 이스라엘 백성을 젖과 꿀이 흐르는 가나안 땅에 심으셔서 이제는 의식주 문제에 고통 받지 않고 오직 믿음의 열매만 많이 맺기를 원하셨습니다. 그러나 막상 이스라엘 백성이 가나안 땅에 들어오면서 하나님의 기대와 생각은 이스라엘 백성으로부터 완전히 배척당하고 말았습니다.

1절 말씀을 다시 보면 '이스라엘은 열매 맺는 무성한 포도나무라 그 열매가 많을수록 제단을 많게 하며 그 땅이 아름다울수록 주상을 아름답게 하도다' 라고 했습니다. 즉 이스라엘 백성이 가나안 땅에 들어오게 되었을 때 스스로 생각하기를, '우리는 지난 40년 동안 풀 한 포기 자라지 않는 광야에서도 하나님의 말씀으로 살았다. 이제 이 가나안 땅에서도 무조건 하나님의 말씀 하나만 붙들고 믿음으로 살아 보자.' 라고 하였더라면 이스라엘 백성은 지속적으로 열매 맺는 축복의 백성이 되었을 것입니다. 그런데 사람들은 대개 과거보다 잘살게 되면 잘사는 것으로 만족이 되지 않습니다. 즉 생활 환경이 좋아지면 사람들은 그것으로 만족을 하는 것이 아니라 더 나은 생활을 바라게 됩니다. 즉 이제는 더 좋은 집이나 더 나은 직장을 바랄 뿐 아니라 미래가 더 안정이 되고 더 나은 삶이 되기를 원하는 것입니다. 이스라엘 백성의 문제는 바로 이런 데서부터 생겨났습니다.

이스라엘 백성이 광야에서 40년 동안 살아남았다는 것은 전 세계에 유래를 찾아볼 수 없는 대단한 일이었습니다. 그러나 이스라엘 백성은 그렇게 생각하지 않았습니다. 이스라엘 백성은 자기 스스로를 가난하고 무식하다고 생각했고, 그들은 가나안 땅에 들어가자마자 생활의 안정을 원했던 것입니다. 즉 이스라엘 백성은 자신들의 신앙을 부끄럽게 생각하고 세상적인 것으로 인정받기를 원했던 것입니다. 그래서 이스라엘 백성은 열매를 맺을수록 우상의 제단을 더 많이 만들었습니다. 그리고 이스라엘 백성은 하나님께서 그들을 축복하실수록 더 멋진 우상을 만들어서 세웠습니다.

즉 이스라엘 백성은 가나안 땅에 들어와서 하나님의 복을 많이 받았습니다. 이스라엘 백성을 포도나무로 비유하면 나무에 포도가 엄청나게 많이 열렸던 것입니다. 그러나 이스라엘 백성이 주의해야 할 것이 있었습니다. 그것은 바로 이스라엘 백성의 열매는 땅의 열매가 아니라 하늘의 열매라는 사실입니다. 즉 이스라엘 백성도 다른 민족들과 똑같이 농사를 짓고 포도를 따서 돈을 많이 벌었지만 그 뿌리가 있는 곳이 다르다는 것입니다. 즉 세상 사람들은 이 세상에서 열심히 살아서 세상의 복을 받은 것이고, 이스라엘 백성은 하나님의 복이 세상의 복으로 열매를 맺은 것입니다. 다시 말해서 이방인들의 복은 모래의 복이라면 이스라엘 백성의 복은 하늘의 복이 땅의 복의 형태로 열매 맺는 것이었습니다.

그러면 이스라엘 백성이 앞으로 더 많은 열매를 맺으려면 어떻게 해야 할까요? 이 세상의 복 그 자체보다 영적인 부흥을 더 일으켜야 하는 것입니다. 그러나 하나님의 말씀이나 기도나 영적인 부흥 같은 것은 가시적으로 보이는 것이 아니기 때문에 이스라엘 백성은 이것을 믿기가 어려웠습니다. 그래서 이스라엘 백성은 가나안 땅에 들어와서 열심히 세상 복을 받기 위해서 세상일에 열중했던 것입니다. 이스라엘 백성은 가나안 사람들이 농사짓는 방법을 따라 농사에 열중했습니다. 왜냐하면 가나안 사람들은 농사짓는 데 전문가들이었기 때문입니다. 그러나 놀라운 것은, 이스라엘 백성이 세상 복에 집중할수록 하나님의 복은 막히고 있었던 것입니다.

이것이 바로 오늘날 모든 하나님의 백성이 겪는 어려움입니다. 즉 우리는 이 세상에서 복을 받기를 원합니다. 그런데 우리는 복을 받으려면 이스라엘 백성이 광야에서 했듯이 하나님의 말씀만 붙잡아야 합니다. 그러나 우리가 하나님의 말씀만 붙잡는다고 해서 알아주는 사람이 있는 것도 아니고 바로 성공할 수 있는 것도 아닙니다. 또 우리가 하나님의 말씀만 붙든다고 해서 이 세상에서 저절로 성공하는 것도 아닙니다. 우리는 결국 이 세상에서 공부도 하고 열심히 일도 해야 인정을 받을 수 있습니다. 그러나 그렇게 하려면 우리는 하나님의 말씀만 붙들 수가 없는 것입니다.

그래서 오늘날 많은 목회자들이나 크리스천들이 생각해 낸 것이 기독교 신앙의 장점과 세상의 장점을 같이 받아들이자는 것입니다. 우리가 생각하기에도 기독교 신앙 안에는 하나님의 축복이 있고, 열심이 있고, 인내가 있고, 절제가 있기 때문에 열심히 노력하기만 하면 성공할 수 있습니다. 그러나 이 복은 진짜 복이 아니고 모래의 복인 것입니다. 우리가 진짜 복을 받으려면 오히려 이 세상의 성공을 내려놓고 하나님의 말씀만 붙들고 영적인 부흥을 먼저 일으켜야 하는 것입니다. 그러나 보통 사람들은 그런 것을 알아주지 않으니까 자꾸 세상적인 복을 쌓으면서 그것이 하나님의 복이라고 생각하는 것입니다. 그러면서 하나님의 백성은 점점 더 세상 사람들을 닮아 가는 것입니다.

2절, "저희가 두 마음을 품었으니 이제 죄를 받을 것이라 하나님이 그 제단을 쳐서 깨치시며 그 주상을 헐으시리라"

여기서 '저희가 두 마음을 품었다' 라고 하는 것은 이들의 겉과 속이 다르다는 뜻입니다. 예를 들어 여자가 결혼을 하면 한 남자만 사랑해야 하는데 두 남자를 사랑한다면 그것은 두 마음을 품은 것입니다.

이스라엘 백성의 축복은 백 퍼센트 하나님으로부터 오는 것이었습니다. 즉 이스라엘 백성의 뿌리는 이 세상에 있는 것이 아니라 하나님께 있었습니다. 그런데 이스라엘 백성은 말로는 하나님을 잘 믿는다고 하면서도 실제로는 세상을 의지하고 세상을 따라가고 있었습니다. 즉 하나님의 백성의 축복은 백 퍼센트 하나님으로부터 와야 합니다. 우리는 하나님의 밭에 심기운 포도나무인 것입니다. 그런데 이스라엘 백성은 가나안 땅이라는 세상에 심기운 포도나무가 된 것입니다. 이스라엘 백성이 이 세상에 심기운 결과가 무엇일까요? 이스라엘 백성이 당장 눈으로 보기에는 번창하고 성공하는 것 같았습니다. 그러나 이것은 이스라엘 백성에게는 더 불리한 것이었습니다. 차라리 이스라엘 백성이 세상으로 뿌리를 내렸는데 망했더라면 '아, 세상은 우리가 뿌리 내릴 곳이 아니구나.' 라고 생각하고 죽어라고 하나님만 찾았을 것입니다. 그래서 사실 하나님으로부터 가장 사랑받는 사람은 하나님이 기뻐하지 않는 길로 갈 때 무조건 길이 막히고 망하는 사람입니다. 이런 사람은 더 늦기 전에 죽어라고 하나님만 붙들고 믿음으로 살려고 몸부림치는 것입니다. 그런데 이스라엘 백성의 문제는 그들이 세상에 뿌리를 내렸는데도 불구하고 망하지 않고 더 잘되었던 것입니다. 그래서 이스라엘 백성은 꿈에라도 자기들의 신앙이 틀렸다고는 생각하지 않았습니다.

그러나 하나님은 이스라엘 백성을 치셔서 그 제단을 깨뜨리시고 주상을 부술 것이라고 하셨습니다.

'저희가 두 마음을 품었으니 이제 죄를 받을 것이라 하나님이 그 제단을 쳐서 깨치시며 그 주상을 헐으시리라.'

여기서 우리가 먼저 알 수 있는 것은 하나님의 백성이 열매 맺을 수 있는 방법은 한마음을 가지는 것이라는 사실입니다. 즉 세상과 하나님을 동시에 생각하면 안 되고 죽어라고 하나님만 생각해야 열매를 맺을 수 있습니다. 우리의 밭은 이 세상이 아니라 하나님의 말씀이고 우리 자신의 마음인 것입니다. 우리가 하나님의 말씀으로 우리 마음에 믿음을 갈아서 심을 때 가장 먼저 영적인 부흥이 오고, 그 다음에 물질적인 복까지 오게 됩니다. 그런데 이스라엘 백성이 하나님을 사랑한다고 하면서 실제로는 세상을 붙들었을 때 그들의 성공과 업적은 파괴될 것입니다. 왜냐하면 하나님의 백성이 영적인 열매를 맺지 않으면 자동적으로 심판이 오기 때문입니다. 이것은 마치 포도나무가 열매를 맺지 못할 때 주인이 나무 자체를 베어 버리는 것과 같습니다. 즉 하나님의 백성이 세상적으로 아무리 잘살고 성공해도 영적인 부흥의 열매가 없으면 내리침을 당하게 될 것입니다.

그리고 하나님께서 제단을 쳐서 깨뜨리시고 주상을 헐어 버리신다는 것은 그동안 쌓았던 세상적인 업적과 성공을 부순다는 뜻입니다. 그 이유는 그들의 복이 하나님 앞에서 모래를 쌓아 놓은 것과 같기 때문입니다. 이스라엘 백성이 처음부터 우상을 섬길 목적으로 제단과 주상을 만들지는 않았을 것입니다. 오히려 이것은 이스라엘 백성과 세상을 연결하는 고리였습니다. 실제로 하나님은 세상과 연결된 고리를 끊으려고 하셨는데 이것이 이스라엘 백성과 너무 깊이 연결되어 있어서 결국 이스라엘이 망하게 되는 것입니다. 그래서 우리가 세상과 깊이 연결되는 것은 좋지 않은 것입니다.

3절, "저희가 이제 이르기를 우리가 여호와를 두려워 아니하므로 우리에게 왕이 없거니와 왕이 우리를 위하여 무엇을 하리요"

이스라엘 백성은 이미 복의 근원을 하나님에서 세상으로 바꾸었기 때문에 하나님을 두려워할 필요가 없었습니다. 여기서 하나님을 두려워하지 않는다는 것은 하나님의 말씀에 매일 필요가 없다는 뜻입니다. 이스라엘 백성은 하나님의 말씀으로부터 자유를 얻었던 것입니다. 그러니까 이스라엘 백성은 완전히 길들여지지 않은 송아지나 망아지 같아서 어느 누구도 이들을 하나님께로 인도할 수가 없었습니다.

우리가 하나님께 나아와서 말씀을 듣는 것은 결코 쉬운 일이 아닙니다. 우리가 하나님의 말씀을 듣는다는 것은 마치 야생동물을 잡아서 식탁 앞에 앉혀서 밥을 먹이는 것만큼이나 어려운 일입니다. 우리는 수없이 하나님께 쫓기다가 코너에 몰려서 도저히 어쩔 수 없을 때 하나님께 굴복하면서 말씀을 듣는 것입니다. 그래서 하나님의 말씀에 매이지 않는 것은 아직 하나님께 뿌리를 내리지 못하고 있는 것입니다. 이렇듯 이스라엘 백성을 하나님께로 데리고 갈 목자인 이스라엘의 왕이 양이 아니라 들짐승으로 변해 있으니까 이들을 데리고 갈 목자가 없는 것입니다.

요즘 우리나라 사람도 너무 거칠고 반항적이어서 누가 뭐라고 말을 해도 믿지 않습니다. 이것은 우리나라 사람들이 하나님 앞에서 야생동물로 변해 있는 것이라 볼 수 있는 것입니다. 우리가 하나님의 축복을 받으려면 하나님의 말씀에 끌려가야 하는데 야생동물의 입장에서 보면 말씀만 믿고 따라가는 것이 그렇게 바보 같아 보일 수가 없는 것입니다. 이들이 보기에 하나님의 말씀만 믿는 자들은 자기 주관도 없고 자기 고집도 없이 맹목적으로 목자만 따라가는데 저러다가 아무것도 없으면 어떻게 하냐는 것입니다. 그러나 우리가 하나님의 축복을 받으려면 하나님의 말씀만 따라가는 양이 되어야 하는 것입니다. 그런데 이스라엘 백성은 자기 자신이 이리이고 늑대이기 때문에 다른 사람을 따라갈 필요가 없었습니다. 이들은 '왕이 우리를 위하여 무엇을 하리요' 라고 하면서 코웃음을 쳤습니다.

그런데 하나님은 양들의 목자가 되어 주시되 이리나 늑대의 목자는 되어 주지 않으시는 것입니다.

2. 이스라엘의 불순종

이스라엘 백성의 신앙은 이중적이었습니다. 즉 그들은 입으로는 하나님을 잘 믿었습니다. 이스라엘 백성은 하나님 앞에 열심히 모여서 예배도 드리고, 큰 성전도 짓고, 나름대로 복도 많이 받았다고 생각했습니다.

그런데 언제부터인지 이스라엘 백성에게서 독이 나오기 시작했습니다.

4절, "저희가 헛된 말을 내며 거짓 맹세를 발하여 언약을 세우니 그 재판이 밭이랑에 돋는 독한 인진 같으리로다"

우리가 생각하기에 북쪽 이스라엘은 바알도 섬기고 아세라도 섬겼으니까 신앙이 없었을 것이라고 생각하기 쉽습니다. 그러나 결코 그런 것이 아니었습니다. 이스라엘 백성은 하나님을 열심히 섬겼고 복도 많이 받았습니다. 그런데 딱 하나 그들의 중심에 하나님의 말씀이 없는 것입니다. 그러니까 어느 순간부터 이스라엘 백성이 내부적으로 싸우기 시작했습니다. 그들은 헛된 말과 거짓 맹세를 하며 서로 자기가 옳다고 하면서 싸우는데 대화로 되지 않으니까 결국 재판까지 하게 되었습니다. 그런데 그들의 재판은 '인진' 이라고 했습니다. 이 인진이라는 것은 쑥 중에서도 독풀을 말합니다. 이것을 끓여 먹든지 날것으로 먹으면 심한 복통이 일어날 뿐 아니라 이것에 닿기만 해도 부어오르는 것입니다.

왜 이스라엘 백성이 서로 싸웠을까요? 가장 중요한 것이, 이들이 하나님의 말씀으로 은혜를 받지 못하니까 성품이 변화되지 못했던 것입니다. 즉 하나님의 신앙의 특징은 이리가 양으로 변하는 것입니다. 우리도 한때는 모두 사나운 야생동물의 습성을 가지고 있었습니다. 예를 들어 초원의 사자나 하이에나나 표범은 성질이 사나워서 틈만 나면 서로 물어뜯고 싸웁니다. 하나님의 백성이 하나님의 말씀을 듣지 못하면 이리에서 양으로 변해야 하는데 변하지 않는 것입니다. 그러니까 은혜 받지 못한 자들은 사소한 것을 가지고 서로 물고 뜯고 싸울 수밖에 없습니다.

그런데 이들이 더 싸우게 되는 것은, 이들이 물질적으로만 복을 받았기 때문에 그 돈이 어마어마한 것입니다. 그들에게 있는 수십 억 원이나 수백 억 원을 서로 자기가 차지하려고 하니까 서로 고소하고 서로 치고 박고 하면서 싸우는 것입니다. 우리가 하나님의 말씀을 붙들어서 영적인 부흥이 일어날 때에도 하나님은 많은 물질적인 복을 주십니다. 그러나 은혜 받은 성도들에게는 물질은 본질적인 것이 아니기 때문에 그냥 보관하고 있다가 하나님이 쓰라고 하는 데 쓰면 되는 것입니다. 그러나 은혜 받지 못한 자들은 눈에 보이는 돈이 엄청나니까 그것을 서로 차지하려고 싸우는데 말로 되지 않으니까 결국 법정 싸움을 하는 것입니다. 그런데 거기서 온갖 거짓말과 거짓 맹세와 공격이 다 나오는데 그것은 바로 독풀 그 자체인 것입니다. 즉 하나님의 종교가 사람을 살리는 것이 아니라 사람들을 퉁퉁 붓도록 해서 죽이는 역할을 하는 것입니다.

하나님은 이런 모습을 아주 보기 싫어하십니다. 그래서 결국 하나님께서는 그 송아지 신앙을 심판해서 망하게 하십니다.

5절, "사마리아 거민이 벧아웬의 송아지를 인하여 두려워할 것이라 그 백성이 슬퍼하며 그것을 기뻐하던 제사장들도 슬퍼하리니 이는 그 영광이 떠나감이며"

우리가 여기서 알 수 있는 것은, 벧아웬이라는 곳에 어마어마한 성전이 있었다는 것입니다. 그래서 '벧아웬의 송아지'라고 하는 것은 단순히 벧아웬에서 어떤 사람이 키우던 송아지를 말하는 것이 아니라 당시 벧아웬에 있던 대형 성전을 의미하는 것입니다. 이 성전은 특히 사마리아의 고위직에 있는 사람들이 많이 모이고 이스라엘의 부자들이 많이 모였기 때문에 아주 유명한 곳이었던 것 같습니다. 그런데 어느 날 갑자기 벧아웬 성전 안에서 세력 다툼이 일어나는 것입니다. 옛날에는 그곳이 가장 복 받는 장소였고, 그곳의 회원이 되어야 세상에서 출세하는 줄 알았는데 어느 날 그 안에서 난투극이 일어나고 이권 때문에 법정 싸움이 일어나는데 백성들이 슬퍼하고 제사장들도 슬퍼하게 되는 것입니다. 그러나 사실은 이 사람들이 어리석은 사람들인 것입니다. 왜냐하면 이 세상에서 하나님의 말씀으로 지어지지 않은 것들은 모두 허물어질 줄 알아야 하기 때문입니다. 더욱이 하나님의 성전이 인간적인 방법으로 부흥되고 홍왕한다는 것은 결국 사람들을 속이는 것밖에 되지 않는 것입니다. 결국 '그 영광이 떠나간다' 라고 했습니다. 이것은 많은 사람들이 이들이 하는 짓에 실망을 해서 더 이상 찾아가지 않게 되는 것입니다. 그러나 벧아웬의 신전은 인기가 떨어지는 것으로 끝나지 않습니다.

6절, "그 송아지는 앗수르로 옮겨다가 예물로 야렙 왕에게 드리리니 에브라임은 수치를 받을 것이요 이스라엘은 자기들의 계의를 부끄러워할 것이며"

하나님의 말씀으로 지어지지 않은 성전은 결국 망해서 앗수르로 끌려가게 됩니다. 물론 앗수르 사람들은 벧아웬의 성전이 가장 크고 유명하기 때문에 그것을 부수어서 가져가면 이스라엘을 이긴 것으로 생각할 것입니다. 그러나 그것은 결코 하나님의 영광이 아니며, 이스라엘 백성 스스로가 만든 하나님일 뿐인 것입니다. 에브라임은 벧아웬의 성전을 그렇게 믿고 자랑했으며, 사마리아의 부자들은 거기에 엄청나게 헌금을 하고 예배를 드렸지만 그들은 살아남지 못했습니다. 왜냐하면 그들의 축복이 결코 하나님이 기뻐하시는 복이 아니었기 때문입니다.

7절, "사마리아 왕은 물 위에 거품 같이 멸망할 것이며"

사마리아의 왕은 특히 돈이 많기로 유명한 왕이었습니다. 그러나 그의 돈이 얼마나 쓸모가 없었는지 물 위의 거품과 같았습니다. 즉 사마리아의 왕의 권세와 돈은 공기 방울에 불과했던 것입니다. 사람은 돈만 붙들고 있으면 위기를 이길 수 있을 것이라고 생각하지만 막상 위기가 터지면 돈은 소용이 없을 때가 많습니다. 그래서 아무리 돈을 많이 가지고 있어도 거품 같이 꺼지면 아무것도 없게 됩니다.

8절, "이스라엘의 죄 된 아웬의 산당은 패괴되어 가시와 찔레가 그 단 위에 날 것이니 그때에 저희가 산더러 우리를 가리우라 할 것이요 작은 산더러 우리 위에 무너지라 하리라"

이스라엘 백성은 자기들의 신앙심은 산당으로 나타낼 수 있다고 생각했습니다. 다른 말로 표현하면 이스라엘 백성이 산당에서 정성을 들여서 기도를 많이 했다는 뜻입니다. 그러나 이스라엘 백성은 그 기도의 도움을 받지 못했습니다. 그 이유는 그들의 신앙은 죽은 신앙이었기 때문입니다.

박물관 같은 곳에 가 보면 동물을 박제해 놓은 것을 볼 수 있습니다. 멧돼지나 호랑이나 곰을 박제해 놓은 것을 보면 살아 있는 짐승 같고 곧 움직일 것 같습니다. 그러나 그것들은 생긴 것만 비슷하지 죽은 지 오래된 박제에 불과합니다. 마찬가지로 우리의 신앙에서 영적인 부흥이 없어지면 그 신앙은 박제된 신앙이 되어 버리고 맙니다. 그래서 그 앞에서 아무리 기도하고 아무리 헌금하고 은혜를 받아도 응답이 없습니다. 결국은 자기 나름대로는 하나님의 축복받은 자라는 자존심은 있는데 이방인들에게 포로로 붙들려 가야 하니까 너무 부끄러워서 산에게 좀 무너져서 내 수치를 가려 달라고 하는 것입니다. 작은 산에게 부탁하기를, 차라리 무너져서 나를 죽게 해 달라고 합니다.

예를 들어 우리나라에서 나름대로 존경받고 유명했던 종교 지도자가 성추행이나 금전적인 부정으로 경찰에 붙들려 가면 아마 너무나도 부끄러워서 죽고 싶을 것입니다. 이스라엘 백성이 하나님 앞에서 자존심은 높았지만 영적인 능력은 죽어 있었기 때문에 이런 수치를 당하게 되는 것입니다.

3. 이스라엘이 사는 길

하나님의 말씀은 언제나 우리의 나쁜 점만 말씀하고 망한다는 말씀으로 끝나지 않고 살 수 있는 길을 가르쳐 주십니다.

하나님께서는 이스라엘 백성이 이렇게 된 이유를 먼저 설명하십니다.

9절, "이스라엘아 네가 기브아의 시대로부터 범죄하였거늘 무리가 기브아에 서서 흉악한 족속을 치는 전쟁을 거기서 면하였도다"

이 세상 사람들을 가장 빨리 변질되게 하는 것이 성적인 죄입니다. 특히 이런 성적인 죄가 무서운 것은, 사람들이 어느 정도 성공하거나 생활이 안정되고 난 후에 빠지기 쉽다는 점입니다. 그 이유는 그 전에는 돈을 벌거나 세상을 따라가느고 에너지를 다 쏟았는데 어느 정도 성공하고 생활이 안정되고 난 후에는 더 이상 에너지를 쏟을 데가 없어졌기 때문입니다.

하나님께서 이스라엘 백성에게 가나안 사람들을 다 몰아내라고 명령하신 이유는, 가나안 사람들이 이곳에서 생활이 안정되니까 성적으로 너무나도 타락했기 때문입니다. 그런데 이스라엘 백성도 가나안에서 정착하고 생활이 안정되니까 가나안 족속들과 똑같이 성적으로 타락했습니다. 그래서 하나님께서 이스라엘 백성에게 죽으나 사나 하나님의 말씀만 붙들라고 말씀하신 것입니다. 하나님의 말씀을 붙들어야 이런 성적인 유혹을 떨쳐버릴 수 있는 것입니다.

그런데 이스라엘 백성의 죄는 기브아 때부터 시작되었다고 말씀하고 있습니다. 즉 기브아 때 이스라엘 백성은 큰 내전을 겪었습니다. 그것은 어떤 레위 인 제사장이 음행을 저지르고 도망간 첩을 도로 데리고 자기 집으로 가다가 기브아에서 동성연애자들의 습격을 받아서 여자가 강간당해서 죽고 나중에 이스라엘 총회가 그 범법자들을 내어 놓으라고 했는데 베냐민 지파가 거부한 것입니다. 그래서 이스라엘 백성 전체와 베냐민 지파가 싸웠는데 이스라엘 백성도 많이 죽고 베냐민 지파는 도망친 600명을 제외하고는 아이나 여자 할 것 없이 몰살을 당했습니다.

그런데 하나님께서는 그때 이스라엘이 죄를 면했다고 말씀하고 있습니다. 그것은 비단 베냐민 지파만 죄를 지은 것이 아니라 이스라엘 백성도 사실은 똑같은 상태였다는 것입니다. 우선 레위 인 제사장이 첩을 데리고 돌아다니는 것부터가 이상했던 것입니다. 이때 망하기는 베냐민만 망했는데 하나님의 눈으로는 이스라엘 백성 전체가 이때 이미 성적으로 타락할 대로 타락해 있었고 그들도 다 죽었어야 마땅했다는 뜻입니다. 그런데 그때 하나님께서 베냐민만 치시고 이스라엘 백성은 남겨 두셨는데 결국 이스라엘은 회개하지 않았던 것입니다.

10절, "내가 원하는 때에 저희를 징계하리니 저희가 두 가지 죄에 걸릴 때에 만민이 모여서 저희를 치리라"

하나님은 이스라엘 백성이 이미 너무나도 명백한 두 가지 죄에 걸려들었다고 말씀하고 있습니다. 보통 공직자 청문회 때에 두 가지 죄에 걸리면 물러나야 합니다. 그 중에 하나가 재산 문제이고, 다른 하나가 자식의 군대 문제나 여자 문제일 것입니다. 요즘 우리나라 대형 교회 지도자들 중에는 여자 문제나 돈 문제로 망신을 당하는 분들이 있습니다. 그리고 이 두 가지가 걸리면 거기에 붙어 있기가 어렵습니다. 사람이 참 무서운 것이 아무리 모든 일을 잘했다 하더라도 치명적인 죄 한두 가지가 걸리면 용서받기가 어렵습니다. 이스라엘 백성은 자기들은 하나님을 잘 믿는다고 하고 물질적인 축복을 많이 받았다고 하는데 그들은 전반적으로 성적으로 타락했습니다. 그리고 그들은 자기들이 가지고 있는 돈을 차지하려고 체면이나 위신을 다 버리고 싸우고 있었습니다. 이것이 드러나게 될 때 만민이 모여서 이스라엘을 칠 것이라고 했습니다. 왜냐하면 이방인들이 보기에 이스라엘은 너무나도 보기 흉한 모습이었기 때문입니다.

11절, "에브라임은 마치 길들인 암소 같아서 곡식 밟기를 좋아하나 내가 그 아름다운 목에 멍에를 메우고 그의 위에 사람을 태우리니 유다가 밭을 갈고 야곱이 흙덩이를 깨뜨리리라"

이스라엘은 이미 너무 귀족화되어서 힘든 일은 아무도 하지 않으려고 했습니다. 하나님은 이스라엘 백성이 길들인 암소 같아서 농부들을 귀하게 여기고 천천히 곡식이나 밟는 그런 일을 시켰습니다. 그러나 하나님은 이스라엘을 종으로 만들어서 그 위에 사람을 태우고 밭을 갈고 흙덩이를 깨뜨리는 힘든 일을 시킬 것이라고 하셨습니다. 그 이유는 이들이 전혀 하나님의 말씀으로 길들지 않았기 때문입니다. 결국 하나님의 말씀으로 길들지 않으면 세상에서 아무리 성공하고 아무리 돈을 벌어도 다시 밑바닥 인생으로 내려갈 수밖에 없습니다. 왜냐하면 하나님께서 이들의 교만한 꼴을 보기 싫어하시기 때문입니다. 그래서 세상이 교회를 욕하고 하나님의 백성이 서로 싸울 때 살 수 있는 비결은 가장 낮은 자리로 찾아가는 것입니다. 그리고 거기서 다른 사람을 자기 등에 태우고 종의 종이 되는 것입니다.

그리고 하나님은 이스라엘이 살 수 있는 유일한 길을 가르쳐 주셨습니다.

12절, "너희가 자기를 위하여 의를 심고 긍휼을 거두라 지금이 곧 여호와를 찾을 때니 너희 묵은 땅을 기경하라 마침내 여호와께서 임하사 의를 비처럼 너희에게 내리시리라"

이스라엘 백성이 살 수 있는 유일한 길은 하나님의 복을 되찾는 것입니다. 그것은 그들이 가지고 있는 돈이나 명성을 붙드는 것이 아니라 완전히 빈손으로 하나님의 말씀을 붙잡는 것입니다. 그리고 '의를 심는다'라는 것은 모든 것을 성경대로 하는 것입니다. 하나님이 하라고 하시는 일은 누가 뭐라고 하든지 해 버리는 것입니다. 또 할 수 있는 한 어려운 자들을 도와주는 것입니다.

그리고 하나님을 찾으라고 했습니다. 이것은 하나님의 말씀을 붙들고 기도하는 것입니다. 이스라엘 백성이 살 수 있는 길은 묵은 마음을 갈아엎는 것입니다. 이스라엘 백성은 지금 수백 년 동안 바른 설교를 듣지 않아서 교만해질 대로 교만해져 있습니다. 이제 그들이 하나님의 말씀 앞에 무릎 꿇고 복종할 때 그들의 거친 마음은 조금씩 갈아지게 될 것입니다.

예수님은 씨 뿌리는 사람의 비유를 말씀하시면서 길가 같은 마음과 돌짝밭 같은 마음과 가시덤불 같은 마음과 옥토 같은 마음이 있다고 하셨습니다. 아무리 길가와 같고 돌짝밭이나 가시덤불 같은 마음이라도 하나님의 쟁기로 갈아엎으면 옥토가 될 수 있습니다. 그렇게 되려면 모든 관록이나 명예나 감투나 자랑을 다 버려야 합니다. 그러면 하나님께서 이스라엘을 다시 찾아오시는데 의를 비같이 내리신다고 하셨습니다. 이 '의'라고 하는 것은 하나님의 말씀대로 사는 것을 말합니다. 즉 우리가 하나님의 말씀대로 사는 것은 우리 힘으로는 안 되고 하나님이 억수 같은 은혜를 부어 주셔야 하는 것입니다. 이것이 진정한 이스라엘의 모습인 것입니다.

13절, "너희는 악을 밭 갈아 죄를 거두고 거짓 열매를 먹었나니 이는 네가 네 길과 네 용사의 많음을 의뢰하였음이라"

이스라엘 백성은 하나님의 복을 많이 받았다고 생각했습니다. 그러나 그것은 악을 밭 갈아서 죄를 거둔 것이요, 거짓 열매라고 말씀하고 있습니다.

즉 영적인 부흥이 없는 복은 거짓 열매인 것입니다. 그리고 이스라엘 백성이 스스로 신앙이 좋다고 하는데 실제로는 자기 길이 많은 것과 용사들을 믿는 믿음이었던 것입니다. 즉 이스라엘 백성의 믿음은 자기 머리를 믿는 것이었고 유명한 사람들을 믿는 것이었습니다.

14-15절, "그러므로 너희 백성 중에 요란함이 일어나며 네 산성들이 다 훼파되되 살만이 전쟁의 날에 벧아벨을 훼파한 것 같이 될 것이라 그 때에 어미와 자식이 함께 부숴졌도다 너희의 큰 악을 인하여 벧엘이 이같이 너희에게 행하리니 이스라엘 왕이 새벽에 멸절하리로라"

이미 이스라엘에는 살만이라는 왕이 쳐들어와서 벧아벨을 부수고 그때 어미와 자식들을 함께 부수어서 죽였던 것 같습니다. 아마도 이 살만은 앗수르 왕 살만에셀이 아닌가 생각됩니다. 그러나 이제는 이 일이 이스라엘 전체에 일어나게 되는 것입니다. '벧엘이 너희에게 행했다' 라는 것은 이것이 바로 우상의 작품이라는 뜻입니다. 그리고 '이스라엘 왕이 새벽에 망한다' 라는 것은, 새벽은 하나님의 응답을 받을 때이고 새로운 하루를 시작할 때인데 결코 하나님의 도움을 받지 못하게 된다는 것입니다.

이 세상에서 가장 큰 죄는 하나님의 축복을 받으면서 믿음으로 살지 않는 것입니다. 그런데 우리는 과거보다 잘살게 되어도 그것으로 만족이 되지 않고 더 안정되게 살고 싶고 미래가 더 잘되기를 바랍니다. 거기에서 세상의 생각이 들어오는 것입니다.

우리나라 사람들이나 한국 교회는 하나님께 큰 복을 받았습니다. 그런데도 하나님의 말씀으로 결판을 내지 않고 사람 수나 돈으로 자랑을 하고 있습니다. 이것이 놀랍게도 이스라엘 말기와 매우 비슷한 것입니다. 아마 우리나라 사람들이나 교인들은 어느 누구도 우리나라가 이런 수치스러운 멸망을 당하는 것을 원치 않을 것입니다. 그런데 우리가 살 수 있는 유일한 길이 있습니다. 그것은 말씀으로 묵은 우리 마음을 기경하는 것입니다. 하나님의 말씀이 우리 마음을 아프게 갈아엎어야 합니다. 그리고 우리는 다시 돈이나 명예를 우리 자랑으로 삼지 말고 광야로 돌아가야 합니다. 그러면 하나님께서 다시 우리에게 의를 비처럼 내려 주실 것입니다. 우리는 이 세상에서 더 안정되고 더 잘사는 길을 위하여 염려하지 말고 모든 것을 하나님께 맡기고 오직 영적 부흥으로 하나님을 우리 가운데 붙드는 성도들이 되시기 바랍니다.

성경 토의

1. 하나님이 우리를 물질적으로 축복하실 때 우리는 이런 축복 가운데 무엇을 조심해야 하며, 우리가 정신적으로 부패하지 않으려면 어떤 결단을 내려야 하는가?

2. 우리나라의 기독교에서 금송아지 같은 신앙은 어떤 것이라고 생각하며, 우리가 그런 신앙을 닮아 가지 않는 방법은 무엇이라고 생각하는가?

3. 우리나라의 교회가 밭이랑에서 나는 독초같이 사람을 고통스럽게 하는 것이 아니라 포도같이 사람들을 상쾌하게 하고 하나님을 기쁘시게 하려면 어떻게 해야 하는가?

12_아들을 부르셨다

호세아 11:1-12

전체적 설명 하나님께서 이스라엘 백성을 부르신 목적은 단순히 그들을 이 세상에서 잘살게 하기 위해서가 아니라 하나님의 아들을 삼기 위해서였다. 즉 하나님은 이스라엘 백성이 하나님의 성품을 가지고 이 세상에서 하나님을 나타내기를 원하셨던 것이다. 그러나 이스라엘 백성은 하나님의 축복만 원하고 더 이상 하나님을 닮는 것을 원치 않았다. 그 대신 이스라엘 백성은 이미 하나님께서 멸망시켰던 소돔과 고모라 사람들의 행실을 닮아 갔다. 하나님께서는 이스라엘 백성의 이런 타락을 두고서 많은 고민을 하셨다. 즉 이스라엘 백성의 죄를 생각하면 소돔과 고모라같이 망해야 하지만 하나님은 이스라엘 백성을 사랑하셔서 그렇게 멸망시키는 것을 원치 않으셨다. 결국 이스라엘은 포로 생활을 거친 후 다시 하나님의 부르시는 음성을 듣고 돌아오게 된다.

설교
프리노트

1절, "이스라엘의 어렸을 때에 내가 사랑하여"

'이스라엘이 어리다' 라는 것은 단순히 나이가 어린 것을 말하는 것이 아니라 도덕적으로나 성품에 있어서 하나님이 사랑할 가치가 전혀 없는 상태를 말한다. 즉 하나님께서 이스라엘 백성을 사랑하신 때는 이스라엘 백성이 하나님을 잘 믿을 때가 아니라 전혀 하나님을 알지도 못하고 하나님 앞에 아무것도 내어놓을 것이 없는 보잘것없는 사람들일 때였다. 이와 비슷한 표현을 신약성경에서도 볼 수 있는데 사도 바울은 로마서 5장 8절에서 "우리가 아직 죄인 되었을 때에 그리스도께서 우리를 위하여 죽으심으로 하나님께서 우리에게 대한 자기의 사랑을 확증하셨느니라"라고 하였다. 즉 하나님은 우리가 하나님 앞에 죄인이었고 아무것도 내어 놓을 것이 없을 때에 일방적으로 우리를 사랑하신 것이다.

"내 아들을 애굽에서 불러내었거늘"

하나님께서 마치 친아들을 애굽에서 불러내시는 것처럼 말씀하고 있다. 이스라엘 백성은 하나님의 친아들은 아니지만 하나님은 그들을 아들로 삼기 위하여 부르셨다. 나중에 마태는 아기 예수가 애굽으로 피난 갔을 때 이 본문을 인용한다. "헤롯이 죽기까지 거기 있었으니 이는 주께서 선지자로 말씀하신바 애굽에서 내 아들을 불렀다 함을 이루려 하심이니라"(마 2:15). 특히 이스라엘 백성에게 있어서 아버지와 아들 사이에는 특별한 관계가 있었다. 즉 아버지는 아들에게 자신의 특별한 기술을 전수해 주기 때문에 아들이 하는 행동이나 만든 물건만 보아도 어느 집 아들인지 알 수 있었다. 하나님께서 이스라엘 백성을 애굽의 종살이에서 불러내신 것은 단순히 이스라엘 백성이 가나안 땅에서 잘살게 하기 위해서가 아니라 하나님을 닮은 사람들이 되게 하기 위해서였다. 이것은 오늘날 우리도 마찬가지이다. 하나님이 우리를 택하셔서 예수 믿게 하신 것은 우리의 행복이 일차적인 목적이 아니라 우리가 하나님을 닮은 자가 되는 것이 일차적인 목적이다.

2절, "선지자들이 저희를 부를수록"

히브리 성경 원문에는 '그들이 부를수록' 이라고 되어 있는데 우리말 성경은 '그들을' 을 선지자로 의역을 해서 '선지자들이…부를수록' 이라고 번역하였다. 그러나 사실 이스라엘 백성을 부른 것은 하나님이시고, 하나님은 여러 선지자들을 통해서 이스라엘 백성이 하나님을 가까이해서 하나님을 닮도록 부르신 것이다.

"저희가 점점 멀리하고 바알들에게 제사하며"

하나님이 이스라엘 백성에 대하여 도저히 이해하실 수 없었던 것은, 이스라엘 백성을 아무리 불러도 하나님께 가까이 오지 않는 것이었다. 오히려 이스라엘 백성은 반항하는 아이들처럼 하나님이 부르면 부를수록 더 바알이나 아세라 같은 신에게 제사하고 분향하였다. 그 이유가 무엇일까? 그것은 이스라엘 백성의 본성이 변하지 않았기 때문이다. 우리 인간은 하나님의 말씀으로 본성이 변하기 전에는 하나님보다 우상이 좋고, 우상을 더 친근하게 느끼게 되어 있다. 아무리 이스라엘 백성이라 하더라도 하나님을 가까이하려면 말씀으로 거듭나서 그 중심에 하나님의 성품이 심어져야 한다. 그러나 중심으로 거듭나지 못한 사람들이 이스라엘 백성이라고 해서 하나님의 말씀을 지키려고 하니까 하나님의 말씀을 들을수록 반발심만 생기고 오히려 바알에게 제사하고 분향하는 것이 체질에 더 맞았던 것이다.

3절, "그러나 내가 에브라임에게 걸음을 가르치고 내 팔로 안을찌라도"

어머니나 아버지가 사랑하는 자식에게 걸음마를 가르치는 장면을 연상하게 한다. 어린아이는 돌을 전후하여 아장아장 걷기 시작하는데, 이때 어머니는 아이에게 걸음마를 가르친다. 물론 엄마는 아직 제대로 걷지 못하는 아이를 안고 다니지만 엄마가 아이를 계속 안기만 하면 아이가 제대로 걸을 수 없기 때문에 때때로 아이가 넘어질지라도 엄마는 아이에게 걸음마를 가르친다. 그러나 아이가 넘어져서 울거나 혹은 아이가 갈 수 없는 거친 길은 반드시 엄마가 안아서 옮긴다. 하나님께서 이스라엘 백성에게 고난을 주시고 연단을 주신 것은 그들이 세상을 사랑하는 줄을 끊고 하나님 앞에서 성숙한 사람이 되게 하기 위해서였다.

"내가 저희를 고치는 줄을 저희가 알지 못하였도다"

하나님은 이스라엘 백성 본성 속에 깊이 자리잡은 타락한 본성을 고쳐 주기를 원하셨다. 그러나 이스라엘 백성이 가나안과의 관계를 끊지 않는 이상 이스라엘 백성의 본성 안에 있는 타락한 쓴 뿌리는 뽑히지 않았다. 그래서 하나님은 이스라엘 백성에게 많은 고난과 연단을 주셨는데 이스라엘 백성은 오해하기를, 하나님은 자기들을 사랑하지 않으며, 바알이 더 능력 있는 신이라고 생각했다. 오늘도 하나님께서 우리 믿는 자들에게 고난을 주셔서 연단하시는 것은 우리 안에 있는 교만하고 음란한 본성을 바꾸셔서 하나님의 아들의 모습을 가지게 하려는 것이다.

4절, "내가 사람의 줄 곧 사랑의 줄로 저희를 이끌었고"

하나님께서는 이스라엘 백성을 '사람의 줄'로 이끌었다고 말씀하신다. 그러면서 하나님은 이 '사람의 줄'이 '사랑의 줄'이었다고 말씀하신다. 아마도 당시 부모가 어린아이들에게 걸음마를 가르칠 때에 어떤 줄 같은 것을 당겨서 이끌었던 것 같다. 그래서 이 '사람의 줄'이라고 하는 것은 주인이 노예의 목에 매는 줄이나 혹은 소나 짐승의 목에 씌우는 '멍에'와 비교되는 개념이다. 옛날에는 노예를 사면 자꾸 도망을 치려고 했기 때문에 목에 쇠사슬을 매어서 도망가지 못하게 했다. 또 소에게 일을 시킬 때에는 주인이 소의 등에 멍에를 매어서 일을 시켰다. 그러나 부모가 아이에게 걸음마를 가르치는 것은 이런 줄과는 완전히 성격이 다른 것이다. 하지만 이스라엘 백성은 하나님의 이런 속박을 싫어하였다. 요즘에는 아직 제대로 걷지 못하는 아이들을 위해서 부모는 아이를 보행기에 넣어 두는데 아이들은 이 보행기도 답답해하면서 자기 마음대로 기어 다니려고 할 때가 많이 있다.

"저희에게 대하여 그 목에서 멍에를 벗기는 자 같이 되었으며"

새 주인이 노예를 사면 목에 감고 있던 쇠사슬을 벗기고 새로운 쇠사슬을 목에 채울 것이다. 그러나 하나님은 이스라엘 백성이 목에 차고 있던 노예의 멍에를 벗기시면서 자유를 주셨다. 그러면서 하나님께서 이스라엘 백성에게 요구하신 것은, 오직 하나님의 율법의 멍에를 지키라는 것이었다. 그러나 이 율법은 결코 이스라엘 백성을 노예나 짐승으로 만들기 위한 것이 아니라 그들을 하나님의 사랑받는 자녀로 훈련시키기 위한 것이었다.

"저희 앞에 먹을 것을 두었었노라"

하나님께서는 이스라엘 백성을 하나님의 백성으로 훈련시키실 때 일용할 양식을 주신다. 그래서 이스라엘 백성은 하나님의 말씀으로 훈련을 받는 동안에는 절대로 굶어 죽을 염려를 할 필요가 없다. 그러나 하나님은 결코 이 양식을 많이 주시지는 않는다. 그리고 하나님은 이스라엘 백성이 양식을 쌓아 놓을 정도로 부요하게 하지도 않으신다. 결국 이스라엘 백성이 훈련받는 것은 하루하루 하나님을 의지해서 살아가는 것이다. 우리가 매일 매일 하나님만 의지해서 살아갈 수 있다면 이 세상의 어떤 어려움도 다 이겨낼 수 있다.

5절, "저희가 애굽 땅으로 다시 가지 못하겠거늘"

이스라엘 백성이 애굽으로 돌아간다는 것은 결국 하나님을 믿지 못해서 먹고살기 위해 세상으로 돌아가는 것을 의미한다. 그러나 이스라엘 백성은 이미 과거에 애굽에서 노예 생활을 한 적이 있기 때문에 무슨 일이 있어도 하나님의 백성이 되기 전으로 돌아가서는 안 된다. 이것은 우리에게도 마찬가지인데 설사 우리가 예수 믿고 난 후에 경제적으로 더 어렵고 세상적으로 더 인정을 받지 못한다 하더라도 우리는 절대로 예수 믿지 않던 과거로 돌아갈 수는 없다. 단지 생활이 어렵다고 해서 예수 믿기 전 상태로 돌아간다는 것은 예수님을 부인하는 것이고 하나님의 인도하심을 불신하는 것이다. 우리는 잘살든지 못살든지 예수 안에서 새 출발을 해야 하는 것이다.

"내게 돌아오기를 싫어하니 앗수르 사람이 그 임금이 될 것이라"

이스라엘 백성이 하나님께 돌아온다는 것은 자신의 미래 행복이나 모든 것을 하나님의 말씀에 다 거는 것을 의미한다. 그러나 이스라엘 백성은 그들이 하나님의 말씀을 믿었을 때 미래가 보장되고 아름답고 풍성하게 사는 것을 믿을 수 없었다. 왜냐하면 세상은 급변하고 있는데 율법은 너무 시대에 뒤떨어진 하나님의 말씀이기 때문이다. 그래서 이스라엘 백성은 하나님을 믿지 않는 것은 아닌데 완전히 하나님이 원하시는 자리까지 오지는 않았다. 그것은 결국 이스라엘 백성이 하나님과 세상을 동시에 붙드는 것이었다. 이스라엘 백성이 하나님과 세상에 양다리를 걸친 결과는 그들이 끔찍하게 싫어하던 앗수르의 지배를 받는 것이었다. 우리가 하나님을 믿는다는 것은 하나님만 의지하고 하나님의 말씀만 붙드는 것이지 다른 것과 함께 믿는 것을 의미하는 것은 아니다.

6절, "칼이 저희의 성읍들을 치며 빗장을 깨뜨려 없이 하리니"

이스라엘 백성은 앗수르의 지배를 받는데 왜 앗수르 사람들은 이스라엘의 성읍을 치며 그 빗장을 깨뜨리는가? 그것은 이스라엘 백성이 자존심을 버리고 고개를 숙여서 차라리 앗수르의 지배를 받으면 살 수 있는데 이스라엘 백성의 자존심이 이방의 지배를 받는 것을 참지 못하는 것이다. 그래서 이스라엘 백성은 상황이 좋지 못하면 앗수르의 지배를 받다가 앗수르가 좀 어려워지면 반 앗수르 정책을 쓰는 등 친 앗수르 정책과 반 앗수르 정책 사이를 왔다 갔다 하다가 결국 앗수르에게 공격을 당하게 되는 것이다. 앗수르가 이스라엘의 '빗장을 깨뜨린다' 라는 것은 앗수르가 오는 길목에 있는 요새들을 모두 부순다는 의미일 것이다. 그러면 이스라엘은 더 이상 앗수르가 쳐들어오는 것을 막을 수 없게 된다.

"이는 저희의 계책을 인함이니라"

이스라엘의 지도층 사람들은 하나님의 말씀을 믿지 않고 하나님에 대한 믿음이 없었으므로 위기 때 많은 계책을 생각해 내게 되었다. 그러나 그 계책들은 아무 소용이 없었다. 왜냐하면 이런 인간적인 계책들은 하나님의 마음을 감동시키지 못하기 때문이다. 결국 위기 때에 하나님의 능력을 끌고 올 수 있는 것은 많은 전략이나 계획이 아니라 하나님을 믿는 믿음이다.

7절, "내 백성이 결심하고 내게서 물러가나니"

신하가 왕 앞에서 물러날 때에는 왕의 뜻을 실행하기 위해서 물러나는 경우가 있는가 하면, 신하가 결심하고 왕에게 반역하기 위해서 물러나는 경우가 있을 것이다. 이스라엘 백성이 하나님 앞에서 물러나는 것은 자신의 위치를 생각하거나 하나님의 뜻을 생각하기 위해서가 아니라 다시는 하나님 앞에 돌아오지 않고 하나님께 반역하기 위해서 물러나는 것이었다. 하나님께서 이스라엘 백성의 얼굴을 보았을 때 그들이 이미 결심하고 하나님을 떠나는 것을 알 수 있었다. 즉 이스라엘 백성은 다시는 자신들의 뜻을 돌이킬 생각이 없었던 것이다.

"비록 저희를 불러 위에 계신 자에게로 돌아오라 할찌라도 일어나는 자가 하나도 없도다"

하나님은 땅에 계신 왕이 아니고 위에 계신 분이다. 하나님은 이 세상에 일어나는 모든 일을 다 보고 계시며 통제하시는 분이다. 그러나 이스라엘 백성은 모두 하나님으로부터 고개를 돌리고 모두 땅에 드러누워서 하나님께 반항을 하고 있다. 가끔 사람들이 시위를 하는 것을 보면 맨 땅에 주저앉거나 드러누워서 아무리 일어나라고 해도 일어나지 않는다. 즉 이스라엘 백성은 하나님을 적으로 생각하고 있으며, 이제는 더 이상 하나님의 말씀을 듣지 않고 자기 멋대로 하겠다고 고집을 부리는 것이다.

8절, "에브라임이여 내가 어찌 너를 놓겠느냐 이스라엘이여 내가 어찌 너를 버리겠느냐"

에브라임은 이스라엘의 대표적인 지파였다. 하나님은 지금 이스라엘 백성의 의도를 분명히 알게 되셨다. 즉 이스라엘 백성은 하나님의 뜻을 모르거나 혹은 침체에 빠진 것이 아니라 결심하고 하나님을 버리려고 하고 있는 것이다. 물론 하나님은 이스라엘 백성을 버리시고 이스라엘 백성은 자기들이 하고 싶은 대로 하면 된다. 그러나 하나님은 결코 에브라임이나 이스라엘을 버리기를 원치 않으셨다. 왜냐하면 하나님께서 에브라임이나 이스라엘을 버리면 어떻게 된다는 것을 너무나도 잘 알고 계셨기 때문이다. 예를 들어 경제력이 없는 부인이나 아이가 자꾸 남편이나 아버지를 버리고 생전 살아 보지도 않은 곳에 가겠다고 해도 남편이나 아버지는 이들의 형편이 어떻게 될지 뻔히 알기 때문에 보낼 수가 없는 것이다. 그런데 만일 하나님께서 이스라엘을 포기하시면 단순히 이스라엘이 강대국의 지배를 받는 것이 아니라 즉시 하나님의 심판이 오게 된다. 왜냐하면 이미 이스라엘 백성의 죄는 극에 달했기 때문이다.

"내가 어찌 너를 아드마 같이 놓겠느냐 어찌 너를 스보임 같이 두겠느냐"

사람들은 흔히 소돔과 고모라라고 하면 잘 알지만 아드마나 스보임이라고 하면 생소하게 느낀다. 그러나 아드마와 스보임은 소돔과 고모라가 멸망할 때 함께 망한 도시이다(창 14:2). 이때 이스라엘 백성이 지은 죄는 소돔과 고모라 때와 마찬가지였지만 하나님께서는 이스라엘 백성이 유황불로 멸망하는 것은 원치 않으셨다. 하나님은 어떻게 해서라도 이스라엘 백성 중 일부라도 목숨을 건지고 살기를 원하셨다.

"내 마음이 내 속에서 돌아서 나의 긍휼이 온전히 불붙듯 하도다"

하나님의 마음속에는 이스라엘 백성에 대하여 어떤 결정을 내려야 하는지 생각이 돌고 또 돌았다. 즉 이스라엘 백성이 한 짓을 생각하면 당장이라도 유황불로 멸망시켜야 옳지만 이스라엘 백성의 처지를 생각하면 너무나도 불쌍해서 하나님의 마음이 견딜 수 없었던 것이다. 즉 하나님은 이스라엘을 향해서 긍휼이 불붙는 듯하지만 하나님의 의로우심은 결단코 이스라엘 백성을 그냥 둘 수가 없었던 것이다. 그래서 하나님은 이러지도 못하고 저러지도 못하는 상태에서 답답해하고 계셨는데 이스라엘 백성은 이런 사정을 전혀 깨닫지 못하고 있었다.

9절, "내가 나의 맹렬한 진노를 발하지 아니하며"

하나님의 마음속에서 하나님의 공의와 긍휼이 치열하게 싸움을 벌이다가 드디어 하나님의 긍휼이 이기게 되었다. 그래서 하나님은 오랜 진통 끝에 이스라엘을 향해서 소돔과 고모라 같은 심판은 내리지 않기로 결정하셨다. 하나님의 뜨거운 사랑이 공의를 이긴 것이다.

"이는 내가 사람이 아니요 하나님임이라"

하나님께서는 우리 인간이 도저히 죄를 짓지 않고는 살 수 없으며 하나님의 말씀에 백 퍼센트 순종할 수 없는 자라는 것을 인정하셨다. 하나님은 결코 인간이 아니시기 때문에 결국 인간의 죄는 하나님이 책임지실 수밖에 없는 것이다. 그래서 인간의 모든 죄는 하나님이 책임을 지시게 된다.

"나는 네 가운데 거하는 거룩한 자니"

이것은 하나님의 영원한 결심을 말하는 것이다. 즉 하나님은 과거에도 이스라엘 백성 가운데 계셨고 앞으로도 계실 것이다. 결국 죄에 빠진 인간들은 하나님의 불같은 진노로 망할 수밖에 없지만 하나님은 더 나은 방법으로 우리 인간의 죄를 해결하려고 하신다. 그것은 하나님의 독생자 예수 그리스도가 인간의 모든 죄를 담당하시고 하나님의 진노의 심판을 당함으로 우리가 구원을 받게 되는 것이다.

10절, "저희가 사자처럼 소리를 발하시는 여호와를 좇을 것이라"

정글이나 초원에서는 사자가 가장 무섭고 사나운 짐승이다. 그래서 초원에서 사자가 소리를 지르면 모든 짐승은 무서워서 온 힘을 다해서 달아난다. 그러나 하나님께서 소리를 발하시면 사람은 정반대로 하나님을 향하여 전력으로 달려오게 된다. 하나님께서 우리를 부르시는 소리는 사랑의 소리이기 때문이다. 마치 어미가 부르는 소리를 듣고 새끼가 달려오듯이 하나님을 향하여 달려오게 되는 것이다.

"자손들이 서편에서부터 떨며 오되"

하나님께서 이스라엘을 부르시는 소리를 들으면 이스라엘 자손들은 두려워 떨면서 하나님께로 오게 된다. 이들이 두려워 떠는 이유는 하나님이 살아 계신 것을 믿게 되었기 때문이다. 여기서 '서편' 은 지중해를 말하는데 이스라엘 백성 중에는 지중해를 건너서 아프리카 먼 곳까지 노예로 팔려 간 사람들이 있었다. 그들이 하나님이 자기들을 부르시는 복음의 소리를 듣고 기쁨으로 하나님께 돌아오게 되는 것이다.

11절, "저희가 애굽에서부터 새 같이, 앗수르에서부터 비둘기 같이 떨며 오리니"

당시 이스라엘 백성이 생각하던 전 세계는 애굽에서 앗수르까지였다. 그런데 숲에서 나뭇가지마다 새들이 숨어 있다가 사자가 크게 울면 새들이 모두 공중으로 날아오르면서 그 정체가 드러나게 된다. 마찬가지로 이스라엘 백성이 아무리 먼 곳에 깊숙이 박혀 있어도 하나님이 그들을 부르는 소리는 너무 커서 듣지 못할 사람이 없는 것이다.

"내가 저희로 각 집에 머물게 하리라"

하나님께서 이스라엘 백성으로 하여금 각 집에 머물게 하신다는 것은 이제 더 이상 이스라엘 백성으로 하여금 전 세계를 방황하지 않고 자기 집에 정착하게 하신다는 뜻이다. 그러나 다른 의미로 생각해 보면 하나님께서 다시 이스라엘 백성을 모아서 하나님의 집에 있게 하겠다는 뜻으로 생각할 수 있다.

12절, "에브라임은 거짓으로, 이스라엘 족속은 궤휼로 나를 에워쌌고"

하나님의 미래 계획에 대하여 현재 이스라엘 백성의 상태를 보여 준다. 이스라엘 백성이 하나님을 거짓과 궤휼로 에워쌌다는 것은 지금도 그들이 철저하게 하나님을 속이려 한다는 것을 의미한다. 마치 어떤 사람이 종이를 싸고 또 싸듯이 이스라엘 백성은 하나님께 거짓말을 하고 또 거짓말을 해서 철저하게 하나님을 속이려 하고 있는 것이다. 이스라엘 백성이 하나님 앞에 솔직해야 하나님이 그들을 도와주실 수 있을 텐데 이스라엘 백성은 하나님 앞에서 너무나도 뻔뻔스러운 모습을 하고 있는 것이다.

"유다는 하나님 곧 신실하시고 거룩하신 자에게 대하여 정함이 없도다"

유다도 이스라엘을 따라서 하나님과 이스라엘 사이를 왔다 갔다 하고 있는데 지금 유다는 열심히 멸망을 앞두고 있는 이스라엘을 따라가고 있는 것이다. 하나님은 신실하시고 거룩하시기 때문에 이스라엘 백성이나 유다 백성은 결코 하나님을 가볍게 생각해서는 안 된다. 이스라엘 백성이나 유다 백성은 솔직하고 진실해야 하나님의 도우심을 받을 수가 있다.

본문 이해를 위한 질문

1. 하나님은 이스라엘 백성을 왜 택하셨는가?

하나님이 이스라엘 백성을 택하신 것은 단순히 이스라엘 백성이 가나안 땅에서 복을 받고 잘살게 하기 위해서가 아니라 하나님을 본받아서 하나님의 아들같이 살도록 하기 위해서였다.

2. 하나님의 기대에 대하여 현재 이스라엘 백성의 상태는 어떠한가?

이스라엘 백성은 하나님이 부를수록 더 멀리하고 하나님을 완전히 떠날 결심을 하고 있다.

3. 하나님의 고민은 무엇인가?

지금 이스라엘 백성의 죄는 소돔과 고모라와 함께 멸망했던 아드마와 스보임 같은 상태인데 하나님은 할 수만 있으면 이스라엘을 멸망시키지 않으려고 하시는 것이다.

4. 하나님의 결심은 무엇인가?

이스라엘 백성을 유황불로 멸망시키지 않으시고 다시 그들을 부르시는 것이다.

성경 강해

사람들은 외출하기 전에 자기가 다른 사람들에게 어떤 모습으로 보일지 궁금해서 거울을 들여다봅니다. 우리는 모두 자기가 어떻게 생겼으며, 앞으로 어떤 모습이 될 것인지 궁금해합니다. 그러나 더 중요한 것은 우리가 하나님 앞에서 어떤 모습을 하고 있으며, 어떤 모습으로 만들어지고 있느냐 하는 것입니다.

우리는 과연 하나님 앞에서 어떤 모습을 가진 존재들일까요? 아마 우리는 우리 자신이 아무리 믿음으로 살려고 해도 자꾸 넘어지고 실패하니까 하나님 앞에서 너무나도 못난 자식이라고 생각하기 쉽습니다. 그러나 실제로는 정반대입니다. 아무리 하나님의 말씀을 들어도 자꾸 넘어지고 실패하는 우리야말로 하나님 앞에서 얼마나 소중하고 사랑스러운 자녀인지 모릅니다.

이 세상에는 태어나자마자 씩씩하게 걷기도 하고 달리기도 하고 모든 일을 완벽하게 하는 아이는 없습니다. 만일 그런 아이가 있다면 그 아이는 아이가 아니라 괴물일 것입니다. 아이들은 처음에는 제대로 서지도 못하고,

조금 서 있다가는 금방 넘어지고 맙니다. 그러나 그 아이들은 부모에게 너무나도 소중한 아이들입니다. 왜 이 아이들이 부모에게는 온 세상과도 바꿀 수 없을 정도로 소중한 아이들일까요? 그것은 그 부모를 그대로 쏙 빼어 닮은 아이이기 때문입니다.

교회에 부모와 아이들이 함께 예배를 드리러 올 때가 많이 있습니다. 그런데 아이들과 부모를 보면 놀라울 정도로 얼굴이나 행동이 닮았고, 심지어는 붕어빵이라고 말할 정도로 닮은 가족도 있습니다. 그것이 얼마나 신기한 일인지 모릅니다. 이스라엘 백성이 망할 수밖에 없었던 이유는 하나님께서 그들을 부르신 목적을 생각하지 않았기 때문입니다. 하나님께서 이스라엘 백성을 부르신 목적은 오직 하나, 하나님을 닮은 아들이 되게 하기 위해서였습니다. 하나님께서는 이스라엘 백성이 세상에서 성공하고 부자가 되는 것보다는 하나님을 닮은 사람들이 되는 것을 원하셨습니다. 그러나 이스라엘 백성은 하나님을 닮는 것보다는 세상에서 부자가 되고 잘사는 것을 원했기 때문에 망하고 말았습니다. 이것은 오늘날도 마찬가지입니다. 우리 예수 믿는 사람들은 '하나님께서 왜 우리를 구원하셨을까?' 라고 물어보면 하나님이 우리를 사랑하셔서 멸망치 않게 하기 위해서 구원하셨다고 말을 할 것입니다. 물론 이것은 틀림없는 사실입니다. 그러나 하나님께서 우리를 구원하신 일차적인 목적은 하나님을 닮은 사람이 되게 하기 위해서입니다. 우리가 하나님을 닮은 사람이 되기만 한다면 절대로 망하지 않습니다. 그러나 우리가 아무리 세상에서 성공하고 부자가 되었다 하더라도 하나님을 닮지 않고 마귀를 닮은 모습이라면 우리의 믿음은 실패한 것입니다.

오늘 본문은 세 부분으로 나누어서 생각해 볼 수 있습니다. 첫 번째는 하나님께서 처음 이스라엘 백성을 애굽에서 불러내실 때의 심정에 대한 것입니다. 두 번째는 현재 이스라엘 백성의 죄에 대한 하나님의 고민입니다. 그리고 세 번째는 앞으로 하나님께서 그들을 어떻게 하실지에 대한 하나님의 계획입니다.

1. 하나님의 기대

하나님께서 이스라엘 백성을 애굽에서 불러내실 때 하나님은 이스라엘 백성을 하나님의 아들을 만들려고 불러내셨다고 말씀하고 있습니다.

1절, "이스라엘의 어렸을 때에 내가 사랑하여 내 아들을 애굽에서 불러내었거늘"

이스라엘 백성을 애굽에서 이끌어 내실 때에 하나님은 이스라엘 백성을 하나님의 아들 자격으로 불러내셨습니다. 우리말 성경에는 '아들을 불러내었다' 라고 해서 마치 진짜 아들을 불러낸 것처럼 되어 있지만 히브리 성경 원문에는 '아들로 불러내었다' 라고 하여 '로' 라는 전치사가 붙어 있습니다. 이 말은 하나님께서 이스라엘을 하나님의 '아들로 삼기 위하여' 불러내었다는 뜻입니다.

하나님께서는 언제 이스라엘 백성을 사랑하셨습니까? 그것은 '이스라엘 백성이 하나님 앞에서 완전히 어렸을 때' 입니다. 여기서 '어리다' 라는 것은 나이가 어리거나 귀여울 때라는 뜻이 아닙니다. 오히려 '귀엽거나 사랑스러운 것이 하나도 없을 때' 라는 뜻입니다. 하나님께서 이스라엘 백성을 아들로 삼기 위해서 애굽에서 불러내신 것은 이스라엘 백성이 믿음이 좋거나 교육 수준이 높거나 혹은 교양이 많은 사람들이어서가 아닙니다. 오히려 이스라엘 백성은 하나님 앞에서 정신적으로 너무 어리고 지적으로도 미개한 수준이었으며, 도덕적으로도 본받을 만한 것이 아무것도 없는 노예 민족이었습니다. 하나님은 그렇게 형편없는 이스라엘 백성을 사랑하셔서 위대한 하나님의 아들들이 되게 하기 위해서 애굽에서 건져 내셨던 것입니다.

하나님께서 우리를 불러서 예수 믿게 하실 때에는 하나님의 마음속에 가지고 계신 아름다운 상들이 하나씩 있습니다. 즉 하나님께는 우리 한 사람 한 사람에 대하여 이런 사람이 되었으면 좋겠다는 기대가 있는 것입니다. 우리가 해야 할 것은 하나님이 우리에 대하여 가지고 계신 그 그림에 맞는 사람이 되는 것입니다.

하나님께서 이스라엘 백성에게 가지셨던 그림은 하나님의 아들이 되는 것이었습니다. 하나님께서 이스라엘 백성을 가나안 땅에서 불러내신 것은 단순히 젖과 꿀이 흐르는 땅에 들어가게 해서 잘 먹고 잘살도록 하기 위한 것이 아니었습니다. 하나님께서는 이스라엘 백성이 이 세상에서 하나님을 닮아서 하나님과 똑같이 행동하는 사람들이 되기를 원하셨던 것입니다.

특히 우리나라나 이스라엘의 경우에는 아들이 아버지의 외모나 성격뿐만 아니라 직업이나 기술까지 닮는 경우가 많이 있었습니다. 옛날 서양에서도 아들은 아버지의 지위나 직업을 물려받는 경우가 많았습니다. 그러나 이스라엘 백성에게 있어서 아버지와 아들 사이는 유별나게 가까웠습니다. 아들은 아버지의 분신과 같았습니다. 아버지는 아들에게 자기만 가지고 있는 비밀을 전수해 주었고, 아들은 철저하게 아버지를 흉내 내었습니다. 그래서 아들이 하는 짓을 보면 그가 누구의 아들이라는 것을 알 수 있을 정도였습니다.

하나님께서 이스라엘 백성에게 기대하신 것은 단순히 세상에서 성공하고 잘사는 것이 아니라 철저하게 하나님을 닮는 것이었습니다. 이스라엘 백성이 모두 하나님의 모든 귀한 성품을 물려받아서 하나님께서 하시는 그대로 세상에서 하기를 원하셨습니다.

예수님이 태어나신 지 얼마 되지 않아서 헤롯이 아기 예수를 죽이려고 하니까 요셉과 마리아는 아기 예수를 데리고 애굽으로 피신했습니다. 그러다가 헤롯이 죽고 예수가 다시 가나안 땅으로 돌아오게 되었을 때 마태는 바로 오늘 본문을 인용하고 있습니다.

"헤롯이 죽기까지 거기 있었으니 이는 주께서 선지자로 말씀하신바 애굽에서 내 아들을 불렀다 함을 이루려 하심이니라" (마 2:15).

하나님께서 애굽으로 피난 갔던 아기 예수를 다시 불러내신 것은 하나님이 자기 아들을 불러내신 것이었습니다. 물론 이것은 이스라엘 백성처럼 예수님이 하나님의 아들이 아닌데 아들로 삼으려고 불러내신 것은 아닙니다. 예수님은 하나님의 아들이시지만 하나님께서 원하시는 뜻을 이루시도록 하기 위해서 다시 애굽에서 불러내셨던 것입니다. 그래서 예수님은 한

평생을 이 세상에 사시면서 철저하게 하나님이 원하시는 일을 하셨고, 하나님의 뜻에 자기 자신을 쳐 복종시키셨습니다. 그랬더니 예수님을 통하여 어마어마한 하나님의 능력과 축복이 나타나게 되었습니다. 결국 하나님께서는 예수님을 향하여 "너는 내 사랑하는 아들이라 내가 너를 기뻐하노라"라고 육성으로 말씀하셨습니다.

하나님께서 애굽에서 노예 생활을 하는 이스라엘 백성을 불러내신 것은 졸부나 권력자가 되게 하기 위해서가 아니라 하나님의 아들이 되게 하기 위해서였습니다. 하나님은 이스라엘 백성에게 하나님의 아들의 행동을 기대하셨습니다.

언제 하나님께서 그렇게 하셨습니까? 그것은 이스라엘이 어렸을 때입니다. 즉 이스라엘 백성이 비천하고 아무런 자격이나 믿음이 없을 때였습니다. 그래서 이스라엘 백성은 하나님께서 자기들이 아무 자격도 없을 때 택하셨으니까 하나님께서 그렇게 만들어 주실 것을 믿고 순종하기만 하면 되는 것입니다.

우리는 이와 비슷한 설명을 신약성경 로마서 5장에서 볼 수 있습니다.

"우리가 아직 연약할 때에 기약대로 그리스도께서 경건치 않은 자를 위하여 죽으셨도다…우리가 아직 죄인 되었을 때에 그리스도께서 우리를 위하여 죽으심으로 하나님께서 우리에게 대한 자기의 사랑을 확증하셨느니라"(롬 5:6, 8).

그리스도께서는 아무런 자격이나 능력도 없는 우리가 하나님의 축복받는 자녀들이 되게 하기 위하여 십자가 위에서 죽으셨습니다. 그리스도께서 언제 이렇게 하셨습니까? 그것은 우리가 죄인이었고 우리가 연약할 때입니다. 우리가 죄인이었고 하나님 앞에서 아름다운 것이 전혀 없을 때 하나님은 이미 우리를 사랑하셔서 하나님의 아들을 죽게 하셨습니다. 다시 말해서 우리가 죄를 짓고 있고 우리가 하나님을 거역할 그때에 하나님께서는 이미 우리를 사랑하셨습니다. 그 이유가 무엇입니까? 우리를 하나님의 아들로 삼기 위해서입니다.

그런 부르심에 대하여 이스라엘 백성이 보인 반응은 무엇입니까?

2절, "선지자들이 저희를 부를수록 저희가 점점 멀리하고 바알들에게 제사하며 아로새긴 우상 앞에서 분향하였느니라"

하나님께서 이스라엘 백성을 부르면 부를수록 이스라엘 백성은 하나님을 멀리하고 바알을 가까이했습니다. 우리말 성경에는 '선지자들이' 라고 번역되어 있는데, 히브리 성경 원문에는 '그들이' 라고 되어 있습니다. 즉 하나님이 주어라면 단수가 되어야 하는데 복수이기 때문에 우리말 성경은 '선지자' 라는 말을 넣어서 의역을 한 것입니다. 이런 경우도 대단히 멋진 번역에 속합니다. 그런데 여기서 복수를 사용한 것은 하나님께서 이스라엘 백성을 부르시는데 말씀으로 많이 부르셨다는 것입니다. 즉 하나님께서는 이스라엘 백성을 애굽에서 건져 내신 후에 목이 터져라고 하나님의 말씀을 들려주셨는데 이스라엘 백성은 하나님의 아들이 되려고 하지 않고 하나님이 가장 싫어하시는 가나안 사람이 되려고 했던 것입니다. 하나님께서는 이스라엘 백성이 하나님의 아들이 되기를 원하셨지만 이스라엘 백성은 기를 쓰고 이 세상의 아들들이 되려고 했습니다. 하나님께서는 이스라엘 백성에게 하늘의 능력과 축복을 주시기를 원하셨는데 이스라엘 백성은 기를 쓰고 세상에 좋은 것들을 가지기를 원했습니다.

사실 하나님은 이스라엘 백성을 계속 부르셨습니다. 하나님은 계속 이스라엘 백성에게 은혜를 주시려고 하시고 그들을 변화시키려고 하셨습니다. 그러나 이스라엘 백성은 그것을 원치 않았습니다. 그 이유가 무엇일까요? 그것은 이스라엘 백성에게는 세상의 타락한 체질이 더 맞았고 세상이 더 많은 즐거움을 준다고 생각했기 때문입니다.

이것은 오늘날 우리의 신앙 자세와 비슷한 모습입니다. 하나님께서는 우리가 더 하나님을 닮기를 원하시지만 우리는 세상의 행복과 쾌락을 더 원합니다. 그 이유가 무엇일까요? 이 세상이 우리 체질에 더 맞기 때문입니다. 예를 들어 어떤 귀족이 뒷골목에서 거지 노릇을 하던 아이를 집에 데리고 와서 아들로 삼았다면 아버지는 아들이 귀족같이 되기를 바라지만 아이는 그것이 귀찮고 오히려 뒷골목에서 거지 아이들과 어울려 노는 것을 더 좋아하는 것과 같은 것입니다.

그래서 하나님은 이스라엘 백성을 훈련시키셨습니다.

3절, "그러나 내가 에브라임에게 걸음을 가르치고 내 팔로 안을찌라도 내가 저희를 고치는 줄을 저희가 알지 못하였도다"

엄마는 아기가 어느 정도 자라면 걸음마를 가르칩니다. 즉 엄마는 아기를 늘 눕혀 놓기만 하는 것이 아니라 팔을 잡아 주어 스스로 일어서게 하고, 그 다음에는 걸음마를 할 수 있도록 가르쳐 줍니다. 마찬가지로 하나님께서는 이스라엘 백성에게 걸음마를 가르쳐 주셨습니다. 즉 하나님은 이스라엘 백성을 한 걸음씩 인도하셔서 하나님의 말씀을 이해하게 하시고, 또 죄를 버리고 하나님을 의지하는 법을 가르쳐 주셨습니다. 그러다가 이스라엘 백성이 쓰러지면 하나님은 그들을 붙잡아서 일으켜 주셨습니다.

그런데 이스라엘 백성은 단지 자기들이 힘든 것만 생각하지 하나님께서 자기들을 훈련시키는 것으로 생각하지 않았습니다. 즉 이스라엘 백성은 어려움이 오거나 넘어지면 하나님께서 자기들을 사랑하시지 않는다고 생각했던 것입니다. 물론 아기들은 걸음마를 배우지 않고 매일 누워 있으면 좋을 것입니다. 그러나 아기들이 걸음마를 배우지 못하면 나중에 사람 구실을 할 수 없게 됩니다. 그래서 아이들은 수없이 넘어져서 무릎이 깨지고 피가 나는 한이 있어도 걸음마를 배워야 합니다.

마찬가지로 우리는 처음부터 모세 같은 능력의 종이 되거나 아브라함 같은 믿음의 사람이 될 수 없습니다. 우리는 하나님의 말씀을 듣고 은혜를 받아서 일어섰다가는 또 정욕에 넘어지는 일을 반복합니다. 그러면서 우리는 조금씩 달라집니다. 우리는 모두 이런 과정을 통해서 장성한 믿음의 분량으로 나아가는 것입니다. 그러나 이스라엘 백성은 그런 것은 생각하지 않고 무조건 하나님께서 자기들을 힘들게 하시고 사랑하시지 않는다고 생각했던 것입니다. 그래서 이스라엘 백성은 하나님이 부르시면 부르실수록 더 하나님을 멀리하고 우상을 좋아했습니다. 왜냐하면 우상은 이런 걸음마 훈련이 없기 때문입니다.

4절, "내가 사람의 줄 곧 사랑의 줄로 저희를 이끌었고 저희에게 대하여 그 목에서 멍에를 벗기는 자같이 되었으며 저희 앞에 먹을 것을 두었었노라"

아마 당시에는 아이들에게 걸음마를 가르칠 때 줄을 당기면서 가르쳤던 것 같습니다. 그 줄이 바로 '사랑의 줄' 이고 '사람의 줄' 이었습니다. 만일 사람이 아니고 짐승이라면 당연히 목에 멍에를 씌워서 걸음마를 가르쳤을 것입니다. 하나님께서는 이스라엘 백성을 노예처럼 강요하시지 않았습니다. 그래서 하나님은 우리에게 말씀으로 가르치시는 것입니다. 하나님께서 우리를 말씀으로 가르치는 것이 가장 우리를 사랑하시는 것이고 인격적으로 대우하시는 것입니다. 그러나 만일 이 사랑의 줄이 귀찮으면 그때는 짐승의 멍에를 매어서 노예로 가르쳐야 하는 것입니다.

'저희 앞에 먹을 것을 두었었노라.'

어떤 성경은 '하나님께서 겸손하게 그들에게 먹을 것을 주었다' 라고 번역하고 있습니다. 즉 하나님께서 그들에게 먹을 것을 마치 떠 먹여 주듯이 하셨다는 뜻입니다. 우리가 하나님의 훈련을 받을 때에는 하나님이 우리의 먹을 것을 책임져 주십니다. 그래서 우리가 고난을 받거나 직장을 잃거나 혹은 질병 가운데 있을 때 하나님의 말씀을 붙들면 하나님은 먹을 것을 공급해 주십니다. 이것은 틀림없는 것이고, 내가 하나님의 자녀인 것을 증거하는 표시입니다. 그러나 우리는 때때로 그런 것이 창피할 때가 많이 있습니다.

그러나 이스라엘 백성은 하나님의 말씀으로 훈련받는 데는 관심이 없고 오직 세상에서 복을 많이 받고 잘사는 것만 원했습니다. 결국 그들은 노예 근성을 벗어버리지 못한 것입니다.

2. 하나님의 고민

이스라엘 백성이 하나님의 말씀으로 훈련받지 못할 때 나타난 심각한 현상은 그들이 세상의 죄를 그대로 따라가는 것이었습니다. 그래서 이스라엘 백성은 하나님의 자녀의 자격을 상실하고 결국 노예로 돌아갈 수밖에 없었습니다.

5절, "저희가 애굽 땅으로 다시 가지 못하겠거늘 내게 돌아오기를 싫어하니 앗수르 사람이 그 임금이 될 것이라"

우리말 성경에는 '이스라엘 백성이 다시 애굽으로는 돌아갈 수 없기 때문에 앗수르 사람의 포로가 될 수밖에 없다' 라는 식으로 번역되어 있습니다. 그런데 히브리 성경 원문에는 부정의문문으로 되어 있습니다. 즉 '그들이 애굽으로 돌아가지 않겠으며 앗수르 사람들이 그들의 왕이 되지 않겠느냐?' 라는 뜻입니다. 이것은 다른 말로 표현하면 반드시 그렇게 된다는 뜻입니다. 여기서 그들이 애굽으로 돌아간다는 것은 이스라엘 백성이 원래 노예 상태로 되돌아간다는 뜻입니다. 결국 사람은 자기가 좋아하는 모습으로 돌아갈 수밖에 없습니다. 이스라엘 백성이 하나님의 자녀의 모습을 원하면 축복의 자녀들이 될 수 있지만 세상을 사랑하면 결국 죄의 노예가 되어야 하는 것입니다. 실제로 이스라엘 백성은 앗수르의 노예가 됩니다. 그렇게 되는 이유가 무엇입니까? 그것은 그들이 하나님의 자녀가 되기 싫어했기 때문입니다. 다시 말해서 이스라엘 백성이 자유인이 된 것은 어떤 전제가 있었기 때문입니다. 그것은 그들이 하나님의 자녀가 되는 것입니다. 만일 이스라엘 백성이 하나님의 자녀가 되는 것을 거부한다면 그들은 다시 노예로 돌아가야 하는 것입니다. 즉 이스라엘 백성의 선택은 하나밖에 없었습니다. 그것은 '하나님의 귀한 아들이 되느냐, 아니면 죄의 노예가 되느냐' 라는 것입니다.

그런데 이스라엘 백성은 절대로 하나님께로 돌아오지 않았습니다.

7절, "내 백성이 결심하고 내게서 물러가나니 비록 저희를 불러 위에 계신 자에게로 돌아오라 할찌라도 일어나는 자가 하나도 없도다"

이스라엘 백성의 심정이 이해가 안 되는 것은 아닙니다. 왜냐하면 지금 이스라엘 백성은 하나님 앞에 와 있는데 하나님은 자꾸 하나님께로 돌아오라고 하시기 때문입니다. 우리는 지금 하나님께로 와 있는데 왜 자꾸 돌아오라고 하느냐는 것입니다. 그런데 하나님이 원하시는 것은 몸만 오지 말고 마음으로 하나님께 가까이 오라는 것이었습니다.

그러나 이스라엘 백성은 하나님께 가까이 가는 것을 싫어하고 두려워했습니다. 왜냐하면 하나님께 너무 가까이 가면 자신들의 개성을 다 잃어버린다는 것입니다.

사실 우리는 은혜를 받으려고 할 때마다 불안해지는 것이 있습니다. 그것은 우리가 너무 은혜를 받으면 나 자신의 개성이 다 없어져 버리고 광신자가 되어서 이상한 사람이 되지 않을까 하는 것입니다. 이스라엘 백성은 자기들이 하나님께 너무 가까이 가면 인간성을 상실할 것이라고 생각했습니다. 이스라엘 백성은 오히려 바알이나 이방 종교가 더 인간적이라고 생각한 것입니다.

오늘도 현대인들은 기독교가 너무나도 사람들을 비인간화한다고 생각합니다. 즉 기독교는 사람의 감정도 죽이고, 인간관계도 죽이고, 눈물도 피도 없는 사람을 만든다는 것입니다. 그러나 눈물과 피를 만드신 분은 바로 하나님이시고 기독교야말로 가장 인간적인 종교입니다. 그런데 사람들은 타락한 반항적인 감정이 더 인간적이라고 생각하는 것입니다.

하나님께서 우리에게 원하시는 것이 무엇입니까? 그것은 참으로 거룩하고 존귀한 하나님의 아들이 되는 것입니다. 그러나 우리는 하나님보다는 세상이 더 좋을 때가 너무 많습니다. 사실 우리도 '거룩해야 한다' 라고 하면 부담이 됩니다. 왜냐하면 우리는 골수까지 죄에 물들어 있기 때문입니다. 하나님께서 원하시는 것은 우리가 아무리 넘어지고 실패하더라도 한 걸음 한 걸음 하나님을 배우면 된다는 것입니다. 하나님께서는 우리가 아무리 넘어지더라도 미워하거나 실망하지 않으십니다. 그런데 다 된 것처럼 행세하면서 실제로는 죄를 짓는 것을 하나님은 싫어하시는 것입니다. 하나님은 위선을 싫어하시지 넘어지는 것을 싫어하지 않으십니다.

결국 어떤 사람이 성공하게 됩니까? 자기가 부족한 것을 인정하고 아무리 넘어지고 실패하더라도 결사적으로 하나님의 말씀을 붙잡는 사람입니다. 이 사람은 걸음마를 익힌 후 어느 순간부터 달리기를 시작할 것입니다.

이스라엘 백성이 위선적으로 믿을 때 그들이 사람은 속일 수 있었는지 몰라도 하나님은 속일 수 없었습니다. 결국 이스라엘 백성이 하나님을 멀리했을 때 찾아오는 것은 칼이었습니다.

6절, "칼이 저희의 성읍들을 치며 빗장을 깨뜨려 없이 하리니 이는 저희의 계책을 인함이니라"

이스라엘 백성은 자기들 나름대로 계획이 많았습니다. 물론 그 계획이라는 것은 세상에서 성공하는 계획이었습니다. 그러나 이스라엘 백성에게서 하나님을 닮은 모습이 없어졌을 때 그들에게 찾아오는 것은 칼이었습니다. 그들의 빗장은 깨어질 것입니다. 그들은 자기들 나름대로 많은 계책이 있지만 사실 그 계책 때문에 망하게 됩니다. 왜냐하면 이스라엘은 인간의 계략으로 성공하거나 유지되는 나라가 아니었기 때문입니다. 이스라엘은 오직 하나님의 능력으로 복을 받고 유지되는 나라였습니다.

왜 하나님께서는 이스라엘 백성이 하나님을 닮지 않는다고 해서 칼을 보내실까요? 그 이유는 이스라엘 백성이 걸음마를 열심히 배우지 않았을 때 결국 소돔과 고모라의 죄에 빠질 수밖에 없기 때문입니다.

8절, "에브라임이여 내가 어찌 너를 놓겠느냐 이스라엘이여 내가 어찌 너를 버리겠느냐 내가 어찌 너를 아드마 같이 놓겠느냐 어찌 너를 스보임 같이 두겠느냐 내 마음이 내 속에서 돌아서 나의 긍휼이 온전히 불붙듯 하도다"

여기에 보면 '아드마' 와 '스보임' 이라는 곳이 나옵니다. 아드마와 스보임은 소돔과 고모라와 함께 멸망한 도시입니다. 그래서 호세아 선지는 '소돔과 고모라' 라고 하면 사람들이 잘 알기 때문에 사람들에게 익숙하지 않은 아드마와 스보임이라고 말을 합니다. 그것은 이스라엘 백성의 귀를 솔깃하게 하기 위해서입니다.

이스라엘 백성이 결사적으로 하나님의 말씀을 붙들지 않으면 결국 파고들어 오는 것이 소돔과 고모라의 음란입니다. 이 세상 어느 누구도 성적인 욕망으로부터 자유로운 사람은 없습니다. 정치인이나 교육자나 종교인이나 직장인 할 것 없이 인간들은 이성에 대한 성적인 욕망이 있습니다. 그런데 하나님께서 사람들을 바로 심판하지 않으시면 인간들은 죄를 짓다 못해서 동성연애나 성전환 수술이나 매춘이나 미성년자 성추행 같은 별의별 변태적인 죄까지 다 짓는 것입니다. 그런데 이런 죄가 이스라엘 안에 가득하게 되었습니다. 왜냐하면 돈은 많고 생활은 단조로우니까 결국 찾는 것은 성적인 충동밖에 없는 것입니다. 그러나 이것은 완전히 지옥불의 심판을 불러일으키는 것입니다.

그런데 하나님은 이스라엘 백성의 죄를 생각하면 유황불로 심판을 해야 하는데 그렇게 하기에는 이스라엘이 아깝고 불쌍한 것입니다. 그래서 하나님은 계속 갈등을 하셨습니다. 즉 '내 마음이 내 속에서 돌아서' 라고 말씀하고 있습니다. 이것은 하나님의 생각이 돌고 도는 것을 말합니다. 즉 이스라엘 백성을 소돔과 고모라같이 멸망시킬 것인가, 아니면 다른 방법이 있을까 하는 것입니다.

그런데 하나님의 마음 안에서 이스라엘 백성에 대한 하나님의 긍휼이 불붙듯이 타오르고 있습니다. 하나님은 어떻게 해서든지 이스라엘을 완전히 망하게 해서는 안 되겠다고 생각하신 것입니다. 그래서 하나님은 결국 이스라엘이 앗수르에 의해서 망하는 방법을 택하셨습니다. 이것이 소돔과 고모라처럼 망하는 대신에 하나님이 택하신 방법인 것입니다.

이것을 보면 하나님께서 어떤 시각으로 우리 민족을 보고 계시는지 알 수 있을 것입니다. 하나님께서는 우리 민족을 사랑하셔서 20세기의 이스라엘로 삼으셨습니다. 그런데 우리 민족은 하나님께서 사랑하시고 축복하실수록 죄를 더 많이 지었습니다. 그리고 지금은 전 국민이 거의 소돔화될 정도로 성적인 타락이 모든 사람의 마음속에 깊이 들어와 있습니다. 우리 민족의 죄는 소돔과 고모라와 다를 바가 없을 것입니다. 오히려 지금 우리에 비하면 소돔과 고모라 사람들은 훨씬 순진했는지도 모릅니다. 얼마 전에는 드디어 우리나라 드라마에서도 공식적으로 동성애를 다루었습니다. 그런데 미국의 드라마나 영화를 보면 아예 동성애나 마약은 보편화되어 있습니다. 우리에게 가장 무서운 것은 바로 이런 성적인 오염이 우리의 머리나 혈관 속에 들어와 있다는 것입니다. 만일 우리가 이것을 치료받지 못한다면 아무리 세상에서 성공하고 물질적인 복을 받았다 하더라도 소돔처럼 망하고 말 것입니다.

그런데 하나님이 결심을 하십니다.

9절, "내가 나의 맹렬한 진노를 발하지 아니하며 내가 다시는 에브라임을 멸하지 아니하리니 이는 내가 사람이 아니요 하나님임이라 나는 네 가운데 거하는 거룩한 자니 진노함으로 네게 임하지 아니하리라"

하나님은 우리 인간의 부패한 본질을 깊이 이해하셨습니다. 우리 인간은 아무리 야단치고 타일러도 안 되는 것입니다. 그래서 하나님께서는 우리 인간을 소돔과 고모라로 멸망시키는 대신에 하나님 자신이 책임지기로 하셨습니다.

하나님께서는 인간의 죄성을 깊이 이해하십니다. 그리고 이 모든 것을 전적으로 하나님의 책임으로 돌리십니다. 하나님께서는 더 이상 진노로 그들을 찾아가지 않겠다고 말씀하십니다. 어떻게 그것이 가능합니까? 그것은 바로 하나님께서 우리 인간의 죄를 하나님 자신에게 돌리고 하나님의 아들을 십자가에 죽게 하심으로 우리의 죄를 다 용서하시는 것입니다. 그래서 우리는 모두 소돔의 자식인데 하나님의 자녀로 부르심을 받은 것입니다. 우리는 하나님의 사랑을 믿기만 하면 됩니다. 그러면 하나님은 우리의 죄를 예수님에게 다 넘기시고 하나님의 새 성품을 우리에게 넣어 주십니다. 우리는 이제 소돔과 고모라의 정욕과 싸우면 되는 것입니다. 물론 넘어질 때도 있고 호기심을 따라갈 때도 있지만 그때마다 울면서 회개하고 다시 은혜 받으면 되는 것입니다. 우리는 죽을 때까지 이 과정을 반복해야 합니다.

신장이 안 좋은 분들은 일주일에 한두 번씩 병원에 가서 투석을 받습니다. 우리는 그렇게 하면 얼마든지 풍성한 삶을 살 수 있습니다. 그러나 '위선적인데' 하고 가만히 있으면 우리는 결국 소돔의 죄에 오염되어서 죽는 것입니다. 우리는 아무리 실패해도 십자가만 붙들면 절대로 실패하지 않습니다.

3. 복음의 위력

하나님께서는 이스라엘 백성을 앗수르에 망하게 하시고 일정한 시간이 지난 후에 다시 그들을 불러 모을 것이라고 하셨습니다.

10-11절, "저희가 사자처럼 소리를 발하시는 여호와를 좇을 것이라 여호와께서 소리를 발하시면 자손들이 서편에서부터 떨며 오되 저희가 애굽에서부터 새 같이, 앗수르에서부터 비둘기 같이 떨며 오리니 내가 저희로 각 집에 머물게 하리라 나 여호와의 말이니라"

하나님은 이스라엘 백성을 영원히 버리지 아니하십니다. 그러나 이스라엘 백성이 하나님을 버리고 우상을 택한 결과는 너무나도 엄청났습니다. 그것은 이스라엘의 멸망으로 나타났는데 전 국민이 죽거나 포로로 붙들려 갔습니다. 그리고 그들의 포로 생활은 약 700년 가까이 진행됩니다. 그러고 난 후에 하나님께서는 큰 소리로 이스라엘 백성을 다시 불러 모으십니다. 이때 하나님은 사자같이 큰 소리로 부르시겠다고 하셨습니다. 그러면 이스라엘 백성은 포로 되어 간 곳에서 하나님이 부르시는 소리를 듣고 더 이상 숨어 있지 못하고 떨면서 나오게 되는 것입니다.

하나님께서 이스라엘을 부르시는 소리는 복음입니다. 하나님의 복음의 소리는 매우 커서 못 듣는 사람이 없습니다. 모든 이스라엘 백성이 이 복음의 소리를 듣고 오게 됩니다. 그러니까 이스라엘 백성이 하나님의 말씀을 듣지 않은 대가는 완전히 망하고 700년이 지난 후에 다시 하나님의 말씀을 듣고 돌아오는 것입니다. 하나님의 축복 앞에 나오는 데는 옛날이나 지금이나 하나님의 말씀을 듣는 것 외에는 길이 없습니다. 세상에서 아무리 날고 긴다고 해도 하나님의 말씀을 업신여기는 자는 결국 죄를 이기지 못해서 망하는 것입니다.

복음은 하나님께서 죄인들을 부르시는 소리입니다. 특히 성령의 능력으로 외치는 소리는 사자 소리보다 더 큰 소리여서 모든 사람이 그 소리를 들을 수 있습니다. 우리는 원래 양이 아니었는데 복음을 들으면서 양으로 변했습니다. 결국 이것은 오순절 때 성령이 임하심으로 이루어지게 되었습니다. 전 세계에서 성전에 제사 지내러 왔던 자들이 예수님의 십자가를 보게 되었고, 그의 부활의 소식을 들었습니다. 그리고 그들은 베드로가 외치는 설교를 듣고 모두 회개하여 죄 사함을 받고 성령을 받았습니다.

우리는 원래 하나님의 자녀가 될 자격이 없는 자들이었습니다. 우리는 모두 소돔의 아들이요, 고모라의 딸이었습니다. 우리 안에는 못된 기질과 반항적인 성품이 가득하였습니다. 우리는 하나님을 닮은 것이 아니라 사탄을 닮은 자들이었습니다. 그런데 하나님께서는 우리를 무조건 사랑하셨습니다. 물론 우리가 한번에 하나님을 닮을 수 없기 때문에 하나님은 우리를 연단하셔서 걸음마를 배우게 하셨습니다.

오늘 우리 시대의 죄는 완전히 소돔과 고모라의 죄입니다. 우리가 택할 수 있는 것은 오직 둘 중의 하나입니다. 즉 하나님의 자녀가 되든지, 아니면 죄의 노예가 되는 것입니다. 하나님께서는 우리를 구원하시기 전에 우리의 죄성을 두고 깊이 고민하셨습니다. 하나님께서는 우리가 죄인인 줄 알고 우리를 구원하셨습니다. 그래서 우리가 아무리 넘어져도 하나님은 그것을 이해하십니다. 그러나 우리가 예수 믿고 모든 것이 끝났다고 해서 세상의 복만 받으면 된다고 생각할 때 우리는 이스라엘 백성이 망했던 것처럼 망할 수밖에 없습니다.

우리는 모두 영광스러운 하나님의 아들로 부름 받은 자들입니다. 우리가 해야 할 것은 걸음마를 배우는 것입니다. 우리는 걸음걸이부터 새로워져야 합니다. 우리는 하나님의 사랑의 줄로 만족해야 합니다. 그 사랑의 줄은 고난의 줄인 것입니다. 우리가 정말 배워야 할 것은 하나님 아버지의 겸손입니다. 이 겸손을 배우지 못한 자는 아버지의 집에 거하지 못합니다.

하나님은 우리를 구원하시기 전에 고민을 하셨습니다. 과연 우리를 지옥에 넣을 것인가, 아니면 다시 살릴 것인가. 우리를 살리려면 어떻게 해야 하는가 하는 것입니다. 그래서 하나님은 예수님을 십자가 위에서 죽게 하셨습니다. 하나님은 우리로 하여금 더 이상 소돔 사람들처럼 살지 말라고 아들을 죽게 하신 것입니다.

우리를 향한 하나님의 사랑은 불붙는 사랑입니다. 하나님은 사랑하는 아들의 죽음과 우리를 바꾸셨습니다. 우리는 다시 죄의 노예로 돌아갈 수 없습니다. 만일 우리가 다시 죄의 노예로 돌아간다면 그 대가는 끔찍할 것입니다. 우리는 소돔과 고모라의 죗값을 당하게 될 것입니다. 우리는 오직 하나님의 사랑을 믿고 오직 십자가로 만족해야 합니다. 그러면 하나님은 우리의 모든 삶을 책임져 주실 것이며, 우리의 삶을 가장 아름답게 만들어 주실 것입니다.

우리가 걱정해야 할 것은 결혼이나 취직이나 집 문제가 아닙니다. 우리에게서 점점 없어지고 있는 하나님의 모습입니다. 이제 우리는 다른 것을 다 내려놓고 오직 하나님의 아들다운 모습이 더 나타나며 더 이상 이 세상 현실에 두려워하지 않는 담대한 믿음을 달라고 기도합시다.

성경 토의

1. 하나님께서 우리를 택하셔서 예수 믿게 하신 이유가 무엇이라고 생각하는가?

2. 하나님께서 나에게 고난을 주시고 연단을 주시는 것은 나에게 걸음마를 가르치시기 위해서인데 나는 하나님의 걸음마를 잘 따라서 배우고 있는가?

3. 우리는 하나님의 말씀에 절대적으로 복종하지 아니하면 결국 소돔과 고모라와 같은 죄를 따라갈 수밖에 없다. 요즘 우리가 눈으로 보고 귀로 듣는 모든 것이 음란하고 더러운 것인데 이런 것들로부터 나 자신을 지킬 수 있는 방법은 무엇이라고 생각하는가?

13_변하지 않는 기질

호세아 12:1-14

전체적 설명

하나님께서 이스라엘 백성을 볼 때 마치 옛날 야곱을 보시는 것 같았다. 야곱은 이기적이고, 속이기를 잘했으며, 좀처럼 변하지 않는 강한 기질을 가진 사람이었다. 그러나 야곱은 벧엘에서 하나님을 만나고 얍복 강가에서 하나님과 씨름하는 과정을 통해서 하나님 앞에서 꺾이고 변하여 이스라엘이 되었다. 지금 이스라엘 백성도 하나님을 속이고 자기 멋대로 행동하고 있지만 언젠가는 하나님 앞에 무릎 꿇고 변하여 새사람이 될 것이다.

설교 프리노트

1절, "에브라임은 바람을 먹으며 동풍을 따라가서"

사람은 아무리 바람을 먹어도 배가 부르지 않는다. 그러나 고무풍선이 바람을 먹으면 공중으로 둥둥 떠 올라가게 된다. 그래서 사람들은 실속 없이 허풍에 들떠 있는 사람을 보면 '바람을 먹었다' 라고 말을 한다. 에브라임은 누군가가 하는 소리를 듣고 잔뜩 바람이 들게 되었다. 그런데 이스라엘에게 든 바람은 '동풍' 이었다. 이 동풍은 주로 아라비아 사막에서 부는 건조한 바람인데 모든 식물을 말리는 뜨거운 열풍이었다. 옛날에는 사막을 돌풍처럼 떠돌아다니는 도둑 떼들을 '동풍' 혹은 '사막의 바람' 이라고 불렀던 것 같다. 최근에는 이라크의 사담 후세인이 사막의 바람이 잔뜩 들어서 스스로 옛날 느부갓네살의 후손이라고 하면서 미국과 싸우려고 하다가 결국 전쟁에는 지고 나라는 엉망이 되고 자신은 붙들려서 처형을 당했다. 사람이 허풍이 들면 자기 자신에 대하여 과대망상에 빠지기 때문에 이길 수 없는 전쟁을 일으키려고 한다.

"날마다 거짓과 포학을 더하며"

에브라임 사람 혹은 이스라엘의 지도층 사람들은 스스로 자신들을 사막의 영웅이라고 생각해서 이스라엘 안에서 다른 사람들의 재산을 약탈하고 빼앗는 등의 포학한 행동을 많이 하였다.

"앗수르와 계약을 맺고 기름을 애굽에 보내도다"

당시 세계 최대의 강대국은 앗수르와 애굽이었다. 그런데 이스라엘은 과연 어느 나라에 붙어야 할지 판단할 수가 없었다. 그래서 이스라엘 지도층 사람들이 선택한 방법은 양다리 정책이었다. 따라서 이스라엘 지도자들은 조약은 앗수르와 체결하면서 기름은 애굽으로 보내는 이중적인 정책을 썼다. 그러나 이스라엘은 결국 두 나라 모두로부터 버림을 당하고 말았다.

2절, "여호와께서 유다와 쟁변하시고 야곱의 소행대로 벌주시며"

하나님은 에브라임의 죄에 대하여 말씀하시면서 유다와 쟁변을 하신다. 그 이유는 지금 말이라도 통하는 사람들은 유다 사람들이기 때문이다. 그러나 유다는 이스라엘을 자신들의 모델로 생각하고 열심히 따라가고 있기 때문에 이스라엘의 정책이 무엇이 잘못되었는지 깨닫지 못하고 있었다. 그래서 하나님은 유다 백성에게 이스라엘이 무엇이 틀렸는지 하나씩 따지고 계신 것이다. '야곱의 소행대로 벌주시며' 라고 한 것은 옛날에 야곱이 자기 꾀에 빠져서 결혼하려고 라반의 종을 자원했다가 엄청나게 고생한 것을 의미한다. 즉 지금 이스라엘 백성도 하나님의 말씀만 믿었으면 이런 고생을 할 필요가 없는데 불필요하게 머리를 굴려서 종살이를 하게 되는 것이다. 우리가 하나님의 말씀을 붙들고 가면 아무리 이 세상이 악하고 험해도 절대로 망하지 않는다.

3절, "야곱은 태에서 그 형의 발뒤꿈치를 잡았고"

야곱은 어머니 배 속에서부터 형 에서와 늘 다투었다. 물론 아기들이 알고 싸운 것은 아니지만 어른들의 눈에는 이들이 장자의 자리를 놓고 경쟁을 하는 것으로 보였을 것이다. 그런데 야곱은 태어날 때 자기가 형보다 늦게 태어나니까 너무 억울해서 형의 발꿈치를 잡고 태어났다. 야곱의 이름은 '발꿈치를 잡다' 라는 뜻을 가진 '아캅' 에서 나왔는데, 이것은 씨름할 때 상대방을 속여서 넘어뜨리는 기술 중 하나였다. 그래서 '야곱' 은 '남을 속이다' 라는 뜻을 가지고 있었다.

"또 장년에 하나님과 힘을 겨루되"

야곱은 외삼촌의 집에서 20년 동안 종살이를 하다가 탈출해서 가나안 땅까지 왔지만 밤에 정체불명의 어떤 사람과 밤새 씨름을 했다. 호세아는 야곱과 씨름을 한 분을 하나님이라고 하면서 5절에서는 또 '천사' 라고 말하고 있다. 결국 야곱과 씨름한 대상은 평범한 인간이 아닌 하나님의 천사이면서 제2위 하나님이신 것이다. 야곱은 누군가가 다시 자기를 힘으로 꺾어서 노예로 삼으려는 줄 알고 밤새 저항했지만 실제로 하나님은 야곱에게 하나님 앞에 굴복하기를 바라셨던 것이다.

4절, "천사와 힘을 겨루어 이기고 울며 그에게 간구하였으며"

야곱이 대단했던 것은, 씨름에 지기 싫어서 밤새도록 상대와 대결했다는 사실이다. 특히 상대방이 그 큰 힘으로 야곱의 엉덩이를 쳐서 엉덩이뼈가 위골되었는데도 야곱은 굴복하지 않고 동이 틀 때까지 버티었다. 그러자 야곱의 상대는 더 이상 씨름을 하지 못하겠다고 하면서 기권하겠다고 했다. 이때 야곱은 자기가 밤새 씨름한 상대가 벧엘에서 만났던 하나님인 것을 알고 울면서 축복을 구했고, 하나님은 야곱의 이름을 이스라엘로 바꾸어 주시면서 그를 축복하셨다.

"하나님은 벧엘에서 저를 만나셨고"

본문에 의하면 야곱이 씨름하고 난 후에 다시 벧엘에 가서 하나님을 만난 것을 이야기하는 것 같다. 그러나 본문의 순서와 상관없이 야곱이 형에서를 피하여 도망을 치다가 벧엘에서 하나님을 만난 체험을 말하는 것으로 생각해야 한다.

"거기서 우리에게 말씀하셨나니"

하나님은 벧엘에서 야곱에게도 말씀하셨지만 야곱을 통해서 이스라엘 백성 전체에게 말씀하신 것이다. 즉 하나님은 이스라엘 백성 전체를 향해서 그들을 하나님의 축복의 통로로 택하셨다고 말씀하신 것이다.

5절, "저는 만군의 하나님 여호와시라 여호와는 그의 기념 칭호니라"

야곱에게 나타나시고 이스라엘 백성에게 온 세상을 축복하는 통로로 사용하겠다고 말씀하신 하나님은 오직 이스라엘의 여호와 하나님 한 분뿐이다. 즉 이 세상의 어떤 신도 이스라엘 백성에게 이런 축복을 약속한 적이 없다. '만군의' 라고 하는 것은 이 세상의 모든 존재 위에 뛰어나신 하나님을 말한다.

'여호와' 는 하나님의 '기념칭호' 인데 하나님 자신을 이스라엘에 주신 이름이다. 즉 이 이름은 비밀번호와 같아서 이스라엘 백성이 이 이름으로 기도하면 하나님이 반드시 들어주신다.

6절, "그런즉 너의 하나님께로 돌아와서"

이것은 지금 이스라엘 백성의 위치가 하나님을 멀리 떠나 있는 것을 지적하는 말씀이다. 이스라엘 백성은 마땅히 그들이 있어야 할 위치에 있지 않고 하나님으로부터 멀리 떠내려가서 하나님의 축복을 받을 수 없는 위치에 있다. 이스라엘 백성을 배로 비유하면 정상적인 위치에서 많이 떠내려가서 위험한 곳을 향하여 가고 있는 것과 같다. 그런데 과연 이스라엘 백성의 힘만으로 하나님께 돌아올 수 있는가? 이스라엘 백성의 힘으로는 안 되지만 하나님께 부르짖으면 하나님은 그들을 찾아오셔서 돌아오게 하신다.

"인애와 공의를 지키며 항상 너의 하나님을 바라볼찌니라"

'인애' 와 '공의' 는 이스라엘 백성에게 반드시 있어야 하는 성품이다. 즉

'인애' 는 약속을 지키는 것이고, '공의' 는 공평한 것이다. 하나님은 이스라엘 백성에게 하나님께 돌아오기 위해서 많은 제사를 드릴 것을 요구하지 않으셨다. 하나님이 원하시는 것은 이스라엘 백성이 하나님의 백성으로 가져야 하는 최소한도의 모습이었다. 이것은 이스라엘 백성이 하나님의 말씀에 순종할 때 나타난다. 우리가 하나님의 말씀을 지키면 인애가 생기고 공의로워지게 되어 있다. 그리고 우리는 당장 하나님의 응답이 오지 않는다고 해서 내 방법대로 해서는 안 되고 하나님을 기다려야 한다. 하나님을 바라보는 것은 전적으로 하나님만 의지하며 하나님의 도우심을 기다리는 것이다.

7절, "저는 상고여늘 손에 거짓 저울을 가지고"

'상고' 는 '상인' 이라는 뜻인데 히브리 성경 원문에는 '가나안' 이라고 되어 있다. 즉 '가나안' 은 '상인' 과 동의어인 것이다. 하나님은 이스라엘 백성이 더 이상 이스라엘 백성이 아니라 가나안 사람들과 전혀 다를 바가 없다고 말씀하신다. 그 중의 하나로 이스라엘 백성이 장사를 하면서 거짓 저울로 사람들을 속여서 돈을 버는 것을 말씀하고 있다. 이스라엘 백성이 거짓 저울을 써서 장사를 하면 조금 더 돈을 벌 수 있겠지만 하나님은 이스라엘 백성이 정직하지 못한 것을 싫어하셨다. 우리는 우리의 작은 행동을 하나님이 모르실 것이라고 생각하기 쉬운데 그렇지 않다. 하나님은 우리의 아주 작은 행동까지 전부 보고 계신다.

8절, "에브라임이 말하기를 나는 실로 부자라"

'에브라임' 은 에브라임 지파도 의미하지만 이스라엘 사회의 부자나 지도층을 의미하기도 했다. 이스라엘의 지도층 사람들은 모두 부자였는데 자신들은 정직하게 일을 해서 부자가 되었다고 하지만 실제로는 힘이 약한 사람들의 물건을 착취해서 부자가 되었다. 물론 이스라엘의 부자들은 자신들의 행위가 법적으로는 문제가 없다고 하지만 그 법이 하나님의 법이 아니라 세상의 법이었던 것이다.

9절, "네가 애굽 땅에서 나옴으로부터 나는 네 하나님 여호와니라"

이스라엘 백성은 애굽에서 나오면서부터 하나님의 백성이 되었기 때문에 그들의 것은 아무것도 없었다. 이스라엘 백성이 가지고 있는 모든 것은 하나님이 주신 것이었다. 그러므로 이스라엘 백성은 많든지 적든지 하나님이 주신 것으로 감사하고 만족을 해야 했는데 더 부자가 되려고 욕심을 부렸으므로 다시 떠돌이 생활을 할 수 밖에 없게 되었다.

"내가 너로 다시 장막에 거하게 하기를 명절일에 하던 것 같게 하리라"

이스라엘의 부자들이 이미 하나님이 주신 것으로 만족하지 못하고 세상 사람들이 하는 방식을 따라서 더 부자가 되려고 가난한 사람들을 돌아보지 아니하였을 때 하나님은 그들을 다시 유목민의 상태로 돌려보낼 것이라고 말씀하셨다. 왜냐하면 하나님의 백성이 은혜를 잃어버리면 지금까지 받았던 축복을 모두 반납해야 하기 때문이다. '명절일에 하던 것 같게' 라는 것은 이스라엘 백성이 초막절에 과거 광야에서 초막에서 살았던 것을 기념하면서 지냈는데 결국 그런 상태로 돌아가게 된다는 뜻이다. 그러나 이번에는 옛날같이 하나님의 인도하심을 받는 광야 생활이 아니라 앗수르 군대에 붙들려서 먼 곳에 포로가 되어 가서 지내는 유랑 생활인 것이다.

10절, "내가 여러 선지자에게 말하였고 이상을 많이 보였으며"

하나님은 이스라엘의 주인으로서 많은 선지자들을 통해서 하나님의 뜻을 전하셨다. 그리고 하나님은 선지자들의 영적인 권위를 위해서 환상을 보게 하셨고, 또 이스라엘 백성이 알기 쉽도록 비유로 말씀하기도 하셨다. 그러나 이스라엘 백성은 하나님의 말씀에 별로 관심을 가지지 않았다. 즉 이스라엘 백성은 하나님을 주인으로 생각하지 않고 자기들이 주인이라고 생각하였다.

11절, "길르앗은 불의한 것이냐 저희는 과연 거짓되도다"

'길르앗' 은 요단 동편에 있는 땅인데 본문에는 '불의한 것이냐' 라고 질문식으로 되어 있지만 실제로 길르앗은 불의하고 거짓되다는 뜻이다. 즉 길르앗은 요단 동편에 있는 제사장의 도시이고 도피성이며, 하나님의 율법을 가장 잘 지켜야 하는 도시임에도 불구하고 불의할 뿐 아니라 거짓되어서 우상 숭배가 심하였다.

"길갈에서는 무리가 수송아지로 제사를 드리며 그 제단은 밭이랑에 쌓인 돌무더기 같도다"

'길갈' 은 가나안 본토에 있는 종교 중심지였는데 많은 제사가 행해지고 있었고 많은 제단이 있었다. 길갈에 얼마나 많은 제단이 있었는지 밭이랑에 쌓인 돌무더기같이 많은 제단이 있었다. 그러나 길갈도 길르앗과 마찬가지로 불의하고 거짓되었다. 즉 이스라엘 백성은 본토나 길르앗이나 종교의 형식만 있었지 내용은 완전히 이방 종교와 다를 바가 없었다.

12절, "옛적에 야곱이 아람 들로 도망하였으며"

야곱은 벧엘에서 하나님을 체험하고 하나님으로부터 큰 축복을 약속받았음에도 불구하고 아내를 얻기 위해서 스스로 종살이를 하였다. 야곱이 하나님의 말씀을 믿었더라면 굳이 종살이를 할 필요가 없었던 것이었다. 그런데 이제는 그 후손 이스라엘 백성이 하나님의 말씀을 믿지 않아서 이방의 종살이를 하게 된 것이다.

13절, "여호와께서는 선지자로 이스라엘을 애굽에서 인도하여 내시며"

하나님께서는 모세를 통해서 이스라엘 백성을 애굽에서 인도하여 내셨는데 그것이 바로 하나님의 말씀의 능력이었다. 그래서 하나님은 모세를 선지자로 비유하고 계신 것이다. 이스라엘 백성을 애굽에서 구원하여 낸 것은 하나님의 말씀의 능력이었다.

"선지자로 저를 보호하셨거늘"

이스라엘 백성이 물도 없고 양식도 없는 광야에서 굶어 죽을 수밖에 없었지만 하나님께서 그들이 죽지 않도록 지켜 주신 것은 역시 하나님의 말씀의 능력이었던 것이다. 그래서 이스라엘 백성은 어느 곳에 있든지 하나님의 말씀만 있으면 충분히 살 수 있는 사람들이었다. 그런데 이스라엘 백성은 자기들을 구원하고 자기들을 지켜 주신 하나님의 말씀을 믿지 못해서 망하게 되었다.

14절, "에브라임이 격노케 함이 극심하였으니"

에브라임은 이스라엘에서 성공한 사람들이고 부자들이었는데 그들은 하나님을 너무나도 화나게 하였다. 그 이유는 이렇게 이스라엘에서 잘살고 성공한 사람들이 앞장서서 하나님의 말씀을 버리고 우상을 섬겼기 때문이다. 그리고 이들은 '피'를 많이 흘렸는데, 그것은 원수를 죽이거나 혹은 가난한 자를 망하게 하거나 혹은 노예로 팔아서 죽게 한 것이다. 하나님은 그 피가 그들 위에 머물러 있게 할 것이라고 하셨다. 즉 하나님은 그 피가 해결될 때까지 이스라엘의 성공한 사람들을 심판하실 계획인 것이다. 그래서 이스라엘의 부자들은 자신들이 성공한 것이 철저하게 수치가 될 것이다.

본문 이해를 위한 질문

1. 하나님은 이스라엘 백성이 하는 짓을 보시고 무슨 생각을 하셨는가?

하나님은 지금 이스라엘 백성이 허영에 들떠서 자기 멋대로 행동하는데, 이것은 옛날 야곱이 변화되기 전에 자기 기질만 믿고 형을 속이고 아버지를 속였던 것과 비슷한 것이라고 보셨다.

2. 야곱은 어떻게 해서 새사람으로 변화되었는가?

야곱은 자기 꾀에 빠져서 외삼촌 라반에게 실컷 종살이를 한 후에 얍복 강가에서 천사와 씨름하다가 엉덩이뼈가 위골된 후 하나님께 울며 복을 구하면서 새사람으로 변화되었다.

3. 왜 에브라임은 옛날 광야 시절로 돌아가게 되는가?

그들이 하나님의 말씀의 능력을 믿지 않고 지나치게 욕심을 내어서 하나님의 말씀을 버렸기 때문이다.

성경 강해

사람들은 모두 나름대로 개성을 가지고 있습니다. 그래서 어떤 사람은 사색적인 성향을 가진 사람이 있는가 하면, 어떤 사람은 성격이 밝아서 사람 사귀는 것을 좋아하고 이야기하는 것을 좋아하는 사람이 있습니다. 우리는 이런 성격들 중에서 어떤 성격이 좋은 성격이고 어떤 성격이 나쁜 성격이라고 말할 수 없습니다. 그러나 인간들이 타락하면서 이런 성격은 모두 악하게 변하였습니다. 예를 들면 다른 사람을 의심을 한다든지 혹은 다른 사람을 이용하려고 한다든지 혹은 너무나도 터무니없이 고집스럽고 악착같다든지 혹은 다른 사람에 대하여 포학스럽게 행동합니다.

많은 사람들이 결혼해서 부부 생활을 하는 데 가장 어려움을 겪는 것이 바로 이런 성격의 차이일 것입니다. 보통 사람들이 결혼하기 전에는 잠시 만났다가 헤어지니까 성격의 차이를 잘 모를 수 있는데 결혼해서 같이 사는데 남편이 너무 폭력적이라든지 혹은 편집증적이라든지 혹은 거짓말을 많이 하고 낭비벽이 심해서 감당할 수 없을 경우에 그 부부는 심각한 위기에 빠질 것입니다.

우리가 신앙생활을 하는데 하나님 앞에서 가장 큰 걸림돌이 되는 것은 하나님 앞에서 너무나도 단단한 우리의 기질입니다. 예수 믿기 전의 기질은 죄로 인하여 변질되고 타락한 기질이기 때문에 신앙 생활을 하는 내내 하나님 앞에서 걸림돌이 됩니다. 우리가 예수 믿기 전에는 거짓말을 예사로 하고, 때로 무엇인가에 집착을 하면 끝장을 보아야 할 정도로 집요하기도 하고, 사람들과의 관계에 있어서도 내 뜻대로 되지 않으면 분을 참지 못하는 등의 기질들이 있었습니다. 그런데 하나님께서는 우리의 이런 악한 기질들이 하나님의 말씀으로 변화되어서 하나님과 마음 놓고 통할 수 있는 관계가 되기를 원하시는 것입니다.

하나님께서는 이스라엘 백성을 보면서 옛날 야곱을 생각하시게 되었습니다. 우리가 믿음의 조상들의 이야기를 읽을 때에 가장 공감을 하게 되는 사람이 야곱일 것입니다. 왜냐하면 우리 안에는 야곱과 같은 기질이 있기 때문입니다. 그런데 야곱도 결국 하나님의 사랑 앞에서는 꺾여서 이스라엘로 변했습니다. 야곱은 자기를 포기하면 아무것도 아닌 사람이 될 줄 알았는데 자기 자신을 하나님 앞에서 꺾었을 때 위대한 이스라엘로 태어날 수가 있었습니다. 그런데 하나님께서는 이스라엘 백성이 왜 이렇게 변하지 않고 날이 갈수록 점점 악해지는가 생각해 보니까 결국 이들이 하나님 앞에서 자기 자신을 깨뜨리지 않는 것이었습니다. 왜냐하면 이스라엘 백성은 하나님 앞에서 자기 개성을 깨뜨리고 자기 껍데기를 깨면 자기가 없어진다고 생각했기 때문입니다. 하나님께서는 이스라엘 백성이 자기 자신을 하나님 앞에서 깨는 길만이 사는 길이라고 말씀하시는 것입니다.

오늘 본문 말씀은 이스라엘 백성의 악한 기질을 무려 세 번이나 언급하고 있습니다. 첫 번째는 그들의 기질상 거짓된 것이고, 두 번째는 그들이 장사를 하면서 거짓된 것이고, 세 번째는 하나님께 제사드리면서 거짓된 것입니다. 하나님께서는 이스라엘 백성을 향하여 너희 조상 야곱도 너희처럼 거짓되었지만 결국 하나님 앞에서 깨어지니까 위대한 믿음의 사람이 되었는데 너희는 왜 자기 자신을 깨지 못하느냐고 말씀하시는 것입니다.

1. 이스라엘의 기질

사람이 가진 놀라운 능력 중의 하나는 천연덕스럽게 거짓말을 잘 할 수 있다는 것입니다. 짐승들은 거짓말을 잘 하지 못합니다. 짐승들은 거짓말을 한다고 해 봐야 다른 짐승을 잡아먹기 위해서 위장하거나 혹은 죽은 척하는 정도입니다. 그러나 사람들은 말을 너무나도 잘하는데 거짓말을 꼭 진짜처럼 말할 수 있는 능력을 가지고 있습니다. 물론 사람이 거짓말을 한다고 해서 모두 나쁜 의도로 하는 것은 아닐 것입니다. 그 중에는 다른 사람에게 인정을 받고 싶어서 거짓말을 하는 경우도 있을 것이고, 남에게 재미를 주거나 웃기기 위해서 거짓말을 하는 경우도 있을 것입니다. 그런데 하나님이 가장 싫어하시는 것이 우리 인간이 거짓말을 하는 것입니다.

우리가 예수 믿기 전에는 별로 양심의 가책을 받지 않고 거짓말을 합니다. 왜냐하면 꼭 남을 속이지 않는 거짓말은 해도 괜찮다고 생각하기 때문입니다. 그러나 우리가 하나님을 믿고 난 후에는 하나님이 모든 것을 다 보고 계시기 때문에 거짓말하는 것이 부담스러워집니다. 그런데 이스라엘 백성은 하나님을 믿는다고 하면서 너무나도 자연스럽게 거짓말을 했습니다. 그 이유는 그들이 진정으로 하나님을 만나는 체험을 하지 못했기 때문입니다.

11:12, "에브라임은 거짓으로, 이스라엘 족속은 궤휼로 나를 에워쌌고 유다는 하나님 곧 신실하시고 거룩하신 자에게 대하여 정함이 없도다"

우리는 12장에 들어가기 전에 11장 12절을 먼저 보아야 합니다. 왜냐하면 11장 12절은 내용상으로 12장에 속하는 것이 더 자연스럽기 때문입니다. 또 히브리 성경 사본도 이처럼 되어 있습니다.

여기에 나오는 '에브라임' 은 이스라엘을 대표하는 지파였는데 이스라엘 족속과 동의어로 생각해도 될 것입니다. 하나님께서 이스라엘 백성을 보니까 그들이 하는 것이 거짓과 궤휼로 하나님을 에워싸는 것이었습니다. 여기서 '거짓으로 에워싼다' 라는 것은 그들의 삶 전체가 거짓말로 포장되어 있다는 뜻입니다. 즉 사람들은 별 생각 없이 거짓말을 할 때가 있습니다. 즉 다른 사람에게 인정을 받고 싶다든지 혹은 잘난 체하기 위해서 자기 자신에 대하여 없는 것을 있는 것처럼 꾸며서 이야기를 하는 것입니다. 그런데 자기가 진실하지 못했다는 것을 깨닫고 '아, 지난번에는 제가 정직하지 못했습니다. 제가 인정받으려고 없는 이야기를 있는 이야기처럼 했습니다. 용서해 주시기 바랍니다.' 라고 말하면 체면이 좀 손상될지 몰라도 거짓이 더 발전하지는 않습니다. 그런데 사람들은 대개 그 거짓말을 감추기 위해서 또 다른 거짓말을 합니다. 그러고는 그 거짓말을 감추기 위해서 또 새로운 거짓말을 만들어 냅니다. 나중에는 거짓말이 눈덩이처럼 커져서 도저히 수습할 수 없을 지경까지 이릅니다. 그런데 이스라엘이나 에브라임은 사람에 대해서 거짓으로 에워싸는 것이 아니라 하나님께 대하여 거짓으로 에워싸려고 했습니다. 즉 우리가 하나님 앞에서 믿음으로 바르게 살려고 하는데 마음은 원하지만 육신에게 져서 죄를 짓거나 잘못에 빠질 때가 있습니다. 그때 우리가 하나님 앞에 정직하게 나와서 '하나님 제가 마음으로는 말씀에 순종해서 살고 싶은데 육신이 말을 듣지 않아서 또 죄를 지었습니다. 저의 죄를 용서해 주시고 깨끗한 새 마음을 주소 서.' 라고 하면 하나님께서 우리의 연약함을 이해하시고 더 사랑해 주십니다. 그런데 어떤 사람들은 자존심이 너무 강해서 하나님 앞에 자기의 약한 것을 내어 놓지 못하는 것입니다.

예를 들어 베드로는 예수님을 모른다고 세 번이나 부인했을 때 밖에 나가서 심히 통곡하면서 회개했습니다. 그런데 가룟 유다는 대제사장을 찾아가서 은 삼십을 받고 예수님을 팔았지만 예수님 앞에 자기가 잘못한 것을 내어 놓지 못했습니다. 왜냐하면 가룟 유다는 하나님 앞에서 너무나도 자존심이 높아서 자기가 그런 짓을 했다는 것을 용납하지 못했기 때문입니다. 그래서 결국 가룟 유다는 자살을 하고 맙니다. 이것을 보면 하나님 앞에서 자존심이 높은 것이 얼마나 우리에게 해로운지 알 수 있습니다. 그러나 많은 사람들은 죄에 빠졌지만 하나님 앞에서 울면서 자기가 못난 것을 인정을 하지 못합니다. 그 대신에 더 의로운 행동을 하고, 더 훌륭한 봉사를 함으로써 자기 죄를 감추려고 하는데 실제로 죄는 없어지지 않고 더 곪아 가고 있는 것입니다.

하나님께서 우리에게 원하시는 것은 완전하고 흠이 없는 사람이 되는 것이 아닙니다. 왜냐하면 하나님은 우리의 모든 것을 다 아시기 때문에 우리가 절대로 그럴 수 없다는 것을 알고 계시기 때문입니다. 하나님은 우리가 하나님 앞에서 솔직하기를 원하십니다.

특히 이런 경향은 일반인보다는 종교인들이 강합니다. 그들은 자기 안에 있는 죄의식을 가리기 위해서 더 종교적인 행동을 하고, 더 희생적인 업적을 통해서 존경을 받으려고 합니다.

12:1, “에브라임은 바람을 먹으며 동풍을 따라가서 날마다 거짓과 포학을 더하며 앗수르와 계약을 맺고 기름을 애굽에 보내도다”

에브라임은 바람을 먹었습니다. 여기서 바람을 먹었다는 것은 여러 가지 의미로 생각할 수 있지만 여기서는 자기 자신에 대하여 허황된 생각을 가진 것으로 생각할 수 있습니다. 즉 어떤 사람이 자기 자신에 대하여 허황될 정도로 자기도취에 빠진 것을 말합니다. 에브라임은 종교적으로 자신들을 아주 높은 수준의 사람들로 생각했던 것입니다. 물론 우리는 자기 자신에 대하여 높은 자의식을 가질 필요가 있습니다. 우리는 대개 너무 자기 자신에 대해서 낮은 자의식을 가지고 있기 때문에 비참해질 때가 많습니다. 그런데 우리가 하나님이 주시는 범위 안에서 자기 자신에 대하여 아름다운 모습을 찾아야지 자신의 실상도 모르면서 무조건 나는 하나님의 사랑을 받기 때문에 세계 최고라고 생각하는 것은 바람을 먹는 것입니다. 즉 이스라엘 백성이 가진 자아상은 성경적인 자아상이 아니라 자기도취의 자아상이었습니다.

우리는 이 두 가지를 구별해야 합니다. 우리가 성경적으로 자아상이 회복되는 것은 하나님의 말씀으로 우리의 성품이 변하고 마음의 상처가 치유되면서 아름답게 변하는 것입니다. 그런데 성경적이지 않은 자기도취는 자기가 하나님의 백성이라는 사실과 스스로의 열심에 도취되어서 자기를 최고로 생각하는 것입니다. 이것은 마치 곡식으로 치면 속이 영글지 않은 쭉정이와 같은 것입니다. 그래서 결국 이런 자아상은 동풍을 먹게 됩니다. 이 '동풍'은 아라비아 사막에서 불어오는 것인데 뜨겁고 건조해서 모든 식물을 다 태워 버립니다. 즉 우리가 늘 하나님 앞에서 겸손하면서 아름다운 모습으로 변해야지 그런 것도 없이 자기 열심이나 자기 노력에 도취되어서 스스로 높아질 때 이것은 교만한 것이며, 결국 무서운 심판을 불러오게 됩니다.

이스라엘이 '바람을 먹으며 동풍을 따라간다'라는 것은 자기도취에 빠져서 자기 자신도 모르게 망하는 길로 가고 있다는 뜻입니다. 왜냐하면 마음에 헛바람이 든 사람들은 대범해지기 때문입니다. 이스라엘 백성은 자기들은 하나님을 잘 믿기 때문에 절대로 망하지 않는다고 믿었습니다. 그래서 앗수르쯤이야 하면서 앗수르와도 조약을 맺고 애굽과도 조공조약을 맺었습니다. 그러면서 자기 나라 백성들에게는 날마다 거짓과 포학을 더 했습니다. 즉 이스라엘 백성은 자기 나라 백성에게는 못된 짓을 하면서 외부인들에게는 온갖 인심을 쓰고 좋은 일을 다 했습니다. 그 이유는 그래야 인정을 받을 수 있다고 생각했기 때문입니다.

그러나 하나님은 이것이 진정한 이스라엘의 모습이냐고 따지려고 하십니다.

2절, "여호와께서 유다와 쟁변하시고 야곱의 소행대로 벌주시며 그 소위대로 보응하시리라"

하나님께서는 유다나 이스라엘 백성이 외적으로 얼마나 인정을 받느냐 하는 것을 보지 않으시고 그들의 진정한 모습에 따라서 판단하시겠다고 말씀하십니다. 즉 하나님은 우리가 사람들이 보는 데서 얼마나 거룩하고 희생적이냐 하는 것이 아니라 우리가 하나님 앞에서 변화된 그 모습을 보시고 판단하십니다.

2. 야곱의 변화

야곱은 믿음의 족장들 중에서 가장 기질이 강하고 거짓말을 잘하는 사람이었습니다. 그러나 야곱은 다른 어떤 것보다 형 에서에게 지는 것을 인정할 수가 없었습니다. 그래서 야곱은 형 에서를 두 번이나 멋지게 속여서 아버지의 장자권과 축복을 빼앗았습니다. 야곱은 머리가 비상했기 때문에 한번 마음먹은 것은 무슨 일이 있어도 해내어야 직성이 풀리는 의지의 사람이었습니다. 그러나 야곱의 그런 기질은 하나님 앞에서는 전혀 도움이 되지 않았습니다. 결국 야곱은 많은 고생과 환난 가운데 하나님 앞에 무릎을 꿇게 되고, 그때서야 비로소 위대한 이스라엘이 될 수 있었습니다. 즉 우리가 위대해지는 비결은 하나님 앞에서 나 자신을 깨뜨리는 것입니다.

3절, "야곱은 태에서 그 형의 발뒤꿈치를 잡았고 또 장년에 하나님과 힘을 겨루되"

야곱은 얼마나 지기 싫어하는 성격이었는가 하면, 태어나면서 형에게 지기 싫어서 형의 발뒤꿈치를 잡고 태어났습니다. 그래서 이름을 야곱이라고 지었습니다. 야곱과 에서는 쌍둥이였는데 배 속에 있을 때부터 얼마나 싸웠는지 어머니 리브가가 죽을 지경까지 되었습니다. 그때 하나님은 리브가에게 말씀하시기를, '큰 자가 어린 자를 섬기리라' 라고 말씀하셨습니다. 즉 하나님의 말씀에 의하면 야곱이 하나님의 축복을 받는 자로 정해진 것입니다. 그런데 야곱은 하나님의 말씀을 믿지 않았습니다. 그래서 야곱은 형이 사냥 나갔다가 배가 고파서 돌아왔을 때 팥죽 한 그릇을 가지고 장자권을 팔게 했습니다. 그리고 야곱은 아버지가 형 에서를 축복하려고 한다는 것을 알고는 자기가 형인 것처럼 꾸며서 아버지를 속이고 형을 대신해서 아버지의 축복을 가로챘습니다.

이것을 보면 우리는 야곱이 형 에서만큼 외향적이거나 유명하지는 못해도 기질이나 자존심은 대단했던 것을 알 수 있습니다. 야곱은 형 에서에게 지는 것은 절대로 인정할 수가 없었습니다. 그리고 야곱은 어떤 속임수를 써서라도 하나님의 축복이나 장자권을 받아 내어야 직성이 풀렸습니다. 그러나 하나님은 이런 야곱을 연단시키기 위해서 형 에서를 격동하게 하셨습니다. 에서는 야곱에게 속은 것을 알고는 야곱을 죽이겠다고 별렀습니다. 그래서 야곱은 어쩔 수 없어서 완전히 빈손으로 야반도주하다시피 해서 아버지 집에서 도망을 쳤습니다. 야곱은 잘나가다가 하루 아침에 빈 들에서 돌을 베개하고 자는 처량한 신세가 되었습니다. 그러나 하나님은 인생 밑바닥에서 야곱을 만나 주시고 야곱의 하나님이 되어 주셨습니다. 그럼에도 불구하고 야곱은 자기 기질을 버리지 못했습니다. 그래서 외삼촌 라반의 집에서 자기가 좋아하는 라헬과 결혼하기 위해서 7년 종살이를 하였고, 나중에는 재산을 모으기 위해서 더 종살이를 했습니다. 그럼에도 불구하고 야곱의 기질은 변하지 않았습니다. 야곱의 기질이 꺾인 것은 다시 가나안 땅으로 돌아오다가 에서를 만나기 전에 얍복 강가에서 천사와 씨름하면서입니다.

야곱은 태어날 때부터 시작해서 결국 하나님과 힘을 겨룰 때까지 어느 누구에게도 지기 싫어했으며, 만일 자기 힘으로 되지 않으면 속임수를 써서라도 원하는 것을 차지하고야 마는 사람이었습니다. 그는 어느 누구에게도 지기 싫어하고, 원하는 것은 어떻게 해서라도 손에 넣고야 마는 강한 기질을 가진 자였습니다. 야곱은 겉으로는 신앙심도 깊고 기도도 잘하고 겸손한 사람처럼 보였습니다. 그러나 야곱의 마음속에는 차돌보다 더 단단한 기질이 있었던 것입니다. 이것이 깨어지기 전까지 야곱은 이스라엘이 될 수 없었습니다.

그런데 형 에서를 만나기 전에 얍복 강가에서 천사와 씨름하다가 환도뼈가 위골되었을 때 하나님 앞에서 꺾였습니다.

4절, "천사와 힘을 겨루어 이기고 울며 그에게 간구하였으며 하나님은 벧엘에서 저를 만나셨고 거기서 우리에게 말씀하셨나니"

야곱에게 에서는 천적이었습니다. 야곱이 이제 가나안 땅으로 돌아와서 하나님을 제대로 믿어야 할 텐데 형 에서는 400명의 용사를 데리고 자기에게 오고 있다고 합니다. 그런데 야곱은 다리를 다쳐서 도망칠 수가 없었습니다. 그때 야곱은 자기가 밤새 씨름한 상대가 하나님인 것을 알고는 울면서 하나님께 매달렸습니다.

야곱은 처음에는 씨름 상대가 누구인지 모르고 절대로 지지 않으려고 악으로 버티었습니다. 그런데 자기가 씨름한 대상이 하나님인 것을 알고는 지금까지의 자존심이나 체면을 다 버리고 하나님 앞에 울면서 매달렸습니다. 그리고 진심으로 자기 안에 있는 약하고 거짓된 것들을 하나님 앞에 다 내어 놓았습니다.

대개 자수성가하신 분들은 자신의 약한 모습을 잘 보여 주지 않으려고 합니다. 그 이유는 지금까지 오직 의지 하나로 버텼기 때문에 약한 마음을 먹으면 자신이 허물어진다는 것을 아는 것입니다. 그런데 우리는 하나님 앞에서도 언제나 그렇게 해야 하는 것으로 생각할 때가 많습니다. 그러나 우리는 하나님 앞에서 내 약하고 거짓된 것을 내어 놓을 때 울게 되고, 변하게 됩니다. 야곱은 자수성가한 사람이기 때문에 웬만한 어려움이 왔다고 해서 우는 성격이 아니었습니다. 그러나 그가 에서를 만나기 전에 그리고 하나님의 천사와 씨름하면서 환도뼈를 다쳐 더 이상 도망칠 수 없게 되었을 때 하나님 앞에서 울면서 복을 달라고 애원했습니다. 이때 야곱은 위대한 이스라엘이 될 수 있었고, 믿음의 조상이 될 수 있었습니다.

그래서 신약성경에서도 예수님이 바리새인들에게 끊임없이 그들의 위선에 대하여 책망하시는 것을 볼 수 있습니다. 바리새인들은 자기들이 완전해야 하나님이 사랑하시는 줄 아는데 하나님이 원하시는 것은 완전한 것이 아니고 솔직한 것이었습니다. 그래서 예수님은 '세리와 창기가 너희보다 먼저 하나님 나라에 들어갈 것이라' 라고 말씀하셨습니다.

종교인들은 참으로 정직하기 어렵습니다. 왜냐하면 자기 안에 있는 죄와 욕심과 거짓을 다 내어 놓으면 아무도 그들을 존경하지 않기 때문입니다. 그러나 하나님은 종교인들이 사람들에게 존경을 받는 것보다는 하나님 앞에서 정직한 것을 더 바라십니다.

5절, "저는 만군의 하나님 여호와시라 여호와는 그의 기념 칭호니라"

여기서 '여호와' 라는 이름은 믿지 않는 자들에 대한 의미와 믿는 자들에 대한 의미가 다릅니다. 여호와라는 이름은 믿지 않는 자들에 대해서는 오직 여호와만 참 신이시기 때문에 모든 거짓된 우상을 심판하시는 신이신 것입니다. 그래서 하나님은 출애굽 때 열 가지 재앙으로 거짓된 신들을 심판하셨습니다. 그것도 개구리나 파리 같은 하찮은 미물로 심판하신 것은, 이런 우상들은 파리나 개구리보다 못하다는 뜻입니다. 그러나 여호와라는 이름이 우리 믿는 자들에게는 '남편' 과 같은 의미가 있습니다. 즉 언약의 하나님이시기 때문에 우리가 연약하다고 해서 절대로 우리를 버리지 아니하십니다. 오히려 우리가 연약할수록 더 사랑하시고 책임지시는 하나님이신 것입니다. 그래서 우리는 하나님 앞에서 연약한 것을 부끄러워할 필요가 없습니다. 부부 사이에 키가 작거나 영어를 못 하거나 건강하지 못한 것은 전혀 허물이 되지 않습니다. 오히려 그것 때문에 더 사랑해야 하는 것입니다.

3. 이스라엘이 사는 길

이스라엘 백성이 하나님 앞에서 완전히 정직할 수 있을까요? 그것은 불가능한 일입니다. 왜냐하면 우리 인간은 본성이 거짓되기 때문입니다. 그런데 우리가 하나님을 믿으면 하나님의 본성이 우리 안에 들어와서 거짓이 싫어집니다. 결국 중요한 것은 우리가 완전하냐 완전하지 않냐가 아니라 체질이 변하는 것입니다.

6절, "그런즉 너의 하나님께로 돌아와서 인애와 공의를 지키며 항상 너의 하나님을 바라볼찌니라"

하나님께서는 이스라엘 백성에게 '너희는 완전한 사람이 되어서 내게로 돌아오라' 라고 말씀하지 아니하셨습니다. 하나님께서 원하신 것은 내 앞에 와서 너희가 정직하게 되지 않는다는 것을 인정하라는 것입니다. 그러면 하나님께서 그들을 정직한 사람으로 만들어 주십니다. 그러면 왜 우리가 거짓말을 하게 될까요? 그것은 눈앞에 있는 그것을 가지는 것이 가장 중요하다고 생각하기 때문에 거짓말을 하는 것입니다. 그러나 만일 우리 앞에 그것보다 더 중요한 것이 있으면 굳이 거짓말을 해 가면서까지 그것을 가질 필요가 없는 것입니다.

예를 들어 야곱은 아버지와 형을 속이고 축복을 차지했습니다. 야곱이 왜 그런 짓을 했을까요? 그것은 지금 축복을 받아야 모든 것이 자기 것이 된다고 생각했기 때문입니다. 그러나 하나님의 복은 그렇게 한다고 해서 자기 것이 되는 것이 아닙니다. 이미 하나님께서 '큰 자가 어린 자를 섬기리라' 라고 하셨기 때문에 야곱은 가만히 있어도 그 복이 자기 것이 되게 되어 있었습니다. 다윗은 사울 왕을 죽일 기회가 두 번이나 있었는데도 죽이지 않았습니다. 그 이유는 하나님께서 자기가 왕이 된다고 약속하셨으면 반드시 되게 되어 있다는 것을 믿었기 때문입니다.

이스라엘 백성은 장사하면서 부자가 되어야 하겠다고 해서 사기를 많이 쳤습니다.

7절, "저는 상고여늘 손에 거짓 저울을 가지고 사취하기를 좋아하는도다"

히브리 성경 원문에는 '저는 상고여늘' 이라고 되어 있지 않고 '가나안' 이라고 되어 있습니다. '가나안' 이라는 말은 상인이라는 뜻입니다. 즉 이스라엘 백성은 부자가 되기 위해서 장사하면서 거짓된 추를 사용했습니다. 왜냐하면 그들은 지금 당장 이익을 봐야 부자가 된다고 생각했기 때문입니다. 이스라엘 백성이 생각하지 못한 것은, 하나님이 마음만 먹으면 얼마든지 부자가 되게 하실 수 있다는 것이었습니다.

이것은 야곱에게도 그대로 나타났습니다. 야곱은 밧단아람에서 외삼촌의 양 떼를 치면서 좋지 않은 기술을 사용했습니다. 야곱은 양들이 물을 마시면서 교배를 한다는 것과 양들이 교배할 때 눈앞에 얼룩얼룩한 나뭇가리를 세워 놓으면 새끼를 낳을 때 점 있는 것이나 얼룩이 있는 것이 나온다는 것을 알고서 그런 식으로 해서 재산을 불려 나갔습니다. 그런데 하나님께서는 야곱의 수단과 상관없이 그에게 복을 부어 주셨던 것입니다.

8절, "에브라임이 말하기를 나는 실로 부자라 내가 재물을 얻었는데 무릇 나의 수고한 중에서 죄라 할 만한 불의를 발견할 자 없으리라 하거니와"

왜 이스라엘 백성이 사기를 치면서 돈을 모았을까요? 하나님께서 그들에게 복을 주시면 굳이 그렇게 할 필요가 없다는 것을 몰랐기 때문입니다. 그리고 그들이 부자가 되는 것보다 더 중요한 것이 은혜 받고 영적으로 복을 받는 것입니다. 그러면 굳이 돈을 많이 벌기 위해서 거짓을 할 필요가 없는 것입니다. 우리가 하나님을 의지하면 하나님께서는 우리에게 필요한 것을 다 채워 주십니다. 하나님은 여호와 이레의 하나님이신 것입니다. 우리는 그저 미련하게 하나님을 의지하고 하나님을 가까이하면 하나님은 모든 것이 다 되게 하시는 것입니다.

하나님께서 이스라엘 백성이 모든 시험을 이기고 승리할 수 있도록 주신 가장 강력한 무기는 하나님의 말씀이었습니다.

10절, "내가 여러 선지자에게 말하였고 이상을 많이 보였으며 선지자들을 빙자하여 비유를 베풀었노라"

하나님께서는 이스라엘 백성이 가나안 땅에 들어가기 전에 이미 그들에게 가나안의 모든 미신을 이길 수 있도록 선지자를 선물로 주겠다고 약속하셨습니다. 우리는 이 세상에서 내가 거짓말을 하면 이득을 볼 것이라고 생각하지만 마귀는 거짓말의 천재이고 믿지 않는 자들은 이런 부분에서는 우리보다 훨씬 단수가 높은 자들입니다. 하나님께서 우리에게 선지자를 통하여 하나님의 말씀을 듣게 하신 것은 우리 눈을 열어 주시는 것입니다. 아무리 힘센 장수가 있어도 앞을 보지 못한다면 앞을 보는 자를 이기지 못할 것입니다.

하나님께서는 이스라엘 백성에게 하나님의 말씀을 주심으로 사탄의 모든 궤계를 이기고 어떤 역경이나 고난도 이길 수 있도록 하셨습니다. 그런데 이스라엘 백성은 자기들의 지혜가 하나님의 말씀보다 더 낫다고 생각한 것입니다.

13절, "여호와께서는 선지자로 이스라엘을 애굽에서 인도하여 내시며 선지자로 저를 보호하셨거늘"

이스라엘 백성을 애굽에서 이끌어 낸 것은 하나님의 말씀의 능력이었습니다. 그래서 하나님께서는 '사람이 떡으로만 살 것이 아니요 하나님의 입에서 나오는 말씀으로 살 것이라' 라고 하셨습니다. 하나님의 말씀은 반드시 우리를 살게 할 것입니다. 하나님의 말씀은 우리를 그냥 살게 하는 것이 아니라 능력 있게 살게 할 것입니다. 그런데 이스라엘 백성은 이 하나님의 말씀을 시시하게 생각했습니다.

12절, "옛적에 야곱이 아람 들로 도망하였으며 이스라엘이 아내 얻기 위하여 사람을 섬기며 아내 얻기 위하여 양을 쳤고"

하나님께서 벧엘에서 야곱에게 나타나셔서 그와 함께하겠다고 약속을 하셨습니다. 그러면 야곱은 하나님의 약속을 믿고 하나님의 말씀을 붙들면 되는 것입니다. 그런데 야곱은 외삼촌 라반의 집에서 라헬을 보고는 사랑에 빠져서 자기 입으로 7년간 종살이를 하겠다고 약속을 했습니다. 야곱은 하나님의 약속을 믿을 수가 없었습니다. 야곱은 혹시 하나님을 믿었다가 못생긴 레아와 결혼하라고 할까 봐 스스로 종이 된 것입니다. 그 결과 야곱은 7년이 아니라 14년을 종살이를 했고, 레아만이 아니라 여종 둘까지 아내로 가지게 되었습니다.

우리는 세상에서 내 머리나 내 생각대로 하면 꼭 성공할 것 같은데 그렇게 되지 않습니다. 그 이유는 이 세상에는 우리 눈에 보이지 않는 사탄의 세력이 있고 우리가 모르는 영역이 너무나도 많이 있기 때문입니다. 우리가 하나님의 말씀을 믿으면 내 생각이나 내 기질대로 되지 않아서 그렇지 반드시 하나님께서 풍성한 삶으로 우리를 인도하여 주십니다.

사람들은 잠깐 세상을 섬기다가 다시 하나님께로 돌아오겠다고 말합니다. 그러나 우리가 세상을 버리고 다시 하나님께로 돌아오는 것은 쉽지 않습니다. 그 이유는 세상이 그처럼 만만하지 않기 때문입니다.

하나님께서는 믿는 우리를 모두 하나님을 섬기는 귀한 제사장으로 부르셨습니다. 우리의 가치는 하나님 앞에서 하나님을 섬기는 데 있습니다. 그러나 우리는 뭔가를 해 보고 싶어 하고, 어떻게 해서든지 이 세상에서 성공해서 다른 사람들에게 인정받기를 원합니다. 그래서 어떻게 합니까? '하나님, 딱 한 번만 참으십시오. 제가 이것만 하고 나면 다시 하나님께 돌아오겠습니다.' 라고 하면서 자기 혼자 세상과 약속을 해 버립니다. 그러나 우리는 생각처럼 쉽게 돌아오지 못합니다.

결국 하나님께서는 하나님을 섬기는 이 존귀한 일의 가치를 깨닫지 못하고 다른 것을 따라가는 자들을 노예가 되게 하십니다. 하나님께서는 그를 가장 비참하게 만드셔서 자신의 모습을 똑똑히 보게 하십니다.

야곱은 130년의 인생을 살면서 험한 인생을 살았다고 말하고 있습니다(창 47:9). 왜 야곱이 이처럼 험악한 세월을 보내었을까요? 그것은 그의 정직하지 못한 기질 때문입니다. 그가 빨리 하나님 앞에 항복했더라면 그의 세월이 이토록 험악하지는 않았을 텐데 그는 끊임없이 머리를 굴리고 자기 욕심대로 모든 것을 행했기 때문에 어려움이 많았습니다.

그런데 옛날에는 그래도 나은 편이었습니다. 요즘은 믿음으로 하나님께 맡기지 못하면 결국 우울증이나 정신분열증으로 모든 것을 잃어버리게 됩니다. 요즘 마귀는 기질이 강한 사람들을 죄를 짓게 하고, 미치도록 하고, 결국 자살하도록 몰아가고 있습니다. 우리가 이 악한 세상에서 정신병에 걸리지 않고, 미치지 않고, 자살하지 않는 방법은 하나님께 맡기고 믿는 것밖에 없습니다. 우리는 내 힘이나 내 머리로 하려고 할수록 더 일이 어려워지고, 나중에는 수습이 되지 않을 정도가 됩니다.

이스라엘 백성이 살 수 있는 길이 무엇입니까? 그것은 자기 머리를 믿지 않고 하나님의 말씀을 믿는 것입니다.

11절, "길르앗은 불의한 것이냐 저희는 과연 거짓되도다 길갈에서는 무리가 수송아지로 제사를 드리며 그 제단은 밭이랑에 쌓인 돌무더기 같도다"

결국 이스라엘은 하나님께 예배드리면서도 정직하지 못했습니다. 이스라엘 백성은 얼마나 대단하게 하나님께 예배드렸는지 길갈에는 제단이 많아서 돌무더기를 이룰 정도였습니다. 그러나 길르앗은 불의했습니다. 즉 길르앗은 도피성이었는데 어려움을 당하고 불의한 일을 당한 자들을 보호하지 않았습니다. 왜냐하면 이스라엘 백성은 그들을 무능하다고 생각했기 때문입니다. 그들은 무능한 자들은 보호해 줄 가치가 없다고 생각했습니다. 그들의 관심은 오직 권력을 잡은 자, 즉 실세들에게만 있었던 것입니다. 그러나 하나님은 그들의 종교적인 위선을 싫어하시고 예배를 인정하지 아니하셨습니다. 하나님이 원하시는 것은 의식이 거창할 필요가 없다는 것입니다. 오직 하나님의 말씀대로 믿고 그대로 순종하면 되는데 무엇 때문에 거창해야 한다고 생각을 합니까? 그것은 결국 자기도취의 신앙이었던 것입니다.

14절, "에브라임이 격노케 함이 극심하였으니 그 주께서 그 피로 그 위에 머물러 있게 하시며 저의 수치를 저에게 돌리시리라"

하나님은 그들을 용서하지 아니하시며 결국 망하게 하실 것입니다. 그 이유는 그들이 실력이 없어서 그런 것이 아니라, 세상에서 성공하지 않아서 그런 것이 아니라 그 거짓된 기질을 버리지 않았기 때문입니다. 결국 우리가 사는 길은 자기만 잘났다는 교만을 버리는 것입니다. 그리고 다시 우직하게 하나님의 말씀을 믿고 그대로 따라가는 것만이 사탄을 이기고, 죄를 이기고 믿음으로 복을 받는 비결인 것입니다.

하나님은 야곱처럼 변하기 어렵고 거짓된 성격을 가진 자를 변화시키셔서 이스라엘이 되게 하신 것처럼 우리도 변화시키기를 원하십니다.

우리가 야곱처럼 하루라도 빨리 하나님 앞에서 우리의 기질을 꺾고 항복하면 하나님이 위대한 믿음의 사람이 되게 하실 것입니다. 그리고 우리는 더 이상 불필요한 시행착오나 방황을 할 필요가 없을 것입니다. 우리는 이제 우직하게 하나님의 말씀을 믿고 내 머리나 내 기질을 깨뜨려서 하나님의 사랑받는 자녀들이 다 되시기 바랍니다.

성경 토의

1. 우리는 모두 좀처럼 잘 변하지 않는 좋지 못한 기질이나 근성들을 가지고 있다. 어떻게 하면 우리가 야곱이 이스라엘로 변했듯이 변할 수 있을까?

2. 우리는 직장이나 사회에서 빨리 성공하거나 돈을 벌고 싶은 욕심 때문에 정직하지 못하게 돈을 벌거나 이익을 얻은 일은 없는가? 만일 그런 것이 있을 때 어떻게 해결할 것인가?

3. 우리가 가지고 있는 것이 전부 하나님의 것인데 나는 현재 가진 것으로 만족하지 못해서 더 가지려고 욕심을 부리지는 않는가? 만일 내가 지나치게 욕심을 부리면 어떤 결과가 나타날 것인가?

14_세상과 타협한 결과

호세아 13:1-16

전체적 설명

이스라엘 백성은 여호와 하나님만 믿으면 세상에서 고립되어 다른 나라와 교류가 없어지고 시대에 뒤떨어질 것을 우려해서 우상을 함께 섬겼다. 이스라엘 백성은 이 세상 현실 가운데서 자기들이 하나님도 섬기고 우상도 섬기는 것이 최상의 선택이라고 믿었다. 그러나 이스라엘 백성이 우상을 섬긴 결과는 비참한 멸망으로 나타나게 되었고, 지구상에서 이스라엘이 없어지는 결과를 초래했다. 그 이유는 하나님과 우상은 같이 믿을 수 없기 때문이다. 하나님은 오직 한 분밖에 없기 때문이다. 하나님의 백성은 이 세상에서 스스로 고립될 각오를 하고 하나님을 믿지 않으면 결국 망하게 된다.

설교 프리노트

1절, "에브라임이 말을 발하면 사람이 떨었도다"

히브리 성경 원문에는 '에브라임이 말하면 떨었다'로 되어 있다. 이것은 마치 정글이나 초원에서 사자가 소리를 지르면 다른 짐승들이 모두 놀라서 두려워

떠는 모습을 연상하게 한다. 이 말은 에브라임이 당시 주위 나라 가운데서 실력자였고, 그들의 말은 결코 무시할 수 없는 힘을 가졌다는 것을 의미한다. 즉 이스라엘 백성은 당시 여러 나라 가운데 상당한 힘을 가진 나라로 인식되었고, 감히 이스라엘의 말을 무시하는 나라가 있으면 철저한 응징을 당할 정도로 세력이 있게 되었다. 물론 이스라엘의 이런 힘은 하나님이 주신 축복이었다. 그러나 이스라엘 백성은 자기들이 머리가 좋고 노력을 많이 해서 생긴 것이라고 생각하였다. 사실 이스라엘 나라는 하나님만 섬기지 않고 바알이나 가나안의 문화를 받아들이므로 더 강해지게 되었다.

"저가 이스라엘 중에서 자기를 높이더니 바알로 인하여 범죄하므로 망하였거늘"

'저'는 에브라임 지파를 말하는데, 에브라임 지파는 이스라엘에서 부자나 지도층 사람들을 대변하는 말이었다. 하나님께서는 이스라엘 백성에게 오직 하나님 한 분만 섬길 것을 명하셨는데 이스라엘 백성이 하나님만 섬길 때보다 세상을 받아들이고 세상을 따라갈 때 더 돈도 잘 벌었고 힘도 강하여지게 되었다. 그 비결은 바로 바알을 함께 섬긴 데 있었다. 즉 이스라엘의 부자나 권력자들이 세상을 따라갔을 때 고집스럽게 하나님만 섬기는 것보다 더 많은 물질적인 복을 받았다. 그래서 이스라엘 백성 중에서 돈이 많은 사람들은 자신들의 지위도 덩달아서 높아지고 더 힘이 있는 자들이 되었는데 이것은 하나님께 '범죄하는 것'이었다.

여기에 보면 '망하였거늘'이라고 했는데 이미 이스라엘 안에서 여러 차례 쿠데타가 일어나면서 우상 숭배를 해서 성공한 사람들이 많이 망한 바가 있었다. 그러나 이스라엘 부자들은 이것이 우상 숭배에 대한 하나님의 징계인 줄 알지 못했다. 즉 이스라엘 안에서 여러 차례 쿠데타가 일어나서 우상을 섬기면서 부자가 되고 권력자가 된 자들이 망한 것은 앞으로 이스라엘 전체가 망할 것이라는 예고였던 것이다.

2절, **"이제도 저희가 더욱 범죄하여 그 은으로 자기를 위하여 우상을 부어 만들되"**

이스라엘은 처음에는 국가적으로 금송아지를 만들어서 하나님이라고 섬기는 일을 했는데 나중에는 개인적으로도 은으로 우상을 만들기 시작했던 것 같다. 그래서 이스라엘 안에서 돈이 있거나 권력이 있는 사람들은 대개 은으로 만든 우상을 가지고 있었을 정도로 우상이 많이 퍼져 있었던 것이다.

"자기의 공교함을 따라 우상을 만들었으며"

이스라엘의 부자들이나 권력자들이 가지고 있었던 우상은 상당히 아름답고 정밀하게 만든 송아지 우상이었다. 아마 날이 갈수록 사람들은 더 멋진 송아지를 만들어서 집에 두었던 것 같고, 나중에는 아세라나 바알이나 다른 여러 종류의 우상도 집에 두었다. 즉 이스라엘의 부자나 권력자들은 자기들이 가지고 있는 우상이 아름답고 멋이 있을수록 더 축복의 효험이 있다고 믿었던 것이다. 그러나 이것은 모두 기술자들이 만든 쇳덩이에 불과할 뿐 영적인 효험이 있는 것은 아니었다.

"제사를 드리는 자는 송아지의 입을 맞출 것이라 하도다"

이것은 당시에 실제로 있었던 일을 호세아가 책망하고 고발하는 것이다. 즉 이스라엘의 부자나 권력자들은 은으로 만든 송아지를 장식용으로 집에 둔 것이 아니라 그 앞에서 제사를 드렸고, 특히 제사를 드릴 때 그냥 드리는 것이 아니라 송아지에 대한 애정의 표시로 입을 맞추는 의식을 행했던 것이다. 아마 집안의 가장들은 가족 모두에게 송아지에게 돌아가면서 입을 맞추도록 요구하고, 또 그렇게 할 때 자기 가족이 더 단합이 되고 복이 밖으로 새지 않는다고 믿었던 것 같다.

3절, "이러므로 저희는 아침 구름 같으며 쉽게 사라지는 이슬 같으며"

원래 이스라엘 백성의 가치는 하나님 앞에서 보석과 같았고, 알곡과 같았다. 그러나 이스라엘 백성이 하나님만 온전히 믿지 못하고 세상 신을 받아들였을 때 이스라엘 백성의 가치는 하나님 앞에서 너무나도 가벼워지게 되었다. 하나님께서는 이스라엘 백성을 네 가지로 표현하셨는데 이것들은 모두 너무 가벼운 것들이어서 아주 가벼운 바람에도 날아갈 수밖에 없는 것들이었다. 첫째는 아침 구름인데, 아침 구름은 날이 더워지면 금방 다른 곳으로 날아가 버린다. 둘째는 쉽게 사라지는 이슬인데, 이슬도 해가 떠오르면 말라서 없어진다. 셋째는 타작 마당에서 광풍에 날리는 쭉정이인데, 결국 이스라엘 백성은 하나님 앞에서 알곡이 되지 못해서 버림을 당하게 된다. 넷째는 굴뚝에서 나오는 연기인데, 연기는 굴뚝에서 나오자마자 흩어지면서 존재가 사라지고 만다. 결국 이스라엘 백성은 나름대로 세상을 붙잡고 세상에서 성공하려고 했지만 모든 가치는 하나님에게서 오기 때문에 하나님만 온전히 붙들지 못한 이스라엘 백성은 가나안 땅에서 불려서 다른 곳으로 날려가게 된다.

4절, "네가 애굽 땅에서 나옴으로부터 나는 네 하나님 여호와라"

이스라엘 백성은 애굽의 종살이에서 하나님이 크신 능력으로 건져 내신 때부터 이스라엘로 존재하게 되었고 하나님의 백성이 되었다. 따라서 이스라엘 백성이 존재하는 목적은 오직 하나님을 섬기며 하나님을 나타내는 것이었다. '하나님 여호와' 는 하나님의 이름임과 동시에 이스라엘 백성과의 관계를 나타내는 이름이다. 하나님은 온 세상을 창조하신 주인이지만 이스라엘 백성은 언약으로 하나님과 특별한 관계에 있는 백성이 되었다. 하나님은 이스라엘 백성에게 자신을 남편으로 나타내기도 하셨고, 이스라엘 백성을 자녀라고 부르기도 하셨다.

"나 밖에 네가 다른 신을 알지 말 것이라"

'안다' 는 것은 단순히 지적으로 아는 것을 말하는 것이 아니라 관계를 맺는 것을 말한다. 이스라엘 백성이 하나님을 안다는 것은 하나님을 사랑하고 하나님을 전적으로 의지하는 관계에 있는 것을 말한다. 즉 여기서 '안다' 라는 것은 여자가 오직 남편만 믿고 결혼 생활을 하는 것과 같은 것이다. 하나님은 이스라엘 백성이 다른 신을 알기를 원치 않으셨다. 여기서 '다른 신을 안다' 라는 것은 다른 신을 믿고 따라가는 것을 말한다. 이스라엘 백성은 자신들이 하나님을 버리지 않았다고 말을 하지만 하나님과 다른 신을 함께 믿는 것 자체가 마치 여자가 두 남자와 관계하는 것처럼 부정한 것이다.

"나 외에는 구원자가 없느니라"

이 세상에서 이스라엘 백성을 도울 수 있는 신은 하나님밖에 없다. 왜냐하면 하나님 외에 다른 신들은 모두 인간의 상상으로 만들어낸 가짜 신에 불과하기 때문이다. 그리고 다른 민족들이 우상이 자기들에게 복을 주었다고 하지만 그것조차도 실제로는 하나님이 이방인들에게 주신 일반은총인 것이다. 그래서 이스라엘 백성이 이방 신을 같이 섬겨서 이방인들의 복을 받으려고 한 것은 결국 자기 자신들의 복을 버리는 것이었다. 이스라엘 백성이 가진 '하나님을 아는 지식'은 이 세상의 어떤 복과도 비교할 수 없는 최고의 복이었다. 즉 하나님을 아는 복은 하나님을 독점할 수 있는 복이었다. 만일 이스라엘 백성이 하나님의 복을 잃게 되면 그때는 이방인들이 누리는 복도 놓치게 된다.

5절, **"내가 광야 마른 땅에서 너희를 권고하였거늘"**

보통 성경에서 '권고하다'라는 말을 할 때에는 '기억하다'라는 뜻으로 사용될 때가 많다(예, 창 8:1, 출 2:25). 그러나 여기서는 '알다'라는 뜻이다. 물론 하나님은 이 세상에 있는 모든 사람이나 피조물을 알고 계시지만 이스라엘 백성만 특별하게 생각하셨다. 여기서 '아셨다'라는 것은 택하시고 사랑하시고 보살펴 주셨다는 뜻이다. 물론 이스라엘 백성의 입장에서는 광야 40년의 경험이 엄청난 고생이었겠지만 이스라엘 백성은 광야 기간을 통해서 '떡이 아니라 말씀으로' 사는 체험을 하였고, 하나님을 자신들의 하나님으로 모시고 예배하는 복을 받았다.

6절, **"저희가 먹이운 대로 배부르며 배부름으로 마음이 교만하여"**

이스라엘 백성이 하나님에게서 멀어진 과정을 보여 주고 있다. 이스라엘 백성이 광야에 있을 때에는 하나님을 절대적으로 의지할 수밖에 없었다. 그 이유는 이스라엘 백성이 광야에서 하나님을 의지하지 않으면 도저히 살 수가 없었기 때문이다. 하나님은 이스라엘 백성을 사랑하셔서 가나안 땅에 들어가게 하시고 가나안 땅에서 많은 복을 받게 하셨다. 하나님께서 이스라엘 백성에게 가나안의 복을 주신 것은 하나님을 더 잘 믿으라는 뜻이었다. 그러나 이스라엘 백성은 가나안 땅에서 복을 받으면서 변하기 시작했다. 이스라엘 백성이 가나안의 복에 대하여 욕심이 생기기 시작한 것이다. 즉 이스라엘 백성은 혹시 하나님만 믿었다가 가나안 땅에서 다른 민족에게 따돌림을 당해서 가나안의 복을 잃을까 봐 하나님을 무시하고 다른 신을 따르기 시작했다. 사실은 하나님이 우리를 축복하실수록 우리는 더 겸손해서 하나님을 더 잘 믿어야 하는데 실제로 우리는 세상의 욕심이 생겨서 더 세상에서 인정을 받으려고 세상을 따라가는 것이다. 이것이 마음이 교만해진 것이고 하나님을 멀리하는 것이다.

7절, "그러므로 내가 저희에게 사자 같고 길가에서 기다리는 표범 같으니라"

하나님은 이스라엘 백성이 하나님을 전적으로 의지하지 않고 세상을 따라갔을 때 나타나는 무서운 결과를 다섯 가지 비유로 말씀하고 있다. 즉 하나님은 더 이상 이스라엘을 도우시는 목자나 구원자가 아니라 사자나 표범으로 변하게 된다. 이것은 하나님께서 이스라엘 백성을 시기해서 공격하시는 것이 아니라 하나님이 이스라엘을 내버려 두시면 이 세상이 사자나 표범같이 이스라엘 백성을 공격해서 잡아먹어 버리는 것이다. 즉 지금까지 이스라엘 백성이 안전할 수 있었던 것은 하나님께서 눈에 보이지 않는 손으로 지켜 주셨기 때문이다. 그러나 이 세상은 결코 안전하지 않으며 이스라엘 백성이 만만하게 생각해서는 안 되는 야생동물의 세계인 것이다.

8절, "내가 새끼 잃은 곰 같이 저희를 만나"

곰이라고 해서 모든 곰이 공격적이지는 않지만 특히 그 중에서도 새끼를 잃은 암곰은 잔뜩 화가 나 있기 때문에 누구에게든지 공격을 한다. 이스라엘 백성은 하나님을 버리고 나름대로 세상에서 성공하지만 예상치 못한 위기를 당하게 된다.

'그 염통 꺼풀을 찢고' 라고 했는데 곰을 만나서 다른 곳을 찢기면 너무 늦지만 않으면 살 수 있지만 만일 가슴에 일격을 받아서 염통이 찢기면 치명상을 입기 때문에 살 수가 없다. 사람들이 잘나가다가 갑자기 망하는 것은 예상치 못한 위기를 극복할 능력이 없기 때문이다.

'암사자' 는 먹이를 먹을 때 대충 먹고 마는 것이 아니라 철저히 먹어서 거의 남기는 것이 없을 정도로 뼈까지 부수어서 먹는다. 그리고 암사자가 남긴 것은 하이에나 같은 들짐승들이 마지막으로 청소를 한다. 다시 말해서 이스라엘 백성의 운명은 고난을 당하고 다시 살아나는 것이 아니라 완전히 멸망을 당해서 없어지는 것이다.

9절, **"이스라엘아 네가 패망하였나니 이는 너를 도와주는 나를 대적함이니라"**

하나님께서는 지금 이스라엘 백성의 상태가 완전히 망한 상태라고 말씀하고 있다. 물론 겉으로 보기에는 이스라엘이 망하지 않고 오히려 경제적으로 잘되고 번창하는 것 같지만 영적으로 보면 이미 망한 상태라는 것이다. 예를 들어 기업이 겉으로 보기에는 사업이 잘되고 있는 것 같지만 회계장부를 보면 너무 부채가 많아서 이미 망한 것과 같다. 하나님은 이스라엘이 망한 원인이 그들을 도와주는 하나님을 대적했기 때문이라고 말씀하고 있다. 즉 이스라엘은 하나님의 도우심으로 존재할 수 있는 나라인데 하나님이 그들을 돕지 못하도록 우상으로 막았기 때문에 멸망을 자초한 것이다.

10절, **"전에 네가 이르기를 내게 왕과 방백들을 주소서 하였느니라"**

이스라엘 백성은 일찍부터 하나님에게서 독립하기를 원했다. 원래 이스라엘은 하나님이 왕이시기 때문에 굳이 왕이 있을 필요가 없었다. 그러나 이스라엘 백성은 왕이 없으니까 너무나도 미래가 불안하여 견딜 수 없었다. 그래서 이스라엘 백성은 기드온 때(삿 8:22)도 그랬고, 사무엘 때에도 하나님께 왕을 요구하였다(삼상 8:5). 물론 이스라엘 백성이 왕을 요구한 것 자체는 잘못이 아니었다. 그러나 이스라엘 백성이 가지고 있던 왕에 대한 생각은 하나님과 달랐다. 하나님이 생각하신 왕은 왕이 이스라엘 백성의 목자가 되어서 백성들을 바른 신앙으로 인도하는 것이었다. 그러나 이스라엘 백성이 생각한 왕은 자기들이 하나님에게서 독립하는 방법이었다. 그러나 정작 위기의 순간이 왔을 때 이스라엘 백성이 생각했던 왕은 하나님의 도움을 받지 못했다.

"네 모든 성읍에서 너를 구원할 자 네 왕이 이제 어디 있으며"

이스라엘 백성은 여러 차례 왕을 세웠지만 이 왕들은 신앙이 없는 자들이었다. 이스라엘 백성에게 위기가 오는 것은 영적인 부흥이 없어져서 오는 것인데 이스라엘의 왕은 영적인 부흥을 일으킬 수 있는 신앙의 왕들이 아니었다. 오히려 이스라엘의 왕들은 신앙적인 부흥을 아주 싫어하는 자들이었기 때문에 신앙적인 지도자들을 모두 죽이고 추방하였다. 결국 이스라엘에는 왕들이 있었지만 이스라엘을 위기에서 구원할 믿음의 왕은 없었다.

"네 재판장들이 어디 있느냐"

이스라엘의 재판장은 율법으로 백성들의 삶을 바로잡는 책임을 가진 자들이었다. 그래서 이스라엘 백성은 남의 물건이나 땅을 욕심 내어도 안 되고 하나님이 주신 것으로 만족해야 했다. 그러나 이스라엘은 재판장들이 세상 지식으로 무장된 공무원들이기 때문에 전혀 율법대로 재판을 하지 않고 이방 나라 방식으로 재판하였다. 그래서 하나님은 철저하게 하나님의 율법을 떠난 이스라엘을 도와주실 수가 없었다. 이 말은 설사 왕이 정치를 잘못하더라도 재판장이 재판을 바로 했더라면 하나님의 도움을 받을 수 있었다는 뜻이다.

11절, "내가 분노하므로 네게 왕을 주고 진노하므로 폐하였노라"

이스라엘 백성의 왕들은 하나님이 세우신 왕이 아니었다. 이 왕들은 이스라엘 백성이 하나님의 뜻을 묻지도 않고 자기 멋대로 세운 왕들이었고, 심지어는 부하가 왕을 죽이고 왕의 자리를 빼앗기도 하였다. 그럼에도 하나님께서 이런 일이 일어나도록 허용하신 것은, 이스라엘 백성에 대하여 진노하셨기 때문이다. 하나님의 가장 무서운 진노가 이스라엘 백성이 죄를 지음에도 불구하고 간섭하지 않고 내버려 두시는 것이다. 그러면 결국 이스라엘 백성은 하고 싶은 대로 실컷 하다가 나중에는 비참하게 망하게 된다. 이것은 마치 자동차가 내리막길을 달리는데 브레이크가 고장난 것과 같다. 차를 탄 사람들이 당장은 신이 날지 모르지만 결국 대형 사고로 모두 죽게 될 것이다. 지금 이스라엘은 내리막길을 향하여 달리고 있는 브레이크가 고장난 자동차와 같은 것이다.

12절, "에브라임의 불의가 봉함되었고 그 죄가 저장되었나니"

병원에서 의사가 환자를 수술하려고 배를 열었는데 암덩이가 너무 퍼져 있어서 도저히 손을 댈 수 없을 때에는 도로 덮어 버리고 봉합을 해 버린다. 이것은 환자의 상태가 너무 심각하여 손을 댈 수 없어서 그렇게 한 것인데 본인은 오히려 병이 없다고 생각해서 멋대로 살 수 있다. 그러면 어느 순간에 이 병이 온몸으로 퍼져서 환자는 죽게 된다. 하나님께서 이스라엘 백성의 죄에 대하여 일일이 책망하시지 않는 이유는 그들이 죄가 없어서 그런 것이 아니라 죄가 너무 퍼져서 도저히 손을 댈 수 없을 정도였기 때문이다. 그래서 하나님이 우리의 죄에 대해서 책망하시지 않는 것이 결코 좋은 것이 아니다.

13절, "해산하는 여인의 어려움이 저에게 임하리라"

만삭이 된 여자는 다른 어떤 것보다 아이를 순산하는 데 관심을 두어야 한다. 만일 산모가 아이를 낳는 데 실패하면 아이와 자신은 죽을 수밖에 없다. 그러나 산모가 아이를 낳는 것은 결코 쉬운 일이 아니다. 산모는 온 힘을 다해서 아이를 몸 밖으로 밀어 내어야 살 수 있다. 지금 이스라엘 백성은 멸망의 고통을 느끼지 못하고 있지만 전혀 예상치 못한 시간에 어마어마한 해산의 고통이 찾아오게 될 것이다. 이때 이스라엘 백성은 마지막으로 망하면서 죄를 자기들의 몸 밖으로 몰아 내어야 살 수가 있다. 그런데 이스라엘 백성이 여전히 아무 일이 없는 것처럼 참고만 있으면 죽게 될 것이다.

"저는 어리석은 자식이로다"

만일 어떤 여자 아이가 잘못을 저질러서 아이를 가졌으면 부모에게 이실직고하고 해결을 해야 하는데 이스라엘은 마치 야단맞는 것이 무서워서 끝까지 죄를 감추고 있는 어리석은 여자 아이와 같은 것이다. 우리 인간은 하나님께 야단맞는 것을 무서워해서는 안 된다. 우리가 죽을 각오를 하고 하나님께 죄를 회개하면 하나님은 살길을 열어 주신다.

"산문에서 지체할 것이 아니니라"

'산문에서 지체할 것이 아니니라'라는 말은 이제 자궁이 열려서 아이가 나와야 하는데 아이가 나오지 않고 있는 것이다. 그래서 다른 번역에 보면 '산문에서 그가 나오지 않는다' 라고 되어 있다(NIV 성경). 결국 이것은 산모가 혼자 해결할 수 있는 것이 아니고 병원에 가서 수술을 받아야 할 문제인 것이다. 그러나 이스라엘 백성은 자신들의 문제를 그렇게 심각하게 생각하지 않고 집 안에서 혼자 조용히 해결하려고 하고 있는 것이다.

14절, "내가 저희를 음부의 권세에서 속량하며 사망에서 구속하리니"

하나님께서는 지금 이스라엘 백성이 처해 있는 상황이 음부의 권세에 붙들린 상황이라고 말씀하신다. 좀 더 구체적으로 설명을 하자면 마치 이스라엘 백성은 테러단에 붙들려서 모두 죽을 수밖에 없는 그런 상황이라는 뜻이다. 누군가가 이스라엘 백성을 이런 음부의 세력으로부터 건져내려고 할 때 돈이 얼마나 들며, 앞으로 얼마나 긴 협상 기간이 필요한지 예측할 수 없는 상황인 것이다. 하나님께서는 아무리 오랜 시간이 걸리더라도 이스라엘 백성을 이 음부의 세력으로부터 건져 내기를 원하신다. 하나님께서 이스라엘 백성을 이 사망에서 건져 내려면 얼마나 오랜 시간이 걸리며 얼마나 많은 배상금을 주어야 하는지를 알 수 없다. 그러나 하나님은 이스라엘 백성을 다시 이 사망의 집단에서 건져 내겠다고 말씀하신다. 여기서 우리가 기억해야 할 것은, 우리 인간의 죽음에는 이 육체적인 죽음 외에 또 다른 죽음이 있다는 사실이다. 그것은 바로 하나님으로부터 저주를 받아서 영원히 멸망하는 죽음이다. 하나님께서는 이스라엘 백성을 바로 그 영원한 죽음에서 건져 내기를 원하시는 것이다. 이스라엘 백성은 이 세상에서 조금 더 잘살기 위해서 우상을 섬겼지만 그 결과 이스라엘 백성은 자신들의 영혼을 팔고 영원히 멸망당하는 자리까지 떨어지게 된 것이다.

"사망아 네 재앙이 어디 있느냐 음부야 네 멸망이 어디 있느냐"

이 세상 사람들 중 어느 누구도 사망과 음부에 대하여 이렇게 호령할 수 있는 사람은 없을 것이다. 그러나 하나님은 사망에 대하여 호통을 칠 수 있는 능력이 있으시다. 사망은 모든 인간에 대한 최종적인 재앙이다. 그러나 하나님은 사망을 축복으로 바꾸실 계획을 가지고 계신다.

'음부' 라고 하는 것은 죽은 사람이 가는 장소를 말한다. 사람은 누구든지 한번 죽으면 다시는 거기서 빠져 나올 수 없다. 그러나 하나님은 바로 그 음부에서 하나님의 백성을 건져 낼 계획을 가지고 계신다. 그 이유는 사망이나 음부에도 약점이 하나 있기 때문이다 그것은 바로 율법을 완전히 지킨 자가 죽으면 사망 자신이 깨어지게 되어 있기 때문이다. 그래서 예수 그리스도께서 죽으셨을 때 사망의 세력은 깨어졌고 하나님은 음부에 대하여 호통을 쳐서 죽은 자를 내어 놓으라고 명령하시게 되었다. 나중에 사도 바울은 이렇게 말하였다. "사망아 너의 이기는 것이 어디 있느냐 사망아 너의 쏘는 것이 어디 있느냐 사망의 쏘는 것은 죄요 죄의 권능은 율법이라 우리 주 예수 그리스도로 말미암아 우리에게 이김을 주시는 하나님께 감사하노니" (고전 15:55-57).

"뉘우침이 내 목전에 숨으리라"

'뉘우침이 숨는다' 라는 것은 우리 앞에 뉘우침이라고 하는 것은 없다는 뜻이다. 즉 우리가 하나님을 찾고 은혜 받기만 하면 하나님께서는 그동안 우리가 고생했던 것을 모두 갚아 주시고도 남는 은혜를 주시기 때문에 우리는 과거 일을 가지고 후회할 필요가 없다는 뜻이다.

15절, "저가 비록 형제 중에서 결실하나"

이스라엘 백성은 세상을 따라간 결과 다른 이스라엘 사람들보다 일찍 성공한 셈이었다. 즉 이스라엘을 과일나무로 비유하면 가장 빨리 열매를 맺는 나무에 해당하는 것이고, 학생으로 비유하자면 학생들 중에서 가장 빨리 성적이 오르고 가장 빨리 좋은 학교에 진학하는 우수한 학생이 된 것이다. 그러나 문제는 그 뿌리가 튼튼하지 못한 것이다. 나무의 수명이 오래 가려면 뿌리가 시냇가에 심겨져 깊은 땅 속에서부터 수분을 빨아들여야 하는데 돌짝밭에 있는 나무처럼 뿌리가 깊지 못해서 동풍이 오니까 나무 자체가 말라 버렸다. 여기서 동풍은 역시 앗수르의 공격을 의미한다.

"여호와의 바람이라"

호세아 선지는 앗수르 제국의 공격을 하나님이 일으키는 바람이라고 말하고 있다. 즉 앗수르의 공격은 하나님께서 이스라엘 백성에게 진노하셔서 일어나게 하신 것이고, 결코 하나님이 무능하셔서 앗수르를 막지 못하신 것은 아니다. 이 바람으로 이스라엘은 근원이 마르고, 샘이 마르고, 모아 놓은 보배 그릇이 모두 약탈당한다. 이스라엘 왕의 그릇이 약탈당한다는 것은 그들이 더 이상 먹을 것이 없어진다는 뜻이다. 결국 이스라엘 왕족은 다른 나라에 팔려 가서 거기서 비참하게 음식을 얻어 먹게 되는 것이다.

16절, "사마리아가 그 하나님을 배반하였으므로"

이스라엘 백성이 하나님의 말씀을 있는 그대로 순수하게 지키지 못하고 자기 생각을 따라서 우상을 함께 섬긴 것은 엄청난 비극을 가져오게 되었다. 즉 사마리아는 하나님과 우상을 함께 섬긴 것이 지혜요 축복인 줄 알았는데 알고 보니까 하나님에 대한 배반이었다. 그 결과 이스라엘 사람들은 일시적으로는 잘사는 것 같았는데 그것은 그야말로 일시적인 착각에 불과했다. 그 대신 이스라엘 사람들은 칼로 비참하게 죽임을 당하게 되는데 침략자들은 어린아이나 부녀자들을 전혀 불쌍히 여기지 않았다. 즉 침략자들은 이스라엘 사람들을 얼마나 미워했던지 아이들은 부서뜨려서 죽이고 임신한 여자들은 배를 갈라서 엄마와 아기를 함께 죽였다. 이 모든 것이 이스라엘의 지도층 사람들이 성공하고 싶은 욕심과 하나님의 말씀을 바꾼 결과였다.

본문 이해를 위한 질문

1. 이스라엘의 지도자들은 어디서부터 잘못되기 시작했는가?

이스라엘의 지도자들은 한번 말을 하면 주위 나라가 벌벌 떨 정도로 영향력이 있는 사람들이었는데 이들은 이것이 하나님이 주신 축복인 줄 알지 못하고 세상에 더 인정을 받으려고 우상을 섬긴 것이 잘못이었다.

2. 이스라엘 백성이 우상과 하나님을 함께 섬긴 행위가 어떤 결과를 가져오게 되었는가?

이스라엘의 지도층 사람들은 처음에는 세상을 받아들인 결과 좋은 성과를 얻는 것 같았지만 결국 하나님을 진노하게 하였고, 그 결과 완전히 패망하게 되었다.

3. 이스라엘의 현재 상태는 어떠한가?

이스라엘은 마치 부정을 저질러서 임신 말기가 된 여자 아이가 이 사실을 숨기고 아무 일이 없는 것처럼 하고 있는 것과 같다. 그러나 곧 이 여자 아이에게는 해산의 고통이 올 것이며, 무서운 처벌의 순간이 오게 될 것이다. 마찬가지로 지금 당장 이스라엘은 괜찮은 것 같지만 곧 전혀 자비가 없는 심판이 오게 될 것이다.

성경 강해

아마 크리스천들은 직장 생활을 하면서 대인 관계에 어려움을 느낄 것입니다. 우리가 직장에서 성공을 하려면 아무래도 윗사람들이나 동료들에게 잘 보여야 할 텐데 크리스천들은 하나님과 나의 수직적인 관계만 중요시하기 때문에 대인 관계에서 어려움을 느낄 때가 많이 있습니다. 신앙이 없는 사람들은 오직 사람들과의 관계만 잘하면 되는데 크리스천들은 하나님과의 관계가 더 중요하기 때문에 아무래도 대인 관계를 소홀히 하게 되어서 다른 사람들에게 오해를 받거나 미움을 받을 때가 있습니다.

그래서 오늘 이 시대를 살아가는 크리스천들에게 무엇이 가장 어려운지를 물어본다면 대개 두 가지를 이야기할 것입니다. 그 하나가 이 세상에 적응하는 것이 어렵다는 것입니다. 즉 우리 크리스천은 하나님을 믿기 때문에 세상 사람들과 어울릴 수가 없는 것입니다. 즉 예수 믿는 사람들은 술을 마시지 않기 때문에 믿지 않는 자들과 어울리기 어렵고, 또 일요일에 교회에 나가기 때문에 더 세상 사람들과 어울리기가 어렵습니다. 두 번째 어려움은 불안입니다. 세상 사람들은 눈에 보이는 돈이나 지위 같은 것을 믿고 살기 때문에 어느 정도 믿는 것이 눈에 보이지만 크리스천들은 눈에 보이지 않는 하나님을 믿어야 하기 때문에 언제나 불안정한 것입니다. 즉 우리는 병들거나 어려움이 생겨서 기도할 때 하나님이 도와주시면 살지만 하나님이 도와주시지 않으면 망하는 것입니다. 그래서 많은 크리스천들이 완전히 하나님께 매달리지도 못하고, 그렇다고 해서 세상에 완전히 빠지지도 못하는 상태에서 어중간하게 믿을 때가 많습니다.

사실 이스라엘 백성이 가나안 땅에 들어갔을 때 이 문제로 어려움을 겪었습니다. 이스라엘 백성이 가나안 땅에 들어갔을 때 이스라엘 백성 주위에는 이스라엘 백성 외에는 하나님을 믿는 나라나 백성이 없었습니다. 오직 이스라엘 백성만 하나님을 믿었고, 이스라엘 백성은 완전히 고립된 상태에 있었습니다. 그때나 지금이나 나라나 민족은 혼자 힘으로는 살 수가 없습니다. 나라들끼리 무역도 해야 하고 군사적으로도 서로 도와야 합니다. 그런데 이스라엘 백성은 하나님을 믿기 때문에 완전히 고립되어 있었습니다.

이스라엘 백성이 고립을 면하는 길은 다른 나라의 우상을 인정해 주는 것이었습니다. 거기에다가 원래 이스라엘 백성은 정부가 없었습니다. 그 대신 하나님의 사사가 하나님의 말씀으로 재판을 했습니다. 그러나 이 재판도 법적인 힘이 있는 재판이 아니라 신앙적인 상담에 가까웠습니다. 이스라엘 백성은 왕이나 군대가 없으니까 언제나 불안했습니다. 그래서 이스라엘 백성은 고립을 면하기 위해서 다른 나라의 우상을 인정한 것입니다.

그러나 이스라엘 백성은 거기서 한 걸음 더 나아가 우상의 신앙을 더 발전시켜서 송아지 신앙을 만들어 내었습니다. 그래서 이스라엘 백성은 이 송아지 신앙 덕분에 다른 나라들과 무역을 하고 군사적으로 협력해서 아주 많은 이익을 얻었습니다. 그리고 이스라엘 백성은 하나님만 의지하는 것은 너무 불안정했기 때문에 안정되게 살기 위해서 왕이나 군대를 조직했습니다. 그런데 이스라엘 백성이 물질적으로 복을 받고 군사적으로 안정된 결과는 멸망이었습니다. 이것은 이스라엘 백성이 도저히 이해할 수 없는 것이었습니다. 왜 이스라엘 백성이 이렇게 잘살고 이렇게 안정되었는데 갑자기 망하고 말았을까요? 그것은 죄가 안으로 곪아 들어가서 결국 터지고 말았기 때문입니다. 하나님께서는 누구든지 하나님의 복을 받으려면 겉으로 성공하거나 돈을 많이 버는 것으로는 안 되고 속으로 하나님의 말씀을 채워서 정금 같은 신앙이 되어야 한다는 것입니다. 따라서 중심이 변화되지 않고 복을 받는 것은 결코 오래가지 못합니다. 이 세상의 복이나 우상의 종교가 주장하는 것이, 마음은 변화될 필요가 없고 겉으로만 잘되고 복 받으면 된다고 하는 것인데, 이것은 결국 쭉정이가 바람에 날려가듯이 망하고 마는 것입니다.

1. 에브라임의 타협

1절, "에브라임이 말을 발하면 사람이 떨었도다 저가 이스라엘 중에서 자기를 높이더니 바알로 인하여 범죄하므로 망하였거늘"

에브라임은 이스라엘 안에 있는 여러 지파 중에서 가장 영향력이 큰 지파였습니다. 그래서 에브라임이 말을 하면 다른 지파 사람들은 그 말을 따를 수밖에 없을 정도였습니다.

예를 들어 정치인들 중에서도 어떤 정치인은 영향력이 있어서 한번 말을 하면 다른 사람들이 벌벌 떠는 정치인이 있습니다. 이스라엘 백성 중에서 가장 말발이 센 지파는 에브라임 지파였는데 에브라임 지파 사람들이 가진 생각이 우리는 이 가나안 땅에서 하나님 때문에 고립되어서는 안 된다는 것이었습니다. 에브라임 지파가 이렇게 강하게 된 것은 하나님께서 그들을 축복하셨기 때문입니다. 그런데 하나님의 축복을 받은 지파가 가지고 있는 생각이 신앙보다는 현실이 더 중요하다는 것이었습니다. 그래서 에브라임 지파 사람들은 우리가 가나안 땅에서 살아남아야 하는데 그러려면 적극적으로 다른 나라와 교류를 해야 하고, 그것을 위해서 우상을 받아들여야 한다는 입장이었습니다. 그러나 아무리 입김이 센 에브라임이 그런 주장을 하더라도 다른 지파는 소신을 지켰어야 했습니다. 그러나 모든 이스라엘 지파들이 에브라임의 주장을 따라갔던 것입니다. 그 이유는 에브라임의 주장이 현실성이 있고 눈에 보이는 결과가 있었기 때문입니다. 그래서 에브라임은 '이스라엘 중에서 자기를 높이더니 바알로 인하여 범죄하므로 망하였거늘' 이라고 하였습니다.

이스라엘 백성은 대대로 목축업을 하던 사람들이었습니다. 그런데 이들이 가나안 땅에 들어온 후에는 농사라는 것을 짓게 되었습니다. 그러나 이스라엘 백성은 농사를 짓는 기술이 없었습니다. 농사를 지을 수 있는 기술을 가진 자들은 모두 가나안 족속들이었습니다. 그런데 가나안 사람들의 농사짓는 기술에는 모두 바알 종교가 들어가 있었습니다. 하나님께서는 에브라임이나 이스라엘 사람들에게 농사를 짓지 말라고 하지 않으셨습니다. 또 다른 나라와 교역을 하지 말라고 하지도 않으셨습니다. 단지 하나님이 요구하신 것은 시간이 좀 오래 걸리더라도 가나안 식의 농사는 배우지 말고 너희 나름대로의 신앙적인 농사 방법을 만들어 보라는 것이었습니다. 하나님께서는 이스라엘 백성에게 굳이 고립되라고 하지는 않으셨지만 신앙이 변할 정도로 다른 민족과 가까워질 필요는 없다고 하신 것입니다. 이것은 이스라엘 백성이 하나님을 더 잘 믿기 위해서 고립된다면 얼마든지 고립되어도 좋다는 것이었습니다.

그러나 이스라엘 백성은 세상에서 빨리 성공하고 잘되는 것의 유혹을 떨쳐버릴 수가 없었습니다. 왜냐하면 이스라엘 백성은 세상과 교류하고 세상을 따라가면 몇십 배 좋은 결과를 얻을 수 있고 세상에서 좋은 평판을 받을 수 있다는 것을 알고 있었기 때문입니다. 그래서 이스라엘 백성은 다른 민족의 우상을 받아들일 뿐 아니라 자기 나름대로 우상을 하나 만들었습니다. 그것이 바로 송아지 신상입니다.

2절, "이제도 저희가 더욱 범죄하여 그 은으로 자기를 위하여 우상을 부어 만들되 자기의 공교함을 따라 우상을 만들었으며 그것은 다 장색이 만든 것이어늘 저희가 그것에 대하여 말하기를 제사를 드리는 자는 송아지의 입을 맞출 것이라 하도다"

이스라엘 백성이 생각해 낸 것은 여호와 신앙의 장점과 세상의 축복의 장점을 함께 받아들이는 것이었습니다. 즉 이스라엘 백성은 그들이 오직 모세의 성경에 매이는 것을 아주 독선적이라고 생각했습니다. 하나님께서 모세를 통해서 요구하신 것은 오직 하나님의 말씀만 붙들면 하나님이 알아서 복을 주신다는 것이었습니다. 그러나 이스라엘 백성이 막상 그렇게 하려고 하니까 오직 하나님의 말씀만 붙든다는 것은, 다른 말로 아무것도 하지 않는 것이었습니다. 이것은 너무나도 답답하고 편협하고 독선적인 것이라고 생각되었습니다. 그 대신 이스라엘 백성은 하나님을 믿지 않는 것이 아닙니다. 단지 하나님의 말씀에 매이지 않는 것뿐입니다. 그 대신 이스라엘 백성은 하나님이 해 주시기를 기다리는 것이 아니라 자신들이 세상에 뛰어들어서 좋은 것들을 모두 차지했습니다. 그랬더니 효과가 열 배 이상이나 좋았습니다. 그러나 하나님께서는 호세아 선지를 통해서 '그들이 망하였거늘' 이라고 말씀하고 있습니다. 이스라엘 백성이 세상적으로 이렇게 잘되고 있는데 왜 하나님께서는 에브라임이 망했다고 말씀하실까요? 그 이유는 그들이 물질적으로는 복을 받았을지 모르지만 영적으로는 부흥이 죽었기 때문입니다. 하나님의 백성은 부흥의 불이 꺼지면 망한 것입니다. 예를 들어 용광로에서 불이 꺼지면 그 제철소는 망한 것처럼 하나님의 백성이 세상적으로 아무리 좋은 것을 다 가지고 있다 해도 말씀과 성령의 불이 꺼지면 망한 것입니다.

이스라엘 백성은 은으로 우상을 만들었습니다. 물론 이 우상은 송아지 모양으로 만든 것이었습니다. 옛날에는 이스라엘 백성이 금으로 송아지를 만들었는데 그것은 금으로 도금을 한 것으로, 순수한 금은 아니었습니다. 그러니까 이스라엘 백성은 이래서는 안 되겠다고 해서 아예 송아지 자체를 순은으로 만들었습니다.

사람들이 나무나 돌이나 금으로 우상을 만드는 이유가 무엇일까요? 우상을 섬기는 자들도 부처나 송아지가 생명이 없다는 것쯤은 다 알고 있습니다. 그런데 사람들은 어리석게도 그런 우상을 섬기는 자신의 정성만큼은 진실하다고 믿는 것입니다. 그래서 탑돌이를 하거나 혹은 목욕재계하고 물을 떠놓고 빌거나 혹은 신상에게 절을 하면서 비는 사람들이 모두 자신의 정성은 순수하다고 믿는 것입니다. 그러나 하나님께서는 우상이라는 것은 결국 그것을 만드는 사람이 기술적으로 교묘하게 만든 것이지 그 안에는 아무 생명이 없다는 것입니다. 단지 인간들 스스로 최면과 자기도취에 빠지는 것입니다.

그런데 이들은 송아지에 입을 맞추라고 했습니다. 즉 이스라엘 백성은 송아지의 입에 입을 맞추기만 하면 병도 낫고 농사도 잘되고 모든 것이 잘된다고 믿었던 것입니다. 그러나 이것은 하나님의 뜻을 모르는 무식한 소치였습니다. 하나님 앞에서 복을 받는 방법은 우리 속사람이 가치 있게 변하는 것입니다. 우리가 아무리 겉으로 성공하고 돈을 많이 벌어도 속사람이 변하지 않는 이상 하나님 앞에서는 아무 가치가 없습니다.

3절, "이러므로 저희는 아침 구름 같으며 쉽게 사라지는 이슬 같으며 타작 마당에서 광풍에 날리우는 쭉정이 같으며 굴뚝에서 나가는 연기 같으리라"

아무리 이스라엘 백성이 세상에서 성공하고 돈을 많이 벌어도 그들의 속사람이 변하지 않으면 하나님 앞에서는 아무 가치가 없습니다. 하나님께서는 네 가지 예를 들고 있는데, 이것들은 모두 금방 없어지는 것들입니다. 하나는 아침 구름이고, 그 다음에는 이슬이며, 세 번째는 타작 마당의 쭉정이이고, 네 번째는 굴뚝에서 나는 연기입니다. 이것들은 모두 너무 가벼워서 오래 있지 못하고 가만히 두어도 없어지는 것들입니다. 아침 구름이나 이슬은 햇볕만 나타나도 말라서 없어져 버리고, 쭉정이는 약간의 바람만 불어도 없어지고, 굴뚝에서 나오는 연기는 가만히 두어도 없어지고 맙니다.

우리는 주위에서 너무 빨리 성공하는 사람들을 많이 봅니다. 그래서 한때 그렇게 성공하지 못한 사람들은 그런 사람들의 재주와 능력을 많이 부러워했습니다. 그런데 놀라운 것은 그렇게 쉽게 성공한 사람들이 쉽게 무너지고 마는 것입니다. 그 이유가 무엇일까요? 이 사람들은 겉으로만 성공했기 때문에 속이 비어 있는 것입니다. 하나님께서는 속이 알찬 사람들을 축복하십니다. 그래서 처음에는 세상적인 방법을 쓰는 사람들이 훨씬 빨리 성공하고 유명해지지만 나중에는 그 사람의 중심의 가치만큼 하나님이 축복하시는 것을 볼 수 있습니다. 즉 하나님은 그 사람의 내면적인 가치만큼 외적으로도 축복해 주시는 것입니다.

우리가 진정으로 하나님의 복을 받으면 가장 먼저 하나님의 말씀의 맛을 알아야 합니다. 그리고 우리 안을 하나님의 말씀으로 채우면 우리가 고난을 받을 때 우리 믿음과 우리 인격 전체가 금덩어리로 변하는 것입니다. 하나님은 그 사람을 끝까지 축복해 주셔서 망하지 않게 하십니다. 이런 사람의 특징은 절대로 부흥의 불이 꺼지지 않는다는 것입니다. 그리고 이런 사람은 아무리 성공하고 유명해져도 이런 것을 결코 하나님의 말씀보다 더 중요하게 생각하지 않습니다.

2. 이스라엘의 최고 재산

아마도 사람들마다 자기에게 가장 중요한 것은 다 다를 것입니다. 예를 들어 요리사에게 가장 중요한 것은 요리법을 적은 요리책일 것입니다. 그리고 공부하는 사람에게 가장 중요한 것은 책입니다. 자연과학이나 공학을 전공하는 교수들에게 가장 중요한 것은 자신의 실험실일 것입니다. 우리는 자기에게 가장 중요한 것을 잃어버린다면 더 이상 아무것도 할 수 없을 것입니다.

그런데 이스라엘 백성에게 가장 중요한 것은 가나안의 복이 아니었습니다. 이스라엘 백성에게 가장 중요한 재산은 하나님 자신이었습니다.

4절, "그러나 네가 애굽 땅에서 나옴으로부터 나는 네 하나님 여호와라 나 밖에 네가 다른 신을 알지 말 것이라 나 외에는 구원자가 없느니라"

하나님은 이스라엘 백성을 애굽에서 인도하여 내신 하나님입니다. 즉 우리 인간은 하나님을 알 수 없습니다. 우리 인간에게 가장 어려운 문제는 하나님을 바로 알 수 없다는 사실입니다. 그런데 하나님께서는 이스라엘 백성에게 자신을 계시하셨습니다. 이 세상에 우리 인간에게 이것보다 더 중요한 것은 없습니다. 우리 인간의 지혜와 능력으로는 절대로 하나님을 알 수 없는데 하나님은 이스라엘 백성에게 자신을 계시하여 주신 것입니다. 이스라엘 백성은 이것 하나만 가지고도 충분히 이 세상에 존재할 가치가 있는 사람들이었습니다. 이 세상에는 골프 하나만 가지고도 사는 사람이 있고, 바둑이나 축구, 심지어는 악기 하나만 잘 연주해도 세계적으로 유명한 사람이 될 수 있습니다. 하물며 우리 인간이 하나님을 잘 안다는 것은 그 자체만 가지고도 어마어마한 보물인 것입니다. 그런데 하나님께서는 이스라엘 백성에게 그 말씀의 능력을 체험하게 하셨습니다. 하나님께서 애굽 땅에 열 가지 재앙을 퍼부으셔서 이스라엘 백성을 건져 내신 것입니다. 우리가 하나님의 말씀을 듣는다는 것 자체만 해도 엄청난 것인데 그 말씀의 능력을 체험한다는 것은 이 세상의 어떤 복과도 비교되지 않는 복인 것입니다. 그런데 하나님은 이스라엘 백성 안에 동거하셨습니다. 이것은 이스라엘 백성이 하나님을 자신들의 능력으로 소유하는 것이었습니다. 이스라엘 백성은 핵무기의 백만 배 이상 되는 능력을 가진 자들이 된 것입니다. 이제 이스라엘 백성이 할 것은, 그 하나님만 붙들고 그 하나님만 믿고 사는 것입니다. 하나님은 이스라엘 백성에게 분명히 '나 외에 다른 신이 없다' 라고 하셨고, '나 외에 다른 구원자가 없다' 라고 말씀하셨습니다. 그러니까 이스라엘 백성은 하나님을 믿고 하나님이 주시는 대로 살면 되는 것입니다. 그러나 이스라엘 백성은 눈에 보이지 않는 하나님을 믿는 것이 불안정하다는 것을 알게 되었습니다.

5-6절, "내가 광야 마른 땅에서 너를 권고하였거늘 저희가 먹이운대로 배부르며 배부름으로 마음이 교만하며 이로 인하여 나를 잊었느니라"

하나님은 이스라엘 백성을 광야에서 기억하셔서 먹이셨습니다. 여기서 '권고하였다' 라는 것은 '기억하셨다' 라는 뜻입니다. 하나님은 무엇을 기억하셨을까요? 이스라엘 백성이 연약한 인간들이며, 하루 세 끼를 먹어야 살 수 있고, 집이 있어야 하고, 결혼을 해야 한다는 것을 기억하셨던 것입니다.

그래서 하나님은 이스라엘 백성을 너무 사랑하셔서 가나안 땅의 식물을 실컷 먹게 하셨습니다. 그런데 이스라엘 백성은 가나안 땅에서 보니까 물론 광야보다는 먹을 것이 많았지만 하나님만 믿는 것은 여전히 불안했습니다. 이것이 우리 모두의 문제인 것입니다. 예를 들어 우리가 어렸을 때나 젊었을 때에는 너무나도 가난해서 먹고살기 힘들었는데 지금은 그런 정도는 아니라고 합시다. 그러면 우리는 분명히 옛날 그 어려울 때에 비하면 잘사는 편일 것입니다. 그러나 사람이라고 하는 것은 옛날보다 잘사는 것으로는 만족하지 못합니다. 모든 것이 완전히 안정되어야 안심이 되는 것입니다. 예를 들어 직장이 있기는 하지만 계약직일 때 혹은 집은 있지만 내 집이 아니고 세든 집일 때 혹은 아직 결혼을 하지 못했을 때, 우리 집에 아이가 아직 없을 때 우리는 미래가 불안해지는 것입니다. 이것은 모든 인간의 어쩔 수 없는 속성입니다.

만일 우리가 돈이 전혀 없는데 기도를 해서 돈이 생기는 것이 좋을까요, 아니면 돈이 조금 많이 있어서 기도하지 않아도 되는 것이 좋을까요? 우리는 기도하지 않아도 좋으니까 돈만 많이 있으면 안심이 되는 것입니다. 이것은 다른 말로 표현해서 하나님만 믿는 것이 그만큼 불안한 것입니다. 만일 우리가 진짜 하나님을 믿는다면 이 세상에서 아무것도 가질 필요가 없을 것입니다. 왜냐하면 기도하기만 하면 하나님이 다 주실 것이기 때문입니다. 그런데 우리가 경험한 바로는 어려울 때 기도를 해도 하나님은 바로 주시지 않으니까 문제인 것입니다.

그런데 만일 우리에게 필요한 것이 주어져서 우리가 안정이 되면 어떻게 될까요? 우리 생각으로는 하나님께 감사하며 하나님을 더 찾을 것 같은데 실제로는 정반대가 되어서 그때부터는 하나님을 찾기보다는 그 복을 누리려 하고 그 복을 즐기려 하게 됩니다. 그러면 하나님의 백성은 어떻게 될까요? 하나님의 백성은 부흥이 계속되는 동안 안정됩니다. 왜냐하면 배를 예로 들자면 바른길을 가고 있기 때문입니다. 그러나 하나님의 백성이 물질이나 자기가 원하는 것이 다 채워져서 안정되어 하나님을 찾지 않으면 그 때부터는 신앙적으로 표류하게 되는데 그러다가 큰 시험을 만나면 침몰하고 마는 것입니다.

하나님은 이것을 너무나도 생생하게 말씀을 하십니다.

10-11절, "전에 네가 이르기를 내게 왕과 방백들을 주소서 하였느니라 네 모든 성읍에서 너를 구원할 자 네 왕이 이제 어디 있으며 네 재판장들이 어디 있느냐 내가 분노하므로 네게 왕을 주고 진노하므로 폐하였노라"

이스라엘 백성은 가나안 땅에서 정부가 없었습니다. 즉 이스라엘 백성은 왕이 없고 군대가 없으니까 적이 쳐들어온 후에 언제나 군대를 모집해서 싸워야만 했습니다. 이론적으로는 하나님이 이스라엘의 왕이시기 때문에 인간 왕도 필요 없고 하늘의 불말과 불병거가 있기 때문에 무기나 군대도 필요치 않았습니다. 그러나 이것은 어디까지나 이론적인 것이지 실제로는 너무나도 불안정한 것이었습니다. 이것은 마치 우리에게 돈이 없어도 하나님께 기도해서 공급받으면 된다는 것과 같습니다. 그러나 학생이나 부모가 대학에 등록을 해야 하는데 돈이 없으면 얼마나 마음이 답답한지 모릅니다. 또 병에 걸렸을 때 기도하면 다 낫는다고 하지만 생각만큼 잘 낫지 않으면 얼마나 마음이 불안한지 모릅니다. 그래서 이스라엘 백성은 하나님께 우리에게 왕을 달라고 요구했습니다. 이것은 이스라엘 백성이 하나님만 믿으니까 불안해서 못살겠다는 뜻입니다. 물론 하나님은 이스라엘 백성을 불안하게 하시려는 것이 아니었습니다. 그러나 이스라엘 백성은 안정이 되면 하나님을 멀리했습니다. 그래서 우리에게는 때때로 불안한 것이 하나님의 뜻일 수가 있습니다. 우리에게 가장 힘든 것은 우리가 하나님의 말씀대로 살아도 모든 것이 불안정하고 고난과 역경이 있는 것입니다. 그런데 우리가 이것을 피하려고 하면 세상을 따라가게 됩니다. 우리는 하나님의 말씀대로 사는데도 불구하고 불안정하고 어려움이 오면 그것을 받아들여야 합니다. 그래야 우리는 하나님을 내 하나님으로 모시고 더 담대한 믿음의 사람이 될 수 있는 것입니다.

하나님은 이스라엘 백성에게 이렇게 말씀하셨습니다.

9절, "이스라엘아 네가 패망하였나니 이는 너를 도와주는 나를 대적함이니라"

하나님은 왜 이스라엘 백성이나 우리에게 도와주신다고 하면서 어려운 일을 겪게 하실까요? 그것은 우리 믿음을 연단하신 후에 모든 것을 주시기 위해서인 것입니다. 그러나 이스라엘 백성이 생활의 안정에 만족하고 하나님을 찾지 않을 때 그들은 표류하다가 파선하게 됩니다. 하나님은 이것을 마치 하나님이 기다리시다가 표범이나 사자가 물어뜯으시는 것처럼 말씀하십니다.

7-8절, "그러므로 내가 저희에게 사자 같고 길가에서 기다리는 표범 같으니라 내가 새끼 잃은 곰 같이 저희를 만나 그 염통 꺼풀을 찢고 거기서 암사자 같이 저희를 삼키리라 들짐승이 저희를 찢으리라"

이스라엘 백성은 아무리 세상을 따라간다 하더라도 하나님의 양입니다. 하나님의 백성이 세상의 안정에 만족해서 하나님을 찾지 않을 때 그들에게 부흥의 불은 꺼지게 됩니다. 이것은 배가 표류하고 있는 것과 같습니다. 하나님의 백성은 하나님의 말씀을 붙잡고 앞으로 나갈 때 모든 시험을 이길 수가 있습니다. 그러나 하나님의 말씀을 붙잡지 않고 세상의 안정을 붙잡고 제자리에서 맴돌다가 시험을 만나면 갈기갈기 찢어집니다. 이것이 바로 사자에게 물리는 것이고, 표범에게 찢기는 것이며, 새끼 잃은 곰에게 염통 꺼풀이 찢기는 것입니다. 양이 염통 꺼풀이 찢어질 정도로 중상을 입으면 더 이상 살 수가 없습니다. 서서히 죽어 갈 수밖에 없는 것입니다.

하나님의 백성이 쓰러지면 그 뒤에는 들짐승들이 모여들어서 뜯어먹는 일만 남는 것입니다. 그래서 세상에서 망하면 망한 사람만 불쌍하게 됩니다. 왜냐하면 자기가 알지도 못하는 수많은 빚쟁이들이 몰려와서 철저하게 뜯어먹는 일만 남기 때문입니다.

3. 이스라엘의 결단

하나님께서는 이제 이스라엘이 망하기 전에 의학적으로 이스라엘의 상태를 점검해 보십니다. 이스라엘 백성 자신들의 말로는 지금까지 여러 차례 병원에 가서 치료도 받았고 수술도 받았다고 말을 하고 있습니다. 그러나 하나님의 엑스레이로 이스라엘 백성의 속을 보니까 썩은 것이 있는 그대로 봉합을 했다는 것을 알게 되었습니다.

12절, "에브라임의 불의가 봉함되었고 그 죄가 저장되었나니"

하나님께서 에브라임의 상태를 보니까 겉으로는 멀쩡한 것 같은데 안으로는 불의가 있는 그대로 상처를 봉합해서 이제 이것이 터지게 된 것입니다. 가끔 병원에서 의료사고가 생기는데 그 중에 하나가 거즈나 가위를 안에 두고 그대로 봉합을 하는 경우입니다. 그런데 이스라엘 백성은 그 안에 불의를 그대로 두고 상처를 봉합해서 그동안 전혀 치료가 되지 않았습니다. 오히려 죄가 저장되어 있어서 이제 그냥 두면 이스라엘은 더 이상 살 수가 없게 되었습니다. 이제 이스라엘이 살 수 있는 길은 밑으로 불의를 배출해 버리는 것밖에 없었습니다.

13절, "해산하는 여인의 어려움이 저에게 임하리라 저는 어리석은 자식이로다 때가 임하였나니 산문에서 지체할 것이 아니니라"

만일 어떤 산모가 이미 배 안에서 죽은 아이를 배출하려면 아이를 낳는 것과 똑같은 과정으로 아이를 내어 보내어야 할 것입니다. 그런데 만일 이 산모가 지체를 한다면 결국 둘 다 죽고 말 것입니다. 그런데 이스라엘은 미련하게도 자기는 절대로 아기를 가지지 않았다고 주장하면서 아이를 낳으려고 하는 산모와 같았습니다. 이스라엘 백성이 살 수 있는 길은 이 아이를 낳아 버려야 하는 것입니다. 그러면 이스라엘이 살 수 있었습니다. 즉 이스라엘은 지금까지 자기들이 소중하게 품고 있는 것을 모두 버려야 합니다. 즉 집도 버리고, 직장도 버리고, 재산도 버리고, 명성도 버리고 모든 것을 다 버리고 오직 하나님의 말씀 하나만 붙들면 살 수 있었습니다. 그러나 이 세상에서 그렇게 할 사람이 어디에 있겠습니까? 그러니까 죽는 것입니다.

14절, "내가 저희를 음부의 권세에서 속량하며 사망에서 구속하리니 사망아 네 재앙이 어디 있느냐 음부야 네 멸망이 어디 있느냐 뉘우침이 내 목전에 숨으리라"

만일 이스라엘 백성 속에 죄가 가득 차 있고 배가 터져서 죽게 되었다 하더라도 모든 것을 버리고 하나님의 말씀을 붙잡으면 살 수 있습니다. 하나님은 그들을 음부의 권세에서 속량하시고 사망에서 구속하여 주십니다.

즉 아무리 이스라엘 백성이 죽게 되었다 하더라도 살길이 있는 것입니다. 그러나 대다수의 사람들은 아무리 눈앞에 좋지 않은 징조가 나타나더라도 '설마', '설마 나에게 그런 일이 닥칠까?' 하는 식으로 안일하게 생각하다가 시기를 놓치고 마는 것입니다. 자기 속을 하나님의 말씀으로 채우지 않는 자는 모두 망하게 되어 있습니다. 세상의 안정에 만족하고 영적 부흥을 잃어버린 자들은 모두 망하게 되어 있습니다. 그런데 사람들은 자기 자신에게 그런 일이 일어날 것이라고 믿지 않는 것입니다. 그러나 모든 것을 버리고 하나님의 말씀을 잡으면 하나님은 사망의 재앙을 물리치십니다. '사망아 너의 재앙이 어디 있느냐' 라고 하십니다. 하나님은 음부를 향하여 '음부야 네 멸망이 어디 있느냐' 라고 말씀하십니다. 즉 사망과 음부는 하나님의 말씀으로 돌아오는 자에게는 이길 수 없는 것입니다.

여기에 보면 '뉘우침이 내 목전에 숨는다' 라고 했습니다. 즉 하나님 앞에서는 부끄러움이 없고 과거에 대한 뉘우침이 없습니다. 하나님 앞에 회개하고 돌아오기만 하면 과거의 모든 부끄러움을 다 씻어 주시는 것입니다.

그러나 이스라엘 백성이 세상적으로 성공하고 생활이 안정된 것만 믿고 하나님의 말씀으로 돌아오지 않을 때 너무나도 무서운 심판이 시작됩니다.

15절, "저가 비록 형제 중에서 결실하나 동풍이 오리니 곧 광야에서 일어나는 여호와의 바람이라 그 근원이 마르며 그 샘이 마르고 그 적축한바 모든 보배의 그릇이 약탈되리로다"

하나님의 말씀을 붙들지 않고 영적 부흥을 잃어버린 이스라엘은 표류하다가 결국 동풍을 맞게 됩니다. 이 동풍은 자연 재해에 전쟁을 겸한 것입니다. 즉 처음에는 동풍이 불어서 모든 곡식의 뿌리를 마르게 하더니, 그 다음에는 샘이 말라서 목축을 하지 못합니다. 즉 곡식과 가축이 다 죽는 것입니다. 그러고 난 후에는 전쟁이 터져서 모든 재산을 약탈당합니다. 보배의 그릇을 다 빼앗깁니다. 즉 모든 이스라엘 백성이 나름대로 재물을 모았는데 다 빼앗기고 마는 것입니다. 그리고 그것으로 끝나는 것이 아니라 철저하게 죽임을 당하게 됩니다.

16절, “사마리아가 그 하나님을 배반하였으므로 형벌을 당하여 칼에 엎드러질 것이요 그 어린아이는 부숴뜨리우며 그 아이 밴 여인은 배가 갈리우리라”

이스라엘을 공격하는 적들은 이스라엘 백성에 대하여 일체 긍휼과 자비를 베풀지 않습니다. 그 이유는 그들이 그동안 너무 잘난 체했고 남들을 우습게보았기 때문에 미웠던 것입니다. 더욱이 이스라엘 백성은 너무 자존심이 강해서 노예로서도 가치가 없었습니다. 예를 들어 일용직을 모집할 때에 사장 출신은 아무도 쓰려고 하지 않을 것입니다.

그리고 이방인들은 이렇게 잘 싸우고 골치 아픈 자들은 씨까지 남겨 두어서는 안 된다고 해서 어린아이들은 바위에 쳐서 죽이고 임신한 여자들은 배를 갈라서 죽였던 것입니다. 이것이 바로 이스라엘 백성이 하나님을 버리고 생활의 안정에 만족한 결과입니다.

우리는 이스라엘 백성의 모습에서 오늘 우리의 모습을 볼 수 있습니다. 우리는 가난하고 생활이 안정되지 않았을 때 생활을 안정시켜 달라고 기도를 합니다. 그러다가 하나님이 좋은 직장을 주시고 좋은 집과 돈을 주시면 그때부터는 하나님을 찾지 않고 그 생활을 누리려고 하고, 어떻게 하면 그 돈을 쓸까 생각을 하는 것입니다. 안정된 생활에 젖은 자들은 영적인 부흥에 관심이 없습니다. 왜냐하면 이런 사람들은 가만히 있어도 돈이 들어오기 때문에 굳이 기도할 필요가 없고 죽자 사자 말씀을 붙들 이유가 없는 것입니다. 그러나 그들을 노리고 있는 것은 사자이고, 표범이며, 새끼 잃은 암곰입니다.

하나님은 우리가 늘 가난해야 하고 늘 불안해야 한다고 말씀하시는 것이 아닙니다. 우리 인간의 속성상 우리는 안정되면 스스로 만족해서 더 이상 하나님을 찾지 않는다는 것입니다. 하나님은 우리의 가치만큼 복을 주십니다. 우리 속을 하나님의 말씀으로 채우고 연단받는 자를 하나님은 영원히 빼앗기지 않는 상급으로 채워 주실 것입니다. 우리는 때때로 불안정한 것이 하나님의 뜻이며 하나님이 나를 사랑하시는 것이라는 것을 인정하시지 바랍니다. 그리고 우리가 성공했든지 성공하지 못했든지 간에 하나님 앞에서 우리의 태도가 달라질 이유가 없습니다. 우리는 언제나 어려웠을 때를 생각하고 죽자 사자 하나님만 붙들어서 끝까지 복을 받는 성도들이 다 되시기 바랍니다.

성경 토의

1. 우리가 하나님을 믿는다고 하면서 세상을 따라간다는 것은 구체적으로 어떤 것을 의미하는가?

2. 지금 우리나라 교회나 교인들이 하나님의 축복을 강조하면서 세상의 성공을 자랑하고 교회도 인간적인 예배당 건축으로 성공한 목회를 자랑하고 있는데 성경적으로 이런 것을 어떻게 보아야 하며 나중에 어떻게 될 것으로 판단되는가?

3. 우리가 자기 마음에 드는 지도자를 따라가며 자기 기분을 좋게 해 주는 설교자를 따라가는 것이 과연 하나님의 바른 축복이라고 볼 수 있는가? 우리가 하나님 앞에 합당한 신앙을 지키려면 우리에게 어떤 결단이 필요하다고 생각하는가?

15_하나님의 위대한 사랑

호세아 14:1-9

전체적 설명

구원은 하나님의 위대한 사랑을 통해서 이루어진다. 하나님께서는 하나님을 떠난 이스라엘 백성을 끝까지 기다리시다가 결국 이스라엘을 버리신다. 이스라엘 백성이 망하는 것을 보면 하나님의 구원이 실패한 것 같지만 하나님께서는 이스라엘 백성의 멸망을 통해서 이스라엘 백성을 회개하게 하실 뿐 아니라 전 세계 사람들을 하나님께 돌아오게 하신다. 이것을 보면 하나님의 구원이 얼마나 원대하며 하나님의 사랑이 얼마나 긴 시간에 걸쳐서 이루어지는가를 깨닫게 된다.

설교 프리노트

1절, "이스라엘아 네 하나님 여호와께로 돌아오라"

하나님은 이스라엘 백성을 향해서 언제든지 하나님께 돌아올 수 있는 문을 열어 놓고 계신다. 결국 이스라엘 백성이 망한 것은 하나님 앞에서 쓸데없는 자존심을 지키려고 했기 때문이다. 사람들이 하나님 앞에서 회개할 수 있는 것도 하나님께서 그들에게 은혜를 주시고 겸손한 마음을 주셔야 가능한 것이지 사람의 힘으로 할 수 있는 것이 아니다.

"네가 불의함을 인하여 엎드러졌느니라"

현재 이스라엘 백성은 이미 엎어진 상태에 있다. 이것은 마치 어떤 사람이 힘껏 달리다가 무엇인가에 걸려 크게 넘어져서 일어나지 못하는 것과 같다. 이스라엘 백성은 성공을 향하여 힘껏 달리다가 '불의' 라는 장애물에 걸려서 넘어졌는데 너무 많이 다쳐서 스스로 일어설 수 없게 되었다. 여기서 '불의' 라고 하는 것은 이스라엘 백성의 삶 전체가 하나님의 말씀에서 떠난 것이다. 즉 이스라엘 백성의 종교 생활만이 아니라 사회 생활이나 가정 생활 모두가 하나님의 말씀에 걸려서 넘어진 것이다. 이스라엘 백성이 하나님의 백성의 자격을 유지할 수 있는 것은 하나님의 율법을 지키는 범위 안에서 가능한 것이었다. 그러나 하나님의 법을 깨뜨린 이스라엘은 더 이상 이스라엘의 자격이 없고 가나안 땅에서 추방될 수밖에 없는 것이다.

2절, "너는 말씀을 가지고 여호와께로 돌아와서"

이스라엘 백성이 일어서기 위해서는 누군가가 일으켜 세워 주어야 하는데 이스라엘 백성을 일으켜 줄 자는 하나님밖에 없다. 그런데 이스라엘 백성이 하나님 앞에 나아갈 수 있는 유일한 길은 하나님의 말씀을 가지고 하나님께 나아가는 것이다. 여기서 하나님의 말씀을 가지고 간다는 것은 하나님의 말씀만이 그들을 살릴 수 있는 유일한 길인 줄 믿고 다른 것은 다 버리고 하나님의 말씀만 믿는다는 뜻이다. 이스라엘 백성이 하나님의 말씀을 붙잡는다는 것은 절벽에서 떨어지려다가 가까스로 밧줄을 붙잡는 것과 같다. 우리 인간이 하나님께 나아갈 수 있는 유일한 길은 하나님의 말씀만 믿는 것이다.

"모든 불의를 제하시고 선한 바를 받으소서"

이스라엘 백성이 하나님을 의지하지 않고 자기 욕심에 따라서 산 모든 것이 불의이다. 물론 세상 사람들이 보기에는 그 어느 것도 불의한 것 같지 않고 잘한 것 같지만 하나님의 백성이 하나님을 의지하지 않고 자기 멋대로 산 것은 모든 것이 불의이다. 우리가 하나님의 도우심을 받으려면 세상의 모든 방법을 포기하고 오직 하나님의 말씀 하나에 모든 생명을 걸어야 한다. 그때 우리는 하나님의 말씀이 살아 있는 말씀이라는 것을 체험할 것이다. 즉 하나님의 말씀이 우리의 삶 가운데 생생하게 적용되기도 하고, 그날 읽은 말씀이 이루어지기도 하고, 때로는 생생하게 우리의 행할 것을 지시해 주기도 하신다. 이때 우리가 하나님께 바칠 '선한 것' 은 다른 것은 없다. 즉 하나님은 우리 자신을 하나님께 바치기를 원하시는 것이다. 하나님은 우리가 거창한 제물을 바치는 것을 원치 않으시고 하나님의 말씀을 하나씩 순종하기를 원하신다.

"우리가 입술로 수송아지를 대신하여 주께 드리리이다"

당시 수송아지 한 마리의 가격은 아주 비쌌고 수송아지 제물은 최고의 제물로 여겨졌다. 그러나 이스라엘 백성이 망하고 난 후에는 감히 수송아지 제물을 바칠 만한 부자는 없었을 것이다. 그 대신 이스라엘 백성은 하나님의 말씀을 듣고 은혜 받아서 하나님께 '사랑합니다' 라는 고백을 드리고 마음으로 하나님께 '감사합니다' 라는 말을 하게 되는데 가슴에서 우러나는 이런 말들이 비싼 수송아지 제물보다 하나님을 더 기쁘시게 하는 것이다. 이스라엘 백성 안에서 제사와 하나님의 말씀을 듣고 순종하는 것은 오래전부터 갈등을 일으켜 오던 것이었다. 이것이 뚜렷하게 두드러진 것이 사울 왕 때였는데 사울은 아말렉의 모든 소와 양 떼를 죽이라는 사무엘 선지의 말을 거역하고 하나님께 제사를 드린다는 미명 하에 좋은 소와 양 떼를 죽이지 않고 몰고 왔다. 이것을 보고 사무엘은 사울 왕을 책망하면서 하나님은 '순종을 제사보다 더 원하신다' (삼상 15:22)라고 하였다. 그러나 제사와 말씀 듣는 것은 상충되는 것이 아니라 같은 것이다. 즉 제사 자체가 하나님의 말씀에 순종하는 것이며, 제사를 드린 후에 이스라엘 백성은 또 새로운 하나님의 말씀을 듣게 된다. 원래 제사와 말씀 듣는 것은 하나인데 인간들이 의식적인 제사에 치중하는 바람에 서로 다른 것인 것처럼 된 것이다.

3절, "우리가 앗수르의 구원을 의지하지 아니하며"

이스라엘 백성이 고난을 받은 후 하나님께 회개하고 돌아올 때의 고백을 보여 주고 있다. 이스라엘 백성이 하나님을 전적으로 의지하지 않았던 것은 앗수르라는 강대국을 의지했기 때문이다. 그러나 이스라엘 백성은 아이러니하게도 앗수르에 의해서 멸망당한다. 그 이유는 이스라엘 백성이 여러 차례 변덕을 부리는 바람에 앗수르 왕에게 불신을 샀기 때문이다. 결국 믿음이 없는 자는 무슨 일을 하더라도 망하게 되는 것이다. 그리고 이스라엘 백성이 또 의지했던 것은 자신들의 군사력이었다. 여기에 '말을 타지 아니하며' 라는 것은 이제 더 이상 자신들의 군사력을 의지하지 않고 하나님의 능력을 믿겠다는 뜻이다. 그리고 세 번째는 더 이상 자신들의 손으로 만든 것을 '신' 이라고 부르지 않겠다는 것이다. 이것은 이제 다시는 우상 숭배에 빠지지 않겠다는 뜻이다. 이스라엘은 이번에 멸망이라는 고난을 통해서 비로소 우상이 아무것도 아니라는 것을 뼈아프게 배우게 된다.

"고아가 주께로 말미암아 긍휼을 얻음이니이다"

이스라엘 백성은 비로소 하나님의 사랑을 얻지 못한 자신들은 이 세상에서 어느 누구에게도 도움을 받을 수 없는 정신적인 고아라는 사실을 깨닫게 된다. 즉 하나님의 백성은 하나님의 도우심을 받지 못하면 이 세상에서 어느 누구의 도움도 받지 못하는 고아들인 것이다. 이스라엘 백성은 자신들이 잘나갈 때 온 세상 사람들이 자기들을 좋아하고 친구가 되어 주고 어려울 때 도움을 받을 수 있으리라 생각했지만 '맛 잃은 소금' 과 같은 이스라엘 백성을 좋아하는 사람은 아무도 없었던 것이다. 그래서 하나님의 백성이 신앙의 절개를 버리고 세상 사람들과 벗하여서 술을 마시고 노름을 하면 믿지 않는 사람들이 좋아할 것 같지만 실제로 마음속으로는 경멸하고 있다는 것을 알아야 한다.

4절, "내가 저희의 패역을 고치고"

'패역' 이라고 하는 것은 하나님께 대하여 반항하는 마음을 말한다. 그동안 하나님께서 이스라엘 백성을 마음껏 사랑할 수 없었던 것은 그들의 반항심 때문이었다. 사실 이스라엘 백성이 하나님의 사랑을 너무 많이 받다 보니까 감사하는 마음이 없어지고 사사건건 하나님에 대하여 불만이었는데 한번 망하고 나니까 교만이 죽으면서 하나님께 반항하는 마음도 없어지게 되었다. 결국 하나님께서 이스라엘 백성을 망하게 하시는 것은 이스라엘 백성의 반항심을 고치는 과정이었던 것이다. 그래서 우리가 미리 하나님의 말씀을 듣고 겸손한 것이 얼마나 많은 시간과 고통을 절약하는 것인지 알아야 한다.

"즐거이 저희를 사랑하리니 나의 진노가 저에게서 떠났음이니라"

'즐거이 사랑한다' 라는 것은 마음 놓고 한없이 사랑하시는 것을 말한다. 예전에 하나님께서 이스라엘 백성을 사랑하시되 마음껏 사랑하실 수 없었던 것은 바로 이스라엘 백성의 마음속에 있는 부패한 본성이 다 치료되지 않았기 때문이다. 예를 들어 어느 환자의 몸 안에 병의 뿌리가 남아 있으면 의사는 그 환자에게 마음대로 음식을 먹으라고 할 수 없을 것이다. 그러나 만일 그 병의 뿌리가 완전히 뽑혀서 병이 완치되었으면 퇴원을 해서 정상적으로 활동을 해도 된다고 할 것이다. 구약 시대에는 우리 인간의 마음속에 있는 타락한 본성을 완전히 고칠 수 없었다. 왜냐하면 모세의 율법과 짐승의 피가 자발적으로 하나님의 말씀에 순종하는 자는 고칠 수 있었지만 순종하지 않는 자는 고칠 수 없었기 때문이다. 그러나 예수 그리스도께서 십자가 위에서 죽으심으로 우리 죄의 본성까지 완전히 다 가져가셨을 때 하나님은 마음껏 우리를 사랑하시고 복을 주실 수 있게 되었고 하나님의 진노는 완전히 없어지게 되었다.

5절, "내가 이스라엘에게 이슬과 같으리니"

하나님께서 이스라엘 백성을 사랑하실 때 가장 먼저 아무도 알지 못하는 가운데 이슬 같은 하나님의 은혜가 찾아오게 된다. 이것은 이스라엘 백성에게 가장 먼저 하나님의 말씀이 찾아오고 이스라엘 백성이 그 말씀을 듣고 은혜 받아서 조용히 눈물 흘리는 데서부터 하나님의 축복은 시작된다는 것이다. 팔레스타인에서 농사를 지을 때 이슬은 비 이상으로 중요한 것이었다. 특히 비가 오지 않을 때 이슬은 밤새 소리도 없이 내려서 땅과 나무와 풀을 촉촉이 적시는데 나무나 풀이나 짐승들은 이 이슬을 먹으면서 비가 올 때까지 기다리게 된다.

"저가 백합화같이 피겠고 레바논 백향목 같이 뿌리가 박힐 것이라"

하나님의 이슬이 내릴 때 황무지와 같은 곳에 가장 먼저 백합화 같은 야생화가 피게 된다. 특히 백합화는 순결을 상징하는 꽃이다. 지금까지 이스라엘 백성은 우상과 세상의 정욕으로 순수성을 잃어버렸지만 고난을 겪으면서 순수성을 회복하게 된다. 그리고 하나님은 뿌리를 주시는데, 가장 튼튼한 뿌리를 가진 백향목같이 땅 속 깊은 곳에 뿌리를 내려서 다시는 뽑히지 않게 하신다. 이것은 이스라엘 백성이 다시 하나님과의 관계를 회복하게 되는 것을 보여 준다. 그러나 이제는 옛날같이 쉽게 뿌리가 뽑히지는 않을 것이다.

6-7절, "그 가지는 퍼지며"

하나님께서 이스라엘 백성을 다시 축복하실 때 그들은 다시 번창하게 되는데 이제는 가지가 멀리 뻗게 될 것이다. 즉 이스라엘 백성은 앞으로 이방인들 가운데 가지를 뻗게 될 것이다. 그리고 다시 감람나무같이 무성하게 되는데 물론 다시 감람 열매도 맺게 될 것이다. 그리고 백향목같이 아름다운 하나님의 백성의 향기를 낼 것이며 자기 그늘에 사람들이 돌아올 것이다. 그래서 하나님께서 이스라엘의 축복을 회복시키실 때 먼저 하나님의 이슬 같은 은혜가 내리고, 백합화같이 꽃이 피고, 레바논 백향목같이 뿌리가 내리며, 가지가 퍼지면 감람나무같이 아름답고 백향목같이 향기를 내고, 그늘 밑에 쉬는 사람들이 돌아올 정도로 잎이 울창하고, 곡식같이 열매 맺으며, 포도나무같이 꽃 피고, 레바논 포도주같이 맛있는 사람들이 된다. 이것은 결국 신약 교회 성도들이 성령을 통해서 만들어지는 열매들인 것이다.

8절, "에브라임의 말이 내가 다시 우상과 무슨 상관이 있으리요"

이스라엘 백성은 이번 멸망을 통해서 우상의 어리석음을 철저하게 깨닫게 된다. 그래서 앞으로는 이스라엘 백성에게 누가 아무리 우상을 권해도 '나는 우상과 상관이 없다' 라고 말을 하게 될 것이다. 이스라엘 백성이 쉽게 생각해서 받아들인 우상 숭배가 이스라엘 백성 가운데 너무 깊이 뿌리를 내리게 되었고, 결국 망하고 난 후에야 우상이 엉터리인 것을 깨닫게 되는 것이다. 그러고 난 뒤에 이스라엘 백성은 다시는 우상을 받아들이지 않게 될 것이다.

"나는 푸른 잣나무 같으니 네가 나로 말미암아 열매를 얻으리라"

여기서 과연 '나'가 누구를 말하는가 하는 것이 의문인데 전통적으로는 하나님 자신을 의미한다고 본다. 즉 하나님은 잣나무같이 꿋꿋하고 한결같으시기 때문에 이스라엘 백성이 하나님을 의지하기만 하면 열매를 얻을 수 있다. 그러나 이스라엘 백성을 잣나무로 생각할 수도 있을 것이다. 지금까지 이스라엘 백성은 우상을 섬기느라고 제대로 된 나무 역할을 하지 못했다. 특히 이스라엘 백성은 포도나무로 비유될 때가 많은데 열매 맺지 않는 포도나무는 아무 데도 쓸데없어서 오직 땔감으로 사용될 뿐이다. 그러나 이스라엘 백성이 하나님께 돌아오면 열매를 맺을 뿐 아니라 꿋꿋한 잣나무가 되어서 다른 민족들이 열매를 맺는 데도 도움을 주게 된다. 중요한 것은 우리는 모두 돌감람나무인데 하나님의 말씀의 진액을 먹으면 참감람나무가 될 수 있는 것이다(롬 11:17).

9절, "누가 지혜가 있어 이런 일을 깨달으며"

하나님의 지혜는 우리 인간의 미련한 머리로는 알지 못한다. 하나님께서 우상에 빠진 이스라엘을 버리시지만 하나님은 그것을 통해서 더 많은 사람들을 하나님의 백성이 되게 하신다. 따라서 누구든지 하나님을 이용하려고 하는 자는 자신이 망하게 되지만 하나님의 말씀을 믿는 자들은 어떤 경우에도 흔들리지 않고 복을 받게 된다.

본문 이해를 위한 질문

1. 이스라엘 백성이 살 수 있는 길은 무엇인가?

이스라엘 백성이 모든 자존심을 버리고 하나님의 말씀만 붙잡고 하나님께 돌아오는 것이다.

2. 이스라엘이 망한 이유는 무엇인가?

이스라엘 백성이 앗수르의 군사력을 의지하고, 자기들의 말을 믿었으며, 사람이 손으로 만든 것을 신이라고 믿었기 때문이다.

3. 앞으로 이스라엘에 대한 하나님의 계획은 무엇인가?

하나님은 이스라엘 백성의 마음속에 있는 반항심을 고치고 이들에게 한없는 사랑을 부으셔서 세상에서 가장 아름다운 백성이 되게 하신다.

성경 강해

영화 중에 남녀 간의 멋진 사랑을 그린 영화들이 있습니다. 대개 이런 영화들은 배우들 중에서도 가장 멋있게 생긴 배우들을 골라서 서로 사랑하는 것처럼 연기를 하게 해서 영화를 만든 것입니다. 사실 이런 배우들은 천 명이나 만 명 중에 한 명 있을까 말까 할 정도로 잘생긴 사람들입니다. 그럼에도 불구하고 사람들은 누구나 그런 사랑을 할 수 있는 것처럼 영화에 빠져듭니다. 사람들 중에는 "바람과 함께 사라지다"에서 불붙는 석양을 배경으로 클라크 케이블이 여 주인공 비비안 리와 키스하는 장면을 키스의 명장면 중 하나로 뽑기도 합니다. 그러나 더 위대한 사랑은 도저히 사랑할 수 없는 그런 사람을 사랑해서 훌륭한 사람으로 만드는 사랑입니다.

사람이 세상에서 성공하거나 하나님의 축복을 받는 데 가장 걸림돌이 되는 것은 반항적인 기질입니다. 사람들이 가정환경이 좋지 못하다고 해서 모두 가출을 하거나 뒷골목의 깡패가 되는 것은 아닙니다. 그 중에서도 유달리 반항적인 기질이 강한 사람이 불만을 참지 못하고 뛰쳐나가서 범죄자가 되는 것입니다. 이런 사람을 바로잡으려면 누군가가 지속적으로 관심을 가지고 사랑을 퍼부어 주어야 합니다. 그러면 처음에는 전혀 반응이 없다가 시간이 지나면서 조금씩 마음이 열리고 나중에 다른 사람의 사랑을 받아들이면서 아주 아름다운 새사람으로 변하게 되는 것입니다.

호세아서는 이스라엘의 여로보암 2세 때 하나님이 이스라엘 사람들에게 주신 말씀입니다. 이때 이스라엘은 경제적으로 부강한 상태였고, 이스라엘은 아직 앗수르에 의해 망하기 전이었습니다. 그래서 어느 누구도 이스라엘이 그렇게 빠른 시간 안에 앗수르에 의해서 멸망할지 모르고 있었습니다. 그러나 하나님은 호세아 선지를 통해서 이스라엘이 앗수르에 의해서 망한다는 것을 말씀하셨습니다.

하나님은 이것을 호세아가 결혼한 고멜이라는 여자를 통해서 보여 주셨습니다. 고멜은 호세아와 결혼한 후에도 다른 남자들과 연애를 해서 다른 남자들의 아이를 세 명이나 낳았습니다. 그때 하나님은 그 여자가 호세아의 아내가 아니고 이 아이들이 호세아의 아이들이 아닌 것처럼 이스라엘은 나의 나라가 아니고 이스라엘 백성은 내 백성이 아니라고 선언하시는 것입니다. 이스라엘 백성이 하나님의 백성이 아니라면 가나안 땅에서 나가야 하는데 자발적으로 나가지 않으니까 앗수르 군대가 와서 그들을 잡아갔던 것입니다. 그런데 오늘 본문에서 하나님은 다시 이스라엘에 대한 자신의 사랑을 보여 주십니다. 즉 비록 지금 당장은 이스라엘 백성이 앗수르에 망해서 고생을 하지만 결국은 하나님께 돌아와서 하나님의 사랑을 믿고 하나님의 축복을 받는 사람들이 되게 하시겠다는 것입니다. 그래서 이 세상에서 가장 위대한 것은 우리같이 반항적인 기질이 강한 자들을 하나님이 사랑하시고 설득하셔서 하나님을 믿고 따르는 자들이 되게 하신 것입니다.

1. 이스라엘이 실패한 원인

우리가 생각하기에 이스라엘 백성에게 잘 이해가 되지 않는 것이 하나 있습니다. 그것은 하나님께서 이스라엘 백성만 사랑하셔서 말씀을 주시고 사랑을 퍼부어 주시면서 오직 하나님만 섬기라고 말씀하셨을 때 이스라엘 백성이 하나님만 섬기면 될 텐데 왜 이방 신까지 섬겨서 이렇게 하나님으로부터 버림을 받게 되었을까 하는 것입니다. 더욱이 하나님의 신앙과 이스라엘 주위에 있는 우상은 질적으로 비교가 되지 않았습니다.

물론 이스라엘 백성이 하나님의 말씀의 뛰어남과 여호와 신앙의 우수성을 몰랐다는 것은 아닙니다. 이스라엘 백성도 하나님의 말씀이 얼마나 훌륭하며 여호와 신앙이 얼마나 수준이 높은 고상한 신앙인지 알고 있었습니다. 그런데 이스라엘 백성이 받아들이기 어려웠던 것은 오직 하나님의 말씀만 믿고 여호와 하나님만 의지하라는 것이었습니다. 우선 이스라엘 백성이 세상을 보니까 하나님을 믿지 않고 우상 숭배하는 이방인들에게도 배울 것이 너무 많았습니다. 그들은 이스라엘 백성보다 훨씬 뛰어난 문명과 지식을 가지고 있었습니다. 그리고 이방인들은 하나님을 믿지 않음에도 불구하고 이스라엘 백성보다 더 잘살고 있었습니다. 그래서 이스라엘 백성은 세상 문명이 우리보다 더 뛰어남에도 불구하고 하나님의 말씀만 믿는 것은 너무 독선적이라고 생각했던 것입니다.

그리고 또 하나는 이스라엘 백성이 하나님만 의지한다는 것은 너무 불안했습니다. 왜냐하면 이론적으로 생각하면 이스라엘 백성은 하나님이 늘 지켜 주시니까 안전해야 하겠지만 실제로는 하나님은 눈에 보이지 않기 때문에 도와주실지 안 도와주실지 몰랐고 늘 불안했습니다. 그러나 세상 사람들은 눈에 보이는 것을 믿으니까 일단 불안하지는 않았습니다. 그런데 이스라엘 백성이 이 세상에 살면서 사실 어려움을 느꼈던 문제는 기질의 문제였습니다. 이스라엘 백성이 하나님의 말씀만 먹을 때 이스라엘 백성의 기질은 하나님을 의존하는 기질로 변했습니다. 즉 이스라엘 백성이 하나님만 의지할 때에는 양의 기질이 되었습니다. 그러나 이스라엘 주위에 있는 민족들은 모두 이리같이 사나운 맹수의 기질이었습니다.

동물원에 있는 사자나 호랑이 같은 맹수들은 모두 철창에 갇혀 있기 때문에 우리는 안심하고 동물원을 구경하고 돌아다닐 수 있습니다. 그러나 만일 그 철창들이 없어지고 사자나 호랑이 같은 맹수들이 돌아다니고 있다면 우리는 모두 위험하게 될 것입니다.

사실 우리가 사회 생활을 하거나 학교 생활을 할 때 늘 주위에 있는 사람이 강하다는 느낌을 가질 때가 있습니다. 즉 우리는 주위에 있는 사람들의 기질이 강해서 자칫하면 말이나 행동으로 상처를 받을 것 같은 불안을 느낄 때가 많습니다. 우리 주위에 있는 다른 사람들은 말을 하거나 행동을 할 때 거리낌 없이 자기 하고 싶은 대로 막 하는데 우리는 이상하게 그렇게 할 수가 없는 것입니다. 그때 우리는 내가 당하는 것 같고, 손해 보는 것 같은 느낌이 드는 것입니다. 그 이유가 무엇일까요? 우리의 기질이 양으로 변해버렸기 때문입니다. 만일 우리의 기질이 정말 양으로 변했다면 우리는 이 세상을 살아가는 것이 너무나도 불리할 것입니다. 왜냐하면 우리는 언제 어디서 다른 사람들부터 말이나 행동으로 공격을 당할지 모르기 때문입니다. 이것이 이스라엘 백성이 언제나 겪어야 했던 어려움이었습니다. 즉 이스라엘 백성은 세상의 우수성을 인정하지 않을 수가 없었습니다. 세상은 하나님을 믿지 않아도 문화적으로나 학문적으로 우수했습니다. 그리고 그들은 하나님을 믿지 않아도 잘살았습니다. 또 이방인들은 눈에 보이는 것을 믿었기 때문에 안정되어 보였고 기질이 강해서 이스라엘은 그들을 이길 수가 없었습니다. 그래서 이스라엘 백성은 자기들도 강해지고 싶었던 것입니다. 이스라엘 백성은 자기들이 세상보다 문화적으로, 지식적으로, 물질적으로 더 잘살고 싶었고, 안정되고 싶었고 강해지기를 원했습니다. 그러니까 이스라엘 백성은 하나님의 말씀만 붙들 수 없었고 하나님의 장점과 세상의 장점을 다 받아들일 수밖에 없었던 것입니다. 이스라엘 백성이 하나님의 말씀만 붙들지 않고 세상의 장점을 받아들였을 때 그 결과는 열배 이상 좋았고 발전의 속도도 열 배 이상 빨랐습니다.

그런데 문제가 무엇입니까? 이스라엘 백성 안에 진정한 영적인 부흥이 죽게 되었습니다. 진정한 영적인 부흥은 오직 하나님의 말씀만 붙들 때 일어나는 것입니다. 그리고 이스라엘 백성 안에 영적인 부흥이 일어나지 않으니까 죄를 이길 수 없었습니다. 그래서 이스라엘 백성은 이방인들과 다를 바가 없었습니다. 특히 이스라엘 백성이 기질이 강해지니까 하나님의 말씀이 자기 생각과 조금만 다르면 싸우게 되었습니다. 그래서 이스라엘은 제사장과 다투는 자같이 된 것입니다(호 4:4). 즉 이스라엘 백성은 그들의 조상이 광야에서 40년 내내 하나님과 다투면서 하나님께 반항했던 것처럼 사사건건 자기들의 생각과 조금이라도 다르면 따지고 반항하는 자들이 되고 만 것입니다. 하나님께서는 양들의 목자가 되시지 결코 늑대들의 목자는 되지 않으십니다. 이스라엘 백성이 강해지기 위해서 이리가 되었을 때 하나님을 물어뜯는 자들이 되고 만 것입니다.

우리가 궁금한 것은, 우리가 세상보다 모든 것이 뒤지고 기질적으로도 약하면 도대체 어떻게 세상에서 살아남을 수 있을까 하는 것입니다. 그런데 얼마 전에 텔레비전에서 동물 프로를 보면서 그 답을 찾게 되었습니다. 그 프로에서 모험을 좋아하는 어떤 동물학자가 사자들이 있는 곳을 총도 없이 찾아갔습니다. 그러니까 사자들이 사람을 보고 화가 나서 잡아먹으려고 덤벼들려고 했습니다. 그때 이 과학자가 지팡이를 들고 소리를 지르니까 사자들이 모두 도망을 갔습니다. 이것을 보고 느낀 것이, 우리가 굳이 사자나 늑대가 되지 않더라도 충분히 이 세상에서 살아남을 수 있구나 하는 것이었습니다. 즉 하나님은 우리에게 상대방을 꿰뚫어볼 수 있는 지혜를 주시고, 또 주님의 막대기와 지팡이로 우리를 지켜 주시기 때문에 어떤 때는 소리를 지르기만 해도 사자나 호랑이는 겁을 집어먹고 도망을 치는 것입니다.

사실 하나님은 맹수들에게 사람을 두려워하는 마음을 주셨기 때문에 맹수들은 모두 사람을 피하게 되어 있습니다. 대개 맹수들이 사람에게 덤벼드는 것은 미쳤거나, 아니면 사람이 겁을 집어먹어서 등을 돌리고 피하기 때문입니다. 그래서 맹수들이 덤벼들 때 등을 보이고 피하는 것이 더 위험한 것입니다.

하나님께서는 우리가 세상에서 약하고 부족해도 하나님의 말씀만 죽어라고 붙들 때 부흥의 불이 일어나게 하십니다. 하나님의 백성은 이 부흥의 불로 세상을 이기고, 마귀를 이기고, 죄를 이기는 것입니다. 그래서 세상이 아무리 잘살고 아무리 문화가 뛰어나다 하더라도 하나님의 백성에게 임하는 부흥의 능력과 축복에 비하면 아무것도 아닌 것입니다. 그런데 하나님의 백성이 세상의 문화나 세상 사람들의 힘 앞에서 겁을 집어먹어 버려서 스스로 열등감을 느끼면 위험해지는 것입니다.

그래서 어차피 우리가 이 세상에 사는 것은 밤에 맹수들이 우글거리는 광야에서 살아남아야 하는 것과 같습니다. 이때 우리가 불을 환하게 밝혀서 빛이 온 세상으로 뻗어 나가면 감히 맹수들은 덤벼들지 못할 것입니다. 그런데 만일 세상에 겁을 집어먹어서 부흥의 불을 밝히지 못한다면 우리도 늑대가 되어야 살아남을 수 있습니다. 그런데 만일 우리가 늑대가 되면 당장은 살아남을 수 있지만 우리보다 더 강한 짐승이 덤벼들면 결국 먹히고 마는 것입니다.

이스라엘 백성이 가나안 땅에 사는 것은 마치 맹수들이 우글거리는 들판에서 살아남아야 하는 것과 같았습니다. 밤에 이스라엘 백성이 주위를 돌아보면 반짝이는 점들이 보이는데 그것이 모두 늑대들의 눈이었던 것입니다. 이때 이스라엘 백성이 하나님의 말씀만 죽어라고 붙들고 부흥의 불을 일으켰더라면 맹수들이 덤벼들지 못했을 텐데 겁을 집어먹고 불을 일으키지 못하니까 자기들도 늑대가 된 것입니다. 그래서 이스라엘 백성이 가나안 땅에서는 살아남을 수 있었지만 결국 앗수르라고 하는 더 강한 맹수를 만나서 잡아먹히고 마는 것입니다. 그래서 우리도 이 경쟁적이고 맹수들이 우글거리는 세상에서 살아남으려고 하면 방법은 두 가지 중의 하나입니다. 하나님의 말씀의 능력을 믿고 부흥을 일으키든지, 아니면 우리 스스로 맹수가 되든지 둘 중의 하나인 것입니다.

요즘 대기업체에서 신입사원들을 연수시키는데 두 달 정도를 하루에 서너 시간 자게 하면서 거의 군대에서 신병 훈련을 시키듯이 훈련을 시킨다고 합니다. 왜냐하면 그렇게 해야지만 이 경쟁적인 세상에서 살아남을 수 있기 때문입니다. 그러나 우리에게는 그런 군대 훈련보다 훨씬 강한 것이 있는데 그것은 기도의 힘이고, 찬송의 힘이며, 부흥의 능력인 것입니다. 하나님의 백성에게 부흥의 능력이 임하면 어떤 군대보다 더 강할 수 있습니다. 여호수아와 이스라엘 백성은 부흥의 능력으로 여리고 성을 무너뜨렸고, 가나안을 정복했으며, 기드온의 300 용사는 미디안 군대 10만 명 이상을 무너지게 했습니다. 모세는 부흥의 능력으로 홍해를 갈라지게 했습니다.

2. 이스라엘이 살 수 있는 길

하나님께서는 호세아 때 그들의 심판이 임박했음에도 불구하고 아직도 그들이 살 수 있는 길은 있다고 말씀하셨습니다. 그것은 이스라엘 백성이 하나님께로 돌아오는 것입니다.

1절, "이스라엘아 네 하나님 여호와께로 돌아오라 네가 불의함을 인하여 엎드러졌느니라"

하나님께서는 호세아 선지를 통해서 이스라엘 백성에게 놀라운 사실을 말씀하고 있습니다. 그것은 아직도 하나님은 이스라엘 백성의 하나님이라는 사실입니다. 이스라엘 백성은 지금까지 하나님을 부정했고 하나님은 생각하지도 않았습니다. 그럼에도 불구하고 하나님은 여전히 이스라엘 백성의 하나님이셨습니다.

여기서 이스라엘 백성이 하나님께 돌아온다는 것은 두 가지를 의미합니다. 하나는 그들이 하나님을 의지하지 않고 세상적으로 성공하고 얻은 모든 것이 무효라는 것을 인정하는 것입니다. 즉 이스라엘 백성이 지금까지 세상에서 돈을 벌고, 군사적으로 인정받고, 지금 가지고 있는 것이 아무것도 아니라는 것을 인정하는 것입니다. 그리고 또 하나는 지금이라도 하나님의 말씀 하나만 붙들고 늘어지는 것입니다. 그러면서 하나님께서는 이스라엘 백성의 지금 상태를 말씀하고 있습니다. 그것은 '네가 불의함을 인하여 엎드러졌다' 라는 것입니다. 즉 지금 이스라엘 백성은 심하게 넘어져서 스스로 일어서지도 못하는 상태에 있습니다. 이것은 분명히 뼈가 부러지든지 중상을 입은 것이고, 빨리 병원에 가서 치료를 받지 않으면 죽을 것입니다. 그런데 이스라엘 백성은 지금 전혀 자신들이 엎드러졌다고 생각하지 않습니다. 이스라엘 백성은 지금도 너무나도 기운이 넘치고 할 일이 많다고 생각하고 있는 것입니다.

여기서 우리에게 의문이 생기는 것은, 과연 세상적으로 가진 것이 많은 사람들이 하나님의 말씀만 붙드는 그 답답한 자리로 올 수 있겠느냐는 것입니다. 예수님은 그것이 얼마나 어려운 일인지 부자가 천국 가는 것은 낙타가 바늘구멍을 통과하는 것보다 더 어렵다고 하셨습니다. 그런데 예수님은 또 말씀하시기를, '사람은 할 수 없지만 하나님은 하실 수 있다' 라고 하셨습니다.

그래서 하나님께서는 자신이 사랑하는 자에게 상상할 수 없는 어려움을 주셔서 납작 엎드려 낮아지게 하십니다. 그래서 내가 가지고 있는 것으로는 도저히 살 수 없고 오직 하나님의 말씀만으로만 살 수 있다는 믿음을 가지게 하십니다. 그런데 그런 사람은 정말로 세상의 명예나 감투나 모든 인간관계를 다 끊어 버리고 하나님의 말씀만 붙잡는 생활로 돌아옵니다. 결국 이것이 자기 영혼이 사는 방법인 것입니다. 하나님이 가장 귀하게 생각하시는 사람들이 바로 이런 사람들입니다. 하나님은 돌아온 둘째 아들을 큰아들보다 더 사랑하셨습니다. 큰아들이 아버지에게 불평한 것도 바로 이것입니다. '아버지는 나를 위해서는 염소 새끼 한 마리도 잡지 않으시더니 돌아온 탕자를 위해서는 송아지를 잡습니까?' 라는 것입니다. 그런데 아버지는 큰아들에게 너는 왜 이 아들 같은 마음을 가지지 못하느냐 하는 것입니다. 즉 너는 늘 하나님의 말씀을 듣고 좋은 것은 다 가지고 있으면서도 감사하지 못하느냐는 것입니다.

하나님께서는 이스라엘 백성에게 하나님께 돌아오는 요령을 가르쳐 주셨습니다.

2절, "너는 말씀을 가지고 여호와께 돌아와서 아뢰기를 모든 불의를 제하시고 선한 바를 받으소서 우리가 입술로 수송아지를 대신하여 주께 드리리이다"

하나님께서는 이스라엘 백성이 하나님께 돌아올 때 다른 것을 가지고 와서는 받아들여지지 않는다고 하셨습니다. 즉 이스라엘 백성이 세상에서 성공한 것이나 사람들의 인정과 칭찬 그리고 한번 마음먹은 것은 무엇이든지 다 해내는 의지 같은 것은 하나님 앞에서는 통하지 않습니다. 오직 이스라엘 백성이 하나님 앞에 나아올 수 있는 자격은 하나님의 말씀을 듣고 은혜 받은 것밖에 없습니다. 왜냐하면 하나님의 말씀에 은혜를 받는 것은 하나님이 나를 초청하시는 것이기 때문입니다. 즉 '하나님, 저는 이 말씀에 은혜를 받았습니다.' 혹은 '하나님, 저는 이 말씀을 들을 때 내 마음이 녹아졌습니다.' 라는 고백을 가지고 오라는 것입니다.

하나님은 우리가 하나님의 말씀을 듣고 내 것으로 소화를 해서 하나님께

기도드릴 때 가장 잘 들어주십니다. 왜냐하면 그것이야말로 우리가 하나님을 믿는 것이기 때문입니다. 우리가 하나님을 믿는 것은 다른 것이 아니라 하나님의 말씀을 듣고 내 것으로 소화하는 것입니다. 그리고 우리가 하나님께 드릴 수 있는 기도는 내 불의를 사하여 달라는 것입니다. 우리가 하나님의 말씀을 깨닫지 못하였을 때에는 가장 심각한 것이 죄를 죄로 느끼지 못하는 것입니다. 우리가 하나님으로부터 멀어질 때 자기도 모르게 서서히 멀어질 때가 많습니다. 그러다가 우리가 하나님의 말씀을 들을 때 내 위치를 분명히 보게 됩니다. 즉 내가 하나님을 떠나서 얼마나 위험한 길로 가고 있는지 발견하는 것입니다. 하나님께서 우리에게 원하시는 것은 그것을 하나님께 기도로 말씀을 드리라는 것입니다. 즉 '모든 불의를 제하시고' 라는 것은, 내가 하나님의 말씀을 듣고 난 후에 마음에 찔리는 것을 기도로 다 말씀드리면 되는 것입니다. 왜 우리가 하나님께 말씀을 드리는 것이 중요한가 하면 이것이 우리의 힘으로는 해결되지 않기 때문입니다. 그러나 우리가 이것을 하나님께 내어 놓고 인정하면 하나님께서 간섭하셔서 내 힘으로 안 되던 것을 될 수 있게 하십니다. 즉 죄는 끊어지게 하시고 사람들과의 관계도 멀어지게 하시는 것입니다.

여기서 '선한 바를 받으소서' 라고 하는 것은 우리에게 선한 것은 아무것도 없다는 뜻입니다. 즉 우리가 우리 자신을 하나님의 눈으로 보면 머리끝부터 발끝까지 성한 곳이 없을 정도로 엉망진창일 것입니다. 그런데 우리가 하나님 앞에서 말씀을 듣고 은혜 받는 것은 가장 아름다운 것이고, 수송아지의 제사보다 훨씬 나은 것입니다. 결국 우리가 하나님의 말씀을 듣고 은혜를 받으면 모든 것이 해결되게 되어 있습니다. 그러나 하나님의 말씀을 듣지 않고 내 머리로 해결하려고 하면 점점 더 깊은 수렁으로 빠지게 되어서 나중에는 거기서 빠져나오지 못하고 파멸되고 마는 것입니다.

하나님께서는 이스라엘 백성에게 어떻게 회개하라고 말씀하십니까?

3절, "우리가 앗수르의 구원을 의지하지 아니하며 말을 타지 아니하며 다시는 우리의 손으로 지은 것을 향하여 너희는 우리 신이라 하지 아니하오리니 이는 고아가 주께로 말미암아 긍휼을 얻음이니이다 할찌니라"

하나님께서는 이스라엘 백성이 진정으로 하나님을 의지한다면 바로 이런 고백을 하게 될 것이라고 말씀하고 있습니다.

첫째로 이스라엘 백성은 앗수르의 군사력의 도움을 받을 생각을 하지 말아야 합니다. 지금 이스라엘 백성은 앗수르에 돈을 많이 주고 그들의 도움을 받으려고 하고 있었습니다. 그러나 이스라엘은 결국 바로 이 앗수르에 의해서 망하고 마는 것입니다. 이것을 보면 이스라엘 백성이 얼마나 잘못된 판단을 내리고 있었는지 알 수 있습니다. 이스라엘 백성은 자기들을 잡아먹으려고 하는 자들을 보호자로 삼고 있었던 것입니다. 이스라엘이 할 것은 일체 앗수르의 도움을 받을 생각을 버리는 것입니다. 물론 이스라엘이 일부러 앗수르를 자극할 필요는 없습니다. 그러나 이스라엘이 살길은 앗수르와의 관계보다 영적 부흥을 일으키는 것입니다. 그러면 앗수르도 쉽사리 이스라엘을 공격하지 못하는 것입니다. 왜냐하면 영적 부흥이 일어나는 나라에는 하나님의 불말과 불병거가 지키기 때문입니다.

그리고 이스라엘은 말을 타서는 안 됩니다. 우리는 옛날에 말을 타는 것이 얼마나 멋있었는가 하는 것을 생각해야 합니다. 사람이 발로 걸어가는 것과 말을 타고 가는 것 사이에는 엄청난 차이가 있었습니다. 사람이 말을 타면 자기가 가고 싶은 곳을 다 다닐 수 있었고 실컷 돌아다닐 수 있었습니다. 하나님은 이스라엘 백성에게 말을 의지하지 말라고 하셨습니다. 즉 이스라엘 백성은 어떻게 해서든지 발로 부지런히 돌아다녀야 했던 것입니다. 이것은 사람이 만든 우수한 문명이나 기술을 너무 의지하지 않는 것입니다. 하나님은 여호수아에게 가나안 땅에서 말의 힘줄을 다 끊어 버리라고 명령하셨습니다. 이것은 인간의 힘을 의지하지 말고 기도의 능력을 의지하라는 것입니다. 우리는 사람을 만나서 회의하는 시간에 기도를 더 해야 하는 것입니다.

셋째로는 우상의 실체를 깨닫는 것입니다. '우리 손으로 지은 우상을 향하여 우리 신이라 하지 아니하며.' 우상이라는 것은 사람의 손으로 만든 것이지 살아 계신 하나님이 아닙니다. 사람들은 우상을 만들고 영웅을 만드는 것을 좋아합니다. 우리나라에서도 얼마나 죽은 사람을 가지고 우상을 만드는지 모릅니다. 아무리 멋있고 훌륭하게 산 사람들도 결국 우리와 같은 형제요, 자매입니다. 우리는 결코 우상이나 영웅을 추종해서는 안 됩니다.

그리고 무엇이라고 하나님께 고백을 해야 합니까? '이는 고아가 주께로 말미암아 긍휼을 얻음이니이다.' 결국 우리는 고아인 것입니다. 고아는 부모가 없기 때문에 어느 누구의 도움이나 보살핌도 받지 못하는 자입니다. 우리는 하나님이 도와주시지 않으면 고아가 될 수밖에 없습니다. 우리가 이 세상에서 살 수 있는 길은 다시 고아가 되는 것입니다. 그러나 보통 고아가 아니라 하나님의 고아가 되는 것입니다. 즉 하나님만 의지하고 하나님의 말씀만 믿기 때문에 아무 힘이 없고 아무도 돌보아 주는 사람이 없는 사람이 되는 것입니다. 우리가 맹수들이 들끓는 세상에서 고아가 되면 철저하게 버림을 받고 굶어 죽을 것입니다. 그런데 이상하게 이 고아들에게 부흥의 불이 붙으면서 사탄의 세력은 물러가는 것입니다.

3. 하나님의 약속

지금 이스라엘 백성의 상황은 타락할 대로 타락해서 도저히 손을 댈 수 없을 정도의 고멜 같은 상태였습니다. 그런데 이스라엘 백성이 다른 것을 다 내려놓고 하나님의 말씀을 붙들고 회개할 때 하나님은 그들을 고쳐 주시겠다고 약속하셨습니다.

4절, "내가 저희의 패역을 고치고 즐거이 저희를 사랑하리니 나의 진노가 저에게서 떠났음이니라"

하나님께서는 가장 먼저 이스라엘 백성의 '패역'을 고치십니다. 여기서 '패역'이라고 하는 것은 반항적인 기질을 말합니다. 하나님께서는 이스라엘 백성이 하나님의 말씀에 은혜 받고 회개할 때 그들에게 돈을 주시거나 혹은 건강을 주시거나 하시지 않습니다. 하나님께서 이스라엘 백성을 최우선적으로 고치시는 것은 가장 고질적인 것으로, 바로 이 '반항적인 성향' 인 것입니다. 왜 이스라엘 백성 안에 있는 이 반항적인 성향이 가장 고질적인 문제였을까요? 여기서 '패역' 이라는 것은 내가 똑똑하다는 것입니다. 즉 이스라엘 백성은 스스로 하나님보다 똑똑하다고 생각했기 때문에 하나님의 말씀이 조금이라도 자기 생각과 맞지 않으면 따지고 항의를 했습니다. 이스라엘 백성이 하나님의 은혜와 축복을 받으려면 그들의 모난 부분이 깎이고 깨어진 부분은 다듬어져서 보석이 되어야 하는데 그들은 언제나 자기 자신을 깨지 않았던 것입니다. 그런데 이스라엘 백성의 이 껍데기가 얼마나 단단했던지 이것을 깨는 데 나라가 망해야 했고 그들은 수백 년간 나라가 없는 떠돌이 생활을 해야만 했습니다.

우리가 하나님의 사랑을 받는 것은 참 좋은 일이지만 우리가 은혜를 잘못 받으면 너무나도 무례하고 예의가 없는 자기밖에 모르는 사람이 되어버립니다. 이것은 하나님의 은혜를 잘못 받은 것이고, 이 껍데기를 깨는 것은 세상의 어떤 바위를 깨는 것보다 더 어렵습니다. 그래서 하나님의 백성이 은혜를 제대로 받지 못하면 더 거만하고 다른 사람들을 정죄하고 판단하는데 이것은 대단히 잘못된 것입니다. 이것은 믿음이 좋은 것이 아니고 패역한 것입니다.

우리가 최근에 많은 크리스천들에게서 보게 되는 것이 외모는 아주 잘생기고 말도 청산유수같이 하는 것입니다. 그런데 그 훌륭한 분들이 전혀 겸손하지 않고 다른 사람들을 적대적으로 대하는 것입니다. 그러나 그것은 훌륭한 것이 아니고 패역한 것입니다. 우리가 이 세상에서 강한 기질을 가진 사람들 속에 있으면 자꾸 강팍해지려고 합니다. 우리는 자꾸 다른 사람들을 판단하고 정죄하게 됩니다. 그러나 이것은 대단히 잘못된 것입니다. 우리는 바보가 되어야 하고, 다른 사람이 오른뺨을 때리면 왼뺨을 돌려대어야 하고 손해를 볼 수 있어야 패역이 고쳐진 것입니다. 그러고 난 후에 하나님은 우리를 '즐거이' 사랑하십니다. 여기서 즐거이 사랑하신다는 것은 한없이 사랑을 부어 주신다는 뜻입니다. 따라서 이 세상에서 우리가 하나님의 축복을 받지 못하는 가장 중요한 원인은 다른 사람에게 지기 싫어하는 반항적인 본성입니다. 만일 우리가 하나님이나 다른 사람 앞에서 겸손해지기만 한다면 하나님은 우리를 즐거이 사랑하실 것입니다. 즉 하나님은 복을 퍼부어주실 것입니다.

여기에 보면 '나의 진노가 저에게서 떠났음이니라' 라고 하셨습니다. 어떻게 해서 우리를 향한 하나님의 진노가 떠날 수 있을까요? 사실 그것이 우리에게 있어서 가장 큰 숙제입니다. 누가 어떻게 했기에 하늘까지 쌓였던 하나님의 진노가 떠날 수 있었을까요? 그것은 누군가가 하나님의 진노를 가져가서 치워 버렸기 때문입니다. 그것이 바로 예수 그리스도의 십자가입니다.

그러니까 예수님의 십자가를 믿지 않는 자들은 얼마나 패역한 자들인지 알아야 합니다. 하나님이 우리에게 원하시는 것은 오직 한 가지밖에 없습니다. 그것은 내가 하나님 앞에서 교만했고 내가 산 인생은 전부 죄밖에 없다는 것을 인정하는 것입니다. 이것을 인정하는 것이 하나님의 아들을 믿는 것입니다. 왜냐하면 하나님의 아들이 우리에게 그것을 말씀하셨기 때문입니다. 즉 우리의 죄를 대신해서 예수님이 죽으셨다는 것입니다.

하나님은 회개하는 자들에게 놀라운 축복을 약속하셨습니다.

5절, "내가 이스라엘에게 이슬과 같으리니 저가 백합화같이 피겠고 레바논 백향목 같이 뿌리가 박힐 것이라"

하나님은 이스라엘 백성에게 이슬같이 찾아오신다고 하셨습니다. 즉 하나님은 이스라엘 백성이 전혀 느끼지 못하는 가운데 조용히 찾아오셔서 우리에게 죽어 있었던 모든 것을 살려 주시기 시작하십니다. 예를 들어 오랫동안 비가 오지 않으면 밭이나 들이나 모든 것이 죽어 있습니다. 그런데 비가 오지 않았는데도 들판이 살아나기 시작합니다. 그 이유는 이슬이 내렸기 때문입니다. 하나님은 우리에게 있어서 없었던 모든 것들이 조용히 하나씩 살아나게 하시고 회복되게 하십니다. 그런데 하나님이 축복하실 때 그 속도는 너무나도 빨라서 모두가 놀라게 됩니다. 주위 사람들은 우리를 보고 우리를 영원히 회복되지 못할 것이라고 생각했는데 이상하게 복을 받아서 회복이 되는데 너무나도 놀라울 정도인 것입니다. 우리가 보기에 메마른 광야에 풀만 자라도 기적인데 백합화까지 피게 됩니다. 이것은 너무나도 아름다운 축복의 열매가 생겨서 모든 사람이 보고 칭찬을 하게 되는 것입니다. 그런데 놀랍게도 그 뿌리가 얼마나 깊은지 백향목같이 박힐 것이라고 했습니다. 그러니까 한번 꽃이 피는 것이 어려워서 그렇지 한번 피기 시작하면 그때부터는 정신없이 꽃이 피는 것입니다.

6절, "그 가지는 퍼지며 그 아름다움은 감람나무와 같고 그 향기는 레바논 백향목 같으리니"

하나님께서 이스라엘에 복을 회복시켜 주시니까 금방 그 가지가 퍼지고 아름다워지고 향기를 내는데 이제는 백합화에서 레바논 백향목같이 커지는 것입니다. 특히 아름다움은 감람나무 같다고 했는데 감람나무 기름은 또다시 불을 밝히게 됩니다. 그리고 레바논 백향목은 집을 지을 수 있습니다. 즉 이스라엘은 감람나무와 백향목으로 성전을 짓게 되고 불을 밝히게 되는 것입니다.

7절, "그 그늘 아래 거하는 자가 돌아올지라. 저희는 곡식같이 소성할 것이며 포도나무같이 꽃이 필 것이며 그 향기는 레바논의 포도주같이 되리라"

여기서 궁금한 것이, 이스라엘이 망하게 되는데도 그 '그늘'에 피하는 자가 있겠느냐는 것입니다. 과연 망한 나라에 무슨 그늘이 있겠습니까? 망한 자들은 모두 땡볕에 내몰려서 고통스럽게 살 수밖에 없습니다. 그러나 이 그늘은 다른 그늘이 아니라 '말씀의 그늘'인 것입니다. 이 세상의 다른 그늘은 환난 날에 아무 도움이 되지 않지만 하나님의 말씀의 그늘에 피해 있는 자들은 축복을 받습니다. 그들은 곡식같이 소생한다고 했습니다. 여기서 곡식같이 소생한다는 말은 처음 농사를 짓기 위해서 밭에 씨를 뿌리면 씨가 죽는 것 같으나 씨는 죽지 않고 비가 오고 온도가 올라가면 다시 살아나서 풍성한 열매를 맺는 것을 말합니다. 따라서 하나님의 말씀을 붙드는 자들은 고난이 고난이 아니라 씨를 뿌리는 것입니다. 그래서 하나님의 비와 온도가 맞기만 하면 그때부터는 백 배의 결실을 거두게 됩니다. 그런데 그 꽃이 포도나무 꽃과 같다고 했습니다. 나무에 포도나무 꽃이 피면 포도가 맺힐 것입니다. 즉 그들은 이제 하나님의 순수한 포도나무가 되어서 성령의 향기를 나타내는 백성들이 되는 것입니다.

결국 하나님의 이 약속은 이방인들인 우리를 통해서 이루어집니다. 우리는 하나님을 몰라서 황무지 같은 마음이었습니다. 우리는 모두 돌감람나무와 같았습니다. 그런데 우리가 세상에서 끊어져서 하나님의 말씀의 진액을 받아들일 때 우리는 하나님의 꽃을 피우고 하나님의 향기를 나타내고 천국의 열매를 맺는 자들이 되는 것입니다.

이때 이스라엘 백성이 이런 고백을 하게 됩니다.

8절, "에브라임의 말이 내가 다시 우상과 무슨 상관이 있으리요 할찌라 내가 저를 돌아보아 대답하기를 나는 푸른 잣나무 같으니 네가 나로 말미암아 열매를 얻으리라 하리라"

에브라임은 이스라엘의 여러 지파 중에서 하나님의 복을 가장 많이 받았으면서도 가장 많이 우상을 찾은 지파였습니다. 그런데 이제 우상이 나와 무슨 상관이 있느냐고 고백을 합니다. 즉 우상과 나는 아무 상관이 없다는 뜻입니다. 그때 하나님은 에브라임에게 너는 푸른 잣나무라고 축복하시겠다고 하셨습니다. 푸른 잣나무는 언제나 푸른 상록수입니다. 즉 여름이나 겨울 할 것 없이 언제나 푸른 나무인데 그 잣나무는 하나님의 열매를 맺게 된다고 했습니다. '너는 나로 말미암아 열매를 얻으리라.'

잣 열매도 맛이 있습니다. 시장에서 잣을 사 보면 국산과 북한산과 중국산이 가격이 많이 다릅니다. 그런데 이스라엘의 잣은 천국 산 잣인 것입니다. 이것은 누구든지 먹으면 변하여 새사람이 되는 능력 있는 열매입니다.

그래서 호세아는 이렇게 결론을 내리고 있습니다.

9절, "누가 지혜가 있어 이런 일을 깨달으며 누가 총명이 있어 이런 일을 알겠느냐 여호와의 도는 정직하니 의인이라야 그 도에 행하리라 그러나 죄인은 그 도에 거쳐 넘어지리라"

이것은 결국 '도대체 누가 하나님께서 하시는 일을 다 알 수 있겠느냐?'라는 것입니다. 결국 하나님께서는 믿음 없는 자들을 어떻게 해서든지 하나님을 믿는 자로 만드시고 하나님을 의지하지 않던 반항적이던 자들로 하여금 하나님을 순종하는 자가 되게 하십니다.

우리가 반항적인 기질을 버리면 바보가 될 것 같지만 그때부터 축복의 열매가 맺히게 됩니다. 우리는 도대체 우리가 어떻게 해서 이 믿음의 자리까지 오게 되었는지 알지 못합니다. 이것은 오직 하나님의 놀라운 지혜가 이렇게 하신 것입니다. 우리는 하나님의 말씀에 반항해서도 안 됩니다. 우리는 하나님의 말씀을 가르치는 자를 붙들고 괜히 시비를 걸어서 이기려고 해서도 안 됩니다. 하나님은 우리의 순종하는 기질을 보시는 것입니다.

여기에 보면 '의인이라야 그 도에 행하리라 그러나 죄인은 그 도에 거쳐 넘어지리라' 라고 하셨습니다. 여기서 의인은 하나님을 믿는 자를 말합니다. 하나님이 아무리 축복을 준비해 놓으셔도 반항적인 기질을 가진 자는 그것을 받을 수 없습니다. 그 이유는 자기 껍데기를 깨지 않기 때문입니다. 결국 그것은 자기만 손해를 보는 것입니다. 사도 바울은 자기가 최고로 잘난 줄 알고 열심을 내면서 돌아다녔지만 이것은 자기 발로 뒷발질을 해서 가시나무를 차는 것뿐이었습니다. 사도 바울이 향기 나는 백합화가 되고 백향목이 되고 감람나무가 될 수 있었던 것은 그가 예수님 앞에서 완전히 거꾸러졌을 때입니다.

오늘 우리나라 기독교 지도자들이나 성도들을 보면 너무 훌륭한데 껍데기를 전혀 깨지 않는 것을 볼 수 있습니다. 이것은 자기도취에 빠지는 것이고 스스로 똑똑하다고 믿는 것입니다. 하나님은 이런 자들을 기뻐하지 않으십니다. 우리는 기꺼이 이리들 가운데 양이 될 수 있어야 합니다. 우리는 똑똑한 천재들 가운데 바보가 되어서 하나님만 나의 목자를 삼아야 향기가 나고 뿌리를 내리며 푸른 잣나무가 될 수 있습니다. 주위 사람들을 두려워하지 말고 하나님 앞에서 나 자신을 깨뜨려 패역을 고침 받고 한없는 사랑을 받는 성도들이 다 되시기 바랍니다.

성경 토의

1. 우리가 하나님의 사랑을 받는 데 가장 걸림돌이 되는 것은 무엇이라고 생각하며, 우리가 어떻게 이것을 고침 받을 수 있다고 생각하는가?

2. 우리가 하나님의 은혜를 회복하며 다시 순수한 신앙을 되찾기 위하여 붙들어야 할 것은 무엇인가?

3. 우리가 하나님께 어떤 고백을 드릴 때 하나님은 가장 기뻐하시며, 단순히 형식적인 신앙으로 만족하는 것은 어떤 위험이 있는가?